JN275436

アメリカ法思想史

アメリカ法思想史

――プレモダニズムからポストモダニズムへ――

スティーブン・フェルドマン著
猪股弘貴訳

信山社

Copyright © 2000 by Oxford University Press, Inc.
This translation of
Stephen M. Feldman, *American Legal Thought from Premodernism to Postmodernism:*
An Intellectual Voyage,
originally published in English in 2000,
is published by arragement with Oxford University Press, Inc.
Japanese translation Rights © Hiroki INOMATA, 2005
All Rights Reserved
本翻訳書は上記タイトルの原著（英語版，2000年）を出版した
オックスフォード大学出版局との契約により出版される
ISBN4-7972-3331-1

私の家族
ラウラ,
モーリー,
そして
サムエルに捧げる

法の科学は，なかんずく，非常に荘厳なそして包括的なものであり，その一般的意味において，人間的なるものであれ神的なるものであれ，あらゆるものを包含している。

—— Professor D. T. Blake, Columbia University, 1810
(Perry Miller, The Life of the Mind of America より)

はしがき

　ここ数年間にわたる私の研究成果として，本書を上梓するにつき援助してくれた人を誰にするのかを決定することは困難極まりない仕事である。とはいえ，本書の草稿にコメントして下さった以下の方々には特別の謝意を申し上げたい。それは，スティーブン・D・スミス，ジェイ・ムーツ，リチャード・デルガド，ジェームズ・R・ハックネイ Jr., モリス・ベルンシュタイン，およびリンダ・レイシーである。数年前のテッド・ホワイトとの電話での長時間の会話は，本書に組み込まれた私の論文の1つにおいて，（多大な）広がりを有する概念を形成することに導いたし，バーナード・シュウォーツからのウォーレン・コートについての会合への招待は，本書の元となる論文を執筆するきっかけとなったのである。本書の草稿について，タルサ大学ロースクールでの研究会の参加者全員——とりわけこの研究会の主催者であるラークシュマン・グルスワーミー——は，寛大にも，時間を割き，意見を述べてくれた。さらに，多くの人が，本書の原形としての役割を部分的に果たしている，私の幾つかの論稿および論文にコメントを加えてくれた。様々な機会にそれぞれの見識をもって私の力となっていただいた方々として，ジャック・バルキン，リチャード・デルガド，スタンレー・フィッシュ，ジェイ・ムーツ，デニス・パッターソン，マーク・タッシュネット，ラリー・カタ・バーカー，マーティ・ベルスキー，ビル・ホリングスワース，リンダ・レイシーの名前を挙げさせていただきたい。最後に，本書の書名に関して，幾人かの同僚から有益な示唆を得ることができたが，クリス・ブレイアー，マリアンネ・ブレイアー，ビル・ホリングスワース，リンダ・レイシーの名前を挙げさせていただき，謝意を表したい。財政的な援助として，人文科学研究基金（National Endowment for the Humanities）からの奨学金は，時期を得た形での本書の完成に大いに助けとなった。タルサ大学ロースクールの夏季研究助成計画（Faculty Summer Research Grant Program）はまた，本書を企画するについて，財政的な援助を提供してくれた。リッチ・デューシー およびナネット・ジェルムを含む，タ

ルサ大学ロースクールのすべてのライブラリアンが援助の手を差し伸べてくれたが，多様な手段で私の研究を促進させてくれた，キャロル・アーノルドに対して深甚なる謝意を表したい。

　程度の差はあれ，本書の様々な部分の元になった論稿あるいは論文が掲載されている論集は，以下の通りである。*Virginia Law Review, Philosophy and Social Criticism, Vanderbilt Law Review, Michigan Law Review, Minnesota Law Review, Northwestern Law Review, Wisconsin Law Review, Iowa Law Review, The Warren Court: A Retrospective* (Bernard Schwartz ed., Oxford University Press, 1996).

日本語版への序文

　此の度の猪股教授による翻訳は，日本の読者に，特定分野としては法および法学について，さらに広範に思想一般において，興味深い包括的見方の可能性を提供することになるであろう。本書における知の航海は，西洋哲学および社会理論の歴史からスタートさせている。この知の歴史から，2千年の広がりを有する，数世紀にわたる主要な知の動向を同定するための一般的枠組みを引き出している。言い換えると，1つの星座ないしは概念や思考の集団が，次の星座ないしは概念や思考の集団へと，いかにして導かれたのか。例えば，プレモダニズムの思想はモダニズムの思想へといかにして発展ないしは転回されたのか。あるいは，他の例を挙げると，モダニズムの時代に，合理主義が経験主義へといかにして転回されたのかということである。

　この海図は一般的であり，それは意図してそのようにしている。西洋哲学における知の動向の輪郭は，大まかにのみ描かれている。なぜならば，本書の目的は西洋哲学の歴史を辿ることではなく，アメリカ法思想の歴史を語ることにあるからである。すなわち，本書の目的に照らして，西洋哲学の海図を，アメリカ法学の歴史的発展を描くために使用しているのである。そして，実際，西洋哲学の海図を，アメリカ法思想に当てはめることが可能——極めて容易に——であることを発見したのである。アメリカ法学を仔細に検討することにより，その知的変容を通じて，西洋哲学のそれと大変似ていることが明らかになる。アメリカ法学の歴史は，2千年ではなく，2世紀に濃縮されていることが，おそらく，鍵となる相違である。

　だがしかし，アメリカ法思想についての歴史を著すにつき，西洋哲学を引き合いに出すだけではなく，知的変遷をアメリカ合衆国における社会的および文化的変化に結び付けて考察しようとした。本書の中で説明しているように，概念がそれ自身の力のみによって変化するとは信じていない。それどころか，概念は，常に概念自体の発展に影響を与える，社会的・文化的文脈の中に位置付けられるものである（そして今度は，概念が社会や文化に影響を与える）。従っ

て，時間の中の一定の点において，主要な知的変遷の方向に向きを変えながら，概念が集合し，相互に影響し合いながら組み立てられていくように思われるのである。しかし，ある広範で，しばしば大変革を伴う，社会的出来事が知的変化を促進するまで，変遷は生じないものである。すなわち，知的変遷は，社会の劇的変化に従って生じるものではあるが，知的根本原理は，まさに社会的出来事の前に提示されているのである。どのような形態の出来事が，知的思考にそのような影響力を行使するのであろうか。アメリカ合衆国における法思想の歴史において，顕著な例を挙げると，南北戦争（1860年代における），および，ベトナム反戦運動，アフリカ系アメリカ人による公民権およびブラック・パワーの運動，平等を求める女性の運動を含む，1960年代の多様な社会運動に直面した，第2次世界大戦後のコンセンサスの崩壊である。法学においてであれ，その他においてであれ，知的変化は，このような社会的・文化的出来事に結び付けられ，またその関係においてのみ，非常に実りある理解が可能となるのである。

　この知の航海における方法——西洋哲学とアメリカの社会・文化史この両者を拠り所とすること——を前提として，アメリカ合衆国の外に位置する国の読者は，比較の観点から思考するという刺激を与えられることであろう。非西洋文明を含む，他の文化の知的伝統において，同様の変遷ないしは動向を見出すことを期待すべきなのであろうか。例えば，日本あるいはその他の国——中国あるいはインドのような——に起源を有する，道教あるいは仏教のような，東洋哲学の中に，同様の変遷を期待すべきなのであろうか。より焦点を絞ると，日本の法思想の中に，同様の動向ないしは変遷を見出すことを期待すべきなのであろうか。例えば，アメリカ合衆国憲法は，一連の革命の後に，および連合規約（合衆国憲法のさきがけ）同様多数の州憲法の下での，10年間に及ぶアメリカの経験を経た後に制定されたのに対して，日本国憲法は戦後の占領時に制定されたが，重要な類似点が存在する，と言えるのであろうか。実際，このような比較の視点は，概念自体であれ，社会・文化の文脈であれ，知的変化の非常に重要な力となるものに，光を当てることになるであろう。もし類似の知的動向が非常に異なる文化において見られるとするなら，異なる文脈にもかかわらず，概念自体，究極的に優越するものであるといって差し支えないであろ

う。

　ニューヨーク世界貿易センターが破壊された，2001年9月11日の，悲劇的な，テロリストによる攻撃が，主要な知的変遷の引き金になるのかということについて，当然のことながら，多くの学生および研究者から問いかけられてきた。言い換えると，これまで論じてきたように，もし劇的な社会的出来事が，しばしば包括的な知的変化の引き金になるとして，合衆国に対するテロリストによる攻撃は，法思想における知的変遷を促進しさえする，まさに一種の劇的出来事であることが明らかになるのであろうか。私見においては，否である。第1に，これまでに実質的知的変化という結果を生じさせた社会的出来事は，テロリストによる爆撃のような，突然の短期的なものというよりは，数年にわたって継続する，長期的なものである。第2に，9月11日が悲劇であったことは確かであるが，アメリカの南部において奴隷制を終焉させたのみならず，北部における大規模な工業化，および青年人口の4分の1に死を招きあるいは傷害を負わせる結果となった，アメリカの南北戦争のような，その後長らく影響を与えた出来事と比較して，それに続く社会的破壊の大きさは比べものにならないのである。確かに，テロリストの攻撃に対する合衆国政府の対応は，少なくとも一時的に，（幾人かの個人についての）市民的自由の保護という国家の信奉を減少させた。しかし，現在の段階で，南北戦争に続く長期の知的変化のようなものを予想することはできない（もちろん，そのようになるとすれば，それは良くないことなのであるが）。

　最後に，この序文を締めくくるにあたって，本書の翻訳者である，猪股教授に私の惜しみない謝意を表したい。しばしば，極めてつらい仕事であったことが，想像に難くないが，結果的に，彼の努力が報われることを望んで止まない。

2003年5月

　　　　　　　　　　　　　　　　　　スティーブン・フェルドマン

目　次

はしがき　(*vii*)
日本語版への序文　(*ix*)

第1章　序　論：知の歴史について …………………………1

第2章　知の海図：プレモダニズム，モダニズム，ポストモダニズム …………………………13

プレモダニズム　(13)
モダニズム　(19)
ポストモダニズム　(39)

第3章　プレモダニズムのアメリカ法思想 …………………71

プレモダニズム法学一般　(71)
第1段階のプレモダニズム法学：自然法と共和政体　(83)
反対勢力　(94)
第2段階のプレモダニズム法学：自然法と進歩　(107)

第4章　モダニズムのアメリカ法思想 ………………………119

実証主義の到来：南北戦争およびその他の諸力　(119)
第1段階のモダニズム法学：ラングデル派の法の科学　(130)
第2段階のモダニズム法学：アメリカのリーガル・リアリズム　(151)
第3段階のモダニズム法学：リーガル・プロセス　(165)
第4段階のモダニズム法学：後期の危機　(177)

第5章　ポストモダニズムのアメリカ法思想 ……………197
　　交錯する不明瞭な境界：モダニズム法学からポストモ
　　　ダニズム法学へ　(197)
　　法思想におけるポストモダンの主題　(234)

第6章　結　論：未来への曙光？ ……………………………273

　注　(291)

　訳者あとがき　(369)

　索　引　(373)

凡　例

1　本書は，Stephen M. Feldman の著作 American Legal Thought from Premodenism to Postmodernism: An Intellectual Voyage（Oxford University Press, 2000年）の完全訳である。

2　注は，原著に忠実に従い，人名，書名，論文名はそのまま英語表記を使用し，その他の部分は，原則として，日本語に翻訳している。

3　索引は，原書に従い，それを翻訳し，あいうえを順に並べ換えるとともに，参考のために原語も付している。

4　人名の日本語訳は，『固有名詞英語発音辞典』（三省堂，1969年）を参考にしながら，できるだけ我が国における通常の使用法を考慮して，作成している。

5　（　）の部分は，原著で使用されているものをそのまま翻訳しているもの，読者の理解の助けとなるよう，訳者が原語を残すために使用しているもの，および原語をカタカナ書にした上でその訳語を示すために使用しているものとがある。

6　[　]の部分は，原著者が付加したものを，そのまま使用したものである。

7　章名，見出しは，原文をそのまま翻訳して使用している。

8　原語のイタリック体の部分は，訳語の上に傍点を付しているが，書名については，日本語名を二重カッコで示すとともに，カッコ書きで英語名を付している。

9　索引において，頁を示す数字の後に付されているカッコ書きは，注の番号である。

第1章 序論
知の歴史について

　プレモダニズムから，モダニズムを経過して，ポストモダニズムへと旅をするには，数百年，いや千年を必要とするかもしれない。しかし注目すべきこととして，アメリカ法思想は，2百年を超えるにすぎない旅であるということである。本書の目的は，この移り気な旅を物語ることにある。

　この物語を成功裡に導くために，本書を2つの部分に分けている。第1の，より簡略化されている部分（第2章のみ）では，プレモダニズム，モダニズム，そしてポストモダニズムの一般的概念を説明している。哲学を，広範に，しかしそれのみに限定せずに引き合いに出しながら，これらの概念を一連の主要な知的舞台ないしは時代として描き，次に多くの小舞台に分けている。私が概念化した，これらの舞台および小舞台は，多分に起こるべく運命付けられた，歴史的，構造的に欠かすことのできない必要物ではない。むしろ，プレモダニズム，モダニズム，ポストモダニズムおよび各小舞台は，幾分ウェーバー流の「理念型」[1]に近い，有用な道具として使用している。それらはある繰り返し発生し，突出した（偶発的ではあるが）歴史的現象に焦点を当てることによって組み立てられた解釈的構造物であり，そして，舞台および小舞台は，それ自体，様々な知的領域や分野における諸発展を物語ることによる分析を，容易にすることを可能にさせるものである。

　本書の第2の部分において大部分を占めている個所では，プレモダニズム，モダニズム，そしてポストモダニズムという解釈的骨組み，をアメリカ法思想，ないしは法学に適用している。私の物語は，おおよそ1776年以降のアメリカにおける法思想の動向を追っている。これらの動向は必ずしも進歩――法学についてのより良き概念へと上昇あるいは向かう動き――を具体化しているわ

けではなく，むしろ一連の理解可能な変遷あるいは発展の舞台を示している。要するに，アメリカの法思想を，既存の海図の水面の上を航行する，計画されたものではないが，一貫した，知的航海として示している。

　さらに，この法思想の航海を物語ることは，法学の領域を超えて，意味合いを持つ。幾人かの者（ないしは多くの者）は，法学者がアメリカにおける知的指導者であることに疑問を持っているとはいえ，法が，常にこの国における中心的社会制度であることを否定する者はほとんど存在しないであろう。アレクシス・ド・トクヴィルは，既に1835年にこの自明の理を明確に述べている。「アメリカ合衆国における政治問題で，遅かれ早かれ，司法問題として解決されないものはほとんどない。」それから150年後の1994年に，メアリー・アン・グレンドンは，次のように繰り返している。「アメリカの特殊性の多くは……我々の由来はどこにあり，我々は何者であり，我々はどこに行こうとしているのかについて，法が標準的説明をする度合いに見られる。」プレモダニズムからモダニズム，そしてポストモダニズムへと至る法学の動向を物語ることは，アメリカ社会のひとつの小さな隔絶した面を描くこと以上の意味を持つことの所以は，一部このような理由による。それどころか，アメリカ法学を物語ることは，アメリカ人──少なくともアメリカの知識人──が自らをいかに表現してきたかの，多くを捉えることなのである。例えば，モダニズムの重要な構成要素は，社会的諸関係を意図的にコントロールしたいという人間の欲求である。とりわけ，モダニストの知識人は，社会の変化および秩序を統御する自らの能力について自信を持って公言している。そしてしばしば，統制に対する欲求は，ニューディール議会──経済を立て直そうとの，その繰り返し行われた立法の試みは社会を再び秩序立てようとのモダニストの原形として理解することができる──において例証されているように，法を通じて実行に移される。ある意味において，モダニズムは「法において，法を通じてそれ自身を表現するという命題」の上に成り立つ。(2)その結果として，ポストモダニズムにおいて，司法およびその他の法的言明の権威と同様に，この法の道具的使用が極めて問題のあるものとなる。それ故に，掛値なしに，法についてのあれやこれやの面に関しての様々な時代に由来する法学の諸理論は，思う以上に多くのことを明らかにしてくれるかもしれないのである。すなわち，それらは社会の実態

についての，流布しているアメリカの認識や描写について，多くのことを明らかにしているかもしれないのである。

　本書を通じて，法思想（legal thought）と法学（jurisprudence）という用語法は，相互互換的に使用されている。今日の幾人かの学者は，法学をより狭く，すなわち法の概念に分析哲学的な焦点を当てることの1つの型に過ぎないものに限定しようとしている。このような立場に対して，私のより広い法学——法思想と同義のものとして——の概念は，哲学的，社会学的，歴史的，文化的見解を含むが，それらに限定されない，法についての多様な見方を含んでいる。従って，広く定義された，法学者が，様々な観点から，司法判決の形成や統治一般との関係における法の性質や実践をいかに描写し，理論化するのかを，私は探求するのである。実際，プレモダンのまさに第1舞台の間，多くの法学者は，彼ら自身，法学，政治学，および社会学的思想が，密接不可分に結び付いている，との見解を持っていたのである。ジェームズ・ウィルソンやナサニエル・チャップマンのような人達は，法を政治理論や社会理論の中に包含されるものとして，一般的に叙述している，18世紀後半における知的，政治的指導者であった。例えば，ウィルソンは人権宣言と合衆国憲法の両者に署名した，たった6名の中の1人であり，その後最初の合衆国最高裁判事の席を占めたのである。1790年代の始めに，彼はフィラデルフィア大学（college of Philadelphia）において，アメリカ憲法について初めて講義をしたのであり，それらの講義は人間性，道徳，歴史，統治，法等々，についての諸見解や諸理論を広範に渉猟していたのである。確かに，19世紀の終わり頃において，専門の法アカデミーの発展によって，より専門的な法学論文——表向き政治思想や社会思想から独立した，法それ自体により焦点を当てている——が出現することになるのである。しかしながら，モダニズムに特有な，法学についてのそのように限定された概念は，初期のアメリカ法思想や，後に明らかにするように，ポストモダンの法学論文において明白な，非常に豊かで多様な観点の範囲を適切に捉えることができないのである。[3]

　本書で展開される主題は広範囲に及ぶものではあるが，1つの決定的点においてこの研究を限定している。すなわち，アメリカ法思想の有力人物に焦点を当てていることである。19世紀におけるジェームズ・ケントやジョセフ・スト

ーリィ，20世紀におけるカール・ルウェリンやヘンリー・ハートのような法学を指導する立場にある者について議論している。普通の弁護士による日々の法の実践についてほとんど議論していない。確かに，ハーバード大学の教授であり連邦最高裁の判事であった，ストーリィのような人物による十分に熟した法学的思考は，法についての普通の弁護士の見解とは明らかに異なっている。と同時に，ケント，ストーリィ，オリバー・ヴェンデル・ホームズを含む19世紀の法学についてのエリート達の多くは，学者であるとともに裁判官でもあり，その結果，法についての彼らの思考は，諸事件を解決した彼らの実践的経験によってある程度形成された，ということにも注目しておかなければならない。同様のことは，少なくとも幾人かの指導者達にも当てはまることであり，ベンジャミン・カードーゾはその典型的な例である。

　アメリカ法思想にとっての有力人物に焦点を当てるとはいえ，彼らの思想を純粋な抽象物として探求するのではない。それとは反対に，思想史についての私の見解として，諸思想は，社会的，文化的，そして政治的文脈の中で展開されてきたことが忘れられてはならないのである。抽象的発見物としてのプレモダニズム，モダニズム，ポストモダニズムを鳥瞰することを意図した，第2章においてさえ，これらの概念を，少なくとも幾つかの広い文脈の構造の中で描いている。知的発展のほとんどは，それらの歴史的環境から切り離され，ある架空の世界の上に生じているものとして提示されるならば，ひどく歪曲されたものとなるであろう。例えば，モダニズムの一般的命題を，西洋文明におけるプロテスタント改革（Protestant Reformation）の影響を幾分かでも抜きに語るとするならば，適切な理解を妨げる元となる。そこで，アメリカ法思想に焦点を当てている章において，様々な舞台や小舞台がどのように，またなぜ特定の歴史的時期に法学において発生したのかを説明する（ないしは物語る）ことに努めたのである。社会的，政治的，および文化的諸要素は思想の発展や動向に常に，また重大な影響を与えるものである。しかし，同時に，私の見方として，広がりを持つ思想は，思想それ自体の内容や力の故に，一定の方向に発展する傾向がある。そのような広がりを持つ思想は，いわば比較的に自立的なものとして存在するのである。それらは社会的利益ないしは構造のみから生じ，拠り所とするのではない。思想は，マルキストが言う，単なる上部構造ではな

いのである。思想と社会的利益は，複雑な弁証法的関係において相互に作用し合うのである。(4)

　例えば，Xという広い概念は，もう１つの概念Yに発展する傾向があるとしよう。しかし，この発展は，それを促進し，引き金となる特定の社会的，政治的，そして文化的状況が生まれなければ，そしてそれまでは，生じることがないであろう。一般論として，主要な知的変化——例えば，XからYへ——のための諸要素はしばしば，南北戦争や世界大戦のような大きな社会的混乱が生ずるまで，単なる潜在的なものとして，隠れたままではあるが，地平線上の雲のように，広範な時を超えて，集合してくるように思われるのである。次に，この社会的大変動は，突然の大雨のように，知的変化を促進するのである。もちろん，既に述べたように，知的変化は全く突然に起こるものでもなければ，全く漸進的に進むものでもない——革命的なものでもなければ，進化するものでもない。最終的な出現にもかかわらず，知的変化は，数年を，しばしば数十年をかけて構築される故に，予想外の，あるいは予期せぬ暴風雨として理解されるべきではない。しかし，そうであるとしても，欠くことのできない社会的事件が究極的変化の最終的な引き金となるまで，変化は明確に認識可能な形態においては出現しない故に，それは漸進的，堅実，そして着実なものではない，というのは実相なのである。(5)

　アメリカ法学のリーダー達を，以上の方法によって，個々の文脈の中で理解するならば，彼らの多くは知的で，博識で（それも単に法におけるだけではなく），そしてしばしば聡明である，とさえ言えるように思われる。それにもかかわらず，あまりにもしばしば，法史家や法学者は以前の思想学派を時代遅れであるとか，大間抜けであるとして中傷するのである。(6)例えば，1920年代のリーガル・プロセス学派を振り返って，いかにして彼らが「諸事件を同様に扱う」というような陳腐な格言を説明することに，彼らの生涯を捧げることができたのか，不思議に思うことであろう。しかし，冷戦を含む，彼らの特異な歴史的文脈の中で理解されるとき，法の支配と法の客観性を擁護しようとする彼らの努力は理解可能なものとなり，止むに止まれぬものであったこととなるのである。従って，確かに，この作業を通じて，法学についての以前の学派のいかなるものをも正当化し，復活させようとするものでは決してないが，それら

が発生した文脈の中において，法思想の様々な学派に知的意味を与えることを試みているのである。

この点で，法学に関る有力人物に焦点を当て，様々な舞台や小舞台の中における変化を強調するアメリカ法学の知的歴史は，物語の説得力を損なうであろう，細部を見落としたり，特定の反対意見を無視したりする傾向があることに，注意しておく必要がある。知的歴史を含む，歴史というものは，細心の注意を払って模造されているものではないが，法学のエリートや広範囲な時期に焦点をあてる物語は，まさにそのような秩序立てを誤って示唆する可能性が存在する。ポストモダニスト達が主張しているように，壮大な物語，メタ・ナレーティブ，あるいはメタ・ヒストリーズは，一般に，部分的とはいえ，時代区分が歴史を平坦にする故に，阻止されなければならないのである。諸舞台は，あたかも単一の声ないしは立場によって代表されているかのように，しばしば描写される。反対意見や抑圧された声は，特定の概念やアプローチを例証するものとして，性急に手際よく性格付けられた時代の中で，無視され，最小化されるのである。従って，例えば，法学において，1920年代は，多くのリアリストと目される人が異なる見解を持ち，この時期の多くの法学者は全くリアリストではなかったことを認めることなしに，1920年代は初期のアメリカのリーガル・リアリストの時代として提示されるのである。さらに，公開の場で，通常，彼らの法学に関する意見表明さえすることのできない，この時代のアウトサイダー達——アフリカ系アメリカ人，女性，ユダヤ人，その他——についての説明が，いともたやすく抜け落ちるのである。[7]

極めて率直に言って，これら潜在的に有する困難さに直面すると，躊躇を感じさせるものがある。私のこれまでの研究の多くは，周辺に追いやられているマイノリティーや，異なる文脈における外集団の声を白日の下にさらし，議論することに捧げてきた。[8]今やアメリカ法学の歴史において，このような声の重要性を無視することはできない。不幸なことに，多くの法学エリートは，程度の差こそあれ，人種差別主義，性差別主義，反ユダヤ主義，および経済的階級主義に加わってきた。この点において，彼らの法学的，理論的洞察力にもかかわらず，これらの学者はあまりにも平凡過ぎたのであり，アメリカの歴史の多くに関して，例外的な人のみがこのような偏見から幾分免れることができた

のである。そこで，なるほど様々な外集団の観点からアメリカ法学について語られている，極めて重要な物語が存在しているが，しかしこれらの物語は，これから探求しようとするものではなく，少なくとも私の仕事ではない。[9] その代わりに，最初から，法学史が潜在的に有するこれらの困難性は，私の物語のゴールを明確にする助けとなる，但し書きとしての役割を果たすことができるようにしているのである。

とりわけ，本書では，アメリカ社会を背景にして，領域や分野を横断した広がりを持つ幾つかの知的共通点ないしは傾向のプリズムを通して理解される，法学における特定の知的発展を，主に説明することに努めている。私の視角からは，一定の広い主題や変化は多くの領域において認識可能なのであるが，知的歴史は普遍的主題や進歩の，ある壮大な物語に還元されるべきではない。異なる知的分野は全く同様の方法で，同様の速度で展開するものではない。その結果，最初に，知的歴史が有する潜在的変化を理解するための，一般的な発見的，解釈的骨組みを提示し，次に，この骨組みをアメリカ法思想の特定の文脈へ適用することを探求する。そのようにすることによって，私は法学における変化に影響を与える社会的，文化的，そして政治的要素に焦点を当てている。もっともなことに，その他の知的分野や領域は多様な方法で，異なる速度で展開する。それにもかかわらず，まさに種々様々な領域や分野は，しばしば類似の社会的，文化的，そして政治的文脈において展開される故に，アメリカにおいて広範に織りなされている知的思想を超えて，異なる領域の間において重要な類似や重複が生じているとの予想が成り立つというのも，もっともなことである。このような理由から，アメリカ法思想についての私の物語において，法学の変化についての説明を助けるために，その他の知的領域における発展に時折ふれることにする。

重要なポイントを強調すると，次のようになる。すなわち，私の一般的解釈学的骨組み，より特定して述べると，アメリカ法学についての物語は，知的発展を説明し，理解するためのとりわけ有益な，説得的方法を提供することである——と私は信じている——。たがしかし，それら各時代区分の中での様々な小舞台と同様，プレモダニズム，モダニズム，そしてポストモダニズムについての私の概念化は，知的歴史一般であれ，アメリカ法学の特定の場合であれ，

絶対的な区分でも，厳格な境界を表現しているとも，捉えられるべきではない。疑いもなく，プレモダニズム，モダニズム，ポストモダニズムを異なる形で定義することが可能であり，従って，様々な舞台がアメリカ法の歴史におけるその他の点に出現していると論ずることが可能かもしれない。疑いもなく，異なる声——異なる法学，普通の弁護士，州裁判所判事，連邦最高裁判所判事——に焦点を当てることもできるし，従ってアメリカ法思想についての，それらとは異なるがなお説得力のある歴史を語ることも可能である。また疑いもなく，法学に関して指導的立場にある者に焦点を当てている知的歴史でさえ，広範な知的変化に関わる，広範囲に及ぶ社会的，文化的，政治的文脈というよりも，心理学的な細部や諸要因を統合した動機を，それに代えて強調することも可能である。例えば，ハーバード・ロー・スクールにおけるクリストファー・コロンブス・ラングデルのディーン（法科大学院長）としての指導力に影響を与えているものとして（初期のモダニストの時代），南北戦争後の広範囲に及ぶ傾向を強調する一方，それに代わるもの，すなわち彼の知的方向を形成しているものとして，個人と職業両者に関わる，ラングデルの人生経験により多く焦点を当てるアプローチも可能なのである。彼自身，南北戦争の間中何をしていたのか。戦争以前彼は何をしていたのか。どのような種類の法実践を彼はしていたのか。彼は家庭を持っていたのか。彼の友達は誰だったのか。友達への手紙に彼は何を書いたのか。職業上の同僚についてはどうか。これらの疑問点をより心理学的，個人的に方向付けられた知的歴史において，詳細に探求することもあり得るのである。[10]

　だがしかし，実際のところ，本書の目的は，2世紀以上にわたるアメリカ法思想の動向を探求することであり，その帰結として，必然的に広範に及んだ傾向と多数の要因を強調している。扱い可能な企画とするために，個人的ないしは心理的影響以上のものに焦点を当てている知的歴史は，より範囲の狭い時間あるいは少数の個人に集中しなければならず，従って本書の目的には沿わないものとなる。このことは心理学的諸要素を無視することを示唆するものではなく，ただそれらを強調していないことを言いたいのである。だがしかし，より重要なことは，本書においてはまた，法思想の主要な学派に反対している法学の見解を無視していないことである。そのようにすることが物語の流れにとっ

て重要であると思われるとき――このような見解が，語ろうとしている基本的な物語の一部であるとき――，このような見解を，本書の中に取り込んでいるのである。実際，極めてしばしば，このような批判的見解ないしは異論は，本流に照明を当てる手助けとなり，さらには法学的発展の次の舞台や小舞台へと導くのである（しばしば異を唱えている見解は，次の法思想の指導的見解となる）。そして20世紀後半において，外集団のメンバー――特に女性と人種的少数派――が，法アカデミーの中で，ついには一定の立場を確保するとき，それらの声や見解は物語の前面へと進み出るのである。すなわち，第5章において，実際，ポストモダニズムの法学の主題の幾つかを記述している故に，幾つかの外集団のメンバーによる批判的見解に照明を当てることになるのである。

幾分同様の脈絡において，主要な物語を語るについて適する限りにおいてのみ，私は司法判断について論じている。物語のメインはアメリカ法学の指導的立場にある者についてであり，これらの者はしばしば判決文――とりわけ連邦最高裁判決――を書いている故に，しばしばこれらのものを論じる必要があるのである。だがしかし，ほとんどは，当時の法学界に大きな影響を与えた，ロックナー 対 ニューヨーク事件，ブラウン 対 教育委員会事件，ロー 対 ウェイド事件のような判決のみを議論している。(11)

定義に関って，最後に，2つのポイントを明らかにしておきたい。第1に，著者の幾人かは，プレモダニティーとプレモダニズム，モダニティーとモダニズム，ポストモダニティーとポストモダニズムとを区別している。これらの著者に典型的な特徴は，例えば，モダニズムを文化的特徴として，モダニティーを特定の社会的，政治的，そして経済的組み合わせとするのである。文化的なものと社会的なものとの同様の区別は，従って，その他の時代（プレモダニズムとポストモダニズム）にも適用されるのである。だがしかし，私の見解においては，文化的実践と社会的実践とは必然的に結合している故に，このような明確な2分法には問題が存在するのである。既に示唆したように，たとえ知的展開は主に文化的表明として理解されるとしても，それにもかかわらず，それらは社会的，政治的利益に幾分依存している。従って，プレモダニズム，モダニズム，ポストモダニズムという用語法は，広く文化的なものと社会的なものとを含むものとして使用されている。本書においては，頻繁に，特定の社会

的，歴史的文脈の中で生じている，幾つかの概念の一団にふれることにする。(12)

　第2に，それらの用語法自体が示唆しているように，少なくとも，知的歴史において，モダニズムを時間的そして分析的，両者における中心的概念とし，プレモダニズム，モダニズム，ポストモダニズムは相互関係的に理解されるべきである。すなわち，プレモダニズムは，プレないしは前モダニズムとして，そして，同様にポストモダニズムはポストないしは後モダニズムとして理解されている。モダニズムが中心に位置することは知的歴史それ自体が有する特徴に，部分的に，負っていると言えるかもしれない。すなわち，モダニストが知的展開を一連の舞台ないしは広範な変化として時代区分した最初であったからである。しかし，モダニズムがこのように中心に位置するとはいえ，本書のポストモダニズムについての部分は，少なくとも各舞台によって包含される年月の数との関係で，モダニズム，あるいはポストモダニズムよりもわずかながら多くの部分が割かれている。例えば，これまでのところ，ポストモダニズムはおおよそ20年間をカバーしているのに対して，モダニズムは1世紀あるいはそれ以上の広がりをもつのではあるが，モダニズムとポストモダニズムの法思想についての各章は，その長さにおいてほぼ等しい。幾分不釣合いかもしれないが，このようにポストモダニズムに多くを割いたのは，それだけの必要性があったからである。その1つの理由としては，我々は現在まさにポストモダンの時代の只中にいるので，何がポストモダンの法思想のもっとも永続的道筋となるのかについて，限定した焦点を当てることを促進する，歴史的距離感が欠如しているからである。従って，第5章において，ポストモダンを8つの主題で論じているが，今から50年後に，後知恵を持った後世の法史家は，例えば，4つの主題が永続的重要性を持ち，さらなる議論をするに値するとの結論に至ることもあり得るのである。この歴史的距離感は，ポストモダニズム自体の性格によって一層困難な問題となっている。とりわけ，ポストモダンの知的思想は極めて学際的なので，ポストモダニズムを簡潔に描くことを難しくさせるのである。すなわち，学問的な，知的ポストモダンの風景を取り巻く，もろい領域の壁を縦断している，複雑な相互に深く結び付いた主題が極めて多く存在するのである。さらに，まさにこの学際的複雑性の故に，本書において，ポストモ

ダニズムに与えられた，わずかながら不釣合いなスペースは，幾つかの知的サークルにおいて浮上している，ポストモダンの思想に対する即座の拒否や非難——あまりにもしばしば，私の見解では，主要なポストモダンの主題に対する重大な誤解に根差す拒否や非難なのであるが——に対抗する助けとなるのに有用であると思われる。それに加えて，（すべてではないにしても）幾つかのポストモダンの著作に見られるわけのわからない隠語の故に，しばしばこれらの誤解を生ずるのであるが，混乱——複雑性であれ，わかりにくさにせよ——が生ずるのを覚悟で，ポストモダンの主題を明確に提示することは，本書の主要な話の筋にとって欠くことができないものであると思われる。

いずれにせよ，プレモダニズム，モダニズム，ポストモダニズム概念間の相互関係的性質から，いかなる舞台の全体的意味をもばらばらに把握できると考えるべきではない。むしろ，十全なる理解は，様々な舞台および小舞台間の関係——相違と類似——を踏まえてのみ可能となるのである。従って，最終的に，アメリカ法思想の舞台すべて——プレモダニズム，モダニズム，ポストモダニズム——に焦点を当てていることは，アメリカ法学についてのその他の著作から，本書を区別する特徴となっている。その他のこの種の本の多くは，南北戦争以前の時代を無視し，従って南北戦争後——すなわち，モダニストの時代——のラングデル派の法学およびホームズ主義の法学の出現から語り始める。それらとは異なり，本書では，建国から南北戦争までの時代を，アメリカ法思想の展開にとって欠くことのできない部分として包含している。従って，このようにプレモダンの時代を含めていることは，私の希望として，モダンやさらにはポストモダンの時代をより際立たせ，理解可能なものにさせるのである。[13]

本書を通じて，プレモダニズム，モダニズム，ポストモダニズムの概念が物語の骨組みとなっているので，2つの広範な相関関係にある主題を軸に展開される。すなわち，法学の基礎と進歩の概念である。アメリカ法学についての物語の多くは，アメリカの法システムと司法判断の形成の基礎を確認する（あるいは疑問を呈する）問題に向けられる。例えば，モダニスト達は自然法を拒絶し，従って何らかのそれに代わる基礎を求める要求に応えようとしたのに対して，プレモダンの法学の大部分は，自然法原理がアメリカの法システムを補強

することに同意していたのである。さらに，異なる時代を特徴付ける法学の基礎の様々な概念は，進歩という変転する概念——一連の進歩についての異なる概念，進歩の可能性についての異なる前提，法がいかに進歩に貢献し得るかについての異なる希望を伴う概念——に密接に結び付けられている。それ故に，モダニストの法学者に関して，進歩の可能性は無限であると考えられ，人間の創意によってのみ限界付けられるのに対して，少なくともプレモダンの法学の第2舞台に関して，自然法原理は社会的，法的進歩にとっての目標と限界の両者を提供したのである。第2章において，基礎と進歩の一般的概念——それと同時にプレモダニズム，モダニズム，ポストモダニズムについての一般的概念——について詳しく説明している。これに対して，プレモダニズム，モダニズム，ポストモダニズムについての広い概念ではなく，法思想のみに関心を有する読者のために，第3章から第6章までは，それら自体のみの理解に役立たせるようにしている。このことはまた，第2章は，広範な諸概念のための一般的導入部としての役割が与えられていることを意味している。それにもかかわらず，本書は統合された一体をなすものであり，各章は一体となって，統一された物語に貢献するように意図されているのである。

第2章 知の海図
プレモダニズム, モダニズム, ポストモダニズム

プレモダニズム

　プレモダニズムは，2つの連続した小舞台に分けることができる。すなわち，それぞれ，循環的（cyclical）なものと終末論的（eschatological）なもの，と私が呼ぶものである。[1]第1のものは，知識や価値の安定した根本的源として，自然や神（ないしは神々）に対する忠誠心によって特徴付けられるものである。普遍性があらゆる生活——物質的なもの，規範的なもの，両者において——の形態に存在し，明白であることがその前提とされていた。例えば，プラトンは，感覚的なものとは区別された，——絶対的美，善，平等のような——イデア（ないしは形態）の存在を認めていた。感覚的なものは，特定的なものであり，束の間のものであり，流転するものであるのに対して，イデアは，普遍的なものであり，不変なものであり，安定しているものである。特殊な，感覚的なものは，曲がりなりにも，普遍的イデアの，不完全な出現に属し，存在しているのである。[2]より広範な文脈で述べると，コスモスについての古代ギリシャの概念は，物質的世界と同様，普遍的永遠な道徳的，美的価値を含む，「存在の秩序立てられた全体」を含んでいたのである。ギリシャのコスモスは「有機的存在としてのフィジス，個人的行為と社会的構造としてのエートス，規範的慣習および法としてのノモス，宇宙的発展のあらゆる面を規範的に支配し，合理的基礎となるロゴス」を含むのである。[3]

　この形而上学的結合——規範的なものと物質的なものとの統合——故に，知識と価値（より正確に言うと，徳）に対する人間のアクセスは，我々自身の内部，世界の内部に，常に内在するものであった。個人と社会は，自然と神的な

ものから別に存在しているというよりは，属しているように思われたのである。「心的なものと現実の両者は，同様に明瞭なものである」故に，コスモスは「本質的に理解可能なもの」であり，それ故に接近可能なもの（ないしは認知可能なもの）であった。古代思想において理解されたものとして，理性は有徳の，良き生活を見分けることができるものであった。従って，人間は，世界（自然ないしは神）から生ずる，あるいはその中で生ずる永遠の，普遍的原理に，直接接近し，さらに認識することができるように思われた。プラトンの想起（recollection）の原理に従うと，各人は，イデアないしは普遍的原理について，真の知識に達する主観的潜在力を持つのである。プラトンは次のように主張している。すなわち，「知識や正しい理性は」既に我々各人の中に存在するが，ある意味で，我々はそのことを忘れているのである。従って，知識に対する我々の潜在力を発揮させるために，我々は普遍的なものを思い起こさなければならず，換言すると，「我々が以前に知っていたもの」を回復させなければならないのである。(4)

　普遍的な，永遠の原理が存在するとの前提は，一時的なものを概念化するにつき特別な配慮を要求した。すなわち，時間や歴史は，永遠の，普遍的なイデアと調和しなければならないのである。プレモダニズムの第1舞台において，時間は循環するものと理解されたのである。ギリシャ人は，物質的な世界において，惑星の運行と同様に，組織体の「継続的成長，成熟，および衰退」を認めていたのである。このような観察から，彼らは，普遍的な原理と一時的変化との間の関係についての理解を展開し，そして次に，彼らはそれを人間の問題と社会の歴史へと拡大させたのである。諸文明は「循環的運行」の典型として盛衰するが，永遠の，普遍的原理は不変のままなのである。カール・ローウィスは次のように書いている。「人生や世界についてのギリシャ人の見解に従うと，日の出と日没，夏と冬，生成と腐敗との永遠の繰り返しのように，あらゆるものは繰り返すのである。」従って，トゥキュディデス（Thucydides）は，彼のペロポネソス戦争についての歴史を，過去についてと同様，将来についても同様であることを明らかにすることを前提としていた。「目の前で起こったこと，およびそれ以降，人事の秩序において起こる同様の事件の，真の姿を描くことを欲する者が，私が書いたことを役立てようとするなら，私の喜びとす

るところである。私が描く歴史は，永遠に継続する考え方であり，聞いては忘れる，すぐれた創作物ではない。」(5)

　この統合されたプレモダンの世界の中で，普遍性の概念は，政治思想に浸透した。アリストテレス（Aristotle）にとって，人間の生活の普遍的性質と目的は，政治社会における最善の形態を決定する。従って，最も重要なことは，「人間はその性質において政治的動物であり」，人間生活のテロス（telos），ないしは自然の目的は，ユーダイモニア（eudaimonia），ないしは幸福であることを認めなければならないことである。人は徳と一致して生活することによって幸福に至るのであり，ポリスあるいは政治共同体の中で慎み深く，聡明に行動することがなければ，徳のある生活を送ることはできない。諸個人の善と政治共同体の善とは相互に絡み合い，不可分なのである。アリストテレスは次のように述べている。すなわち，「最善の体制」において，「[市民とは]徳と一致した生活をするために，支配され，支配することを意図的に選択することができる者である。」その形態ないしは型――1人，数人，あるいは多数による統治にせよ――の違いにもかかわらず，政府は，単なる私的利益ではなく，共通善を追求すべきである。要するに，個人にとって，政治共同体に徳をもって参加することが，最高の善と見做されていたのである。(6)

　紀元4世紀の間，ローマ帝国は，キリスト教を帝国，ないしは公式の宗教として確立させた。西洋文明におけるキリスト教の受容をもって，プレモダニズムは第2の舞台，終末論へと入ったのである。普遍的，永遠の原理――この点で，明らかに神がそれらを命じているとされたのであったが――は，なお存在すると考えられたのであった。だがしかし，キリスト教は，精神的なものとコスモスについて，より限定された理解へと導く，世俗的なものとの区別を強調したのである。コスモス（kosmos 今や cosmos）は，それは「なお神が存在するという特徴を含んでいた」のであるが，精神的なものより世俗的なものとの結び付きがより深まり，従って規範的というより，より物質的なもののように思われた。人間の理性という概念もまた，より限定されたものとなった。宗教的信仰を通じてなお縛られてはいたけれども，理性だけをもって，人間は普遍的，永遠の真実を掌握することはできないと考えられたのである。(7)

プレモダニズムの第1と第2の舞台の間の，主要な相違は，時間あるいは歴史についてのそれぞれの性格付けにある。5世紀初頭，聖アウグスティヌスは，極めて影響力のある神学，哲学，政治学の著作である『神の国（The City of God）』を書いた。アウグスティヌスは次のように論じた。すなわち，原罪は「聖書の言葉によると，まさに2つの国と呼ぶことが可能な，2種類の人間社会」へと導く。「1つは肉欲に従って生きることを欲する者達から構成され，他の1つは精神に従って生きることを欲する者達から構成される。」天の国——神の国ないしはキリスト者の共同体——は神の愛から形成されるのに対して，地上の国は愛自体から形成されている。周知のように，曖昧ではあるが，アウグスティヌスの2つの国の概念は，相互に関連した2つの区別を中心に展開されていたように思われる。第1の区別に従うと，天上の国と地上の国は「2つの共同体」，すなわち救済されるものと地獄に落ちるものに関係している。これら2つの共同体は「終末論的現実」，すなわちそれらの目的においてのみ実現されるものとなるのである。第1の共同体は「神によって永遠に支配されるように前もって運命付けられており，他のものは悪魔によって永遠に処罰されるべく定められている。」たとえ終末論的実在が未だ実現されていないとしても，2つの国が現実に存在するのである。すなわち，アウグスティヌスは，それぞれの国が「それぞれの道を」歩み始めると述べていたのである。従って，ここで，アウグスティヌスは区別する方向へと向かったのである。彼は時間と歴史について，2つの尺度を区別した。すなわち，神聖なもの（終末論的時間）と世俗的（*saeculum* ないしは一時的歴史）なものである。終末論的現実としての，2つの国は，聖書において明らかにされているように，聖的歴史において理解されなければならない。だがしかし，世俗の時間の中において，現在2つの国が未完の（不純な）形態で混合して存在するのである。「実際のところ，これら2つの国は，この世界において絡まり合いながら存在し，最後の審判がこれらの分離をもたらすまで混在するのである。」アウグスティヌスは，当時崩壊しかけていたローマ帝国の運命から，キリスト教の将来を切り離そうとしていたように思われる。従って，帝国や王国は世俗的（物欲的）歴史を通じて盛衰するとしても，神のキリスト教国は聖的時間において，その完成へと向かって進歩していくのである。[8]

第 2 章　知の海図　17

　従って，最も重要なことは，アウグスティヌスは，神によって命令されたものとしての，普遍的，永遠の原理に基礎付けられた世界へ入る進歩の概念を組み入れていたことである。神聖な歴史において，進歩は，救済されるものと地獄に落ちるものとの，2 つの共同体のうちの神的，聖的目的，目標のまさに概念において固有のものであったのである。世俗的歴史において，文明は——プレモダニストの概念の第 1 舞台に一致して——，盛衰を続けるかもしれないが，しかし今や，第 2 舞台の下で，ある意味で，神の神聖な国の完成ないしは実現へと向かう動向によって，進歩を測定することが可能となったのである。このような進歩は，人間の創意工夫ないしは意思ではなく，むしろ神聖な介入によって達成されるのである。しかも，このような進歩は，無限なものでも，継続的な質的向上の連続でもなく，究極の（神聖な）原理の実現であったのである。[9]

　初期のキリスト教による，精神的なものと世俗的なものとの分離は，プレモダンの世界の形而上学的統合を脅かした。だがしかし，何世紀にもわたって，知的思想は精神的，神学的事柄に焦点を当てたままであったこともあって，この潜在的脅威は大部分現実化しないままであった。実際，ある意味では，プレモダン世界の形而上学的統合は，アリストテレスの著作が，13 世紀初頭において，キリスト教哲学者や神学者に広く利用可能なものとなることによって，強化されたのであった。聖トマス・アキナスは，明らかにギリシャ的世界観とキリスト教的世界観を統合することを企て，そうすることにおいて，人間の理性に新たな生命を与え，世俗の政治的事柄に理論的関心を呼び戻したのである。トマスによると，神に関するその他の真実は，信仰によってのみ接近可能となるのであるが，人間は神についての，ある真実を学ぶために理性を使用することができるのである。さらに，アリストテレスが，ポリスを強調したのに一致して，個人は天から由来する政府の下での単なる臣下であるというよりは，統治に参加する市民であることを示唆しながら，トマスは，キリスト教王国（Christendom）に政治なるものの概念を導入したのであった。[10]

　形而上学的亀裂を認めるアプローチの兆しは，ニコロ・マキャベリ——彼の人文主義的政治理論は国家の福利を強調した——の後期ルネッサンスにおける

思想に現われている。マキャベリはキリスト教的前提を著しく限定したのである。すなわち，中世キリスト教の思想は，世俗的国家の運命を決定付ける神の領分を維持したのに対して，マキャベリは，政治的事柄における，全くの運や人間の性質の役割を強調したのであった。従って，マキャベリは，モダニストの政治理論の発展の前兆となったのであり，それはさらに16世紀と17世紀の間の，ヨーロッパにおける国民国家の出現によって拍車がかけられたのであった。それにもかかわらず，マキャベリは，歴史についてのプレモダニストの概念を維持していたのである。すなわち，文明は，結局盛衰すると考えていたのである。マキャベリは，以下のように書いている。すなわち「理性を兼ね備えている，賢人は次のように言う。将来を予測しようとする者は過去を顧みなければならない。というのは，人間の出来事は，常に過去の時代に類似しているからである。」従って，せいぜい，徳のある支配者と市民は，共和国を一時的にのみ維持することができたのである。(11)

　実際，マキャベリにとって，共和国の維持と自由には最高の価値が与えられており，宗教的ないしは道徳的諸価値との一致あるいは不一致にもかかわらず，市民および支配者は，これらの目的——共通の善——を達成するのに必要なことは，何でもすべきなのである。だがしかし，全くの運や人間の（罪深き）性質は，すべての政府の最後の崩壊を確実なものとしたのである。一方での，政治的秩序と，他方での，運命や人間の性質との間の緊張——そして世俗的時間を通じてのもろい政治共同体を維持する結果として生ずる闘争——は，それ故に，マキャベリにとっては不変のテーマであった。彼は，共通の善と同様に，運命や人間の性質を（少なくとも一時的に）乗り越えるものとして，徳（*virtù*）を挙げた。市民と支配者は同様に，「各自の情熱」を無視し，それに代えて共同体の善（維持）のために行動することを追求しなければならないのである。マキャベリ主義の徳は，とりわけ，政治共同体を維持するのに必要なことすべてを，成功した支配者に要求したのである。すなわち「君主は……狐と獅子を真似なければならない。というのは，獅子は罠から自らを守ることができないし，狐は狼から自らを防ぐことができないからである。」要するに，マキャベリの最重要な関心は，世俗的時間を通じて繰り返し生ずる，恐ろしい攻撃にもかかわらず，いかにして共和国を維持するかにあったのである。(12)

モダニズム

　マキャベリの主著の出版と，時をほぼ同じくして，免罪符の販売というローマ・カトリック教会の物質主義的慣行を非難した，90の質問状を掲示することによって，マルティン・ルターは，1517年に，プロテスタントとしての改革を開始した。彼が抵抗を開始するや，世俗的出来事に教会が広範に巻き込まれていること，およびトマスのアリストテレス的人間理性の強調を包含しており，それと関連して政治的なものへのトマス的な関心の両者に対して，ルターは絶え間のない批判を繰り返した。ルターの観点は，キリスト教を大改革することではなく，精神的なものと物質的（ないしは世俗的）なものとの分離を復活することによって，キリスト教を純粋にしようというものであった。個人は，キリスト教の信仰の意味を説明するために，世俗的なキリスト教会を必要としないし，真のキリスト者は，聖書の卓越性と意味とを，個人的に経験することができるとされたのである。[13]形而上学に関して，ルターとその他のプロテスタント改革者は，マキャベリの裏の面に着目した。すなわち，マキャベリと改革者の両者は，プレモダンの世界における，形而上学的結合を拒否したが，マキャベリは，精神的なものを犠牲にして世俗的なもの（とりわけ政治的なもの）に焦点を当てたのに対して，改革者達は，世俗的なものに勝る精神的なものを強調した。特に，ルターの最も重要な追随者であるジョン・カルビンは，モダニストの知的思想の要素の中で，決定的に重要な神学的立場である，精神的なものと世俗的なものとの2分法を，その中心に据えたのである。

　いわばカルビンは，プロテスタントの改革的神学の教義として，教会と国家——ないしは精神的なものと世俗的なもの——との厳格な分離を主張したのである。カルビンは，世俗的国家を精神的領域に直接対立させたのではなかった。彼は相対立することのない，世俗的なものと精神的なものとの，完全な分離を主張したのである。カルビンは次のように宣言していた。すなわち，「［世俗的］政府は精神の，内心のキリスト教王国とは別個のものであるが，それらは敵対するものではないことを，我々は知らなければならない。」言い換えると，カルビンにとって，まさしく完全に分離している故に，世俗的政府と精神

的政府とは対抗するものではない。この2つの領域が重複することなく，接触することがなく，相互に働きかけることがない故に，それらは敵対しようがないのである。カルビンのキリスト者としての良心の自由に対する頑な支持は，精神的なものと世俗的なものとの，厳格な分離の神学が有する重要性を例証している。カルビンの見解からは，良心がキリストおよびキリスト教信仰を，その内心において経験することができるので，各人は自由を維持したままでなければならないのである。真の精神的信仰は，当然のことながら，強制され得ない故に，世俗的国家もプロテスタント教会も，信仰を強制すべきではないのである。良心や信仰は全く別のものであり，精神的世界の中に留まるのに対して，（いかなる形態であれ，いかなる根拠に基づくものであれ）強制は世俗的，現世的世界にのみ属すのである。従って，幾分矛盾する感じがしないでもないが，カルビンやその他の改革者達は，個人主義のある種の原型（proto-individualism）を導入したのであった。確かに，改革の神学は，個人としての個人——ある意味で個人が今や神の前にただ1人で立っているように思われる——を尊敬するという，新たな面を示したのであるが，同時に，原罪の故に，この世において個人は徹底的に堕落しており，罪深い存在であることを，改革者達は強調したのである。[14]

　全体として，改革は，新たなモダニスト的世界観を建設するために，4つの重要な要素を形成することに寄与したのである。第1に，もっとも単純なことであるが，ルター，カルビン，その他のプロテスタントの指導者達が，ローマ・カトリック教会に進んで異を唱えようとしたことは，重要な社会的先例となった。社会的権威や秩序は，それらが伝統的に受け入れられているだけで，不可侵なものでは最早なくなったのである。中世において，最も強力な社会的制度である教会が，困難に直面し，少なくとも部分的に敗北するくらいなら，社会的制度は，堅固なものではないのである。伝統に疑問を持ち，疑い，異議を申し立て，そして直面することが想像可能なものとなり，当たり前のことにさえなったのである。[15]第2に，社会的制度に異を唱え，良心の自由を強調することによって，諸個人が直接聖書を理解することが可能であると主張することによって，改革者達は，モダニスト的個人主義のその後の出現に貢献したのである。改革者達の個人主義の原型が有する矛盾にもかかわらず，その後，モ

ダニストの哲学者は，次第に尊厳を持つようになった個人——独立し，自立して，価値や目的を選択できると仮定された個人——を前提とするようになるのである。[16]第3に，カルビン神学の二重性——彼の思想の精神的なものと世俗的なものとの徹底的な分断——は，客観的世界に対する個人自身という形而上学的二重性の発展を促進したのであった。この形而上学的二重性は，来るべき世紀のための，モダニストの思想を補強したのである。最後に，カルビンは，そのようなことを意図したのではなかったが，カルビン神学の二重性は，結局，世俗的領域に，ますます重要性を与えることを認めることになったのである。カルビン自身は，世俗的なものから精神的なものを解放することを求めたのであったが，しかしそうすることにおいて，同時に彼は，精神的なものから世俗的なものを解放したのである。要するに，カルビンの改革神学は，西欧社会の来るべき世俗化（ないしは魔法から醒めること）に著しい貢献をするという，かなり意に反した効果を持つに至ったと言えるのかもしれない。[17]

繰り返しになるが，カルビンは，このような帰結を何ら意図していなかった。それどころか，一種の教会と国家の分離という彼の神学的考え方にもかかわらず，カルビンは，宗教的および世俗的権威の両者によって助長される，キリスト者の社会を確立することに意を用いていたように思われる。彼でさえ，神学に敵対する者を有罪にし，火あぶりにするために，かつてジュネーブにおいて，自らの政治力を使用したことがあったのである。それにもかかわらず，カルビンは，世俗的なものがいかなる価値，実体，目的をも欠いた純粋に物質的なものなるが故に，精神的なものと世俗的なものとの厳格な区分けを強いたのである。世俗の領域がこのように荒廃していること——その意味と目的が完全に奪われていること——によって，幾分逆説的なことであるが，カルビンは，精神的なものが世俗的なものを，ある意味で植民地化すべきである，と主張したのである。カルビンにとって，世俗的なものは純粋に物質的なものであり，意味を欠いている故に，世俗的世界における人間行動にとって，唯一究極の理由となり得たのは，それを神が命じていることであった。[18]言い換えると，カルビンは，初めに，世俗世界の空虚な物質性とキリスト教の精神性とを対比させ，次に，無価値な世俗領域に対するキリスト教の権利を主張することを可能にさせたのである。従って，これら2つの領域の分離によって，幾分間

接的であったとはいえ，カルビン自身，精神的なものが世俗的なものを支配すべきであることを確信したのであった。

　しかしながら，すべての者がカルビンの強力な宗教的確信を共有していたわけではなかった。実際のところ，彼の改革神学は，幾人かをこの世での活動に向かわせることによって，モダニズムへの転回を推進させる役割を果たしたのである。これらの個人にとって，精神的な領域と世俗的な領域との完全な分離は，1つの機会を提供することとなった。すなわち，神聖な意味と目的を，明らかに欠いた世俗領域において，人間は自己の目的を自由に設定してかまわないと思うようになったのである。人間は，自然界ないしは物質界を含んだ，世俗をコントロールすることができる。なぜならば，神は最早そのようにしていなかったからである。さらに，カルビン主義の熱烈な支持者でさえ，精神的なものと世俗的なものとの分離は，この世の行動に焦点を当てることを助長させた。政治と宗教は分離している故に，世俗の世界における人間活動は，おそらく精神的救済に導くことができない，とカルビンは主張したのであった。人間は永遠の運命を変えることは絶対にできない。すなわち，人間は原罪を持っているだけではなく，救済されるか，あるいは地獄に落ちるかを既に運命付けられている，とカルビンは主張したのである。従って，もはや達成されるべき目的（少なくとも世俗の活動や仕事を通じて）ではない精神的救済に関して，個人には選択の余地がないのであり，彼らの能力にもかかわらず，世俗世界における各自の職業に焦点を当てなければならないことになる。というのは，これは，従って，神のより大きな栄光の証となるからである。[19]

　人間のエネルギーと目的意識を，世俗の世界の上に焦点を合わせようとすることは，16世紀，17世紀を通じて絶え間なく出現する，科学における大発見の，多くの中の1つの理由となった。宗教改革以前においてさえ，羅針盤や印刷機のような実用科学的，工学機具の発見や導入が，西洋社会を劇的に変え始めていた。しかしながら，16世紀中庸を嚆矢として，とりわけ物理学と天文学において，新しい科学的発見と理論が劇的に展開されたのである。このことについて，ほんのわずかだけでもふれておくことにしよう。コペルニクスは，地球を含む惑星が，静止している太陽の周りを回っていると主張し，それまでのアリストテレス，プトレマイオス的宇宙の，地球中心的な理論に異を唱えたの

である。ガリレオは望遠鏡を改良し，それを天に向け，コペルニクス的アプローチを支持する証拠を収集したのである。太陽を中心とする理論を打ち立てる一方で，ガリレオは，落下物に関する重要な運動の理論を発見した。17世紀の終わりには，ニュートンが，一般力学法則を明らかにしたガリレオの運動理論を基に，重力を発見し，そして（ライプニッツと並んで）微積分学を発明した。これらの大発見の真只中において，フランシス・ベーコンは，経験的研究の制度化を提唱し，科学的知識は，自然を征服するために使用されるべきであると論じたのである。[20]

　16，17世紀に得られた科学の成果は，人間の歴史が記録されるようになって以来，先例がないほど急激な，質的な発展を示すものである。ある程度，キリスト教の終末論における進歩の観念が，これらの科学の発展を理解するための，急ごしらえの概念的枠組みを提供した。12世紀の後半までに，フィオーレのヨアキムは，聖的進歩という終末論についてのキリスト教概念は，世俗的歴史の中で精神的発展へと拡大され得ることを示唆していた。明確に，ヨアキムは，父と子と聖霊に基づく人間精神の発展について，3段階を設定した。次に，ルネッサンス期の学者は，世俗的歴史についてのこの3段階の歴史区分を修正し，古代から中世（ないしは暗黒），近代（ないしはルネッサンス）の時代へという動向を示した。やがてこれらルネッサンス期の学者は，彼らの時代を暗黒期に属させたが，近代主義者達は，歴史についてのこの時代区分の適用を貫き，そうすることによって，人間は無限に進歩することができることを行き渡らせた。プレモダニズムの第2舞台の間，世界の形而上学的統合という考え方は，進歩の概念を制限した。プレモダンの進歩は，永遠の，普遍的原理の完全な実現へと向かう動きを意味した。この見解においては，文明は周期的な上昇と凋落を続けることになる。しかしモダニストの世界の中で，形而上学的二重性が急速に広がるにつれて，進歩は潜在的に無限なものとなり，人間の才の問題となった。世事における質的，無限の発展という，進歩についてのこのモダニストの考え方は，16，17世紀の科学の進歩——部分的にそこから生じ，部分的に説明をする——と調和するのである。[21]

　要するに，西洋社会は，世俗化と神聖化の両者を，幾分逆説的に経験したのである。多分に，神聖なものと世俗的なものとのカルビンによる徹底した分離

は，最初は科学革命によって，その後17, 18世紀の政治的，社会的革命によって証明されるように，世俗的領域の重要性を増すようにさせたのである。とはいえ，カルビンの神学にもかかわらず，世俗的なものは神聖な（とりわけ終末論的な）用語において，部分的には概念化された。言い換えると，モダニスト達は，世界についてのプレモダンの終末論的型に適合させるために，彼らの新しい見解，実在についての彼らの新しい概念を形成しようとしたのである。従って，進歩についてのモダニストの考え方は，部分的に進歩についての第2段階のプレモダンの見解に似ているが，同時に少なくとも3点において違うのである。第1に，進歩についてのモダニストの概念は，世俗的なものに焦点を当てたのに対して，プレモダニストは神聖な，永遠な，そして普遍的なものに焦点を当てた。第2に，モダニストは終わりのない進歩の可能性を思い描いたのに対して，プレモダニストは究極の原理の潜在的実現のみを考えたのである。第3に，モダニストが述べる進歩は，人間の創意工夫に根差し，生ずるのに対し，プレモダニストの進歩は，神による介入から生ずるものであった。ある意味で，モダニストは，キリスト教的救済の物語において，神を人間に代えたのである。モダニスト自身が，物質的世界と社会組織をコントロールする表面的な力を主張したのである。伝統的信念に疑いを抱き，異議を申し立てる傾向を有しているモダニストには，社会秩序はもはや予め決定されたものでも，内在的なものとも考えられないのである。ジグムント・バウマンが述べたように，モダニストの社会はまるで庭園のようなものであった。すなわち，人間が合理的にデザインし，耕し，いらないもの（雑草）を取り除きながら，幾らかの植物を育てるのである。モダニズムは，おそらくおこがましくも，「合理的基盤の上に人間界の事柄を再編成することによって，人間に与えられた条件を改善する前例のない能力」を吹聴した時代であった。そこで，「歴史家の感性」が次第に出現したのである。すなわち，人間は意思力と想像力を有する故に，世界は継続的に改善されることを，歴史が証明するのである。[22]

これらモダニズムの中心的構成要素についての，早い時期の表明として，トマス・ホッブスの政治哲学を挙げることができる。ホッブスは彼の代表作，『リバイアサン（Leviathan）』を，政治的，宗教的混乱期——王位空白期のイ

ギリス大内乱期——である，1651年に出版した。[23]リバイアサンの前半では，公理的部分と論証可能な論理の問題として，ユークリッドが幾何学を提示したように，ホッブスは政治理論を科学として示そうと試みた。ホッブスは人間を，すべての者が肉体的，精神的にほぼ平等である，自然状態に置いた。この自然状態において，「死においてのみ終わりを告げる，永久の，飽くなき権力への欲求が」，各人を絶え間のない競争と，他人すべてに対する恐怖にさらすのである。プロテスタントの改革者と同様に，ホッブスは，個人を利己的な，貪欲な生き物と考えたのである。従って，自然状態は，「万人の万人に対する闘争のような」，継続的戦争に等しいのである。何人も闘争の域外に立ってはいないのである。個人の安全，社会の進歩，文化の発展は存在しない。「人の生命は，孤立しており，貧しく，不快で，野蛮で，そして短いのである。」[24]

　ホッブスによると，人間は自然状態において，固有の危険から自らを守ろうとするのであり，彼らの「理性が示唆することは」安全を確保する術を持つことである。各人が，すべての権利と権力を，1つの絶対的主権に預ける規約を締結することである。従って，ホッブスは，社会契約を次のように構想した。「［それは］あたかも，自己統治の権利を，汝の権利を，彼に預け，同様にあらゆる彼の行動に委ねるとの条件で，この人物に，ないしは人間の集合体に，委ね，預けると，すべての人間がすべての人間に言わなければならないのである。これがなされると，このようにして1人の人間に結合された多数は，ラテン語におけるキビタス（Civitas），国家と呼ばれるのである。これがかの巨大なリバイアサンの生成である」と。主権ないしはリバイアサンは，絶対的警察権能を行使することによって，市民社会の平和と秩序を維持する。平和の侵害，あるいは犯罪行為は，即刻正当な処罰の対象になることを，各人は知っているのである。しかし，主権の下にある者が，お互い同士の間だけで契約を結んでいる故に，主権自体は法の上にある。彼らは主権自体と直接に契約を結んではいないのである。[25]

　従って，リバイアサンの前半において，ホッブスは，モダニズムについての2つの構成要素について述べている。彼は，神的なものよりも世俗的なものに焦点を当て，伝統的社会制度にもかかわらず，社会関係を統制し，整理し直し，究極的には改善する人間の能力を強調したのであった。ホッブスの世界に

おいては，プレモダンの諸前提とは異なり，主権という権力は，人間の精神や行動から生じるものであり，直接神に遡るものではないのである。[26]たとえ人民は自然の中の利己的状態から出発したとしても，彼らは市民社会の平和と安全を維持することによって，人間の見込みを無限に高める政治的主権を生み出す才を持ち合わせていたのであった。なるほど，マキャベリとは異なって，諸個人からなる社会は，市民的秩序を確立するだけではなく，維持することができる，とホッブスは論じたのであった。

とはいえ，ホッブスは，彼の観点からは，この議論は不完全である故に，彼の書をこの一見して都合の良い点で終わらせることはなかった。ホッブスは，リバイアサンの前半において，理性と権力が共和国を確立させることができることを立証した一方，後半部において，世俗権力への恐怖は，永遠の堕落への恐怖と比べて，勝るとも劣らないことを認めたのである。そこで，後半部において，ホッブスは，（前半部における）彼の合理的議論を補強し，完全なものとするために，聖書の解読に目を向けたのである。従って，後半部において，その後のモダニスト達と比べて，ホッブスによる終末論の姿は，明示的に宗教的色彩をふんだんに含むものであったが，世俗的事項に終末論を適用するモダニストの傾向が顕著に現われているのである。[27]

注目すべきことに，リバイアサンの後半部は，カルビン主義の改革神学によって触発されたものであった。ホッブスによると，「神の王国は，神自身が主権者である，市民的共和国である。」とはいえ，この王国は，この世に現実のものとして存在しない。それどころか，ホッブスは終末論を展開していた。宗教改革派の伝統にならって，ホッブスは，先ず始めに，アダムの堕落，一般に2つの関連する問題を生じさせた，原罪を強調している。すなわち，永遠の生命の喪失と人間の傲慢さである。物語を引き合いに出しながら，それにもかかわらず，エイブラハム，続いてモーゼを通じての「イスラエルの民」（すなわち，ユダヤ人）との契約は，「神を喜ばせた」とホッブスは書いている。この点に至って，不幸にもホッブスは，伝統的反ユダヤ主義の心情を繰り返し，ユダヤ人は信仰心を失い，イエスが救世主として出現するまで偶像を崇拝したと主張している。「キリストの出現の目的は，神の国の契約を新たにし，そこに含まれる，選ばれし者を説得することであった。」従って，キリスト教徒にとっ

て，少なくとも，キリストの出現は，原罪，永遠の生命の喪失から生じている1つの問題を解決したのである。永遠の精神的救済は，キリストという実在への忠誠によって可能となったのである。[28]

だがしかし，ホッブスは千年至福説論者の見解に従った。すなわち，キリストの到来とともにであっても，主権的実在としての神の国は，この世俗的地上の上に生ずるものではない。むしろ，この地上での生活は，将来のキリストの再臨，地上における後の栄光の間における神による支配を準備する。すなわち，ホッブスは，共和国ないしは国を，やがて到来する神の王国への終末論的方向の上に立つ中間項として理解したのである。J・G・A・ポコックの言葉においては，次のようになる。「ホッブスは，リバイアサンである王国を，モーゼの神政政治において行使された，神による直接支配と，復活したキリストによって行使されるであろう，神の直接支配との間の，現実の隙間を埋めるものとして提示したのである。」この観点からは，政治的リバイアサンは，平和と秩序を強制することによって，原罪から生ずる第2の残された問題，人間の傲慢さの問題を解決したのである。[29]

実際，ホッブスは，精神的なものと世俗的なものとのカルビンによる過激な分断を，完全に受け入れたけれども，ホッブスには，カルビンのような何にも勝る宗教的確信が欠けていた。結局，ホッブスの政治哲学は，カルビン主義の神学におそらくこびり付いている，世俗化傾向を例証している。究極的に，カルビンにとって，世俗的事項の最終目的ないしは目標は，神の栄光であった。だがしかし，ホッブスにとっては，神の栄光はキリスト教社会の終末論的目的を提供するものであったが，しかし神も精神的な聖職者もこの堕落した世俗世界における政治社会において，いかなる方向性も目的をも提供することができないのである。ペレツ・ザゴリンが述べているように，ホッブスにとって，人間性は，「文字通り神に見捨てられた世界において，今や置き去りにされて」いるのである。[30]

それでは，精神的実体と方向性を欠く世俗世界において，人間性はいかにして方向性を見出すことができるのであろうか。少なくとも，リバイアサンの前半は，この神学上の難問に対して，彼の時代に芽生えた近代の科学技術を適用しようとのホッブスの努力の現われである。その後半部分は，主権に関する彼

の合理的帰結を補強するために，聖書に焦点を当てたのである。結局，事実上，ホッブスは，唯一つの結論に到達するために，リバイアサンの2つの部分を明示的に融合させているのである。世俗的，精神的事項に勝る，唯一絶対の主権が存在しなければならないことである。すなわち，ホッブスは，カルビン主義者の良心の自由の類似物を維持したけれども，それにも関わらず，彼は，世俗的，精神的主権の結合に与したのである。永遠の救済は，この物欲に満ち，腐敗した世俗世界とは関係がないけれども，精神的なものと世俗的なものを超える別の統治者という考え方は，無意味なように思われた。人間は世俗的な（精神的ではない）世界にのみ生きており，それ故に，1人の統治者ないしは主権のみが存在すべきなのである。結局，ホッブスは，その者（clergy）が精神的（世俗的ではない）事項に権威を行使すると考えた故に，ローマ・カトリック教会を攻撃したのである。(31)

　ホッブスだけが，カルビン主義流の，世俗的なものと精神的なものという分離を，真剣に考えた哲学者とは言えなかった。実際，西洋哲学の多くが，キリスト教の神学が世俗事項に対して意味することを検討し，解決しようとの一連の知的試みとして理解することができる。ルターやカルビンは，ローマ・カトリック教会の権威を攻撃するについて，宗教的真実を決定するための，伝統的キリスト教の基礎を攻撃したのである。カトリックにおいては，教会がキリスト教の聖書を含む，キリストの教えを決定付ける意味を宣言する権威を主張したのである。だがしかし，ルターとカルビンが，キリスト教の権威を拒絶したことは，プロテスタントから宗教的基礎を奪うことを意味するものではなかった。既に論じたように，それどころか，宗教改革者のプロテスタント的忠誠は，聖書の文字的意味を直接，個人的に理解することを可能にさせたのである。カルビンが主張したように，「神は，言葉によって，教義を教え賜うた」故に，聖書自体が，宗教的信仰のための基礎を提供しているのである。(32)
　だがしかし，カルビン主義者は世俗的なものと精神的なものとの分離を図った故に，精神的なものよりも世俗的なものに，より焦点を当てている知識人達は，聖書を拠り所にするプロテスタントの神学に十分満足することができなかった。確かに，宗教的事項に関しては，聖書は適切な基礎を提供できたが（少

第 2 章 知の海図　29

なくとも幾人かのキリスト教徒にとっては），しかし世俗的なものが精神的なものからかけ離れている場合には，聖書は世俗的真理や知識を基礎付けることはできなかった。この問題は，とりわけ，近時の夥しい化学の進展の中で先鋭化した。どのような世俗的基礎付けが，科学的真理についての人間性の急激な進歩を支持し，従って正当化できるのかということである。以前には，プレモダンの世界では形而上学は統合されており，哲学者は知識のための基礎付けを確認し，説明する必要がなかった。このような基礎付けは内在するものであり，知的実在として容易に接近することができるものであった。ある意味で，プレモダンの基礎付けは所与のものであり，それ故に問題にする必要がないものであった。しかし，プレモダンの形而上学上の統合が崩壊し，カルビン主義者が世俗的なものと精神的なものとを分離するとともに，認識論的基礎付けの所与性に動揺を来したのである。それにもかかわらず，そして重要なことには，モダニストは客観性を，しっかりとした根拠を，知識，とりわけ科学知識のための堅固な基礎を求め続けたのである。従って，近代の哲学者にとって，とりわけ，認識論的基礎付けの確認は，1つの（あるいはおそらく最大の）中心課題ないしは問題となったのである。[33]

　この挑戦の広がりと重要性については，いくら強調しても強調し過ぎることはない。世俗的知識のための宗教的，その他の伝統的基礎を拒絶するについて，モダニストの哲学者は，それに代わる基礎，ないしはアルキメデスの点（Archimedean point）を求めることを開始した。このことの波紋は大きく，その追求やそれに伴う困難は，モダニズムを，1つの知的段階から次の段階へと導くことになったのである。

　第1段階——合理主義と呼んでいる——において，モダニストの哲学者は，純粋に抽象的理性が，知識を強固に基礎付けることができると論じた。理性が真理に覆い被さっているベールを剥ぎ，それを明らかにすることができる。典型的な合理主義者である，ルネ・デカルトは，厳しい懐疑主義を厳格な演繹的な論理と結合させることによって，哲学を「知識の第1原理についての認識論的研究へと」向かわせることを試みたのである。デカルト主義者の方法に従うと，思考する主体ないし自我は，すべての確信に疑問を持ち，疑うことに向か

い，この論理プロセスを通じて，明確，明瞭な思考が，基礎的知識として出現するのである。従って，歴史的，伝統的予見が純粋化されるとき，理性自体が明確性——真理を生み出すと考えられたのである。次に，これらの公理的真理から，抽象的理性が，付加的真理を確実に演繹できる。デカルトは，明示的に，この哲学的方法をユークリッド幾何学の論理的方法に類比した。「幾何学者が非常に難しい証明をするに際して手馴れている，極めて単純で容易な推論のこれら一連の議論は，人間の知識の範疇に入るすべてのものは同様の帰結となる，と私に思わせるところがある。そして，真実ではないものを真実として受け入れることを避け，1つのことからもう1つのことを演繹するための正しい秩序を常に維持する限り，結論に到達するには遠すぎるとか，見つけ出すにはあまりにも巧妙に隠されている，ということなどないのである。」[34]

　従って，宗教改革が開始されてから1世紀を少し過ぎたころに著された作品において，デカルトは，3点にわたって，重要かつ相互に関係する方法で，プロテスタントの神学に強く共鳴する哲学を展開した。第1に，彼の懐疑主義的方法を明確にすることによって，デカルトは，ある意味で疑うという（これは改革者がローマ・カトリック教会に向けたものであったが），プロテスタント改革者の挑戦者的態度を採用し，それを世俗領域における知的方法として制度化した。第2に，懐疑的方法の部分として，デカルトは奥深く，論理自体に目を向け，そのようにすることにおいて，自身を外部の，客観的世界から完全に切り離したのである。この哲学的二元論は，カルビンの神学的二元論——すなわち世俗的なものから精神的なものを切り離す——に非常に良く似ていた。第3に，デカルト主義自体は，初期のプロテスタントの改革者が非常に強力に主張した，堕落と罪の観念にはほとんど欠けるものがあったとはいえ，デカルト主義が自己自体を確認し，それに依拠することによって，プロテスタントの改革者によって芽生え始めた，神学的個人主義を補完したのであった。[35]

　デカルト哲学とプロテスタント神学の，これら3つの合い重なる構成要素は，モダニズムのさらなる発展に拍車をかけた。一般的に懐疑主義的態度——既に受け入れられている信念や制度を進んで疑うこと——は，モダニストの思考の科学的，哲学的方法に組み込まれることとなった。さらに，形而上学的二重性——主観と客観の明確な分断——は，形而上学的統合を保っていた，プレ

第2章 知の海図　31

モダニズムからモダニズムを区別する主要な特徴となった。最後に，モダニスト自身，価値や目標を選択し，従って自然的および社会的世界を統制する，ほとんど神に類する力を主張し始めたのである。実際，モダニズムの様々な要素が，一貫した世界観に結晶し始めたのである。推論し，基礎的な知識を獲得する個々人の能力は，世俗世界における人間の統制を促進し，従って無限の進歩を生じさせるのである。モダニズムが進展するに従って，認識は，次第に世俗世界における人間の解放の手段と見做された。デカルト自身，精神的目的に欠けた世俗世界において，有効に堅固な認識論的基礎を求めながら，モダニストの哲学的研究課題に取り組むことを開始することにおいて，強力なユートピアンであった。一般的に，それまでに懐疑的態度を採用した，より注意深かったルネッサンス期の人文主義者とは異なり，疑うという方法の抽象的合理性が，疑う余地の無い真理，普遍的原理，さらには世俗的知識について論理的に秩序付けられ，総てを包含する体系に導くことができる，とデカルトは信じたのである。後にモダニストは，社会は人間の才能によって進歩することが可能とされることに自信過剰となり，自信を持つようになったが，しかし，そのような哲学的完璧さを豪語する者はほとんど存在しなかった（もちろん，そのような者がいなかったわけではないが）。[36]

　実際，デカルト哲学が有するユートピア的性格は，すぐに崩壊し始めた。重大なことには，また皮肉にも，デカルトの形而上学的二重性は，抽象的合理性の上に知識を構築する彼自身の主張を掘り崩す，相互に関連する彼の懐疑的方法と結び付いたのである。誰が見ても明らかなように，デカルト主義者の懐疑主義，すなわち疑うという方法は，維持することが困難であった。デカルト主義者は，本来それを世俗的領域に適用したのであったが，スピノザは，明示的に懐疑的態度を宗教領域に拡大し，それ故に，近代世界の長期にわたる世俗化（ないしは魔法からの解放）に多大な貢献をしたのである。その他の哲学者は，疑うという方法を，世俗的知識についてのデカルト主義者自身によって考えられた証明に適用し，従って，彼自信の企てに疑問を呼び起こすこととなった。科学の非常に重要な目的として，自分自身が確実性をもって外部世界の対象を知らなければならない故に，幾人かの哲学者は，次のような問いかけをしたのである。すなわち，思考を内部に向けることのみによって，自分自身はいかに

して主観と客観との間に存在する（モダニストの）形而上学的溝を埋めることができるのかということである。言い換えると，完全に切り離された物質世界についての，先験的な真理を知るための抽象的推論を，自分自身いかにして使用可能となるのか，ということである。(37)

この点で，懐疑という方法が哲学において通用するという，この大きな広がりが何を意味するのかが明らかになり始める。伝統的信念は疑われ，挑戦を受ける——単なる偏見として退けられる——ことになり，そしてしばしば，真理が輝きだす前に放棄されなければならなかった。とはいえ，1人のモダニストの哲学者が，抽象的理性のような，ある認識論的基礎を真摯に引き合いに出すや否や，もう1人の哲学者は，知識を堅固に基礎付けるものとしてそれが適切なものであるか疑いを差し挟むことになるのである。モダニストは，基礎となるものを執拗に追求したが，彼らは同時に，そのようにして提起されたすべての基礎を疑うことに，執着したままであった。結局のところ，典型的なモダニストの態度は不安に付きまとわれていた（いる）のである。そして，認識論的基盤を持つことの欲求と，すべてのこのような確固たる地歩に対する懐疑主義的な疑いが同時に存在することから生ずる，このモダニストの不安は，哲学におけるモダニズムを，その次の段階へと向かわせる，大きな契機となったのである。(38)

モダニズムの第2段階——私が経験主義と呼んでいるもの——において，焦点は，論理それ自体から，真理の源としての外部世界へと移動した。外部世界の物理的対象が人間の経験を形成する，と経験主義者は主張した。それ故に，これらの対象の感覚経験と悟性（understanding）によって，自己が直接に基本的理解を獲得することが可能となるのである。モダニストの哲学において影響力のある経験主義者である，ジョン・ロックは「経験から……我々のあらゆる知識は基礎付けられる」，と宣言したのである。特に注意を要するのは，我々の思考のすべては，悟性（sensation）か反省から生まれる，と彼が論じたことである。すなわち，外部世界における物理的対象についての悟性（sensation），あるいは我々自身の精神作用についての省察である。従って，ロックに従うと，最も重要なことは，対象についての「主要な性質」についての我々

の思考は，現実の対象の類似物，ないしは鏡であることである。それ故に，対象に関する我々の思考の，少なくとも幾つかは知識——確実性を持って知られる真理——を構成するのである。(39)

　この段階において，理性は，もはや第1前提や基礎となる知識の源のままではなかったとはいえ，重要な機能を果たし続けた。理性は世界についての貴重な見方を提供し，一定の役割の遂行を促進した——一旦経験的研究が，まず基礎的前提，知識を提供するや，これは後の合理的プロセスを適切に基礎付けることを可能にしたのである。広範に，理性は道具となり始めた。それは内容のない容器であり，経験的研究のみが，世界についての必要な内容で空間を満たすことができたのである。後に極端な経験主義者である，ディビッド・ヒュームは，次のように宣言するに至った。「理性は感情の奴隷であるし，そうでのみあるべきであり，それらに隷属し，従うこと以外の役割を担うことを装うことはできない。」このような理性についての範囲縮減，個々の人間を操る道具への縮小は，近代主義者の個人主義の独立した，自立的自己の絶え間のない出現の基礎を掘り崩すのである。実際，おそらくロックは，個人のアイデンティティーの考え方に焦点を当てた，最初の理論家であった。また，ロックの政治理論において，すべての人間は「平等で独立」していることを示すことによって，個人に対して芽生えつつあった，尊重というものを例証した。利己的で貪欲な創造物としての，自然の状態における人間についてのホッブスの捉え方とは異なり，ロックは個人を他人に対して合理的で尊重に値するものとして描いた。そして，もちろん，政治社会は，個人が社会契約を通じて，その形成に自由に同意しているときにのみ，正当なのである。言い換えると，個人は，彼ら自身の目的に適い，共同体の善を促進するために，社会秩序を構築する自由と力を持ったのである。(40)

　このモダニストの哲学において，増大する個人主義は，経済的には資本主義と絡み合っていた。ロック自身，17世紀のイギリスに出現しつつあった資本主義と，彼がその前提とした諸個人の政治的平等とを調和させるために格闘していた。この目的のために，ロックは，財産の所有と，財産の所有から生ずる必然的な経済的不平等を正当化することを求めた。ロックの議論における決定的要素は，個人——個人の労働，選択，自由，の尊重であった。(41)実際，個人主

義と資本主義社会との哲学的結び付きを最も明瞭に説明したのが，ヒュームと，スコットランドにおける同時代人で，弟子でもある，アダム・スミスであった。スミスによると，各個人は，当然に，経済市場において，自己利益の満足を最大にすることを求める。しかし，この自己利益の追求は，個人の利益となるだけではなく，「見えざる手」によって，社会の善を増進するように作用する。要するに，個人が，彼ら「自身の利益」を追求するならば，社会は最終的に進歩するのである。従って，スミスによるならば，個人の利益，自由，および選択は，資本家の経済を保障するものであり，資本主義は全体としての社会のために，最大の進歩へと導くものなのである。[42]

哲学的モダニズムの第1段階の合理性と同様に，第2段階の経験主義もまた，次第にモダニスト自身によって懐疑的に見られるようになった。初期の経験主義者は，経験が外部世界を基礎付ける知識を提供する，と確信をもって主張したが，しかしヒューム自身この確信を弱めさせた。数学におけるように，分析的論理は確実なものを提供することができるが，しかしこの論理の形態は外部世界についての情報を提供することができないことをヒュームは認めた。従って，外部世界についての知識を得ることを可能にさせるためには，初期の経験主義者が主張したように，この世界の対象は，幾分人間の経験や悟性認識（sense perceptions）を形成しなければならない。しかし，1つの悟性認識（sense perceptions）は，明らかにこの世界の対象自体に等しいわけではない。例えば，1つの椅子を認識することは，その椅子自体と同じではない。そこで，せいぜい，悟性認識（sense perceptions）は外部世界の対象を正確に再現し，あるいは鏡に映し出すが，しかし，このことが正しいとしても，そうであることを，誰も真に確証することなどできない，とヒュームは推論した。我々の認識が正確に客観世界を映し出していることは，ただ推論できるのみであり，先験的に知ることなどできないのである。結果的に，外部世界の物理的対象を，確実性をもって知ることはできない，とヒュームは結論付けたのであった。[43]

ヒュームの懐疑主義は，モダニストの哲学を危機に陥れた。形而上学上の二元論——客観的世界から自己を切断すること——は，モダニストの世界においては，動かしがたい基礎であったが，この二元論は解決困難な認識論的溝を作

第2章 知の海図　35

り出した。外部世界を認識可能なものとするためには，とにもかくにも自己が外部世界との溝を埋めなければならないのである。しかし，今や合理主義や経験主義において露呈したことは，この役割を果たすことが望めない，と見え始めたことである。すなわち，モダニストは基礎付け理論という自らに課した目標を達成することができないかも知れないということである。さらに，理性も経験も認識を基礎付けることができないとするなら，モダニストは袋小路に落ち込むことになりかねないのである。しかも，彼らは後戻りできないのである。なぜならば，彼らの目には，プレモダンの世界は修復できないほどに痛手を被っていると，映っているからである。モダニストの形而上学上の二重性と，プレモダニストの形而上学上の統合との間の根本的な相違を前提にするなら，モダニストはプレモダニズムの認識論的，規範的基礎付けに立ち返ることなどできないのである。それ以前の時期の，一見しただけで正当化できない伝統を復活することは，知的にも，社会的にも不可能なのであった。従って，モダニストの危機は，モダニストの絶望となるおそれが存在した。（プレモダニズムのそれらと同様に）モダニズムの道具や技術は，その作業にとって，不具合であることが彼らには明らかであるとしても，モダニストは絶え間なく基礎付けとなる認識を求め続けたのであった。

　モダニズムの第3段階——私が超越主義（transcendentalism）と呼ぶもの——は，喩えて言うなら，帽子から兎を取り出そうとしたものであった。「この袖（合理主義）には何も隠されていません。この袖（経験主義）にも何も隠されていません。しかし，アダブラカダブラ——呪文を唱えると——さて，帽子から兎（認識）を取り出すことができます。」モダニズムが認識に至る，あらゆるルートを断たれたちょうどそのとき，第3段階のモダニストは，必死にしかし賢明に，認識を可能にするための基礎を再構築するために，思惟する主体と理性に立ち返ることを試みた。第2段階のモダニストの哲学者は，認識を可能にするために，外部世界の対象は人間の経験を形成しなければならないと論じた。しかし第3段階の超越的推論は，この図式を逆転させた。最も重要な超越主義の哲学者である，イマニュエル・カントは，人間は対象あるいは経験という現象に形や構造を押し付けている，と論じた。言い換えると，一定の構

造や範疇（categories）は人間のあらゆる経験や思考に備わっており，それ故に成り立っているのである。カントによると，認識は，まさに範疇が人間の経験の必要条件である故に，可能となるのである。次に，カントの認識論的課題は，経験の先験的条件である正確な範疇を同定する（identify）ことである。いかに人間は外部世界の経験を処理するかを，範疇が特定する。要するに，超越的理性が統合的な先験的認識——経験に先立つが，それにもかかわらず，客観的世界についての情報を提供する——を提供するのである。さらに，この第3段階において，モダニストの個人主義はおそらくその絶頂に達したといってよいであろう。例えば，カントの倫理理論全体は，個人の尊厳と自立に対する尊重を軸として展開された。それ故に，1つの公式において，カントの道徳的行為のための定言的命令（categorical imperative）は，各合理的個人は「常に手段としてではなく目的として」扱われなければならない，とされたのであった。[44]

　超越主義は，優れた考え方であったことに違いはないが，モダニストの危機を救うものではなかった。懐疑というモダニストの強迫観念に駆り立てられて，多くの哲学者は，超越主義的解決が本物であることに疑いを持ち，モダニズムを，私が後期の危機と呼んでいる，第4の，最後の段階へと向かわせたのであった。これらの哲学者——批判主義者と呼ぼう——は，第3段階のモダニストが絶望感を隠し切れず，たちまちに目を背けたくなるその有様に非常に驚いたのである。目を背けながらも，第3段階のモダニストは，次に，彼らの認識論的問題の解決は，まさに存在しなければならないことを宣言した。最後のあがきとして，解答を見つけようと，不安を抱えながらの格闘をしながら，彼らは執拗に，次のことを思考していた。「我々は認識を持たなければならないが，認識を所有するためにはどのような条件が必要なのか」ということである。と同時に，意外や意外にも，モダニストは超越主義者になっていたのであり，次のように結論付けたのである。「我々は既にこれらの認識についての必要条件に満足させられていなければならない。なぜならば，結局，我々は非常に明確に認識を所有しているからである（言うまでもなく，我々は認識を持たなければならない故に）。」フリードリッヒ・ニーチェの言葉を借りると，「カント

は，普通の人間が正しいことを，普通の人間を驚かせる仕方で証明したかった」のである。従って，批判主義者にとって，超越主義は，絶望から生まれた，空虚な見掛け倒しのように思われたのであった。ある意味では，超越主義のモダニストは，もし我々が基礎付けとなる認識を持つとするならば，どのような条件が存在することになるのかを描写したにすぎない。しかし，これらの条件を描写することは，それらを実在のものとするわけではなかった。基礎付けとなる認識を求める超越主義の議論は，それが実在のものであるならば，そのような認識はどのようなものとなるのかを，モダニストは想像したに過ぎないことを意味する。超越主義の推論はあまりにもたやすく，また必然的とさえいえるほど理想主義へと傾斜した。ニーチェは「古臭いカントの，硬直的で慇懃なタルチェフ（Tartuffery）のような偽善的信仰」，と侮蔑をこめて言及し，モダニストの哲学者は「すべてこのように名付けることに慣れを覚える支持者であり，多くが『真理』の洗礼を受けた偏見のための狡猾であるとさえ言える代弁者」であった，と宣言したのである。[45]

だがしかし，重要なことに，超越主義的解決に対する批判者のほとんどは，モダニストのままであった。彼らはモダニズムに代わるいかなるものをも構想できなかったし，そして実際，基礎付けとなる認識を持ちたい，あるいは個自体の賞賛をしたい，というモダニストの欲求から逃れることができなかったのである。そこで，選択の余地がない故に，批判主義者はしばしばモダニズムの今や慣習となった道具，すなわち，合理主義，経験主義，そして超越主義を使用し続けた。批判主義者でさえ，モダニズムに固有の限界を証明するために，モダニストの目標を達成することが完全に不可能であることを示すために，これらモダニストの道具を使用した。その結果，批判主義者はモダニズムを絶望の淵へと追い込んだ。なぜならば，真理や認識への欲求をそのままにしておきながら，それを達成する望みは消えうせていたからである。モダニストの幾人かは，認識論的確実性を犠牲にして，個自体に徐々に焦点を当てることによって対応した。これらのモダニストは，芸術，文学，その他の創造的試みにおける，意思の主張を賞賛する，ロマン派――審美的なモダニスト――を形成した。[46]だがしかし，なお認識論的，科学的成果をあげることに希望を繋いでいた，その他のモダニストは，1，2の方法で批判主義者に対抗した。第1に，彼

らのうちの幾人かは有無を言わせずに，事実上，次のように宣言した。「もしましな何かを提供できないなら，ただ黙っておれ」と。これらの忠実な反動主義者は，絶望に陥っている批判主義者をニヒリストとして非難した。第2に，より受容力は備えているが，しかしなお楽天的なその他のモダニストは，批判主義者の議論に耳を傾け，実際に悩み，そこで新たな工夫を凝らし，さらに洗練させることによって，モダニストの試みを救済することによって，応えようとしたのである。

　従って，第4段階のモダニズムは，混乱した，一貫しない態度と企図によって特徴付けることができた（またできる）。複雑さの度合いを増しながら，深い絶望，不安，怒り，告発めいた非難，そして合理主義，経験主義，および超越主義から引き出し，選択した要素からなる，次第に増大する複雑なモダニストの「解決策」で満ちている。例えば，第4段階のモダニストは，伝統ないしは文化は，予想外に永続的で，乗り越えることが困難であることを認めた。既に受け入れられた制度や信念を疑うことは，必ずしもそれらの力から免れることを認めることとはならなかった。基礎付けとなる認識は，以前に想像していたより，受け入れることがことさらに困難であると思われた。そこで，知識人の幾人かは，認識論の基礎を提供しようとの，哲学者によって独占されていた主張を拒絶し，それに変えて他の研究分野を探求することを始めた。学問の境界が不鮮明になるにつれて，様々な創意工夫に富む戦略——構造主義，現象主義，フロイト派の心理学を含む——が，実在の深い領域に浸透しているものとして据えられた。さらに，伝統や文化にこだわることは，モダニストの個自体についての捉え方に影響を与えた。すなわち，第4段階のモダニストの幾人かは，伝統や文化のしばりが，個自体の選択や選別を限定することを認めたのであった。結局，自己は元来考えられてきたほど独立し，自立しているのではない，と考えられるようになったのである。しかしながら，終局的に，これらのモダニストは，程度の差こそあれ，抑制可能で，選択可能で，力の源を維持する自己のイメージを保持したのである。この段階において，モダニズムは，完全に独立した，自立した自己というものを，最早豪語することなく，しかし，それにもかかわらず「比較的に自立した自己」を維持したのである。[47]

ポストモダニズム

　おそらく，ホロコースト（ユダヤ人大虐殺）が，モダニズムからポストモダニズムへの推移を促進させた，最も重要な社会における出来事であった。モダニズムの世界観においては，理性を働かせ，基礎付けとなる認識を獲得する個自体の能力が，おそらく，自然界や社会を人間が統制することを促進し，従って無限の進歩を生じさせることになる。人間の才は無尽蔵で，自信に満ちていた。社会の中で生ずる問題は常に解決可能であり，世界はますます良くなるであろう。ホロコーストが起こったことはこの傲慢さを打ち砕いた。ナチスの残虐行為を思い知らされた後，合理性や知識が，明らかにより良い世界を生み出す，と自信を持って主張する知識人はほとんど存在しなくなった。官僚組織に組み込まれた，合理性についてのモダニストの考え方は，時として大虐殺を生み出す道徳に堕すこともあり得ることを，ホロコーストは最も鮮明にあぶり出したのである。ジグモント・バウマンの言葉を借りると，「ホロコーストを思考可能にしたのは，近代文明という合理的世界であった。」[48]

　モダニストが有していたエゴは，冷戦と核による人類の滅亡という，現在なお存在する可能性の重圧の下で，増大し続けた。周知のように，1つのボタンを押すだけで，人類の文明を危機に陥れるときに，知性が自信を持ち続けることは困難であった。太古からの伝統の深さ，人間の意味と存在の足跡，これらすべては数分で破壊される可能性がある。[49] 科学自体，モダニストの合理性という神話が，危険に肩入れしていることを証明したのである。たとえ核戦争が世界を突然破壊しないとしても，表向き科学的，技術的という外皮をまとった進歩によって生み出された環境汚染は，ゆっくりと，見えにくい形でそのようになる可能性を有しているのである。要するに，人間によるコントロールと無限の進歩へのモダニストの確信への，社会による支持は打ち砕かれたのである。

　その他の社会的，文化的要素が，20世紀後半におけるモダニズムの崩壊と，それに伴うポストモダニズムの隆盛を加速させた。アメリカ合衆国においては，1950年代および1960年代の公民権運動とその後のウーマン・リブ運動は，

抑圧されてきた個人や団体に，それまで沈黙させられ，無視されてきた見解を，公然と，強力に主張することを許したのである。同様の現象は，第3世界が発展し始めるにつれて，国際的規模で生じた。従って，文化的多元主義の出現が，以前には問題とされなかった，社会的，知的慣習と向き合わせる結果となったのである。すなわち，普遍的真理が存在するとのモダニストの主張，社会的進歩についての壮大な歴史物語は，文化帝国主義の宣明であるとして，しばしば非難されたのである。[50]

さらに，人間の生活の質についてのそのような変化の影響について，関心が芽生え始めていたとはいえ，科学的・技術的諸発見は，協同的な世界を変化させ続けていた。最も重要なことは，コミュニケーション技術の発展が我々の生活を急激に変化させた。初めにテレビ，次にコンピューターの発明と発展は，前例を見ないほどの情報爆発を生じさせた。画像，音，そしてデータが百万分の1秒のうちに地球をそのままに飛び交う。今や，意味や知識は，リモコンを使って無数のチャンネル選びをするように，テレビスクリーンを瞬く間に行ったり来たりする，笑顔以上の深みを持つものではないように見える。デビド・ハーベイは，次のように述べている。「ポストモダニズムについての最も驚くべき事実は，その瞬間性，断片性，非継続性，混沌性をまるごと受け入れていることに［ある］。」表面をすくい取り，超高速で移動し，高速でリンクする中をジャンプし，ハイパーライフを生きることによって，我々は生活している。さらに，このハイパーカルチャーは，「我々の後期資本主義消費社会における，商品消費の急激で絶え間のない速度を維持し，エネルギーを補給する，新しいものに対する古い信仰」と共鳴する。ポストモダニズムは抑制や進歩へのモダニストの忠誠を失わせたが，しかしそれにもかかわらず，社会や文化の変化の度合いは，目まぐるしく進むことに拍車をかけた。「物語はページからスクリーンへ跳ぶ，音楽は聞かされると同時に見られることを求める，コンピューターは，情報，監視，お金に対する我々の関係をごっちゃにし，テレビはすべてのものを簡単に変えた。今や物事はまことに動きが速いように感じられ，我々にはマウスのような動きによって釘付けにされた，手持ち資金についての注意期間が残されている。」[51]

第2章 知の海図　41

　このような社会や文化における変化に伴って，ポストモダンの哲学者は，20世紀後半において，基礎付けとなる認識，個人の自立とコントロール，社会の無限の進歩というモダニストの中心的確信を否定する者として出現した。これらのポストモダニストは，モダニスト的な認識論の基礎を求め続けることを止め，その代わりに，いわば我々の表面に現われた生活を研究することを開始した。すなわち，もし我々が，深い基礎となる根拠を持たずに，薄氷を踏むような生き方をしているのなら，いかにこの表面に力が作用しているのかを研究すべきなのは当然のこととなるのである。これらの哲学者の多くは，最初は彼等自身をポストモダニストとは考えなかったし，また他者からもそのようには考えられなかったことは，注目に値する。とはいえ，ポストモダンの諸命題に関心があるのであり，ポストモダンというその言葉の使用に関心があるわけではない。ポストモダンの命題は，そのラベルが貼られる以前から哲学の世界に出現していたのである。例えば，ジャック・デリダやミッシェル・フーコーのようなフランスの理論家は，最初はポスト構造主義者と呼ばれていたのであるが，哲学的，社会的命題を基にして，彼らをポストモダニストと呼ぶことにする（そして，もちろん他の多くの研究者も，今日，デリダやフーコーがポストモダンであった，そしてそうであることに同意するであろう）。

　ポストモダニズムを語る上で重要な哲学者はマーティン・ハイデガーである。ポストモダンの時代へと導く，ホロコーストやその他の社会的出来事が起こる前に著述を始めた，初期のハイデガーは，それにもかかわらず，モダニズムの教義に異議を申し立て，ポストモダンの哲学の存在可能性に道を開いた。彼はデカルトによって導入されたモダニストの形而上学の原型に異議を申し立てることを探求した。すなわち，自立的主体ないしは自己を客観的世界から明確に切り離す，形而上学上の二重性である。この形而上学上の二重性に対して，ハイデガーはこの世の中にどっぷりと漬かっているのであり，物質的世界を一時的にさまよう，超越した，自立した精神的知性あるものとして人間を理解すべきではないと主張した。ハイデガーは，人間存在について，それに代わりうる見解として「そこにあるもの（Being-there）」，すなわち存在（*Dasein*）として理解することを提唱しようとした。ダーザイン（存在），すなわち人間存在の本質的基本構造は，ハイデガーが「統一された現象（unitary phenomenon)」として描いた,「世界の中に存在すること (Being-in-the-world)」である。すなわち, ダ・ザ・イ・ン (存在) は, 岩やハンマーのように, その他いかなるものとも同様に世の中に実在として存在しているが, 同時にダ・ザ・イ・ン (存在) は世界において事物に意味を与えることによって世界を構成している。ダ・ー・ザ・イ・ン (存在) ——実在 (Being) を理解しようとする実在として——の, 同時的ではあるが, 二重の性格故に, ハイデガーは, 人間存在は現実的理解によって特徴付けられると推論した。ダ・ー・ザ・イ・ン (存在) は現実的理解以上のものでもなければ, それ以下でもない。ハンマーやチョークを使用したりするような日常のありふれた行動を含む, 毎日の, 現実的行動の解釈として, 世の中に存在すること (Being-in-the-world) を直に経験するのである。(52)

その後の哲学者は, 人間が「世の中に存在すること」への, ハイデガーによって示唆された解釈的, ヘルメノイティク的転回を論じる方向へ向かった。これらの哲学者達, とりわけ, 第2次世界大戦後の文脈において著述した, ハンス゠ゲオルク・ガダマーとデリダは, 人間理解するための諸条件を探求するに際して, 哲学を明確にポストモダンの方向へと導くことになった。(53)ガダマーは, 1960年に, 代表作『真理と方法 (Truth and Method)』を出版した。彼は, 理解や解釈についてのモダニストの見解に反して, 最も容易に理解可能なものとする, 哲学的解釈学を提唱した。モダニストの哲学一般の中心的教義に一致して, モダニストは, テキストの意味は, ある堅固な根拠ないしは基礎——テキスト自体あるいは著者の意図——, 知覚している自己ないしは主体に今なお幾分接近可能なものから, おそらく分離され, 独立している対象, に基付かなければならないと論じた。この見解に従うと, テキストを正確に理解するためには, 自己は, テキストの客観的意味との溝を埋める, あるいは少なくとも, 意識的にテキストの客観的内容を鏡に映し出す, 機械的技術ないしは方法を実行する。法律家に身近な例を1つ挙げると, 幾人かの憲法学におけるモダニストは, 憲法を読み解こうとする者は, 憲法のテキストの中に記憶されたものとしての, 憲法制定者の意図を, 自己の意識の中において, とにもかくにも再構成しなければならないと主張している。そうでなければ, テキストの意味 (この場合, 憲法の) は, 基礎付けを持たない, 恣意的なものになると主張する。自己の選好以外拘束するものがない, 自己ないしは解釈者は, テキス

ト に, おそらくは恣意的な意味を課すことになるのである。(54)

このような, 解釈についてのモダニストの見解と異なり, ガダマーの哲学的解釈学は, テキストはモダニストの意味における対象ではない, と主張した。意味について解釈されていない, ないしは基礎的源は, 解釈の外, あるいは前に立つことはない。それどころか, 我々が何をしようが, 我々は常に, また既に解釈をしているのである。ガダマーの用語法では, 解釈学は存在論的 (ontological) なのである。我々が世界に存在することがまさに解釈学的なのであり, それ故に解釈や理解から逃れあるいは避けることなどできないのである。さらにまた, 各々の解釈的出会い自体が存在論的なのである。例えば, 絵を描くとき, 人は対象に対して主体として接近することはしない。むしろ, 絵を描くことは, その中に「意味を持ち, 目に見えるものとして, 出現している, 存在論的出来事なのである」。そこで, 解釈学的行為は, そこで意味が「存在するものとなる」存在論的出来事なのである。従って, ガダマーの形而上学上の立場は, 解釈的方法論についてのモダニストの見解に反する。ガダマーによると, テキストは独立した, 解釈されていない状態においては存在しないので, その意味を, ある機械的, 技術ないしは方法によって引き出すことは不可能なのである。「我々の認識は, 意識に浮かんでくるものを単に映し出しているのではないのである。」(55)

だがしかし, モダニストの方法論や客観性を, このように拒絶することは, 理解ないしは解釈が, 純粋に主観的で恣意的であるということではない。読者やその他の解釈者は, 自由にあるいは恣意的にテキストに意味を付与する, 独立した自立した主体では決してない, とガダマーは主張する。それどころか, 解釈者は常に, 先入見 (prejudices) や関心を植え付けられており, 次にいかなるテキスト (いずれにせよ, テキスト類似の働きをするもの, あるいはテキストが存在しないとしても理解され, 読解されるその他の存在) の理解をも拘束し, 命令している, 共同体の「伝統」の中に置かれている。共同体とその伝統の中での人の生活は, 必然的に人の見解——テキストの中におそらく発見し理解するもの——の範囲を限定している。ガダマーが述べているように, 共同体の伝統は解釈者の「地平, すなわち特定の優勢な点から見ることが可能となる, あらゆるものを包含する見解の領域」を形成する, 助けとなるのである。(56)

さらに，我々は伝統の中で生きている歴史的存在である。「我々は［それが］常に我々の一部である伝統の中に置かれている。」伝統は過去の遺物ではなく，我々が常時参加するものである。共同社会の伝統は固定され，堅く束縛された存在でも，一定の正確な方法ないしは機械的プロセスを通じて諸個人に伝えられるものでもない。それらが「我々の一部となり，社会的な世界……を認識する方法を形成する」限り，伝統は「文化のソフトウエア」に類似していることを，J・M・バルキンは挑発的に示唆している。だがしかし，伝統はコンピューター・ソフトウエアのプログラムと2つの重要な点において異なる。すなわち，伝統はコンピューター・ソフトのプログラムのように，固定された量に削減することができず，さらに伝統は我々各人に完全にインストールされたり，コピーされたりすることができない。それとは反対に，伝統はそれ自体解釈学的プロセスを通じてのみ我々の中に定着する。すなわち，伝統は，我々に向けられ，——しばしば暗黙のうちにないしは無意識に——吸収され，学ばれることになる。ガダマーは次のように述べている。「伝統は永久の必要条件に過ぎないものではなく，むしろ，我々が伝統の進化を理解し，参加する限りにおいて，我々はそれを我々自身に生じ，そしてそれ故に，さらにそれは我々自身に影響を及ぼす。」要するに，伝統は，常に発展する，共同の，社会的制度であり，我々がその中に参加し，その中で生きている，メモリー（記憶容量）なのである。(57)

決定的なのは，共同社会の伝統やそれに付随する偏見は，伝達や理解のための可能性を拘束するけれども，それらは同時に我々に伝達し，理解することを可能にさせることである。解釈学的行為——理解，解釈，適用を含んでいる——は，我々が共同社会の伝統に参加していること故にのみ，可能となるのである。我々の伝統，偏見，そして関心は，実際に我々が意味し，理解し，そして真理に至る道を開く。「このように述べることは，確かに，我々が偏見の壁の中に閉じ込められており，また次のように言い切ること，すなわち『ここでは新しいものは何も生まれない』ことに踏み切らせる，隘路を通過せざるを得なくするように仕向けさせることを意味するものでもない。それどころか，まさに我々は我々の好奇心を刺激する何か新しいものを約束する客を招き入れるのである。しかし，我々が入ることを認める客が我々に何か新しいことを伝え

るものを持っているかを、我々はいかにして知るのであろうか。新しいことを聞くという、我々の期待や準備もまた必然的に、我々を既に占有している古いものによって決定されているのではなかろうか。」(58)

それ故に、我々がテキストを理解ないしは解釈しようとするときはいつでも、我々は必然的にそのテキストの「前理解（fore-understanding）」——前理解は我々の偏見および関心から生まれる——から始めるのである。確かに、この前理解は固定された意味を、前もって決定することによって解釈プロセスを除外するのではなく、むしろ、1人の前理解は、テキストの意味が弁証法的に実在のものとなる、解釈者とテキストとの間の弁証法的「対話」を促進させる。解釈をするには、テキストに問いかけ、その意味を調べ、新たに問い直し、解答に耳を傾け、あたかも会話におけるように、この弁証法的プロセスを継続することが要求される。1人の前理解は「『解釈者』が『テキストの』意味に浸透するものとして出現ところのものとの関係において、常に修正されている。」それ故に、1人の人間が解釈に先立って、テキストについての特定の意味を予測し、前もって理解する一方、解釈学の弁証法的プロセスは、1人の人間を次第に異なる意味に到達することに導く可能性がある。だがしかし、それにもかかわらず、解釈者は、この解釈学的プロセスを通じて、テキストは認識可能で完結したものとして存在し、ある「意味の統合」されたものの伝達を可能とさせるということを、前提にしている。(59)（だがしかし、幾つかの例においては、解釈者は最終的に他の帰結に至るかもしれない。）

解釈共同体という隠喩が、解釈の弁証法的性格を例証している。そのもっとも単純な形において、解釈共同体は、テキストとそれを構成する部分との相互関係を強調する。すなわち、解釈者はその部分を理解することによって、テキスト全体を理解することができるのであるが、解釈者は、全体の理解を前提とすることによってのみ、部分を理解することが可能となるのである。ガダマーは、その範囲の中に、解釈者、テキスト、および伝統間の複雑な相互作用を持ち込むことによって、解釈共同体を説明している。共同体についてのガダマーの概念に従うと、解釈は2つの側面を持つ。一方では、彼あるいは彼女がテキストにアプローチするにつき、伝統が解釈者の見解を限定するが、他方では、人民が解釈のプロセス自体を通じてそれを常に創造し、作り直すのでなけれ

ば，伝統は存続しない。後者の側面は，テキストについての，常に新しい意味が出現するに従って，伝統が作られることを強調する。すなわち，テキストを解釈することによって，伝統に関わり，この伝統を変容させ再構築させる。もっとも重要なことは，解釈についての2つの側面は別々のものではなく，独立して機能するものではなく，それらは同時的であり，相互に関係していることである。それらは解釈共同体の中において，意味が「現実のものとなる」に際して，相互に共鳴するのである。(60)

　従って，ガダマーは，解釈的行為は「1つの統合されたプロセス」であることを強調する。それに対して，モダニストは，反対の主張をしてきた――すなわち，理解，解釈，および適用は別のことであると言うのである。このモダニストの見解によると，我々はテキストの意味を直接理解する。我々はその意味に自己の意識を反映させるときにのみ（例えば，テキストの曖昧さを解決しようとするとき），我々はテキストを解釈する。そして我々がそれを新たな状況に持ち込もうとするとき，テキストの意味についての我々の理解や解釈を適用する。しかし，ガダマーは，理解，解釈，および適用は別物ではない，と主張するのである。むしろそれらは統合された解釈的行為の一部を構成する。我々の先入見は，共同体の伝統から派生する故に，我々がその意味に開かれている限りにおいてのみテキストを理解（ないしは先行理解）する。我々は共同体の伝統を受け入れると同時に再構築――ないしは解釈する――ときにのみ，先入見を発展させる。我々の現在の地平の中で，それらを現実的諸問題に適用する限りにおいて，伝統同様テキストを理解し，解釈する。テキスト理解のような，この解釈学的行為のプロセスの1つの構成要素を引き出し，論争の余地のない，安定した，ないしは偶然的ではない出発点として――モダニストの何らかの基礎として――それを扱うことはできない。さらに，統合された解釈学的行為は適用を含むというガダマーの主張は，一定程度，ハイデガーが実践的理解に焦点を当てたことに通じるものがある。ガダマーにとって，適用の要素は，解釈学的行為が常に実用的な行動であることを強調する。我々がテキストにアプローチするとき，主としてその意味を理解するという実際的目的のためにそのようにする。この理由の故に，我々はテキストの完全性を前提にし，それが「意味の統一体」を伝達することができることを仮定している。そうでなけれ

ば，解釈学的行為は，特定のないしは具体的文脈における意図的活動であるというよりは，単なる仮定上の活動であることになるであろう。極めて単純化すれば，解釈はある架空の，抽象的想像の地盤では生じないのである。(61)

ジャック・デリダの脱構築は，ガダマーの哲学的解釈学と多くの共通点を有している。(62)解釈学に負けず劣らず，脱構築は人間を理解するための前提条件を同定する試みと評することができる。ガダマーとデリダの両者は，モダニズムの基礎付け主義者の形而上学を拒絶するにもかかわらず，我々はいかにしてテキストを理解するに至るかを説明している。デリダ主義者の言葉を借りると，意味は決して一定不変の表明されたものに基礎付けられるのではなく，表明者の行為（play）が「常に，既に存在している」。デリダは次のように書いている。「意味が存在した瞬間から記号が存在するのみである。我々は記号でのみ考える。このことは表記の意図を破壊することになる……。我々は，行為の無限性として，超越的に表記されたものの欠如をプレイと呼ぶことができるのであり，すなわち存在の形而上学……の破壊，と言うことができるのである。」(63)

従って，脱構築は哲学的解釈学の存在論的メッセージと共鳴する――我々は常にそして既に解釈をしている。デリダが述べているように，徴表を「実在化する」ための基礎付けは存在しない。継続的なプレイ，ないしは徴表あるいは表明者の実在化はデリダの中心概念（あるいは，彼がしばしば述べるように，「非概念」）である差延（différance）と関係する。

> それ自体にのみ言及する，十分な現前において，表明された概念は，それ自体にそしてそれ自体の中には決して現前しない。本質的にそして合法的に，あらゆる概念は，差延の組織的な振る舞いによって，他者，その他の概念に言及する，体系あるいはシステムに刻み込まれる。従って，このような振る舞い，差延は，もはや単なる概念ではなく，概念化の可能性であり，概念プロセスおよびシステム一般である。同様の理由によって，概念ではない差延は，単なる言葉ではない。すなわち，概念および音を持つ物質の，穏やかな，現存する，自己言及する統合体として，一般に描写されるものである。(64)

ガダマーが我々の先入見は共同社会の伝統から生ずることを強調したように，我々は概念を「遺産としてのテキスト」から常に借用する，とデリダは論じた。我々の遺産から決して逃れることはできないし，またガダマーの表現を借りると，我々の地平の外に出ることはできないのである。デリダによると，我々は「我々の時代の論説に属する所与のもの」に限定され，それ故に，さらに「脱構築は常に一定程度それ自身の作業の虜になる。」すなわち，脱構築は，常に必然的に，脱構築を求める形而上学的，言語学上の構造を使用し，再び刻み込むのである。さらに，ガダマーにとってと同様に，デリダにとって，我々の遺産（我々共同社会の伝統）という所与のものは，固定された正確に限界付けられた存在ではなく，またある正確な方法あるいは機械的プロセスを通じて，個人に引き継がれるものでもない。[65]

哲学的解釈学と脱構築が多くの共通点を有するとして，それでは違いはどこにあるのであろうか。ある意味では，ガダマーは意味と真理の重要性を賛美するために立ち止まるのに対して，デリダはそうではない（より日常的な言い方をすると，もしガダマーとデリダが一杯の水を見ているとしよう，ガダマーはおそらく半分満たされていると言うであろうし，これに対してデリダはおそらく半分が空であると言うであろう）。ガダマーとデリダの両者とも，いかなるテキストないしは出来事も多くの潜在可能な意味を有し，多くの真理の存在可能性があることを強調している。いかなる単一の意味もすべての文脈において固定され，安定していない。両者ともに次のことに同意するであろう。「真理は偶然のままである。」デリダの述べるところにおいては，テキストは反復可能である。すなわち，テキストは異なった文脈において繰り返す（あるいは読む）ことが可能であり，そこでその意味は変化し得る。[66] しかし，ガダマーは，それ故にテキストの意味を無尽蔵であると見るのに対して，デリダはそれを未決定と見做すのである。

ガダマーにとって，決定的意味が生ずるのは各具体的文脈においてであるが，しかし文脈は種々様々存在するので，テキストの潜在的意味は無尽蔵である。既に論じたように，ガダマーは統合された解釈的行為は実践的要素（適用）を含むことを強調しているので，その結果，我々はテキストの完結性を予測し，それが「意味の統一体」と意思伝達できることを前提にしている。従っ

て，ガダマーは解釈的行為の実践性に焦点を当てている故に，彼は理解を，主に肯定的，力を与える経験と見做す傾向にある。(67)

　その結果，ガダマーは，暗にそれを示唆するに過ぎないが，解釈学的行為において出現する脱構築的な要素を軽く見ている。彼は我々の先入見が理解および解釈を可能にするとともに制約する両者の役割をする，と説明している。先入見は我々に理解することを可能にさせる道を開くとともに，それらはまた必然的に我々の理解や伝達を制約し，方向付ける。従って，共同体内での我々の生活およびその文化的伝統は，我々の見解の領域——認識し理解することをできる限り可能とさせるもの——を常に限定し，歪めるのである。さらに，まさに我々は共同体の中に生きていることからもわかるように，伝統の中で生きている歴史的存在である故に，伝統は我々が常に参加する何物かなのである。それ故に，我々が解釈学的行為に関わる際には，我々は常に我々の伝統，我々の文化，我々の共同体を構築し，再構築する。最も重要なことは，この絶えず続く再構築は常に建設的であると同時に破壊的であることである。建設的であることの意味は，解釈や理解を通じて，絶えず既に存在している伝統や共同体に付け加えながら，新たな概念，関心，先入見，そしてとりわけ見逃し得ないのは参加者を含みながら，絶えず新たな伝統や共同体を絶えず構築することである。だがしかし，再構築はまた，それまでに存在している伝統と共同体を弱体化し，ないしは排除し，概念，関心，先入見および参加者を取り除く限りで，破壊的——歪め，排除する意味で——である。要するに，ガダマーが解釈学的行為を説明しているように，解釈および理解は暗に2つの方法において，歪曲的であり破壊的なのである。我々の先入見は理解する可能性を制約する力の表明であり，伝統（これもまた力の表明である）の再構成は，必然的に一定の先入見，利益，および参加者を破壊し排除するのである。結果的に，強制，支配，排除，およびその他の力による歪みの効果が，常に解釈的行為の一部であり続けるのである。解釈学の破壊的要素は，これらの破壊的，歪みを与える効果の中に潜んでいるのである。(68)

　従って，哲学的解釈学についてのガダマーの説明は，潜在的破壊力を含んでいるが，彼はそれを追求することに失敗している。従って，ここに，ガダマーとデリダとの相違の核心が存在するのである。ガダマーは解釈学的状況の建設

およびそれを可能にする力に焦点を当てたのに対して，デリダはその破壊的またそれを可能にする要素に焦点を当てている。しかし，あたかも力の維持についての解釈学的，社会学的法則でも存在するかのように，この2つの部分は常に，また既に出現している。すなわち，もし解釈的行為が意味を生み出し，ある個人や社会団体に力を与えるのなら，それは同時に潜在的なものを抑圧し，破壊し，そして他の個人や団体に力を与えるのである。従って，例えば，ガダマーは，伝統が，いかにして我々にテキストの意味の解明に道を開くことを可能にさせるかを述べるが，デリダは，伝統の権威が「ひどい暴力によって獲得」されているかを，我々に警告する。部分的に解釈学的行為のための権威的背景となる文脈を提供する故に，伝統は，我々に理解するための道筋を付ける。従って，それが意識的記憶から忘れ去られた，背景に留まっているとき，伝統は最も有効に作用するのである。しかし，デリダは，伝統について，背景を前景に押し出し，伝統がいかにしばしば残虐性と二枚舌によってその権威を確立してきたかを思い起こさせることを欲している。ある意味で，脱構築は「内部からの突き上げ，過激な他の内部」——すなわち，内部からの伝統と理解の限定——なのである。(69)

　デリダは，解釈学的行為が力を奪い破壊する状況に関心を持っているので，彼はテキストが有する，多くの潜在的意味ないしは真理の中から決定することにほとんど注意を向けていない。極めて単純化すると，力を奪うことについて関心を呼ぶのは，決定することではない。むしろ，決定する力を削ぐことである。従って，デリダは，テキストについて，統合された意味を追求するないしは再構築することに関心がないので，彼は解釈学的行為の実践的要素に興味がないのである。他方，デリダは，我々の理解の余白に常に隠れている残されたもの (Other) を見出し，光を当てることを求める。デリダは，我々がテキストを理解するときに必然的に存在する暴力——使用可能な，それ故に統合された意味の実践的追求において必然的に曖昧にされる暴力——を暴露することを求める。デリダにとっては，暴力は解釈学的限定，除外，否定，および残されたもの——ベールに隠された部外者——に対する抑圧を露にし，この暴力は人間理解において除くことのできない前提（あるいは限界）として立ちはだかる。理解の解釈学的プロセスの範囲内で，我々は常に，そして既に，ある残された

第2章 知の海図　51

ものを決定している。我々は必然的にある他の観点から生じる潜在的意味を否定し，我々の共同体の伝統から，これらの潜在的意味を排除する。残されたものなしに，否定された潜在的意味の痕跡なしに，「いかなる意味も」全く「出現しない」のである。確かに，残されたものは外部の一員でも何でもなく，残されたものは外部に存在するものである。残されたものの位置付けは外部が決定する。従って，テキストの意味を公表するにおいて，理解は規範的に，決定的に，内部と外部を限定する故に，それは政治的行為である。前もって存在する限界は存在しない。それ故に，デリダ主義者の脱構築もまた政治的である。それは隠されたもの，抑圧されたもの，暴力を受けたもの，否定されたものを——残されたもの——を暴露する。脱構築は残されたものからの叫びに応えている。(70) ガダマーは，テキストという他者に対して開かれているものを欲し，デリダは，我々のテキストの理解によって抑圧される他者を明らかにすることを欲している。

　哲学的解釈学と脱構築との間の，これらの類似と相違を前提に，ガダマーとデリダとの対話を想定するなら，以下のようになるであろう。

　ガダマー：「我々が伝統に参加することによって，我々はテキストを理解することができるのである。」

　デリダ：「なるほど。だが，何が伝統を正当化するのだろうか。伝統は暴力と欺瞞から生まれる面がある。」

　ガダマー：「あなたが正当性を欲するのは単なるモダニストの形而上学の再現ではないか。あなたは何を求めているのか。それは不変な基礎付けなのか。」

　デリダ：「あなたのおっしゃる通りだ。だが，私が強調しようとしているポイントを，まさにあなたが明らかにしている。伝統以外に意味の基礎となるものは存在しないが，今度は，伝統自体の基礎を正当化するものは存在しない。伝統は完全に正当化されるものでもなければ，正当化されないものでもない。そこで，我々が伝統の中での暴力や欺瞞を無視し，否定するように，理解は必然的に無知と偽善に基づいている。」

　ガダマー：「なるほど。だが，まさにポイントはそこだ。我々はコミュニケーションをする。理解を我々はするのである。基礎付けすることなしに，必然的に継続する実際的活動が存在するのである。」

デリダ：「なるほど。だが，暴力，抑圧，否定……。」

かくかくしかじかである。ガダマーにとって，この論争は，尽きることのないものである。我々の地平が動くに従い，新たな観点が次々と出現する。それにもかかわらず，我々はプラグマティックな方法によって——コミュニケーションをとり，理解し，解釈する——，歩き続ける。デリダにとって，哲学的解釈学と脱構築との間のこの緊張は，解決が不可能なものである。必然性と我々の言語学的形態の不適切性の狭間で，我々は終わりのない矛盾の囚われの身となっているのである。だがしかし，デリダとガダマーの両者は，解釈学と脱構築との間で選択をする必要がないことでは合意に達するであろう。実際，選択をすることには意味さえない。哲学的解釈学と脱構築はポストモダンの解釈主義において，異なる平面ないしは軸を代表している。この両者は，いかにして我々がテキストを理解するに至るかという，解釈学的行為を我々が理解する助けとなるのであり，従って，それらは我々がまさにこの世に存在していることの意味を理解する助けとなるのである。哲学的解釈学と脱構築は相互に補い合うものである。解釈学は意味が存在するに至ることを肯定的に捉えていることを例証し，脱構築はコミュニケーションと理解の限界を強調するのである。[71]

哲学的解釈学および脱構築についてのこのような描出は，確実に，議論の俎上に載るであろう。例えば，多くの熱心な脱構築主義者は，いかなる脱構築についての要約も，必然的に歪められたものとなる，と主張するであろう。脱構築自体，固定された概念ないしは産物に還元させることはできない。実際，ガダマーとデリダについての筆者の分類さえ，議論の対象となり得る。幾人かの批評家は，ガダマーに対して，あまりに性急に伝統の権威とテキストの慣習的な意味を受け入れる，保守的モダニストというレッテルを貼ってきた。デリダはポスト構造主義者であり，ポストモダニストではないことを示唆する者もいる。さらに過激に，ポストモダニズムというまさに概念が誤りであることを宣言する批評家も存在する。幾人かの批評家によると，近代という時代は変わらずに続いている。この観点からは，ポストモダニズムは始まっているのではなく，せいぜい，後期資本主義と結び付いた文化現象としてのみ存在している。もちろん，ドグマティックなモダニストの中には，「空虚な見方を喧伝する，

第2章 知の海図

最近の一時的流行」に過ぎないとして，ポストモダニズムを即座に斥ける者もいる。一方，より保守的なモダニストは，とりわけ，脱構築を，つまらない戯言にすぎないものとして，あるいは西洋文明の精神を脅かすものとして，さらには，ともかくも，この両者として，非難し，激しく攻撃する。極めて明白に，多くの批評家はポストモダニズムの性質，さらには存在についてさえ意見の一致をみない。バーバラ・クルーガーは，次のような見解を述べている。「幾人かの者にとって，ポストモダニズムは，たくさんの野蛮で狂喜の飾り付けを互いに積み上げる口実であり，ある者にとっては，基準と価値を弱体化するもう1つの例であり，ある者にとっては，範疇の確実性に対する垣根を越えた抵抗であり，ある者にとっては，特殊な家，服装，車，芸術，デザート，ペットを記述する手軽な方法であり，またある者にとっては，それは単に既に終わったものである。」[72]

ところで，筆者の意見として，確実にポストモダニズムは終わっていない。ポストモダニズムは，実際，なお青春時代真只中の，現在存在する知的，文化的，社会的時代区分として最良の理解である。ガダマーとデリダの哲学は，ポストモダニズムの重要な側面を示しているが，確かにそこにはそれ以上のものが存在する。1つにはこの理由から，また1つにはポストモダニズムは非常にしばしば誤って解釈され，誤って理解されているので，ここで，この時代の8点にわたる広い，重複するテーマの輪郭を描くのが有用である——それらの多くは，哲学的解釈学，脱構築，あるいは両者の構成要素として既に紹介済みである。さらに，明確さを期すために，ポストモダニズムを定義するというよりも，ポストモダンの主題を明確にすることを追求し，それによって，ここでの議論がポストモダンにおけるエートスを真実のものとするのである。ポストモダニズムに与えられた定義は，ある基本的コアないしは本質にそれを還元しようとするものであり，それはあまりにも基礎付け主義者，あまりにも本質主義者——あまりにもモダニスト——過ぎるのである。

そこで，第1のテーマは，ポストモダニズムは反基礎付け主義であり，反本質主義であり，従って，モダニストの認識論に反対であることである。ガダマーとデリダの両者が例証しているように，彼らの観点からは，意味と認識は常に基礎付けられないままである故に，ポストモダニズムは反基礎付け主義であ

る。そして、基礎付けられない意味は、常に不安定であり、推移する故に、ポストモダニズムは反本質主義である。意味は固定的なコアないしは本質に還元させることはできない。デリダ主義者の用語法においては、意味は固定された、表明されたものには基礎付けられず、むしろ常に表意者の演技（play）が存在する。それ故に、いかなるテキストないしは出来事にも、異なる文脈において現われる、多数の潜在的意味、多数の真理の存在可能性が有することを、ポストモダニストは容易に承認する。この点を敷衍すると次のようになる。すなわち、ポストモダニストは、経験の全体的統一体（gestalt）を転回させ、あるいはパラダイムを移動させることを、読者にしばしば招来する。まさに読者がテキストに関する本質的意味を設定したと思ったとき、ポストモダニストは読者が転回すべきことを主張し、そして突然読者には全く異なる意味が見えてくるのである。実際、「それは、今はアヒルのように見えるかもしれないが、しかしもう一度見なさい、そうするとそれは兎ではないですか」、とポストモダニストは言うのである。[73]

　この意味の偶然性は、残されたものについての、デリダ主義者の概念に密接に関係している。いかにテキストの意味が固定され、確定しているように見えても、ある他のものが周縁に常に潜んでいる。この別のものは、常に、テキストの固定性や厳格性を崩壊させ、他の替わり得る意味、ないしは真理を示唆する可能性を残している。この理由から、フェミニストや批判的人種理論のような、「異なった声の」学派は、ポストモダニズムにおいて重要な役割を演じる。主流のモダニストの学者は、概して公言された本質的、コアとなる真理に基づいて認識を基礎付けようとするのに対して、異なる意見の学者は、ある社会的、文化的、他のもの――歴史的に抑圧されてきた、人種、宗教、あるいは性的少数派ないしは外集団――の視点（ないしは地平）から生まれる、以前に抑圧されていた意見ないしは真理に光を当てる。従って、ポストモダニズムはある程度、様々な意見の学者が暴露する多様な真理の故に出現した論説として理解することが可能となるのである。以前はただ1つが姿を現していたが、多様な真理が暴露されることによって、様々な意見の学者が存在することが、ポストモダニズムが有する反基礎付け主義、反本質主義の性格を形成し、正当化するのを助けるのである。様々な意見の学者は、繰り返し、一見安定しているモ

ダニストの提唱する意味は,不安定であり推移することを明らかにすることによって,デリダ主義者の表意者の演技を例証している。と同時に,まさにポストモダニズムが反基礎付け主義であり反本質主義である故に,それはマイノリティーあるいは外集団のメンバーが,多様で,しばしば衝突を生む真理を,ある意味で,いかにして経験することを可能にさせるのかを説明する。外集団のメンバーは,支配的多数派の真理をしばしば理解しているが,またマイノリティーあるいは外集団の真理を理解している(おそらくより深く,生き生きと)。例えば,アフリカ系アメリカ人の学者は,制度化された宗教が,一方では,非常に階層化された社会関係にもかかわらず,従順であることを正当化すると同時に,他方では,革命的抵抗を吹き込むことができることを,白人の学者より,より容易に理解することができるであろう。モダニストによって主張されている本質ないしはコアは,支配的マジョリティーによって社会的,文化的に受け入れられた真理にすぎないと考えられることによって,このタイプの経験の説明を,ポストモダンの理論は提供する。この観点から,ポストモダンの理論は,様々な意見の学者を増強し,外集団のメンバーがこれまで抑圧されてきた真理や意味を暴露することを促進するのである。[74]

　次に,より明白に述べると——そしてこれが第2の主題なのであるが——,ポストモダニストは,あらゆる種類の,表向きの確定性,慢性,体系性,および限界に異議を申し立てる傾向にある。いかに概念や制度が明確で,固定的で,正当であるように見えても,それは常に崩壊する可能性を秘めている。特に,脱構築主義者は,必然的に隠された,あるいは抑圧された他者を見出すことができる。この理由から,ポストモダニストは包括的,メタ物語(meta-narratives)ないしはメタ理論に抵抗する。歴史的物語ないしは理論は,包括的な支配を主張し,そしてしばしば長大な社会的進歩を描く。ある分野や主題を,単一のまとまりのある筋書きに縮減することを追求することによって,概して,そのようなモダニストの理論は,ある他者を曖昧にする。すなわち,彼らは物語の流れや無限の進歩という暗示に干渉するであろう,反対している,抑圧されている声を最小限にし,あるいは無視しようとしている。従って,実社会の複雑性——まったく異なる,支配されている声——を十分に描くために,しばしばポストモダニストは,普遍的ないしは包括的支配力に異議を申し

立てるのではない，必ずしも進歩ではないが変化を暴露する，複合的な「小さな」物語を試みている。実際，幾人かのポストモダニストは，社会の出来事を分析し，科学的に説明することを主張してきたが，出来事を説得的，実りの多い方法で語り，解釈することを主張しているにすぎない。[75]

確定性と限界の拒否というポストモダンの傾向故に，ポストモダンの学者は，十分に確立された学問領域を隔てる壁を破壊してきた。もし学者が，単なる1つの観点——例えば社会学の——から，社会的問題を分析しようとするなら，多様な観点と真理の探究を主張するポストモダンの立場と矛盾することになる。結果として，我々は歴史学，社会学，哲学，人類学，文芸批評，法学，および多様なその他の主要な領域の混合を分析的に検討する。とりわけ，文化は，我々の世界が，ある意味で，文化的に飽和される状態にまで拡張した。ポストモダニズムにおいて，文化は，商業的なもの，統治に関わるもの，心理学的なものを含む，社会的・個人的生活のすべての面に浸透する。従って，ポストモダンの時代における研究は，筆者の当初の観点および学問領域にもかかわらず，重要な文化的要素をしばしば伴う。フレデリック・ジェームソンは，次のように宣言している。「我々はポストモダニズム文化の掌中に入っているのであり，その同様に皮相的な歓迎が，自己満足であり，堕落しているのと同様，皮相的な拒否が不可能なところにまで立ち至っているのである。」[76]

第3の主題は，ポストモダニズムが矛盾に陥っていることである。例えば，私は今，ポストモダニズムの主題として議論すべきであると主張しているが，この議論の過程において，私は既にポストモダニズムが反本質主義であることに注目した。しかし，主題というまさに概念が，おそらく近代主義者が定義する還元主義者と同じではないとはいえ，それにもかかわらず，本質の存在，あるいは，少なくとも本質のようなものを示唆しているように見えるのである。それにもまして，ポストモダニズムは反本質主義であるという私の議論は，ポストモダニズム自体の本質ないしはコアを推論するように見える。他方ポストモダンの何物かであるためには，反本質主義者でなければならない。この説明によると，ポストモダニズムはポストモダンではない。実際，ポストモダニズムはモダニズムを含み，モダニズムはポストモダニズムを含む，と逆説的に述べることが可能かもしれない。例えば，ポストモダニズムの概念化は，壮大な

物語の可能性を前提にしているように思われる——歴史の時代区分はプレモダニズムから、モダニズムへ、そして次にポストモダニズムへと推移している。だがしかし、このような時代区分は、本質的にモダニストのものである。既に論じたように、ポストモダニストは、一貫してそのような包括的、超越的物語の存在に異議を申し立てている。従って、単なる時代としてのポストモダニズムの考え方は、モダニストに根深く存在するものであり、ポストモダニズム自体の主張と緊張関係に立つものである。それにもかかわらず、ポストモダンの立場から、モダニズムがポストモダニズムを導く伝統である故に、この結論は驚くことではない。それ故に、モダニズムの中に、我々はポストモダンの種子を見出すのであり、ポストモダニズムの中に、モダンの痕跡を見出すのである。[77]

　第4に、ポストモダニストは、権力、とりわけ言語が有する、ないしは論証的、権力の顕現に関心を持っている。ミッシェル・フーコーの言葉においては、「権力はどこにでもある。」[78]例えば、言語（あるいは、より広範に象徴主義）は、権力を行使するための手段、あるいは技術として理解することが可能である。第1の方法において、言葉は直接および間接に権力を押し付ける故に、言語は権力の技術を代表する。約束あるいは脅威を継続するような、そのような言葉は、その他の言葉が解釈者（言葉を聞きあるいは読む者）に、一定の感情、行動、あるいは両者の引き金となるのに対して、遂行的行為（performative acts）となる。例えば、特殊な言葉が特定の強制的、暴力的社会活動や実践の引き金となることがある。人身保護令状の申請を否定する法律論が、死刑を言い渡された被告人を刑の執行に導くことがあり得るのである。[79]

　だがしかし、第2の方法において、言語は、権力行使のより広範な手段として現われる。フーコは次のように宣言している。「論説は権力を伝達し、生み出す。」我々の「出来事について、話し合い、解釈するという際立った方法は」、我々のまさにこの世に存在することの形を構成している。我々の議論という実践の中に組み込まれた概念的差別化および正当化の基準は、社会的出来事や実在の理解や認識を形成する。[80]とりわけ、ガダマーの哲学的解釈学は、言語のこのような力を強調する。ガダマーによると、言語は伝統と理解との「媒介物」である。伝統は言語の中で、それを通じて存在し、我々に手渡され、

それ故に，伝統故にのみ可能となる理解は，それ自体，その性格において言語学的（linguistic）でなければならない。言語は人類の単なる道具ないしは財産ではなく，人は世界を言語において経験し，換言すると，「言語の中で生きている」のである。要するに，「言語は我々がこの世に存在することの作用の基本的方法なのである。」それ故に，ガダマー主義者の観点からは，それが理解と意味を可能なものにし，制約する故に，言語（伝統としての）は権力の技術なのである。[81]

だがしかし，既に述べたように，ポストモダニストはパラドックスに落ち込んでいる。そこで，驚くまでもなく，言語は権力の技術であるけれども，言語は同時に権力から遠く離れて漂っている，と多くのポストモダニストは主張する。例えば，連邦最高裁が死刑囚からの人身保護の請求を拒否するとき，それに伴う結果は，裁判所の意見における法的推論の精密さとは無関係である。死刑執行の現実は，法の原理や議論が，特定の結論を命じているかどうかには転化できない。これに反して，必ずしも法的洞察力や裁判官の識見故にではなく，まさに彼らは連邦最高裁の判事である故に，彼らは人身保護の請求に権力を行使する。各連邦最高裁判事は，刑事司法システムという社会制度の範囲内で，驚くべき権力を持つ地位ないしは役割を有する仕事をする。従って，この観点から，権力はしばしば構造的なものである，と我々は見ている。すなわち，権力は「関係において存在する——それは進行中の，人間がお互いの関係の中で築き上げられる習慣的作法を持っている。」個人的素質，能力，あるいは知識故にではなく，彼らが複雑な社会的実践および制度の中で続けている，ある相対的に組み込まれている（偶然ではあるが）社会的役割を占めている故に，しばしば個人は権力を行使する。確かに，社会的役割は，ある純粋な，理想的な意味において存在するのではない。それらは言語を通じてのみ自己規定されるのでも，限定されるのでもない。むしろ，部分的には，様々な組織上の地位の間での諸関係によって，社会の組織的仕組みによって，社会的役割は規定されているのである。[82]

第5の主題は，ポストモダニストは，しばしば自己についての社会的構造を強調することである。モダニストが独立し，自立した自己という考え方を有しているのに対して，ポストモダニストは，1人の自己ないしはアイデンティテ

ィーの概念化は，文化的実践や社会の構造から生じると主張している。自己ないしは人間の意識は，統制や社会の進歩の，ある究極の，基本的な源ではない。デリダは，次のように主張している。自己あるいは主語は「それがそうであるというところのものではない。主語は，あるメタ言語学的実体あるいはアイデンティティーではなく，自己実在のある純粋な我（cogito）である。それは，常に言語に刻まれている。」同様に，ガダマーは，いかに伝統——文化の言語学的側面——が個人の先入見（従って個人のアイデンティティー）を生み出しているかを強調している。より構造的な観点から，社会的な役割は，一定の行動を遂行するために，連邦最高裁判事のような個人に，単に力を与えるだけではない。むしろ，社会的役割はまた，観念，態度，および行動を生み出すのを助ける。まさにアイデンティティーおよび個人であることは，部分的に，彼や彼女が社会の組織的仕組みの中での地位あるいは役割によって解釈され，構成されている——個人の地位や役割が，他人の地位や役割に対して有する一括りの社会的関係によってである。従って，幾人かのフェミニストは，両親と幼児間の養育関係が，社会化する前のパーソナリティーについて，ある程度の特徴を生じる可能性があることを強調している。[83] しかしながら，同時に，このような観点は，残虐性，憎悪，人間性の喪失はまた（少なくとも部分的に），社会を構成している組織を通じて社会的に生み出されることに注意を喚起させる。そうでなければ普通の，道徳的人間でも，それなりの役割に就くならば，他人に対して即座に信じがたい残虐行為を働くことができる。例えば，1つの心理学上の実験において，被験者を2つのグループ，すなわち囚人と看守に分けると，看守は囚人に対して完璧な統制力を発揮する。あらゆる予測を超えて，囚人を虐待することによって，看守は，彼らの権威的役割を物の見事に演じ切るのである。[84]

第6に，ポストモダニズムは，自己内省的（self-reflexive）ないしは自己言及的（self-referential）である。社会的役割や実践が継続中のものであり，組み込まれている限り，権力は構造的なものであるけれども，これらの役割や実践——モダンであれポストモダンであれ——は，常に本来偶然的なものである。それらは変化可能であるし，また変化する。伝統は常に創造されなければならず，従って時間が経過すれば変化する傾向があることを，ガダマーが注目

したように，社会的実践もまた常に再構築され，従って変容する傾向にある。確かに，1つには一種の慣性を通じて，それらの重荷を通じて，多くの社会的実践はそれ自体再構築されるが，しかし，それらはさらに再構築され続けなければならない（さもなければそれらは存在することを止めるであろう）。そしてこの再構築のプロセスの中で，変容の可能性が常に鼓動する。従って，例えば，現在の最高裁長官であるウィリアム・レーンクィストと，初代の長官であるジョン・ジェイによる，権力行使には重要な類似性があるにもかかわらず，レーンクィストとジェイとの制度的，社会的役割は明らかに異なるのである。言うまでもなく，とりわけ際立った相違は，ジェイは，より小さな連邦最高裁を主宰し，レーンクィストと比べて，はるかに少ない数の判決しか下さなかったことである。(85)

従って，あらゆる存在し続けてきた社会的実践——モダンであれポストモダンであれ——は，再構築される（そして変容する）傾向にあるが，多くのポストモダンの際立つ特徴は，それらの内省的（ないしは思索的）自己生産性である。すなわち，ポストモダニストは，彼らの（我々の）社会的実践は，歴史的，文化的な偶然性を有し，これらの実践は，彼ら（我々）自身の言葉，思想，および行動を通じて，常に再構築されると理解している。例えば，我々の言語学的実践が，ある外部的基礎付けの助けなしに，いかにそれら自体を内省的に再生産するかを，デリダは強調している。従って，ポストモダニストは，しばしば彼ら自身の社会的実践に思いを馳せ，これらの実践の文化的，理論的自覚を彼ら自身の実践の一部とする。従って，ある意味で，ポストモダニズムは，実践によって内省的自覚を含むように変容する。スティーブン・コナーは，次のような見解を述べている。「現時点において，我々の同時代そのものを理解しようとすると，安全に独立した監視所が，『科学』，『宗教』，あるいは『歴史』においてさえ，存在しない。我々は，我々がそれを分析に利用する構造の中に属し，分析を試みようとしている瞬間に，属しているのである。この最終的自意識は……我々同時代のないしは『ポストモダン』の時期を特徴付けるものである，と述べても過言ではないかもしれない。」(86)

第7に，ポストモダニストはアイロニーを含む存在である。認識論的基礎付けおよびモダニストの個人主義にとって，ポストモダンの脅威は，多くのモダ

第 2 章　知の海図　61

ニストに不安と失望を生じさせたのに対して，ポストモダニストには，これらの脅威はアイロニーを……生じさせた。ポストモダニストとモダニストとは際立って異なる態度を表明している。1 つのすばらしい概念（あるいは 2 つなしは 3 つさえ）が突如アルキメデスの点（Archimedean point）を確立し，あるいは世界を過激に変容させることが不可能であることを，ポストモダニストは知っているが，ガダマーのプラグマティックな解釈学の概念化によって例証されるように，彼らはそれにもかかわらず，この世界において，実践的に作用し続けることを継続する。結果的に，ポストモダニストは，少なくとも 2 つの方法においてアイロニーを表明する。第 1 に，彼らの反基礎付け主義および反本質主義にもかかわらず，彼らはしばしば彼らがあたかも本質に基づいて，それを含んでいるかのように，モダニストのレトリカルな道具および議論の形式を使用する。しかしながら，常に反基礎付け主義および反本質主義的主題を理解しながら，ポストモダニストは，それらのモダニストの方法を自己内省的に使用する。ジーン・ボードリヤールの言葉を借りると，ポストモダニストは「最早存在しないものと一緒に……演技している。」そこで，単なるモダニストである，あるいはそう見えることを回避するために，ポストモダニストは，しばしばこのモダニストの技術の使用というアイロニーを内包することを求める——従って，隠喩的なもの，つりあがった眉毛，ウィンク，あるいは歯を見せての笑い。例えば，突如形式的，真摯な学者スタイルから，会話の調子へと切り換えながら，ポストモダニストは，しばしば予期に反したレトリックの型を混合させるかもしれない。第 2 に，これらのまさに道具や議論を十分には抑制できないことを知りつつも，モダニスト型の議論を使用しながら，ポストモダニストはモダニストの道具を使用する。テキストの反復性——異なる文脈におけるその反復性——故に，性質においてモダニストであろうとポストモダニストであろうと，彼らの議論が予測不能な方向に向かうことを，予期せぬ意味を生むことを，ポストモダニストは皮肉にも予測するのである。[87]

　第 8 に，ポストモダニズムは，ある意味で，政治的に矛盾する立場にある。ポストモダニズム，とりわけ脱構築は，潜在的に過激な政治的影響力を有している。それにもかかわらず，そえは保守的目的に向けられることも可能である。ポストモダニズムに対する多くの反対派は，その方法は「『全体主義化す

る批評』の滑り台」に導き，従って批判的道徳の可能性を掘り崩し，保守的麻痺の苦しみを我々に残す，と主張している。この見解に従うと，ポストモダニストが正しいとすると，意味は表意者の脱構築的演技から出現し，従ってテキストはそもそもいかなる意味でも持つことが可能になる——1つの意味が，他のいかなるものよりも良いわけでも悪いわけでもない。これらの反対派は，次のように付け加える。立脚する基盤が存在しないのなら，それでは，いかにして他のもの（あるいは我々自身）を評価することが可能となるのであろうか。そして評価し，批判する方法が存在しないなら，それでは，何故にまさに現状を維持することがいけないのであろうか。それにもかかわらず，デリダを含む，多くのポストモダニストは，ポストモダニズムは過激な政治的影響力を有することを信じている。明白に代わり得る実践を推奨することによってではなく，受け入れられている構造および象徴を攪乱し，あわよくば変更することによって——必然的に斬新的にのみ，しばしば気づかないほどであり，秘密裡でさえある——，幾人かのポストモダニストは，確立された社会的文化的実践に介入することを求める。例えば，デリダの脱構築は残されたもの（Other）に焦点を当てるが，それによって，排除と抑圧を明らかにすることによって，暴力と欺瞞を明らかにすることに向けること——潜在的に飽くことを知らない原動力——に拍車をかけることができる。デリダにとって，「脱構築が正義である。」[88]従って，驚くまでもなく，デリダは機会あるごとに，具体的な，論争提起的でさえある言葉遣いにおいて，残された者に対する彼の政治的関心を示してきた。

> 地球と人類の歴史において，暴力，不平等，排除，飢饉，さらに実際，経済的抑圧が非常に多くの人間に影響を与えてきたのではない。歴史の終焉の幸福感において，リベラル・デモクラシーについての，および資本主義市場についての究極的な理想の到来を激賞するのではなく，「イデオロギーの終焉」および根底的解放理論の結末を称賛するのではなく，夥しいそれぞれの苦難を作り上げている，この肉眼で見ることのできる証拠を決して無視することがないようにしよう。厳然たる数において，夥しい数の男性，女性，および子供が奴隷状態におかれ，飢え，あるいは地上において種族の絶滅の危機に瀕していることに気づくことなしに，我々の進歩はな

いことを知るべきである。[89]

　要するに，ポストモダンのこれら様々な主題は，ポストモダニズムの意味を台無しにし，また相互に独立させるものでもない。ポストモダニストの多くが，主題についての私の選択をめぐり，あるいは私の全体的主題の成果さえ争うであろうことは，疑問の余地がない。例えば，多元主義や社会の実在の流れと矛盾する具体化された観念として非難して，多くのものが社会構造のまさに概念自体に異議を申し立てている。それにもかかわらず，主題へのアプローチは，様々な主題が重複し，ポストモダンの実践の寄せ集めの中で混合していることを考えると，ポストモダニズムを有用に説明している。従って，例えば，ポストモダンの我ないしは主語を構成することによって，いかにしてポストモダンの文化は権力を明らかにするかを，自己内省的に描きあるいは診断する。このような研究は，ポストモダンのパラドックスを明らかにする。ポストモダンの理論家は，独立したそして自立した個人としての我の概念を批判するが，同じ理論家が，それにもかかわらず，ポストモダンの主体を，ハイパースピード時代におけるモダニストの我のようなものとして描くかもしれない。文化的に，社会的に解釈されたポストモダンの主体は，個人を区別する求めにおいて，強固な（モダニストの）理由や基礎付けなしに，常に空虚な選択をするのである。どのブランドのジーンズを着るべきか。どの種類のソーダを飲むべきか。どの局の番組を次に観るべきか，等々……。モールの中のどの店で次に買い物をすべきか，そして次は，そして次は……。どの電子レンジを選択すべきか。朝の食事の穀物に何をとったら良いのか。どの南アメリカ産のコーヒーがおいしいか。奇妙なことに，ポストモダンの時代において，異なる者の表向きの求めに応じた，様々な大量生産，大量広告の産物からの絶え間ない選択によって，人は個人としての独自性を求めるのである。簡略化すると，ポストモダンの主体は，彼らにとって「消費することは義務である――おそらく最も重要な義務である」，ハイパーコンシューマーである。そして自己内省的ポストモダニズムの典型的な姿において，ポストモダンの経済市場は，ポストモダンの最新文化（hip culture）それ自体から影響を受けている。内省的にそれが宣伝であることを知っており，うなずきや目配せで我々に言い寄るコマーシャルから感化されている――彼もまた人形の動画であることを微笑みながら確信して

いる漫画のヒーローのようである。従って、ポストモダンの資本主義文化は、潜在的特色市場分野（niches)を開く、新たな（ないしは微妙な）個人の関心を生むことを求めて止まない。おそらく、結局、スニーカーというよりは「運動靴（athletic shoes）」であるだけではなく、さらに、ランニング・シューズ、バスケット・シューズ、ウォーキング・シューズ、テニス・シューズ、エアロビック・シューズでさえもあり、そして決めかねるときは、幾つかを組み合わせた靴（cross-trainers）となる、選択によって作られた、個人的表明に関心があるべきなのである。[90]

　本章を結論付けると、ポストモダニズムは、初期の段階にあるだけではなく、やがて第2段階に生まれ変わり、道を譲ることを、私は示唆したいのである。確かに、第2段階のポストモダニズムは、これまで述べてきたように、第1段階に非常に類似したものとなるであろうが、では第2段階のポストモダニズムの際立った特徴とは何であろうか。答えを提出する前に、述べるまでもない、但し書きを付け加えておかなければならない。すなわち、この議論は的外れかもしれない推測を含むものであり、それ故に仮説的なもの、示唆的なものとして理解されなければならないということである。上記の点は残るものの、第2段階が実際出現することを前提にすると（「ポストモダンの」文化的実践は非常に早く変化する故に、ポストモダニズムとは全く呼べないかもしれないが）、幾つかの可能性が存在する。[91]

　第1段階のポストモダニズムと第2段階のポストモダニズムとの間の決定的相違は、モダニズムに対する個別の関係に存在する。第1段階のポストモダニズムは、モダニズムの影響下に置かれている。実際、既に述べたように、ポストモダニズムに対する幾人かの批評家は、我々はモダンの時代の中にいるままである、と信じている。時折、ポストモダンにより好意的な理論家でさえ、ポストモダニズム自体を議論することを自制し、時期区分の不明確な境界故に、それに代えて、モダン/ポストモダン時代の混合に注意深く言及する。[92]それ故に、このモダニズムの影響下で、多くのポストモダンの著述は、幾分遠回しではあるが、実際モダニストの争点や関心に向かう傾向にある。例えば、数世紀にわたって、モダニストは主観/客観の形而上学から生じる認識論的諸問題

第 2 章　知の海図　65

に焦点を当てていた。すなわち，どのような源あるいは方法が認識のための客観的基礎を提供することができるのかということである。極めて異なる方法においてではあるが，大部分，ポストモダニストは，これらの関心に釘付けにされたままである。確かに，ポストモダニストは，モダニストの主観/客観の形而上学と，それに伴う客観的認識論的基礎を否認している。それにもかかわらず，彼らはなぜそうするのかを広範囲にわたって詳細に説明する。すなわち，ポストモダニストは，なぜ，またいかにして彼らが反基礎付け主義者であり反本質主義者であるのか——なぜ，またいかに彼らがモダニストというよりは，ポストモダニストであるのか——を証明することに，多大なエネルギーを注ぎ込んでいる。言い換えると，これらの理論家は，モダニストの形而上学や基礎付け主義を拒絶するが，多くの例において，彼らはそこからまさに移ろうとはしない。むしろ，彼らは，大部分モダニズムに対する批判的反応によって，彼らのポストモダニズムに対する信奉を説明する。

　モダニズムと，第 1 段階のポストモダニズムとの間に，このような密接な関係が存在する理由は明らかである。第 1 段階のポストモダニストは，以前にモダニストであったが，それに失望したという例がしばしばであるからである。彼らは，客観的認識の蓄積によって，社会関係に対する広範な統制を行使し，重要な社会の進歩に貢献することさえ可能な，独立した，自立的自己であると信じる——そして実際に信じた——ために，社会化され，教育されたのである。しかし今や，これらの理論家にとって，それは終わっている。彼らはもはや信じていないのである。神は死んでいる——繰り返すと——そして今度は，神が死んだことを彼らは見たのである。1980年代にロナルド・レーガンが大統領になり，当時非常に人気のある大統領であったことを1980年代に突然知った，1960年代から過激なヴェトナム戦争の反戦者を想像してみなさい。そこで，このような理論家に，今何ができるというのであろうか。彼らは，アメリカ社会が，急により良いものに変わることを心底信じることなどできないのである。だがしかし，彼らはなおモダニストの争点，モダニストの動向，モダニストの議論を知っており，そしておそらく最も重要なことは，彼らがモダニストの過去の記憶を保有していることである。そこで彼らは眉をひそめ，笑い，手元にある道具を使用する——今や彼らは，それらを皮肉にも使用するのだけ

れども。ボードリヤールによると，ポストモダニズムは「破壊されたものの残存物を使ってのゲームなのである。」[93]

　私見においては，モダニズムが最早積極的，生きた記憶ではないとしたら，そしてその時，第2段階のポストモダニズムが到来するであろう。モダニズムがメモリーとして認識されるのではなく，歴史として学ばれる時，その時ポストモダニストはモダニストの過去のぼやけた影なしに活動を開始するであろう。モダニストに染められた関心――反基礎付け主義 対 基礎付け主義，反本質主義 対 本質主義，等々――を有するポストモダンの先入観が終焉を迎えるとき，その時，ポストモダニストへとおそらく移行するであろう。とはいえ，何に移るのであろうか。もちろん，ポストモダンの同様な主題の多くが，残されたままであろう。とはいえ，何が異なるのであろうか。

　第2段階に引き継がれた，第1段階のポストモダンの主題の幾つかは，輝きを失うようになるかもしれない。例えば，反基礎付け主義および反本質主義は，ポストモダニズムの必要条件であるように思われ，従ってそうであり続けるが，しかしモダニストが有していた認識論への思い入れがなくなるにつれて，これらのポストモダンの信奉は力を失い，それ故に理論家の注意を引く魅力に欠けるものとなるかもしれない。さらに劇的に，ポストモダンのアイロニーの1つの面は全く消え去るかもしれない。方法が，疑う余地なく基礎付けられた成果の約束の上に，伝えることができないことを知りながら，第1段階のポストモダニストは，内省的にモダニストの方法を使用する。これらの第1段階のポストモダニストは，隠喩的に眉をつり上げながら，あるいはそうでなければ内包するポストモダンのアイロニーによって，結局しばしば同様の方法を使用する，モダニストから彼ら自身を区別する。おそらく第2段階のポストモダニストは，モダニストから，彼ら自身を区別することにあまり関心を持つことは最早ないであろう。それ故に，第2段階のポストモダニストは，それらの限界を十分に認識しながら，おそらくモダニストの道具を内省的に使用し続けるとはいえ，この形態のポストモダンのアイロニーはうまいこと消え去るかもしれないし，少なくとも廃れる方向に向かうかもしれない。すなわち，第2段階のポストモダニストは，議論が，性質的にモダニストであれポストモダニストであれ，予想できない方向に向かうであろうし，予期せぬ意味を生じること

を，アイロニーをもって表現し続けるであろう。

　モダニストは，人間解放の可能性を台無しにしているとして，第1段階のポストモダニストを非難するのが常である。最も普通のモダニストの見解に従うと，解放は，支配あるいは疎外から免れさせることに導く，人間の意思についての，ある種の主張からのみ生じる。すなわち，解放は，独立した，自立した（ないしは少なくとも比較的に自立した）自己を軸に展開される。第1段階のポストモダニストは，疑いもなく，この自己についてのモダニストの観念を拒絶する故に，モダニストの批評家は，人間解放（liberation）の概念を展開し，そして実際保護するために，ポストモダニストに異議を申し立てる。モダニストの観点からは，社会の実体についての第1段階のポストモダンの像は，人間を社会的および文化的環境によってプログラムされたロボットにおとしめる，受け入れがたいもののように思われる。従って，言うまでもなく，第1段階のポストモダニストは，これらの非難に答えることに，多大のエネルギーを費やすのである。だがしかし，第2段階のポストモダニストは，これらのモダニストの非難から大部分免除される（解放される？）であろう。実際，人間の解放――ないしは，おそらくより適切な表現として，人間の自由――は，自己からのいかなる逃避をも要求するものではなく，むしろ主体の社会的構造についての理解を要求するものとして承認される。おそらく自由は，サーフィン――とりわけ，ポストモダンのサーフィン――の概念，ウエッブ・サーフィン，チャンネル・サーフィン等々，と一致するものとして理解することが可能である。信じられないような力によってコントロールされるが，同時に何らかの方法で乗っていることを，サーフィンの概念は示唆する。押し潰されず，粉々にされず，その他圧倒されず――そうなる可能性はあるが――，表面に沿って巧妙に操作する。従って，ネット・サーフィンをするとき，ハイパーリンクの間を滑りながら，そうでなければ探し出すのに何時間も，あるいは何日さえも要する情報を数秒のうちに発見しながら，ウエッブ・サイトからウエッブ・サイトへと効果的に移動する。ウエッブ・サーフィンは，適切になされるなら，扱い可能な範囲を超えて，より多くの情報，より多くの力に直面するが，失望感を与える経験というより，報いを得られる経験となる。

　だがしかし，第2段階のポストモダニズムは，人間の自由の当然の楽園を約

束しない。異常な暗黒郷になる可能性もまた明らかでない。既に述べたように，ポストモダンの自由についての，この見解の範囲内においてさえ，力ずくで圧倒される機会が現存したままである。ポストモダニズムにおいて，部分的に，常に目新しい，常にオリジナルな，常にユニークなものを求め，動かされている。我々はさらなる情報，さらなる知識——もっと，もっと，もっと——を必要とし，得ている。深み，基礎の追求はモダニズムとともにこの世を去り，今や我々は表面をかすめて飛ぶ——ないしはサーフィンする——のであり，すべてにおいて目が回るようなスピィードで，ハイパースピィードで起こるのである。なるほど，我々はコントロールすることと，コントロールされることの同時性（ないしは共時性）を理解するとき，浮き浮きさせるような自由を経験するかもしれないが，我々はまた少なくとも3つの異なる異常な反応を被るかもしれない。第1に，我々は不意に地表でストーリーキングを見つめ，ポストモダン的眩暈，コントロールが効かない状態でよろめきながら，吐き気をもよおす感覚を経験する。バランスを失って，躓き，よろめきながら尻餅をつくかもしれないし，我々の上で絶えず衝突する，突き進む力に潰されるのみかもしれない。おそらく，家もなく，通り過ぎるうつろな凝視をしている，ポストモダンのホームレスのように，水面下に沈む結末となる。

　第2に，たとえ前方にサーフしながら我々は先を向き続けるとしても，我々はやがて一種のポストモダンの麻痺状態を経験するかもしれない。無限の急激な変化，無限の情報やデータは無感覚を生じさせるかもしれない。ちょっとの間で，まさに膨大な信号の煌めきが存在するが，それらはすべてあまりに無意味に見える。1980年代の始め，東ヨーロッパの閉ざされた社会を旅した後，フィリップ・ロスは，次のように述べている。逆説的にも，「国家において，人はしばしば影響を与える感覚を全く持たないのに対して，彼らが書くすべての単語は無限の意味を持っている。」[94]明らかに情報の洪水は，重要な知識を枯渇させる可能性がある。だがしかし，この第2段階のポストモダンの麻痺状態の中で，我々は躓くことはないであろう。むしろ，我々は，幾分ふらつきながらも，バランスを保ち，おそらくサーフィンするのではなく，それにもかかわらず水面上に立ちながら，行動を継続し続けるであろう。

　第3に，おそらくあらゆる可能な条件のうちで，最も驚くことが，小説家で

あるドン・デリロによって示唆されている。「汚れと飽食に堕した社会において，テロが唯一の意味のある行為である。あまりに多くのことが有りすぎ，1万回人生を生き直しても使い切れないほどの物やメッセージや意味が存在する。惰性ヒステリー (Inertia-hysteria)。歴史は存在可能なのであろうか。皆がまじめに捉えているのであろうか。誰を我々は真剣に捉えるのであろうか。死を覚悟の信者のみ，信仰のために殺し，死ぬ人々。その他すべての物は使い尽くされる。芸術家は使い尽くされ，通りの狂人は使い尽くされ，処理され，組み入れられる。彼に1ドル与え，彼をテレビ・コマーシャルに出す。テロリストのみが外部に立つ。」[95]

　これはポストモダンのテロリズムである。無限の情報やデータから流れ出される麻痺に屈することなく，ポストモダンのテロリストは，ほんの瞬間のみとはいえ，ポストモダンの文化の絶え間ない超スピードを止めようとする。無意味な暴力行為を通して，テロリストは意味の宣言と格闘する——継続する超文化にもかかわらず，告知され理解されるであろう，幾つかのもの，いかなるものをも。ある意味で，そのようなテロリストは，モダニストのロマン主義の曲解されたポストモダンの逆転を示している（モダニストのロマン派は美的な活動において，意思の主張を歓迎したことを想起せよ）。しかしながら，1つのその他の関係した可能性が認められなければならない。すなわち，ポストモダンのテロリストの概念は比喩的に理解されるかもしれない。テロリズムは物理的よりは解釈学的に加えられるかもしれない。言い換えると，物理的暴力で打ちのめすかわりに，幾人かのポストモダンのテロリストは，意味（テキストあるいはテキスト類似のものに関する）を独裁的に主張しようとすることだけで成し遂げるかもしれない。この種のポストモダンの解釈学的テロリストは，すべての意味が基礎付けられておらず，知識が目の回るようなスピードで流れることを知っている。それにもかかわらず，幾分重要と思われ，瞬間以上に生き長らえさせると思われる，テキスト，意味を生むのに十分なだけスピードを遅らせるために，闘い，そしておそらく時々，少なくとも瞬間的に，処理する。確かにこのようなテロリズムの形態は，物理的暴力を伴うテロリズムより，異常性が少ないが，しかしそれは肯定的に捉えるべきなのか，あるいは否定すべき動きなのであろうか。そのような人は勇敢なのか臆病なのか，賢いのか鈍いのか。

抽象的に言うことはできない。それはすべて文脈によることになろう。

第3章
プレモダニズムのアメリカ法思想

プレモダニズム法学一般

　アメリカにおけるプレモダニズム法思想の，第1の，決定的特徴を挙げるならば，それは自然法原理に忠実であったことである。[1]国家のまさに誕生にあたって，独立宣言はまず始めに，「自然の法」と「自然という神」を引き合いに出したのである。そして次に，ジョン・ロックの言葉を引きながら，今では馴染みの深い，次の1節へと続くのである。「我々は，自明の真理として，すべての人間は平等に造られ，造物主によって，一定の奪いがたい天賦の権利を賦与され，その中には生命，自由および幸福の追求が含まれることを信じる」。この自然法の論理によって，トマス・ジェファーソンおよびその他の独立宣言に署名した者は，第1の，最高のものとして，不正を行う支配者に抵抗する権利を確立しようとしたのである。その時初めて，アメリカ人民は，イギリスに対して不満な点を列挙し，それによって，なぜこの時期に抵抗する必要があるのかを説明することが可能となったのであった。[2]

　独立宣言の中における自然法や自然権への言及は，単にレトリックとしての飾り物ではなかった。それどころか，自然法は，社会の価値，とりわけコモン・ローを含む，法体系の基礎を提供するように思われたのであった。アメリカの法概念を説明しようとした，初めての試みの一つにおいて，ジェームズ・ウィルソンは次のように説明した。「自然，あるいはより適切に表現すると，自然の造物主（Author of nature）は，我々に多大な貢献をしてきたのである。とはいえ，それは造物主による恵み深い約束事であり，意思なのであり，我々もまた多くのことをすべきなのである。実際，我々がすることのすべては，神

の御業に基礎付けられなければならない。そして法の不完全さは，神の完全さによって補われなければならない。人間の法は，その権威を，最終的に，神に遡るものである法の権威に基礎付けられなければならない。」[3]

　自然法へのアメリカ人民の忠誠は，『英国法釈義（Commentaries on the Law of England)』を，1765年から1769年にかけて初版を出版した，ウィリアム・ブラックストーンから，大部分継受されたものである。[4]ウィルソンおよびその他のアメリカの法学者は，『英国法釈義』を進んでその拠り所としたのである。すなわち，最初のアメリカにおける法学教授である，ジョージ・ワイスはウィリアム・メアリー大学における彼の講義を，ブラックストーンに基づいて行ったのである。また，コネチカット州，リッチフィールドにおける，最初のアメリカのロースクールでのカリキュラムは，『英国法釈義』を基礎として組み立てられていた。またジョセフ・ストーリィはハーバード大学における教授としての終身在職権を保有している間，ブラックストーンの本をテキストとして使用したのである。独学か，あるいは法律事務所において，法律を学んでいた多くの一般の法律家は，『英国法釈義』を読んでいたに過ぎなかったのである。ナサニエル・チップマンは，1793年に，次のように言い切っている。「［ブラックストーンの］『英国法釈義』は，諸州において法律を学ぶ学生が利用することのできる，唯一の法学専門書である。」[5]さらに，ブラックストーンは，アメリカにおいて多くの版を重ねただけではなく，19世紀前半に出版された，アメリカ法に焦点をあてた専門書は，ブラックストーンをモデルとしたのであった。[6]

　ブラックストーンが，釈義の著述に着手したのは，大学という環境において法学教育を振興させるためであった。そうすることによって，彼は，法を，必然的に自然法についての広範な議論を包含した科学，「合理的科学」として提示したのである。ブラックストーンは，次のように述べている。「この自然の法は，人間の誕生と同じくらい古く，神自身がお命じになっているのであるが，もちろん，その他のいかなるものに対する義務にも勝っている。世界全体を越えて，あらゆる国において，すべての時において拘束力があるものである。もしこれに反するならば，いかなる人間の法も有効ではない。そして直接的であれ間接的であれ，それら効力のすべて，それら権威のすべてが，この源

から有効なものとして引出される限りにおいて，そのようなものとして認められるのである。」すなわち，ブラックストーンにとって，自然法の原理は普遍的なのであり，コモン・ローを含む実定法に勝るものである。自然法が「無関心」な分野において，「諸個人自身の自由」に委ねられており——「外国に毛織物を輸出するような」分野——，人間はいかなる行為についてであれ，命じあるいは禁止する実定法を作ることができるのである。しかし自然法が存在する領域においては，「無関心ではなく，人間の法は［自然法原理］の単なる宣言であり，それらに従属して作用するのである。」[7]

ブラックストーンによれば，自然法は，神によって明示されているか，人間の理性を通じて発見されるのである。例えば，所有権は神の啓示に起源があると，ブラックストーンは主張した。神は人間に土とその上に生育するすべてのものを支配することを許した，と聖書は述べている。従って，自然と理性の法から，土地と物の使用，保管，占有が所有の概念として生じるのである。ブラックストーンは次のように結論付けている。「土地と動産両者における所有は，それを放棄する意図を示す行動を取る時が来るまで，普遍的な法の原理によって，彼自身が物を使用する意志を宣言していると見做され，保持をしている，それを獲得した第1所有者に本来的に帰属するのである。」[8]

アメリカの法学者は，ブラックストーンの自然法を，少なくとも次の3つの理由から，即座に受け入れた。第1に，自然法は新生国家の様々な州において，イギリスのコモン・ローを受け入れるための容易で，たやすい正当化をアメリカ人民に提供したのである。とりわけ，独立革命直後の10年間において，もしコモン・ローがイギリス自身に特有な，イギリスの制度としてのみ理解されていたならば，コモン・ローに対するアメリカの信頼は，思慮のない，あるいは裏切り行為とさえ思われていたことであろう。それに対して，もしコモン・ローが，神によって示され，人間の理性を通じて発見される，自然法の普遍的諸原理から生じたものであるならば，コモン・ローは，アメリカにおいて（このことに関しては，どこにおいても）正当なものなのである。[9]

第2に挙げられるのは，コモン・ローが自然法原理に基づいているとの考え方は，18世紀後半および19世紀前半のアメリカ社会の状態に適合していたことである。自然法にこだわる多くの者にとって，いかなる社会も，自然法に則っ

て秩序付けられ，命じられているように思われたのである。またアメリカ合衆国において，すさまじい経済の変化や民衆主義および法的平等の拡大にもかかわらず，この時期，異なる社会階層が顕在化したままの状態であった。その結果，多くのアメリカ人民は，社会の中における己の地位から自然に，慣習的に生ずる義務を，コモン・ローが課しているという見解を直ぐに受け入れたのである。ジェシー・ルートは，1798年に次のように述べている。コモン・ローは「人間の尊厳，性格，権利，義務，身分およびそこでの地位，および将来どのようになるのかを教え，そして夫と妻，親と子，兄弟姉妹，支配者と人民，ないしは市民相互の責任と義務を定義している。」(10)

　第3に挙げられるのは，多くのアメリカ人は，プロテスタントの教えを深く信奉していたので，宗教に根ざした自然法の教義をとりわけたやすく採り入れることができたことである。1740年代，後世，第1覚醒（First Greet Awakening）と呼ばれる，プロテスタント福音主義運動の復活（evangelical revival）は，数千におよぶカトリック派を改宗へと導きながら，北アメリカ植民地を席巻したのであった。「社会のあらゆる階層，あらゆる年齢，あらゆる党派の人民は，新生を経験したのである。ニューイングランドにおいて非常に多くの集団が多大な影響を受けた。ほんの1年間に，神の愛を経験し，教会に加わるものが1つの町の10から20パーセントに及ぶことも稀ではなかった。」(11)信仰復興運動に仕えた牧師は，町から町へと放浪し，次から次へと信奉者を集めた巡回者であったことでもあり，プロテスタント各派は主流派から分派し始めたのである。従って，やがて，たくさんの宗派を生じ，また既に存在していたが反主流派の宗派の幾つかは，新たな土地へと広がったのである。1つ例を挙げるならば，バプティスト派は，18世紀の信仰復活運動から多大な利益を得ていた。しかし，信仰復活派が，アメリカのプロテスタンティズムを多くの宗派に分派させたとはいえ，大覚醒は最終的に「キリスト教の生活やキリスト教の信仰について，共通の理解を，アメリカにおけるキリスト教徒の『5分の4』の人に伝えるための，多大な統合力」となったのである。覚醒は，様々な植民地の境界を越えて，国民意識を徐々に形成する手助けとなり始めたのである。植民地時代から，独立革命さらには国家形成の初期へと向かう，大きな力となり続けた。この国民意識は「キリスト教文明」において，多数に分かれたプロテ

第3章　プレモダニズムのアメリカ法思想　75

スタンティズムを維持し，統合するための大きな信奉を含んでいたのである。この広がり続けるキリスト教文化の枠の中で，アメリカ人は，自然法，とりわけ神に根ざす自然法の考え方を，容易に受け入れたのである。(12)

　このような理由から，アメリカ人は法体系の基礎として，自然法に対するブラックストーン流の信仰——この信仰は，一般論として，南北戦争の頃まで維持された——を，容易に受け入れたのである。例えば，プレモダニズムの法思想の第１段階——それは1776年から19世紀初期まで続くのであるが——の間，ナサニエル・チップマンは，1793年に出版された『統治の諸原理の概要 (Sketches of the Principles of Government)』において，次のように述べていた。「統治についての憲法原理は，自然法の諸原理に，人間の道徳的・社会的自然に根ざすものである。」その２年後に書かれた，ゼファニア・スウィフトの書に従えば，自然法は「至高の神」から生ずるものであり，生命であるか否かにかかわらず，「合理的な存在であるか否かにかかわらず」適用されるものである。同様な見解は，ほぼ1820年から南北戦争まで続く，プレモダニズム法学の第２段階の間維持されたのである。ジェームズ・ケントは，1820年代後半に初版が出版された，『アメリカ法釈義 (Commentaries on American Law)』において，自然的・普遍的正義，自然的・不可譲の権利，自然法学，および神聖なお告げ (divine revelation) に繰り返し言及している。1835年に出版された，フランシス・ヒラードの『法の諸要素 (Elements of Law)』のような，実務に役立つことを目指した著作においてさえ，著者は，部分的に自然法を拠り所としたのである。ヒラードは，自分の著書の目的は，次のことにあると主張している。「批判，懐疑，あるいは歴史一辺倒になることを避け」，そして「万人の役に立つ安価なマニュアル」となることである。「しばしば喩えを入れながら，今現在有効な諸原理を，平明，簡潔に述べることに限定した。」それにもかかわらず，ヒラードは，注意深く，自然法の諸原理，「体系の本質に具体化された，ある広範で固定化された諸原理」に依拠するコモン・ローを強調したのである。それに続けて，彼は最も共通に受け継がれている，広範な自然権を認めているのである。「最も広く受け入れられている著者達によって，安全，自由，および財産に区分されている，一定の絶対的，個人的な諸権利を，自然法によって，あらゆる人間は持っているのである。」(13)

自然法への忠誠心と並んで，プレモダニズムのアメリカ法思想の，第2の決定的な特徴は，法の科学概念への信奉である。ブラックストーンが法を科学として示したように，18世紀後半および19世紀初期のアメリカの法学者もそのようにしたのである。ウィルソン，チップマン，スウィフト，聖ジョージ・タッカー，デイビッド・ホフマン，ケント，ヒラードそしてストーリィと，すべて一貫して，科学としての法学ないしは法の科学に言及したのである。[14]アメリカ法学のプレモダンの考え方の特別な変数は，次の2つの要素から引き出されていた。すなわち，フランシス・ベーコンの著作と，コモン・ローの訴答(pleading)に特徴的な訴訟の形態である。

17世紀の初期に，ベーコンは，最も重要な著作を書いたのであるが，19世紀の転換点において，アメリカにおいて最も誉れの高いイギリスの哲学者として，ロックに取って代わったのである。ウィルソンからストーリィへと続く，プレモダンのアメリカの法学者は，ストーリィの言葉を借りると，「天才の深遠さ，そして……見解の賢明さと包括性」とを備えているとして褒め称えられた，「ベーコン卿」をしばしば引用し，引き合いに出したのである。[15]18世紀後期と19世紀初期のアメリカにおける，ベーコン主義の科学（単に法の科学だけではなく）においては，相互に関連した一連の行為の段階ないしは型態を強調した。すなわち，観察，一般化，そして分類である。ベーコン主義の態度においては，第1に，人間の感覚における注意深い観察が，真理を明らかにすることができるという信念を基礎付ける事であった。次に，関連する現象の多角的な観察から，自然についての最終原理を一般化することである。最後に，これらの原理は分類され，合理的な体系に秩序付けられるのである。特に注目すべきことは，ベーコン主義の科学は，19世紀アメリカにおいて，キリスト教化されたことである。すなわち，キリスト教と科学とは，お互いに相反するものとしてではなく，相互にむしろ補い合い，支持し合うと理解された。セオドア・ボーゼマンが述べるように，「実際，『真理』は，南北戦争前のアメリカにおいて，宗教的経験の重要な形態を示したのである。物事の真理を知ることは，『神の権威と栄光』を経験する事である。というのは，自然の壮大なパノラマは，ほとんどあらゆるところで神による創造の展開として理解されるからである。」[16]

第3章　プレモダニズムのアメリカ法思想　77

　法の科学に関して，ジェームズ・ウィルソンは，ベーコン主義の法学への適用可能性を次のように説明した。

　　あらゆる科学において，細目に接近し続けることが最も妥当である，とベーコン卿は述べている。実際，観察や経験から取り出され，次第に一般的ルールとされた数多くの例によって，科学は最も適切な体系に形成されるように思われる。しかしながら，それも後の観察や経験が適当である事を示唆する，継続する改善の対象となる。知識の獲得における人間の心の進化は，特殊な事実から一般的諸原理へと進むのである……。この見解において，自然哲学と同様，コモン・ローは，適切に研究されるならば経験に基礎を置く科学として存在するのである。……それ故に，両者において，最も規則的で一貫した諸原理が，正確な調査に基づいて，非常に変化に富み，ばらばらな外観を支配し，統制するように思われるであろう。(17)

　初期のアメリカの専門書は，少なくとも３つの重要な点において，ベーコン主義に根差すことが明らかである。第１に，専門書は自然法を強調し，広範な原理を基礎として，大ざっぱに組織化されたけれども——例えば，所有，自由，および身体の安全——，著者は，事件についての諸判決や演繹的論理の基礎的な原理から出発して全体を組み立てる方式を，誠実に受け入れる外観を示す傾向にあった。しばしば，専門書は多くの事件を引用し，議論された特殊な，低い段階の規則や夥しい脚注で満たしながら，細部に多大な関心を払った。例えば，テオフィルス・パーソンズの『契約法（Law of Contracts）』は，６千以上の判例を引用した。(18)専門書の章や節は，事件によって繰り返し提起された，かなり狭い事実上の情況がしばしば映し出された。ケントの釈義において，契約についての講義は「引渡しによる所有権移転（passing title by delivery）」についての章を含んでいたが，そこには，とりわけ，支払いと弁済（tender），正式な支払いと一部の支払い，引渡しに伴う条件，代理人への引渡し，象徴的な引渡し，引渡しの場所についての節を含んでいたのである。ケントの不動産の部分において，無体法定相続権（incorporeal hereditaments）についての講義は，地役権（easements）および水中権（aquatic rights）の節を含み，さらに次のように細分化された。道，河岸所有権者（riparian rights），公道（highways），界壁（party-walls），境界塀（division-fences），追放によって

得失された地役権である。さらに，最後の節は，水，光，および空気の部分に分けられていた。[19]

　第2に，専門書の著者達がアメリカ法を分類し，体系化しようとした意図に，ベーコン主義を見て取ることができる。アメリカ法学にとって，法は科学であった。なぜならば，最も重要なことは，それは合理的な諸原理の体系だからである。法は「実在する規則や制度の単なる寄せ集めである」という考え方を，ホフマンはほとんど無視していた。それどころか「（もし）法が科学であるならば，そして実際，その崇高な名に値するならば，それは原理の上に基礎付けられなければならないし，理性の帝国において，高い地位が要求されなければならない。」従って，法律家は，「原理を扱い，調和を発見し，そして方法と好奇心をもって，科学の無数の主題を整理し直さなければならない。」[20]

　第3に，判例や低いレベルの諸規則に焦点を絞る傾向を有するにもかかわらず，アメリカの法律家は，自然法原理を含む法原理が，判決が下された事件において述べられた事を離れて存在すると信じていた。ベーコン主義は，個々の事件の判決なしには何物も存在しないとして，いかなる形の名目主義をも決して支持しなかった。プレモダニズム法学における，事件と原理との形而上学的関係を理解するための，おそらく最良の方法は，哲学的隠喩を混入する危険を冒して，アメリカの（ベーコン主義）法学をプラトンの哲学に――とりわけ，プラトンのイデア（ないしは形態）論に喩えることであろう。ディビッド・ロスによると，「イデア論の本質は，知覚できる物事とは全く異なる，実在の段階が存在するという事実――そのための最良の名前はおそらく『普遍』ということであるが――の意識的認識にある。」[21]プラトンにとって，イデアないし型態は，知覚できる物事とは離れて，別に存在する，現実の，ないしは客観的存在である。それぞれの知覚できる物事ないしは対象の特殊例は，イデアの性質を幾分含み，共有するが，いかなる特殊例も，完全には例証し尽し切れない。知覚できる物事は束の間の，変化するものであるのに対して，イデアは普遍であり，変化しないものであり，安定したものである。例を挙げるならば，プラトンは美しい多くの物と，美についてのイデアとを区別したのである。無数の物はイデアを表しており，イデアの一部ではあるが，イデア――「絶対的美」――そのものではないのである。[22]

イデアと個別事例とのプラトン的関係付けは、プレモダニズム法学における、法原理と事件についての判決との関係を解明させる。プラトンの理論においては、イデアないしは普遍は、多くの認識できる物事から区別されて存在していると考えられたのに対して、法理論においては、法原理は無数の判決とは切り離されて存在すると考えられた。実定法としての判例は、自然法原理を表明してはいるが、判例自体は原理と同等のものではない。ヒラードは、その著書『法の諸要素（Elements of Law）』において、原理と判例との間のこの関係に精通していた。「他の科学におけると同様、法において、体系の本質を具体化している、一定の広い、固定された原理が存在し、その後の時代においても不動のままである。法の増加は、それを生じさせた各ケースにおいて、疑問の余地を残しながらそれ自体における変化からではなく、人間の取引活動から生じた、事実や環境の無数の変化から生まれるのである。」従って、多くの事件が不完全にそれらを例証するのに対して、幾つかの法原理は、普遍的であり、変化しないものであり、安定しているのである。ジョセフ・ストーリィの言葉によると、「最高裁判所の諸判決は、せいぜい何が法であるかの、単なる例証であり、それ自体が法なのではない。」[23]

　アメリカ法学が、自然法原理と判例との間の、明らかにプラトン的関係に限定されていた程度は、強調され過ぎてはならない。プラトンに喩えることは、プレモダニズム法思想を説明するのに有用であるけれども、アメリカの法学者は、自らをプラトン主義者と明示的には考えなかったのである。彼らの多くは自然法と自然権を正確には定義しなかったのであり、ましてや自然法と、判例を含む実定法との間の関係を詳細に叙述しなかったのである。次のように述べているものがある。「中世の思想家は、神の法、自然法および人の法との明確な区別をしたが、アメリカ人はほとんどしなかった。」しかし、アメリカ人は「自然の法を、単に漠然と」拠り所にしたにすぎなかったとはいえ、自然法原理と、判例を含む実定法との間のプラトン的関係は、広範に、そして暗黙のうちに明らかであった。多くのアメリカの法律家は、実定法は一般的に自然法に適合していること前提にしていた。「一般に、国の法が存在するが、それは別名自然の法である」、とヒラードは述べているのである。「国内の法はエクイティ、理性、および権利に基づいて見出すことができる。そうであるならば、不

明瞭さは後者に属さないのと同様、前者にも属さない。その上に、良心という本能、理解の帰結、啓示の教え、それらの混合された光が注がれるのである。」[24]

ジョセフ・ストーリィは、このような言明以上に、驚くまでもなく、自然法と司法判決の形成との間の関係を、明確に述べることに、南北戦争前に徹底して追及した者の先頭に立った。1837年において、ストーリィとその他4人の者からなるマサチューセッツの特別委員会は、知事にコモン・ローの法典化の可能性について報告した。委員達は、制定法によってはカバーされていない場合を決定する適切な方法について議論した。

> 第1の問題は、直接かつ即座に適用される、明確で疑う余地のないコモン・ローの原理が存在するかどうかであり、当事者の権利を確定するかどうかである。そのような原理が存在しないならば、次の問題は、類推ないしは推論によって、それに適用されるべきコモン・ローの原理が存在するかどうかである。もしこれらの拠り所のいずれも、争いの積極的解決策を提供できないなら、拠り所は次に（明白に新しい場合として）、多くのコモン・ローの基礎を構成する自然的正義の諸原理に求められる。そして、もしこれらの原理が、十分かつ決定的な方法において、あらゆる情況に適用する事が確定されるならば、それらは採用され、当事者の諸権利が決定される。もしこれらすべての拠り所がうまくいかないなら、事件はコモン・ローおいて救済できないものとして扱われ、残された唯一の救済は、類似の性質を持った将来の事件に働くように、新法によって、制定法によって手当てされることである。[25]

この文章によると、自然法原理は、コモン・ローによる判決の形成において、2つの役割を演じている。第1に、自然的正義（ないしは自然法の諸原理）はコモン・ローの「基礎を形成する」。すなわち、自然法は、コモン・ローのための基礎を提供するが、ほんの稀に明示的に言及される基礎である。第2に、稀な事件において、自然法原理は、事件の判決を下すにつき、特別な根拠を提供する。このような事態は、コモン・ローが判決のための根拠を予め用意していない場合にのみ生ずる。ストーリィおよびその他の委員達は、一対の例を用意した。もしある人が仕事を頼み、遂行されたとする。「自然的正義が命

ずること」は，なされた仕事の対価を支払うべきことである。委員達が議論したのは，ここから，複雑な一組のコモン・ローのルールおよび申し立て手続が続く。そして第2の例に従うと，もしある人がお金を借りたなら，そこで「自然的正義の諸原理に基づいて，コモン・ローは，彼にそれを支払う責任を負わせるのである。」[26]

　ベーコン主義による科学についての見解に加えて，法学についてのプレモダニズムの考え方における，その他の重要な源は，コモン・ローの申し立てに特有な訴訟の形態に存在した。今日多くの法学者は，法の実体から訴訟手続を明確に区別するが，プレモダンの法学者は，ほとんどそのようにしなかった。[27] それとは反対に，訴訟の令状や型態は，コモン・ローの実体的規則と絡み合っていた。手続と実体との結合は，出版されてから後，アメリカの専門書の手本とされた，ブラックストーンの『釈義』において明確であった。コモン・ロー上の個人の権利を論じ，ブラックストーンは，次のように書いている。「第1に，私は，個々の損害に適用」可能な個別の救済を確保しながら，コモン・ロー裁判所によって審理可能な幾つかの損害を限定する。第2に，裁判所において追求し，その救済が得られる法を，私は記述する。」言い換えると，ブラックストーンにとって，権利，救済，そして訴訟の形態についての議論は，密接不可分に絡み合っていたのである。それらは分離し，独立した形として，一貫したものとしては理解されていなかったのである。例えば，明示契約 (express contracts) を論じて，ブラックストーンは，次のように書いている。

　　明示契約は，負債 (debts)，誓約 (covenants)，約束 (promises) の3つの異なった種類のものを含んでいる。I. 負債の法的承認とは，一定の，明示された合意によって支払われるべき，一定額の金銭である。その量は固定され特別であり，それを設定するその後の評価によらない，一定額の債務保証，紙幣，特別取引，リースに提供された賃料としてである。それらの不払いは権利侵害であり，そのための適切な救済は，契約の遂行を強制し，当然支払われるべき額の合計が回復される，負債のそれによる。……負債の令状の形態は，負債を負いかつ留置する (debet and detinet) 場合もあれば，金銭債務保証 (detinet) だけのときもある。すなわち，令状に

は，被告は，負債あるいは問題となっているものを返す義務があるか，あるいはそれを不正に保有していることが，述べられている。[28]

ブラックストーンは，何が最初に行われるのかを決して明確には述べていない。一方では，権利侵害や権利の概念化をし，他方では，令状やコモン・ローの訴訟型態を扱っているのである。とはいえ何が最初に行われるかは重要ではなかったのである。鍵となる点は，実体法と訴訟型態との密接な関係にあった。ブラックストーンは，次のように述べている。「コモン・ローが権利を与え，権利の侵害を禁止しているところでは，訴訟による救済もまた与えられる。」[29]

アメリカ法学は，コモン・ローについてのブラックストーン流の理解に忠実に従った。特に，訴訟型態は，コモン・ローの分類のための概念を提供することに，多大な貢献をした。訴訟のプロセスが法の実体に形を与えるのである。例えばディビッド・ホフマンの『法学教程（Course of Legel Study）』において，第3のタイトルないしは章は，個人の権利と救済について，購読案内を設けていた。ベーコンの縮約版から幾つかの章が示され，そこには，勘定（account），負債（debt），捺印契約訴訟（covenant），不法留置（detinue），動産取得（trover），動産侵害訴訟（trover），動産占有回復訴訟（replevin）等々が含まれていた。同様に，フランシス・ヒラードの『法の諸要素（Elements of Law）』においては，私人の不法行為は，動産占有回復訴訟，不法侵害訴訟（trespass），特殊主張侵害訴訟（tresspass on the case），動産侵害訴訟についての章を含む，保有している個人の所有物に対する権利侵害の章を含んでいた。おそらく，最も明確な事は，ジェームズ・ゴウルドとタッピング・リーブはリッチフィールド・ロースクール（Litchfield Law School）のカリキュラムを，両者の法学全体の分類と理解を示す，48のタイトルに組織化させていたことである。コモン・ローを分類するための訴訟型態の重要性を反映して，タイトルには，とりわけ，捺印契約破棄訴訟（action for covenant broken），負債訴訟（action for debt），不法留置訴訟（action for detinue），勘定訴訟（action, of account），および引受訴訟（assumpsit）が含まれていた。[30]

さらに重要なことは，コモン・ローの訴答（pleading）は恣意的であるとも，不合理であるとも理解されていなかったことである。それどころか，訴答自

体，ゴウルドが，その著書『訴答諸原理講義 (Treatise on the Principles of Pleading)』において説明したように，合理的体系としてのプレモダニズム法学の概念の範囲内で，明確に適合しているように思われたのである。ゴウルドは，訴答を非常に有用で，法において最も重要な唯一の権原と考えたのである。訴答は，実体法に密接に関係する諸原理に基づいているのである。ゴウルドの言葉によると，訴答は，「それ自体，精密な論理的な原理固有の価値によってだけではなく，小さくない部分において，実際，訴答の原理は，理論と実務の両者において，法のあらゆるその他の権原と，必然的に，密接に結び付いていることにおいて」，抜きん出ていたのである。ゴウルドは，訴答を明らかに「科学」として描写していた。結局，彼はその本の目的を19世紀初期の法学において馴染み深い用語において，次のように説明している。「本書の目的は，訴答が論理的であることを示すことによって，多くの者が想像している以上に，訴答の原理をより理解し易く，よりたやすく目的を遂げられるようにする[ことである]。しかも一貫した合理的な原理の体系として，最大限正確に，正義を実行できるように適合させたのである。」[31]

　要約すると，プレモダニズム法学は，コモン・ローを科学として，自然法に基づいた合理的な体系として理解したのである。この観点から，法原理は事件自体から切り離された普遍的なものであった。法学全体が，自然法原理だけではなく，コモン・ローの訴訟型態を反映した，低い段階の多数の法的ルールを含む一つの体系に合理的に分類されたのである。アメリカ法思想のこれらの特徴は，独立戦争から南北戦争の時代まで，ほとんど変化しないままであったが，それにもかかわらず，法学は，この時期，プレモダニズムの第1段階から第2段階へと変化しながら，重大な変容を遂げたのであった。

第1段階のプレモダニズム法学：
自然法と共和政体

　アメリカのプレモダニズムの第1段階は，独立から19世紀の初期まで続く。第2段階と同様に当てはまることとして，第1段階の法学は，自然法と法の科

学を信奉していたことである。とはいえ，第1段階の特徴は，特に時間や歴史の概念を含む，統治についての政治的，社会的考え方をめぐって展開され，その後の第2段階と区別することが可能である。もちろん，新しい国家の統治体制は，独立革命を推し進めた北部アメリカ植民社会の枠の中で生まれ，打ち立てられたものであった。一般論として，植民地はヨーロッパより階層化が進んでいなかったとはいえ，植民社会は，プレモダニズムの社会が有する特徴である，伝統的，階統的社会関係を基礎とする傾向にあった。18世紀初期および中期に，アメリカにおける有力なプロテスタントの牧師であった，ジョナサン・エドワーズは，すべてが，次のようであるべきことを宣言した。「彼等の様々な能力や才能に従って，与えられた役割，地位を持ち，そしてすべての者はそれ自身の立場を維持し，適切な職業を継続する」と。独立宣言に記された変化にもかかわらず，アメリカ共和国の初期の段階では，このプレモダン共同体の主要な痕跡がほとんど手付かずのままであった。[32]

　統治についてのアメリカ革命の考え方は，イギリスにおける市民的共和思想の考え方から生まれた，いわゆる反対派ないしは地方イデオロギー（Opposition or Country ideology）によって，一部生命が吹き込まれたのである。市民的共和主義は，少なくともアリストテレスの政治理論に遡ることが可能であり，諸個人は政治共同体の中に住み，参加することによってのみ，それぞれの天性（nature）を遂行できることを強調する。従って，市民的共和主義者は，一般論として，マキャベリが理解したように，徳のある市民および指導者ができるだけ長く彼らの政治共同体ないしは共和制を維持するために，公共のないしは共通の善について論じ，追求しなければならないことを強調したのである。反対勢力のイデオロギーは，腐敗した政府の官吏は，これらの共和制原理や政治的自由を蝕むことに，特別な関心を付け加えた。このような考え方に則って，アメリカの革命家達は，国王や議会を含むイギリスの指導者達が，腐敗しており，市民的徳に欠け，共通の善に反して行動し，それ故に共和制原理や自由を大いに侵害していると思い込んだのである。そこで，独立宣言は，腐敗した政府に対して抵抗する自然の，普遍的権利（これはまた，部分的には，ロックのよりモダンな，自由な政治理論から引き出された自然権である）を主張した後に，独立宣言は次に，イギリスに対するアメリカの抵抗を正当化する共和国

の，憲法上の不平を並べ挙げたのであった。(33)

　同様に，市民的共和主義のテーマは，自然法や自然権を混ぜ合わせながら，主要な州憲法にも顕著に残されている。独立宣言が発せられる少し前に採択された，ヴァージニアの権利宣言は，その後，多くの州憲法のモデルとされたのである。ヴァージニアの権利宣言は，政府は共通善のために存在すべきであることを強調している。「政府は，人民，国家，あるいは共同体の共通の利益，保護，安全のために存在し，作られるべきである。」従って，「共同体に対する永久的な共通の利益と，忠誠を持つことの十分明らかな，すべての者は，公共の善のために，投票の権利を持ち，同意できない，いかなる法にも拘束されることはない。」共和政体を維持し，共通の善を追求するために，市民の徳が増進されなければならない。「正義，節度，自制，質素，徳に対する固い忠誠，および基本的な原理のしばしばの反復なしには，いかなる自由な政府，自由の祝福も，いかなる人に対しても与えられることはない。」さらに，ヴァージニアの権利宣言は，その名が示すように，ある種の自然権を保護していた。「自然において，すべての者は平等・自由であり，独立しており，財産を得そして保持する目的のために幸福と安全を追求し，ある種固有の権利を持っている……すなわち，生命と自由の享受である。それ故に，主要な州憲法は，本来共和制的であっただけではなく――むしろ，ロック流のリベラリズムを含む，様々な源を拠り所としていた，広い市民的共和制の動機を引きずっていたのである。(34)

　市民的道徳は重要であったにもかかわらず，共和制についてのアメリカの考え方は，正確さからはほど遠いものであった。伝統的な共和制の主題を大いに拠り所とした一方で，アメリカ人はまた，彼ら独自の環境に適合させるために，市民的共和主義を再定義したのであった。初期の市民的共和主義者の多くは，1人，少数，そして多数支配の政府を容認していた――すなわち，君主制，貴族制，民主制の各要素を含んだ政府である。とはいえ，独立以来，アメリカ人は君主制と貴族制を拒絶した。それに代えて，彼らは一貫して彼らの共和制は，代表民主制と主権を有する人民に基礎を有すると考えたのである。ヴァージニアの権利宣言は，典型的な形において，次のように宣言した。「すべての権力は，人民によって授けられ，その結果人民から引き出される。すなわ

ち，統治する者は受託者であり，奉仕者であり，すべて人民に従う義務がある。」確かに，「人民」という概念は，いかようにでも使用できるものであった（ある）し，多くの人は，この極めて重要な政治の範疇から，初めからそして不当にも排除されていたのである。とはいえ，ゴードン・ウッドが論じているように，独立が引き金となった平等主義，民主主義の流れは「人民」の範囲の絶え間のない拡張へと導いたのであった。そしてアメリカ社会に不平等が存在するにもかかわらず，多くのアメリカ人は，人民主権の概念を，アメリカの生活様式の基礎として受け入れたのであった。[35]

以上のことが事実であるとしても，1787年に，憲法制定者が新しい連邦国家の憲法を書いた時点では，統治に対する態度は変化していた。1780年代，連合規約の条項に基づいて組織された連邦国家の政府同様，諸州の共和制憲法に基づく政府のもとで，様々な問題が生じた。特に，引き合いに出すことができる王権や貴族が前もって存在していなかったので，アメリカ人は，政治指導者を普通の人民の中から見つけ出さなければならなかったのである。市民的共和制原理が示唆することは，最も徳のある市民が，当然に政府の高官の地位に就くことであり，多大な市民的信奉故に，公共の善のために行動することであった。実際，際立ってプレモダン的形において，市民的共和主義者は，伝統的に人民の中でも極めて高いエリート的見解を持っていたのである。基本的に，「2種類の階層——能力のある少数と普通の人に分かれていた。」大部分のアメリカの指導者達は，君主制や貴族制は拒絶したけれども，このエリート主義的見解を保有していた。ジョージ・ワシントンやジョン・アダムズのような有名人は，大衆を「群衆」や「鈍牛」として引き合いに出し，独立した土地所有者のみが，何らかの形で政府に参加する資格のある「人民」を構成することを前提としていた。（平等主義的要素は，土地の所有が非常に普及していた——例えばヨーロッパにおけるより，はるかに多く——ことが大きな理由となって，この共和制的エリート主義のアメリカの形態に組み込まれていたが，人口の約4％が，連邦憲法の批准のための代議員の投票に加わったにすぎないことを想起しなければならない。）[36]

それ故に，アメリカ人は，有徳のエリートの一員が選挙によって選ばれる希望をもって，普通の人民の中から政府の高官を求めたのである。だがしかし，

憲法制定者の目論見から離れて，1780年代には不幸にも，あまりにもしばしば，共通の善に対して十分な徳を持って責任を負うことに欠けた高官を選んでいることが明らかになった。誠に遺憾なことに，有徳のエリートがいたとしても，役職に選出されることはなかったのである。1786年6月27日に，ジョン・ジェイは，ジョージ・ワシントンに，次のように書いている。「財産に対する個人的熱狂が，公的諸考慮を抑え込んでおり，国家的利益よりも個人的利益が最大の関心になっている。代議機関は，選出母体の常に誠実なコピーでなければならず，一般的に，徳と悪，能力と弱さの入り混じった集団であることが明らかになるであろう。」(37)人民主権，民主制自体が，州の共和政において腐敗と不安定を生じさせたのであった。

憲法制定者はこれらの問題を考慮し，訂正しようとしたのである。フェデラリスト・ペーパーズにおいて，新たに提案された連邦憲法を擁護して，ジェームズ・マディソン，アレクサンダー・ハミルトン，ジョン・ジェイは人間の本性を，少なくとも部分的には不道徳で，堕落していると特徴付けた，マキャベリに共鳴したのであった。人間性についてのこのような見解に基づいて，プブリウス（マディソン，ハミルトン，ジェイによって採用されたペンネーム）は，市民が共和政治の目的と安全を常に脅かす，派閥に結び付くことを理解していた。だがしかし，それがいかに問題であろうとも，憲法制定者は市民的，共和的理想になおも執着していた。すなわち，政府の高官は，たとえ彼らがそうすることにしばしば失敗しようとも，徳を持って共通の善について議論し，追求すべきであることである。憲法制定者は，エリートとして，次のような期待を持っていた。すなわち，政府の高官は仲間の市民達から選出される「資格ある徳性によって……識別」されることである。この優秀なエリート——「推論上の人達」——は，「市民大衆」のための公共善の「守護者」となるべき者である。(38)実際，おそらく憲法制定者およびフェデラリストの仲間のエリート主義が，連邦憲法についてのアンチ・フェデラリスト，およびその反対者を，最も明確に分けるものであった。憲法制定者の1人である，サウスキャロライナのピアース・バトラーは，憲法会議において宣言するにつき，普通の人民につきものであった軽蔑と同様，古くから基礎とされてきた共和制のエリート主義を，次のように要約している。「我々は，考案される最良の政府ではなく，受

容される最良のものを与える賢人ソロン（Solon）の例に従わなければならない。」[39]

次に，マキャベリ的共和制の伝統に従って，徳と共通善という市民的共和政の理想に向かう推進力となる一方，同時に，普通の人および派閥的集団の利己的政治的策謀から保護する，立憲政治を打ち建てようとしたのである。憲法制定者は，連邦憲法のもとで，有徳のエリートができるだけ頻繁に，政府の高官に選出されることを期待したのである。しかしながら，結局，それに代わって劣等な人が選出されたが，それにもかかわらず，憲法政治の構造は利己的党派性を打ち砕いたのである。言い換えると，連邦憲法の目的は，人間性の卑しさ（おそらく）と共和国の結果として生ずる脆弱性にもかかわらず，公共善のために活動する，安定した統治を建設することになったのである。」ジェームズ・マディソンは，フェデラリストの第57章において，希望とシニシズムという，憲法制定者の無謀な結合について，次のように掌握した。「あらゆる政治構造の目的は，次のことにある。すなわち，第1に，社会の共通善を見分ける多大な知恵と，それを求める多大な徳とを持った支配者を得ることである。次に，公衆からの信任を保持しながら，有徳性を保ち続けるために最も有効な，警戒をすることである。」[40]

実際，新しい共和国の脆さに対する，憲法制定者によるマキャベリ的な関心は，新しい立憲政治に組み込まれていた，ある種の市民的共和制のモチーフを和らげることに導いたのである。もちろん「我々人民」を代弁すると主張している連邦憲法は，なお人民主権と代議政治を拠り所としていた。しかし，10年程前に，革命家達は市民の政治への参加を強調した，自由についての市民的・共和制形態を強調したにもかかわらず，制定者達は民主主義が潜在的に有する，行き過ぎや政治の腐敗について，より用心深かったのである。従って，新しい憲法は，民主的・共和的州政府から，新しい連邦政府へと権力を移行させたが，しかしその時，連邦憲法が，その潜在的権力を行使する能力を限定しようとしたのである。連邦憲法の構造に関わる多くの規定――権力分立，抑制と均衡，両院制，連邦制――は，連邦政府による権力の行使を抑制しようとの意図で設けられている。この意味において，憲法制定者は，よりロック的見解にシフトしたのである。すなわち，政府の権力を制限することによって，既に存

在する個人の権利を，政府の侵害から守ることを求めたのである。（だがしかし，イギリスの内戦および空位期間の間，ロックが『統治二論（Two Treatises of Government）』を出版する30年以上も前に，ジェームズ・ハリントンは，市民的・共和的伝統の中から，主権は憲法上制限されるべきことを論じていたのは注目に値する。）アメリカの革命家達は，政府への参加という文脈の範囲の中で，個人の権利を強調したのに対して，憲法制定者達は，個人の自由を，政府の干渉からの自由として理解する傾向にあったのである。(41)

　要するに，アメリカ人は，よりロック流の，統治についての近代的見解に移行していたが，広範に第1段階のプレモダニストのままであった。憲法制定者の観点からは，少なくとも政府の高官は共通の善を，徳を持って，公平無私に追求するという，市民的・共和制的理想に向かって努力すべきことになる。幸いにも，普通の人民は，これらの共和制的理想を達成するのに必要な市民的道徳を持っていた。これら僅かなエリート達を選出するのに十分な判断力を持っていることを，立証してきたと言ってよい。彼らの共和制的政治的動機に付随して，憲法制定者達の時間や歴史についての考え方が，プレモダンの見解であることが明確に浮き彫りにされる。大部分，革命家や憲法制定者は，歴史について，周期があるとの第1段階のプレモダニストの見解を持っていた。このような観点からは，国家は，生物同様，自然の生命周期を持つことになる。すなわち，精力的な若年期から，平和で繁栄する中年期，堕落し衰える老年期へと必然的に移行するのである。ジョン・アダムズからトマス・ジェファーソンへと続く，建国期の世代は，彼らの人生の後半まで，「帝国の興隆と滅亡」(42)について繰り返し語ったのである。例えば，1775年においてベンジャミン・フランクリンは「腐敗した古い国家」から「腐敗していない新しい国家」を区別した。それに対して，ほぼ4分の1世紀後の1798年，ハーバード大学の神学教授（Hollis Professor of Divinity）デービッド・タッパンは，次のように宣言した。

　　経験の教えるところによると，政体は，動物の摂理のように，幼年期，青春期，成熟期，衰退期，消滅期の時代を持っている。その存在の初期の段階では，そのメンバーは，通常，勤勉で質素であり，習慣において質素であり，交渉において公正で親切であり，活動的で激しく，統合されており勇敢である。……これらの美徳の実践は，次第に，人にとって活力のある

状態を育む。富と人口において，芸術と兵力において，国家の富のほとんどすべての種類において，成熟し，繁栄する。だがしかし，ある一定の大きさの点に到達した時に，趣味と習慣は堕落し始める。その繁栄は膨張し，彼らの精神を堕落させる。それは彼らを誇りと貪欲に，贅沢と放蕩に，怠惰と淫らに，そしてしばしば，現実的で横柄な不信心へと誤らせる。それらは，その他同類の悪徳とともに，没落と破滅の坂を転げ落ちる。[歴史が教えるところによると]，徳は共和制的自由の魂である。驕りは健全な道徳と信心，両者の破滅へと導く。これらが無くなることは，平等な自由を評価し，楽しみ，維持し，あるいは耐えることさえできなくなることを意味するのである。(43)

従って，当時支配的であったマキャベリ主義者として，憲法制定者が，表面上壊れやすい共和制の健全性に焦点を当てていたことは，彼らのプレモダン的態度を最もよく明らかにしていたのである。それにもかかわらず，まさに独立革命と憲法の制定を経験した，建国期の指導者達は，彼等自身を人間の進歩を増進するために，社会を意図的に整理し直すことを追求した，典型的なモダニスト，と見ていたことは注目に値する。だがしかし，初期のアメリカ人は，プレモダンの地点から彼ら自身を容易に理解したのである。確かに，彼らは変化を求めたのであったが，「彼らの心情においては，モダニストの形において，社会を急激に整理し直すことを目的としたのではなかった。むしろ，彼らは，プレモダン的共和制の原理と自由を維持するために，政府の形態を変化させることを求めたのである。ある意味では，逆説的に，彼らは変化を阻止するために変化を求めたのである。すなわち，プレモダンの歴史についての周期説的見解に従えば，一般的に，変化はそれに先立つ時代の衰退と結び付けられていた。このような衰退を阻止し，救済する必要があると考えたことから，アメリカは，意図的に政府の配置を改めることを求めたのである。従って，アメリカの革命家達は，英国が変化し，腐敗し，アメリカ人の権利や自由の基礎を掘り崩している，と信じたのである。その結果として，アメリカ人は，部分的には，彼らの共和制的権利と自由を再組織するために，独立革命を開始し，闘ったのである。1776年のペンシルバニアの憲法は，このアメリカ人の態度を例証している。「すべての政府は，コミュニティ自体の安全と保護のために組織

化され支持され，コミュニィティを構成する個人に，造物主が人間に与えた自然の権利，およびその他の恵みを享受することを可能にすべきである。そして，政府のこれらの偉大な目的が達成されないときには，何時でも人民は，共通の同意によってそれを変え，そのために必要と思われる手段を講ずる権利を持つのである。」[44]

同様に，憲法制定者は，州政府――ペンシルバニアを含むことを，付け加えておく――における民主制の策謀は，予想外に，それにもかかわらず問題を抱えながら，共和制原理の基礎を掘り崩す，と信じたのである。従って，彼ら自身の見地から言うと，憲法制定者は，看取された問題を解決し，共和国の権利と自由を維持するために，連邦国家の組織を変容させたのである。要するに，アメリカの革命家や憲法制定者は，モダニストの改革者としてではなく，最も神聖で普遍的な原理の擁護者を自認したのである。ゼファニア・スウィフトの言葉によれば，「共同体の平和と良き秩序」を，彼らは求めたのである。実際，まさに共和国の健全さを損なう恐れが存在したために，憲法制定者は憲法会議を開催し，新に連邦憲法を超法規的に（連合規約の条項に基づいて）提案したのであった。文明は栄枯盛衰するように見えたとはいえ――そして若いアメリカ共和国は時期尚早に，だがしかし深刻に苦しめられているように思われたが――政治指導者は，必然的な社会の衰退を遅らせるために行動したのであった。それ故に，憲法制定者は，第1に共和国に正しい活力を甦えらせ，次に，できるだけ長く甦った共和国を維持させる，政治的仕組みを打ち建てることを狙ったのである。しかし，ジョン・ディキンソンは，次のように警告したのであった。「自由の種を」栽培することは，「継続的な世話，止むことのない注意，そしてしばしば困難との闘いを要求される。」（だがしかし，アングローアメリカ人に対して，明らかに土地を無限に提供できる――アメリカ原住民からそれを取り上げることを意図していた――ことによって，共和国が永遠に栄えることが保障されると，憲法制定者の幾人かは信じたのである。）[45]

連邦憲法の採択後，国家存続の初期の間，指導的法学者は，アメリカ的共和制原理に対するプレモダン的信奉を一貫して示した。典型的な形において聖ジョージ・タッカーは，1803年において，連邦と州の政府は共和制であることを

強調し，それは「人民」と彼らの「自然的，固有の，そして不可譲の権利」[46]から生まれると主張した。市民と政府の高官は，公共の共通善について論じ追求することによって，市民的涵養をすべきであることに同意した。[47]腐敗や衰退が共和制を絶え間なく脅かすことを恐れ，ナサニエル・チップマン，ゼファニアス・スウィフト，タッカー，およびその他の者は，アメリカ人は確立された共和制の原理に従うとした，憲法制定者が有していたマキャベリ的関心を持ち続けた。ここでも，タッカーは，その時代のアメリカの見解を例証している。

　　従って，民主制は唯一正当な政体であり，この政府の型態のみが，国家の自由や個人の幸福と両立できるのであるが，あらゆる方向において，敵によって囲まれ，基礎から腐り始め，構造を揺さぶられ，骨組みを完全に破壊させられることを考えておかなければならない。このような統治においては，憲法の原理に対する神聖な崇拝，法に対する完全な服従，彼らの代理人の行動に対する人民の側における絶え間のない用心，立法，行政，あるいは司法の，あらゆる部署へ，彼らが送り出した者の道徳や原理を厳しく見守ることが，その夥しい敵に対する，十分な障壁を形作り，維持するのに絶対不可欠なように思われる。[48]

従って，憲法制定者にとって真実であったように，指導的法学者のプレモダン的心性は，共和制的エリート主義の表明と，彼らの共和制的原理と関連した，時間あるいは歴史についての考え方において，最も明白であった。共通の善を追求する，有徳な政府高官を確保するための最良の手段は，エリートの一員から選ぶことであると推論された。とりわけ注目されるのは，スウィフトが，一方で純粋なデモクラシーを，他方でアメリカ合衆国の「代表制的共和制」を区別したことである。古代の共和制の歴史を拠り所にしながら，代表制に基づく共和制は，ポピュリズムのデモクラシーににじり寄る共和制より，より強固であると論じた。人民は彼らの代表者──共通の善を求めるエリートである守護者──を選ぶことにおいて信任され得るが，彼らが行過ぎた，直接統治の権力を持ったならば，人民は共和国を破滅させるであろう。同様の調子で，スウィフトはすべての者の善のために，上院は有徳のエリートに確保された，フォーラムであるべきことを強調した。

あらゆる時代と国家において，能力と徳の優越さから生ずる，人間の自然的不平等は，自然な貴族政治の基礎となってきたのである。一院によって構成される立法府においては，才能，長所，学識を伴った個人の影響力によって，所有者が団結し，人民の自由にとって危険な計画の実行を可能にさせる。それらを上院に移しなさい，（そしてそれは上院が常に構成される特徴となるものであるが）そうすれば，傑出した雄弁や策謀の技術で説得することによって，軽率で，破滅をきたす手段のために，集会を燃え上がらせる機会を失うことになる。この提案は彼らの個人的尊厳を高めることになり，大衆の影響を低下させるのである。上院の席は，本来的に，人類に善をなす才能と気質を授けられた者の奉仕に対する適切な報奨である。このような目的は，より賞賛に値せず，誇られたものではない計画から，熱狂的な大志の追求へ方向転換することを可能にさせるのである。[49]

　もちろん，このような共和主義についてのエリート主義の見解には，周期するとの，歴史についてのプレモダン的理解が含まれていた。文明は興隆したり，没落したりする故に，法学者や政治思想家は，常に危機に直面している共和国を維持することに特に関心を払う必要があった。共和制の原理に従うことに失敗することは，滅びの前兆であった。チップマンは，次のように述べている。原理を認めながら，砂の塊のように，確立された自然法を妨げる，「国家，王国および帝国は，ほとばしり出る，抵抗できない力と向かい合って，必然的に破滅の淵へと進むことになる。」だがしかし，チップマンやその他の者は，同時に，進歩の概念への，初期段階の信念を抱いていることを示しており，それはすぐにプレモダンの，アメリカ法学の第2段階を特徴付けることになるのである。人間の進歩の可能性を認めていたので，法律家は，次第に，アメリカ共和国は古い時代の，表面上は通常の衰退をどうにかこうにか免れることの希望を表明したのである。チップマンは，次のように論じたのである。モンテスキューおよびその他の政治理論家は，人間同様，自然の法則として，「政府は，その最初の成り立ちから，破滅の種を持っているのであるという意見に与していた。すなわち，人間が退化せずに永続する組織を作ることは，宿命的に不可能なのである。この見解は時代の経験によって支持されるように思われる。しかしながら，精査に基づき，異なった見解を支持する理由を発見するであろう

ことを実感している。」⁽⁵⁰⁾

　このように，1790年代および19世紀初期において，法思想家は，アメリカ共和国は「永遠に不滅」であることに，より確信を持って希望していた。だがしかし，このような信念を持っていてさえ，第1段階の間，圧倒的な関心は，常に，国家の維持と，潜在的滅亡にあった。連邦憲法の明らかに独特な健全さにもかかわらず，もしアメリカ人が個人的に共和制の原理から逸脱したならば，国は必然的に衰退するであろう——このように第1段階から法律家は信じたのである。ジェームズ・ウィルソン——彼は，彼の同時代人達以上に，ポプュリスト型の民主主義を好んだ——でさえ，次のように強調した。「自由な政府において，人民の権利が行使されないとき，大きな危険が生じることを，描き，評価することができる者はほとんどいない。」従って，第2段階のプレモダニズム法学固有の期間と異なり，第1段階の思想家は，進化ないしは進歩の概念を，幸福や経済的繁栄を増進する法の功利的，道具的使用と結び付けなかったのである。このような考え方ではなく，ペリー・ミラーがチップマンについて書いているように，第1段階の法律家は，一般に，法を「人為の真っ只中で，本来の，『自然』かつ永遠の徳を維持するために，文明がそれ自身の偽善に抵抗するための手段」と見做したのである。⁽⁵¹⁾

反 対 勢 力

　アメリカの法思想家は，南北戦争の頃まで，プレモダニズムの法概念を大部分信奉したままであったけれども，それにもかかわらず，多くのモダニストの勢力が，法学者の中で肉迫していた。アメリカの思想家は，一般に，社会的にではないにしても，知的には，既にモダニズムに突入していたヨーロッパ人から，多くの着想を引き出していたのである。第2章で論じたように，ヨーロッパの哲学者は，17世紀中にモダニズムの段階に入っていた。従って，例えば，ほぼ19世紀を通じて，アメリカの法学者は，一貫してコモン・ローを自然法原理に基づかせていたのに対して，1790年代には，自然法を「竹馬に乗った無意味なものとして1776年までには自然法を非難し」，そして自然権を拒否し，ジ

ェレミー・ベンサムは，最終的に実証主義に向かったのであった。イギリスおよびフランスにおいて公刊するについて，政府は手段として「功利の原理」に従って立法をすることができ，またすべきであると主張したとき，ベンサムは典型的なモダニストの立場に立ったのである。すなわち，政府は，個人とコミュニティ全体の幸福を増進するために，法律を作ることによって，社会を作り変えるべきなのである。[52]

　モダニズムへという，このヨーロッパの知的圧力とは別に，アメリカの独立革命自体，モダニズムへと向かう大きな社会的力を引き起こしていた。すなわち，人民主権という民主的，平等主義的概念である。広い意味で，人民主権は，そこから生じ，常にそのままであり続ける，権威的，最高の権力が人民に根拠を有することを意味する――その権力は，政治的と同様，経済的，宗教的なものを含む，様々な社会の領域において現れる。それ自体として，人民主権は，19世紀初期のアメリカにおいて，モダニズムのような個人主義へと向かう，広汎な原動力として影響を行使したのである。アレクシス・ド・トクビィルが，1830年代のアメリカを描いた際に，個人主義という用語を初めて造ったというのも，偶然ではない。人民主権概念によって示唆されるものとして，権力が全体としての人民から生じるなら，次に，権力は究極的に各人から――個人の尊厳と欲望において――生じると思われたのである。プレモダンの市民的，共和制的思想に従うと，私的に，利己的に社会が作用し合うことは危険であると思われたのである。結果的に，政治共同体，ないしは政府は，公共善へと向けられた，社会的関係および相互作用を構築する必要があったのである。しかし部分的には，アダム・スミスやベンサムの考え方から引き出された，19世紀の平等主義的個人主義の精神の出現の下で，私利の私的追求は，より積極的な意味合いを持たせられていた。実際，頻繁に，政府は次第に個人の自由の行使に対する障害物と考えられるようになったのである。徳はもはや共通善と密接には結び付けられず，むしろ個人の独立と他人に対する善行の組み合わせへと展開したのである。この個人主義者としてのエートスの表明は，宗教，経済，および政治の領域において明らかとなったのである。[53]

　宗教的には，第1次大覚醒同様，第2次大覚醒は，アメリカ国内を通じて，

プロテスタンティズムを広め，深める全国的なキリスト教の再生運動であった。ネイサン・ハッチは，次のように述べている。「独立を経た半世紀後に，アメリカ合衆国に出現した大衆の宗教運動の波は，それ以前，それ以後よりもアメリカ社会をキリスト教化したのである。」1800年と1835年の間に，キリスト教の信徒はほぼ2倍になり，もし正式の信者ではないけれども礼拝に出席するアメリカ人を含めると，優に人口の75％が教会に参加していたのである。だがしかし，このような重要な量的影響を超えて，第2次大覚醒はまた，アメリカのプロテスタンティズムの多くにとって，その型態と実体を決定的に変化させたのである。18世紀以前，多くのアメリカのプロテスタントは予定説についての，カルビン主義者の教義を信奉したままであった。すなわち，神は救済する特別な者を既に選んでいるというのである。第2次大覚醒の間に，数多くのプロテスタントは，予定説の概念を拒絶し，それに代えて，通常の個人が救済を選ぶことができる，と考えたのである。この神学の推移の個人主義的，ポピュリスト的イデオロギーは，明白であった。各人が選ばれる資格を有するのである。しばしば野外集会で催された，プロテスタントの信仰復興は，通常人に向けられた。1つの集会においてさえ，数多くの個人が宗教的覚醒およびイエス・キリストへの最新の忠誠の，おそらく突然の経験を顕したのである。例えば，プロテスタント教会派宗教信条 (Reformed Episcopal Articles of Religion) は，次のように宣言した。「罪人が懺悔や後悔という，骨の折れる手続を通さずに，キリストの下に行く。ただ単に信ずることのみによって，キリストと悔い改めの両者に同時に達するのである。」救いは，かくのごとく，たやすく得られたのである。アメリカのプロテスタンティズムにおける，この宗教的変化は，主権者人民についての民主的概念に対するアメリカ的信奉を支え，そしてそれによって強固なものとなった。実際，アフリカ系アメリカ人や女性を加えることによって，第2次大覚醒の宗教復興運動は，アメリカの統治に当時存在していた，平等主義的ポピュリズムに容易に勝る勢いであった。[54]

一方，経済的には，アメリカ合衆国は農業中心から，商業，そしてついには工業経済へと移行し始めた。憲法制定者自身，ジョン・ロックに従って，財産と富を蓄積する個人の権利の保護を強調することによって，この推移のお膳立

てをしたのであった。このような強調と並行して、憲法制定者は、シェイの反乱（Shay's Rebellion）のような、経済的推移によって拍車をかけられた大衆の暴発同様、極端な負債の免除の制定を妨げることを求めた。さらに、広い範囲にわたって重要なことは、新たに設けられた州際通商条項が、商業活動に拍車をかけることになり、連邦の国家経済を増大させることを望んだことである。ついでながら、このような商業の拡大は、伝統的な共和制の思想と幾分緊張関係に立った。共和制的思考では、商業活動が、市民的徳よりも利己心を助長することを恐れ、農業の振興を求める傾向にあった（さらに、ジェームズ・ハリントンは、市民的、共和制的伝統に基づいて、貧困階級が広がるのを食い止めることを早くから論じていたとはいえ）。[55]

　様々な理由から、憲法制定者による経済についての期待は、恐らく荒っぽい予想をはるかに超えて、満たされた。19世紀が始まってからの60年間で、アメリカ合衆国の人口は6倍を超えて増加した。国家の地理的拡大は劇的な広がりをみせた。1803年のルイジアナの購入は国家の規模を2倍にし、アメリカ合衆国が1847年にメキシコとの戦争に勝利したとき、大西洋から太平洋へと広がり、連邦国家はいわゆる、明白な運命（Manifest Destiny）を満たす事が可能となった。この広範囲な国家の拡大は、技術的発展を刺激し、とりわけ、運河、鉄道、蒸気船、その他同類のものが築造されるなど、輸送と交通手段の面において顕著であった。これらの変化は、アメリカの経済的姿勢や活動に注目すべき変化を来たすにことに貢献した。実際、19世紀の最初の数十年間において、ほとんどのアメリカ人は、商業に対する圧倒的信奉と、個人的富の急激な蓄積において結合し始めることになった。早くも1808年に、チャールズ・ジャレド・インガーソルは、次のように宣言した。「商業と自由には相関関係が存在する。自由が存在し、自然の障害がないところではどこでも、商業が発展するであろう。自由な商業なしに、自然な弾力性を享受して活動することはできず、その適切な到達点を見つけることができないことを、アメリカの実験は示してきた。」[56]

　この利己的経済活動の爆発は、北東部を中心とした、アメリカの産業革命の到来と軌を一にしていた。特に、1812年の戦争は産業化に拍車をかけた。アメリカ自体の制限貿易政策とイギリスの海上封鎖とによって、1812年の戦争は、

それ以前には輸入していた商品を生産し始めることに向かわせた。これを起爆剤として，19世紀初期のアメリカ経済における推移は展開していった。1800年には，労働力の83パーセントが農業に従事していたが，1860年においては53パーセントのみが同じ職に留まっていた。さらに，言いようによっては，農家でさえ商業化していった。というのは，年を追って食糧から換金作物農業へと転換していったのである。トクビルは，次のように述べている。「アメリカに来て私を驚かせたのは，幾つかの事業が敬嘆すべき壮大さではなく，多種多様な小さな事業であったことである。合衆国のほとんどすべての農家は，農業を商業に結び付けている。それらのほとんどは，農業自体を商業にしているのである。」[57]

全面的に，合衆国は，高度に商業化され，産業化された国家となり，イギリスにおいてアダム・スミスが既に擁護した経済的個人主義を享受したのである。アメリカ人は，一般的に，スミスと意見が一致していた。すなわち自分自身の利己心を求めることは，自分自身のために良いだけではなく，社会のためにも良いのであった。さらにその上，多くのアメリカ人にとって，自分自身の経済的利害の追求は「平等で民主的」であると理解されたのである。「社会におけるあらゆる成員が蓄財と交換に参加するなら，……その時，その範囲で，彼らはすべて平等なのであり，すべて彼ら自身の利益と幸福を追求しているのである」，とゴードン・ウッドは書いている。さらには，少なくとも白人の男性にとっては，他の白人男性と同じ地盤で富を追求する，抽象的で形式的な権利が存在したのである。実際，1800年と1860年との間，1人当たりの国民総生産が倍になり，平均的家庭の生活水準が非常に改善されたのであった。例えば，北東部の産業化されている州において，「通常の消費者に利用可能な商品とサービスの範囲は著しく増加し」，経済が非常に拡大した結果，貧困層は19世紀の変わり目におけるより1860年において多大な購買力となったのである。世紀の中頃において，普通の白人男性は，経済市場において，50年前にはそのように多様で品質の揃った物を利用することが不可能であった物——衣服，本，食料，新聞——を購入することができるようになったのである。[58]

政治の領域においては，19世紀の初期の間，民主的統治と政治的平等が拡大

した。合衆国憲法採択後ほどなくの1790年代の出来事は，統治についてのアメリカ的概念化への推移の予兆となった。具体的な政治問題の圧力の下で，ジョージ・ワシントンの背後にあったフェデラリストのコンセンサスは無に帰した。トマス・ジェファーソンとジェームズ・マディソンに率いられたジェファソニアン・レパブリカン達は，アレクサンダー・ハミルトンおよびジョン・アダムズに指導された，フェデラリストに反対するものとして出現した。フェデラリストは，安定した財政と進取の気性に富んだ商業的実践に焦点を当てた，より強固な連邦政府を望んだのに対して，ジェファソニアン・レパブリカンは，州政府の権力と土地所有者の利益を重視した。アメリカ共和制の異なる面に力点を置いたことから，両者はさらに袂を分かった。すなわちフェデラリストはプレモダンの市民的，共和制的エリート主義を強調したのに対して，ジェファソニアン・レパブリカンは，より民主的な人民主権を提唱したのである。(59)

　フェデラリストとジェファソニアン・レパブリカンは，それぞれの立場の間隙が大きいので，今日の研究者の中には，1800年代の選挙における圧倒的な勝利を，革命的なことと考えている。1800年以後，実際，連邦国家はレパブリカン支配が長く続く時代となったのである。ジェファーソン，マディソン，ジェームズ・モンローとオール・ヴァージニアン（all Virginians）が1825年まで大統領職を維持し続けた。(60)ジェファソニアン・レパブリカン支配のこの時期は，アメリカ政治について，2つの重要な変化に貢献し，同時に発生した。第1に，このような国内的安定とともに，アメリカの国家としての自信が19世紀の前半25年の間に膨らんだ。今や多くの人が，国家が永久に続くことを信じるようになった。共和制の脆弱性に対するマキャベリ的関心――文明は必然的に興隆し衰弱するという第1段階のプレモダンの仮定に関連した――は，国家が大方繁栄するに従って，消えうせた（ないしは少なくとも一時休止した）。

　第2に，ジェファーソン派の立場に従って，連邦国家は，政府についての考え方や実践において，よりポピュリスト的に，そしてエリート主義の後退という方向へ向かった。憲法制定者自身は，大部分，知的，エリート層であった。「その時代の緊急の問題を解決するため，歴史，政治，および法についての広範囲な読書を常とし，また彼らの多くは古典研究をこととした，哲人であり，

科学者であり，広い教養を身に付けた者達であった。」しかしながら1800年の選挙において，フェデラリストは，「階級的価値（hierarchical values）ないしは丁重な政治実践（deferential Political practices）」[61]を公言しながら，国家の公選職を求めることはしそうにもないアメリカ人であった。それに代わって，広範な反エリート主義――リチャード・ホフスタッダーの言葉によれば，反インテレクチャリズム――が，次第に重要性を増していったのである。

　　大衆民主主義が力と自信を得るに従って，教養のある洗練されすぎた，知識階級や富裕階級にまさる生来の，直感的な大衆的知識への広汎な信頼を強化したのであった。福音主義者（第2次大覚醒の）が愛の知識と神への直接の接近に与し，学問的宗教および形式的に構成された聖職者を拒絶したのと同様に，平等主義的政治の提唱者は，真理に直接接近する普通の人の，先天的実践的感覚を好み，訓練された指導者を不要にする提唱をしたのであった。この普通の者の知恵を好む仕方は，民主的信条の最も極端な形として，一種の戦闘的大衆的反エリート主義を栄えさせたのであった。

従って，建国の世代後，知的エリートは，国の政治指導の中で，決して再び以前のように支配的になることはなかった。トクヴィルが述べたように，アメリカにおける選挙された高官は，民主主義が人民の「一般的レベル」に導くことが一つの理由となって，「能力と道徳性の両者において，貴族が権力を掌握することに比べて劣る」ように思われたのである。もちろん，共和主義の考え方は，維持され続け，エリートによる指導よりも，人民主権や，時によっては幾人かの者にとって，「北と南の党派的争いが激しくなるにつれ」統一を，よりしばしば強調することによって，鋳直されたのである。[62]

　それ故に，エリート主義が消滅するに従って，それと軌を一にして民主的ポピュリズムが発展した。合衆国憲法が制定された建国当時，ほとんどの州は土地を所有している白人男性のみに選挙権を認めていたが，1825年には，3州を除いたすべての州が，すべての白人男性に選挙権を拡大したのである。同様に重要なことは，19世紀の前半は，ポピュリストの大衆政治が劇的に拡大された時代であった。国家の建国当初，政党は共和政治を腐敗させていると中傷された。すなわち，政党は共通善の追求ではなく，党派性や派閥性を促進すると見做されたのである。その結果，1790年代，マディソンやジェファーソンは，彼

らが党派心の強い，政党を代表としているという考え方に，不快にも，抗していたのである。だがしかし，1820年代において，マーティン・ヴァン・ビューレンは，それらが利己的であるにもかかわらず，組織された政党は，国家のために役用であるという考え方を擁護するために戦ったのである。そこで，ほぼ1820年代後半に始まったジャクソニアン・デモクラシーとともに，投票の流れを変えるために，政党は組織化され，通常の「男性」に訴えかけるための体系的方法を発展させたのである。実際に，投票に参加する資格のある者の割合は劇的に増加したのである。1824年と1840年の間において，人口が57パーセント増加したが，この時期大統領選挙において，投票箱に投ずる資格のある参政権者の数は700パーセント増加したのである。[63]

　要するに，19世紀前半の間に，モダニストの多くの力が法思想家の上にのしかかってきたのである。おそらく最も重要なアメリカ法学の発展は，人民主権に対する広範囲にわたるアメリカの信奉が，潜在的に，自然法に対する法学的忠誠を破壊したことである。国王の神聖な権利や，固定的な社会のヒエラルヒーの考え方に基づいて，自然法はプレモダンの君主制社会に最もよく適合していたように思われる。しかし，アメリカにおける個人主義や人民主権への，相互に関係する宗教，経済，および政治の動向は，社会関係の再構築へと進んだのである。19世紀を通じて，新しい社会関係が展開され，出現するに従って，プレモダンの社会的役割および構造の痕跡が衰えたのである。17世紀，18世紀のアメリカ，および19世紀ヨーロッパの多くと比べ，19世紀アメリカにおける社会の役割は，最早厳格に階層にはめ込まれる，あるいは人生における最初の地位によって予め定められているものではないように思われたのである。[64] さらに，少なくとも政治理論のレベルでは，人民主権——人民が最終的な政治権力であり，人民が法を作るという考え方——は，モダニズムに不可欠な実証主義者の法学に共鳴するように見える。すなわち，人民が法を作るという考え方は，前もって存在する自然法原理の受容と，潜在的に衝突することになるからである。既に言及したように，実定法は自然法に適合していることを前提とすることによって，アメリカ人は，主としてこの潜在的不一致をくぐり抜けてきた。しかし，矛盾がしばしば表面化し，とりわけ奴隷制のるつぼの中で生じ

た。例えば、法と道徳は別であることを宣言することによって、判事は、しばしば奴隷制の合法性を支持した。たとえ奴隷制が、道徳や自然法に反するとしても、州の実定法が最高であると、彼らは推論したのである。[65]

　実際、アメリカ法学へのしかかっているモダニストの大きな圧力は、19世紀の中頃における法体系を急激に変化させる力となったのである。ジェレミー・ベンサムの考え方に一部刺激されて、コモン・ローを法典化する政治キャンペーンが、1820年代に始まり、1846年には、ニューヨーク州憲法会議において最も徹底した公聴会が開かれた。法典化の提唱者は、様々な要因に動機付けられていた。その中には、とりわけコモン・ロー裁判官が、事件を解決するにつき、あまりに多くの裁量を行使することが含まれていた。人民主権の考え方に従って、裁判官ではなく立法者が法を作るべきである、と法典編集者(codifiers)は主張した。結局、ニューヨーク州は、法体系をまるごと(in toto)法典化する圧力を撥ね退けたものの、1848年、ディビッド・ダドレイ・フィールドの下で、コモン・ローの令状(writs)と訴訟の型態を、訴因(cause of action)を提起する事実を申し立てることを命じた法典に、かえたのであった。とはいえ、最も印象的なことは、プレモダニズムからモダニズム法学への動向との関係で、法典主義者のこの部分的な勝利は、多くの州においては、南北戦争後まで待たなければならなかったのである。[66]

　基本的に、アメリカの法思想家に強い影響力を与えたにもかかわらず、反対勢力が法学者に十分な影響力を行使し、結果的にモダニズムへと変化させるには、南北戦争の時期まで待たなければならなかった。例えば、重要なこととしては、広がりつつある平等主義的個人主義のエートスと、アメリカン・ライフの社会的実在との分離である。既に論じたように、確かに、アメリカは19世紀の早い時期に幾つかの点において、よりポピュリスト的、平等主義的になったのである。それにもかかわらず、プレモダンの社会階層の痕跡が低下するに従って、1830年代に明確にスタートする新たな政治的、階級的、経済的階層の建設が始まったのである。幾分アメリカ社会に独特な、2つの要素が、この社会的階層の展開を促進した。1つは、南部における奴隷制プランテーション(plantation slavery)の確立であり、もう1つは、移民の絶え間ない流入である。アフリカ系アメリカ人の奴隷に合法的に課された拘束と、移民(特に英語

を話さない，非キリスト教の移民）に対する深く染み付いた偏見故に，アメリカ社会は平等主義的個人主義のエートスのイデオロギーが約束したほどに開放的で，流動的では決してなかった。従って，例えば，選挙権の拡大にもかかわらず，投票はまだ白人男性のみに限られ——アフリカ系アメリカ人，アメリカ原住民，および女性には与えられていなかった。白人男性の間においてさえ，特に経済的不平等が増大していた故に，投票権は有効な政治権力に，必ずしも置き換えられなかった。富を追求する平等な機会についての抽象的な権利は，いか程も平等主義的経済的帰結に導くことはなかった。モートン・ホーウィツが述べているように，商業活動を推進させている法的変化は，経済発展に，任意にあるいは中立的に拍車をかけることはなかったが，特定の，体系的方法において，富と資源を分配した。「台頭しつつあった起業家と商業集団が，アメリカ社会における富と権力の不釣合いな分け前に与ったのである。」従って，幾分予想通り，経済発展のための負担の大きな部分は，既に選挙権を奪われていた，奴隷とされていた，そしてその他，社会において権力を奪われていたメンバー——すなわち，移民，婦人，アフリカ系アメリカ人，その他の人種的・宗教的少数派に担わされたのである。それ故に，貧困層は，19世紀が進行するに従って，富を増していったが，アメリカ社会の10パーセントを占める，非常に富裕な者が富の常に増大する部分を手に入れていたので，富裕階層と貧困層の溝は急激に拡大していった。要するに，このような社会階層の展開——奴隷制，移民に対する偏見，そして経済発展——は，アメリカにおけるモダニズムへの一般的動向を妨げたのも無理からぬことなのである。(67)

　幾つかの要因が，モダニズムの進展を遅らせただけではなく，その他の要素，とりわけ法律家の間の自然法志向が，プレモダン的見解への執着を助長したように思われる。確かに，アメリカン・ライフにおけるモダニスト的見解の注入（および反映）と思われる発展の多くは，同時に，プレモダンの法学的態度を皮肉にも補強する要素を含んでいた。1790年代の政治論争でさえ，一定のモダニスト的見解を政府が導入するのに非常に意義があったが，一時的とは言え，プレモダンのマキャベリ的関心を助長したのであった。既に論じたように，フェデラリストとジェファソニアン・レパブリカンは，それぞれの立場の間に大きな溝のあることが判っていたが，この広範囲な論争において，個別の

争点における両者の立場の現実的距離は，しばしば過大に評価された。例えば，ジェファーソン派は，確かに人民主権に賛成していたが，しかし彼らはまた，大部分，能力のあるエリートによる支配を信じていた——おそらく堕落した，貴族的なフェデラリストが最早職を占めない限りにおいて。しかしながら，フェデラリストとジェファーソン派自身の見方からは，国家が，内戦に近づいているとさえ思われるような「危険な状態に分裂している」ように思われたのである。言い換えると，フェデラリストとジェファーソン派は，統治の基本原理になおどれだけ同意しているのか——どれだけ共有しているかについて——理解していなかった。深い溝についての，彼ら相互の思い（ないしは思い込み）は，政府を崩壊させ，壊れさせるプレモダンの危険を持続させ，1798年の外国人・反政府活動取締法（Alien and Sedition Acts）のような，実にひどい報復立法に，偶然ではなく，導くことを増長させたのである。従って，1790年代の出来事は，アメリカの政治に幾つかのモダニズム的傾向を導き入れたが，同様の事が，国家の健全性についてのマキャベリ的共和主義者の関心を補強したのである。さらには，このようなマキャベリ的関心が，19世紀の初頭に消え，政党が充実し，利己的な政治的党派性が次第に受け入れられるようになってからさえも，特に司法の中で，プレモダニズムのエリート主義の残党が，常にアメリカの統治システムの中に存在し続けたのである。裁判官は，「競合する諸利益の市場の上に立ち，公平で無私な判断を下す」マントを着けた徳のある「審判官」と考えられたのである。裁判官によって解釈された法を課すことは，ある意味では，政治家の党派的策略を抑制する手段となったのである。[68]

　政治の領域における展開と同様に，宗教における展開は，その他の方法においては，プレモダンの法学的見解を維持しながら，アメリカの生活に，モダニスト的要素を注入した（そして反映させた）。確かに，第2次大覚醒は，アメリカのプロテスタンティズムを変容させ，普及させ，さらにその上，19世紀の個人主義者とポピュリストのエートスの形成に貢献した（そして明らかにした）。しかも，それと同時に，第2次大覚醒は，アメリカ社会と文化をさらにキリスト教化した。実際，少なくとも19世紀を通じて，ほとんどのアメリカ人は，彼らの国がキリスト教国家であることを当然のこととした。トクビルは，次のように理解していた。「合衆国において，キリスト教自体，確立された，抗し

がたい事実である」。従って、プロテスタンティズムは、アメリカ社会の出来事や発展を一般的に考察するためのレンズを提供したのである。この見解によると、アメリカ社会における変化は、実証的、モダニストの世界への移行の前兆ではなく、アメリカ千年至福の特例（American millennial exceptionalism）という積年の信念を助長したのである。マサチューセッツ湾のピューリタンに立ち帰るとき、「地上においてキリストの栄光ある王国」を確立していると、多くのアメリカ人は、自分達を再確認したのである。幾人かの者にとって、アメリカの独立革命の成功と憲法の制定は、この宗教的確信を維持することに仕えたのである。アメリカは「神の思し召しによって保護された、千年王国の道を辿っている」のであった。第2次大覚醒の到来とともに、これらの見解は、さらにアメリカ社会の内部に浸透していった。[69]

　プロテスタントの規範と文化は、結局、アメリカの法思想に浸透したのである。第2次大覚醒は、宗教に根差した自然法に従うというアメリカ人の決意を強化したように思われる。一般的に、法学者と法律家は、キリスト教とコモン・ローが非常に密接に関係していると考えていた。キリスト教は、コモン・ローの構成要素であったし、コモン・ローは、一部キリスト教のモラルに基づいていた。メリーランド大学の法学教授であった、ディビッド・ホフマンは、1817年に、『法学教程（Course of Legal Study)』を初めて公刊し、1836年に第2版を用意した。『法学教程』は、法について利用可能な第1次的、第2次的文献を通じて、主に学生を指導することが意図されていた。第2版はまた、弁護士、裁判官、および政治家にとっての文献として役立つことに拡大された。各章あるいはタイトルは、多くの文献について、ホフマンの参考となる注意書き同様、さらに推薦される文献のリストを含んでいた。ホフマンは、自然法と法の定義における啓示の重要性を強調したばかりでなく、彼はまた『法学教程』を聖書に焦点を当てることから始めたのである。「聖書で述べられている道徳の純粋性と高尚さは、いかなる時も疑問の余地のないものである。それはすべてのキリスト教国のコモン・ローの基礎である。キリスト教の教えは国法の一部なのであり、そのようなものとして、確かに法律家の注意の非常に大きな部分を占めるべきである。」従って、驚くまでもなく、州裁判所は日曜日をキリスト教の安息日とすることを、一貫して強制したし、キリスト教に対する

冒瀆を禁止するのを、支持したのである。1811年に判決が下された、ニューヨーク州の事件であるピープル 対 ラッグルズ事件において、州最高裁判所は冒瀆の罪で、コモン・ロー上有罪とすることを合憲と判断した。ラグレス事件では、次のように述べたことが問題であるとされたのであった。「イエス・キリストは父のない子であったのであり、従って彼の母親は売春婦に違いない。」ジェームズ・ケントは、この判決の意見書を書いて、次のように主張したのであった。「我々は、キリスト教徒なのであり、国の道徳はキリスト教に深く根差している。」(70)

　トーマス・ペインの運命は、アメリカの法思想や政治思想に対する宗教の重要性を例証している。アメリカの独立革命期、ペインは自然権の、さらに重要なことには、イギリスからの独立についての、提唱者として非常に人気があった。ペインが1776年1月に『コモン・センス（Common Sense）』を発売してから、翌年までの間に、おおよそ15万冊が販売されたのである。その結果として、「ペインは、完全な分離のための、アメリカにおける人民の心構えを、他のいかなる人よりも説いたのである。」だがしかし、19世紀の初めには、アメリカにおけるペインの人気は落ち込んでいた。その主な理由は、1794年に出版された、彼の『理性の時代（Age of Reason）』が、フランス大革命を擁護し、その支持する理由の1つとして、キリスト教を含むあらゆる組織された宗教制度を非難したからである。「私の知るいかなる教会……によっても、公言された信条を私は信じない」と、ペインは明確に断定した。「私自身の精神が私自身の教会である。国内に存在する教会のあらゆる制度は……人間を恐怖に陥らせ、奴隷にし、権力と利益を独占するために組み立てられた、人間の創造物に過ぎない。」このような言葉でもって、ペインは、アメリカにおける彼の評判を回復できないほどに傷つけたのであった。アメリカが政治的見解として、フランスをどう考えていたかに関係なく——1790年代に、フランスとイギリスが戦闘状態に入ったとき、フェデラリストは一般にイギリスを支持したが、ジェファソニアン・レパブリカンは、一般にフランスを支持した——、組織されたキリスト教を拒否することを受け入れるアメリカ人はほとんどいなかった。アメリカ人にとって、政治的、法的思想は、宗教的信念と一致したままでなければならなかったのである。それ故に、ナサニエル・チップマンの『統治原理概

要（Sketches of the Principles of Government）』の1793年版において，自然権についてペインを際立って引用したが，1833年の改訂版においては，彼はなお自然権について論じながらも，ペインについてのすべての言及を削除したのであった。従って，結局，キリスト教の信仰が文化の中にあまりにも浸透していたので，宗教的に自然法に基づいていると考えられた法体系は，あたり前のこととして，容易に維持されただけではなく，さらにまた，一般公衆がこれを受け容れるためのほとんど必要条件のように思われたのである。[71]

このように考えてくると，自然法と人民主権との，理論的に潜在する緊張は，多くのアメリカの法律家を煩わせなかったことは驚くに値しないのである。既に論じたように，自然法と人民主権とは対立するとはいえ，ほとんどの法思想家は，この可能性を無視する傾向にあった。さらにまた，多くの法律家は，人民主権自体が自然法から引き出されると論じたのである。「すべての者は，各自の権利との関係で，自然において平等である」と，聖ジョージ・タッカーは主張し，「1人の者あるいはその集合が，残りの者を支配するいかなる自然的，生まれながらの権利を持つこともない」と続けたのである。従って，タッカーおよびその他の法律家に従って，自然法と一致する人民主権に基づく連邦国家を，連邦憲法は創造したのである。このような観点から，自然法と人民主権とは衝突するのを回避することができたのであり，それらはお互いに支持し，補強し合ったのである。[72]

第2段階のプレモダニズム法学：
自然法と進歩

法学をモダニズムへと推し進めようとする力は，南北戦争の時期まで，法思想をプレモダンの段階に留めようとする強い力によって押し止められていた。とはいえ，このようなモダニズムへ進めようとする圧力は，19世紀の初期の間，おおよそ1820年までに，プレモダニズム法学を第1段階から第2段階へと移行するのを促進させるのに有用であった。既に論じたように，第1段階同様，第2段階の法学は，自然法および法の科学の考え方を信奉していた。だが

しかし，第1段階と異なって，第2段階には，非常にしばしば，法についての道具的，プラグマティックな概念によって表明された，進歩についてのプレモダン的概念（終末論的進歩に近い）を，その中にふんだんに含んでいた。

確かに，幾つかの第1段階の法学は，進歩の概念への始まりを示す信念を明らかにしていたが，しかし，このような考え方が十分に開花するには，第2段階を待たなければならなかった。アメリカが持つ有利な立場から，アメリカ人の見地からして国家生活の最初の数十年の彼らの経験が教えるところは，第1段階のプレモダニスト一般的が恐れていたように，変化は社会の衰退に導くのではなく，変化は進歩を，とりわけ経済的繁栄を意味することである。ほとんどのアメリカ人は，人口と国土の増大を進歩の堅い証拠と見做し，交通と通信における，科学によって推し進められた技術的進歩は，このような印象を補強するのに貢献した。それ故に，進歩という考え方は強固に根を下ろしたのであった。特に，科学と技術を通じて，アメリカは前進することが可能であったのである。法学者は，このような重大な推移に，十分気が付いていたのである。1821年のニューヨーク州の憲法会議において，ケントは，次のように宣言した。「この瞬間我々は運命の縁に立たされているのであり，まさに絶壁の縁にある……。我々はニューイングランドに殖民している人や，ハドソン川のオランダ人入植者のように，農夫から成り立つ，単純明快な共和国では最早ないのである。巨大な商業，工業，人口，富，豪華さ，およびそれらが生み出した悪と悲惨さとともに，我々は早くも大きな国になりつつある。」[73]

しかし，重要なことは，法律家は，進歩をプレモダニストないしは終末論との関係で理解したことである。彼らは，進歩を，永遠で普遍的原理——自然やプロテスタント派のキリスト教から引き出された原理——の実現へと向かう運動として理解していた。従って，この段階において，法律家は，進歩についてのモダニストの考え方，すなわち，人間の能力は無限に前進することを前提とする考え方を，受け入れていなかった。その代わりに，永遠で普遍の原理が，ある意味において，進歩にとってのゴールであり，限界を提供した。それ故に，例えば，19世紀の20年代，30年代の間に，アメリカ人は，避けて通ることのできない事実に直面しなければならなかった。すなわち，建国の世代がアメリカの場から消失したのである。ジェームズ・モンローが大統領職を去った時

点において，新しいアメリカの世代が権力を掌握したのである。実際，あたかも非常に象徴的な意思表示でもあるかのように，トマス・ジェファーソンとジョン・アダムズが，建国50周年にあたる，1826年7月4日に亡くなったのである。建国者の多くが，連邦憲法を避けて通ることのできない，社会の衰退を妨ぐことができる実験と見做していたのに対して，新しい世代の政治指導者は，より確信を持って，プレモダニズムの進歩の諸要素の範囲内で——連邦憲法は「第1原理の保管場所」と見做され始めていた——連邦憲法を見ることを始めたのである。新しい指導者達は，連邦憲法の中に一定の普遍的，永遠の原理——それを今や新しい世代が実践において完成することを求める——を，成功裡に銘記したとして，建国者を讃えたのである。ジョセフ・ストーリィは『憲法釈義 (Commentaries on the Constitution)』を書いたのは，「真実の，古くからの，高尚な諸原理に基づいた連邦憲法を推賞し，託すことを真に切望するからである」と主張した。『釈義』における「主要な目的」は，「連邦憲法は私人の権利や，公的自由，さらにはアメリカ共和国を構成する人民の実質的繁栄が拠り所とする，唯一の固い地盤［である故に］，連邦憲法の十分な分析と論評を提示すること」である。[74]

　従って，政治・法思想において，第2段階のアメリカの法学者は，自然法の永続的で，普遍的原理を信奉し続けることをその内容とする，進歩についてのプレモダニズムの考え方を完全に受け入れることになった。そこで，ケントは，次のように宣言したのである。近時に判断が下された諸事件は，おそらく「法についての最も正確な説明と，抽象的，永続的原理の最も賢明な適用」を含んでいると。すなわち，コモン・ローは，その基本原理の完全な実現に，次第により接近する方向に向かうことによって，前進するのである。たとえ「古い基礎が残っている」としても，法は，「永久に前進する状態になければならない」，とストーリィは書いたのである。従って，理想を言えば，コモン・ローは「完全性に向かってその道を進むが，決して終局点に到達していない」と，ストーリィは続けたのである。[75]

　進歩の追求は，アメリカ人一般を，彼らの態度として非常に有用性にこだわり，実用主義的になることへと導いた。特に，国家が商業と富の蓄積へと向かうに従って，科学についてのアメリカ人の考え方は変化し，より実用的功利主

義者となった。科学者は蒸気船や電報のような有用で,役に立つ発明を追究することに専念するようになった。トクビィルによると,アメリカ人は「単に役に立つ物」に的を絞ったのである。「アメリカ合衆国において,人間の知識の本質的に,理論的,抽象的部分に携わる者はほとんどいなかったのである。」ストーリィはボストン工業会(Boston Mechanics' Institute)で行った,1829年のスピーチにおいて,この一般的な科学の方向転換を強調した。「全体として,我々の時代の最も著しい特徴を,最も良くその精神を例証するものを述べることを求められたならば,私は躊躇せずに,単なる思弁的科学に勝る,実際的科学に対する最高の愛着であると答えるだろう。学問のどのような部門であれ,我々が研究することになったなら,ここ50年のほとんど統一的傾向は,理論を扱うことから離れ,ますます実際的結果に注意を向けることに的を絞るようになったことに見出されるであろう。」[76]

　科学についての一般的な考え方は,それがまた,次第にプラグマティックな関心と,商業の実利的増大に焦点を当てるようになるに従って,変化し,そこで法学についての特別な考え方も,また変わったのである。法はアメリカ社会の進歩に貢献するように使用されるべきである,と法律家は信じたのである。従って,1820年を境にして,アメリカ法思想は,自然法に対する忠誠を維持することによってのみではなく,また同時に,実践的実用的,意思決定に対する,急激な広がりを見せ始めた信奉によっても特徴付けられるのである。高徳なマンスフィールド卿は,さらにプラグマティックな法学へのこの移行に拍車をかけたのである。彼は,事実上,イギリスの商法を作ることによって,前世紀において法的意思決定に対する,実用的アプローチの実際的利益を実証したのであった。アメリカにおいて,ケントは,以前の事件から導き出されたルールに従うべきかどうかの問題は,「ルールにおける安定性の重要性とルールを変えることによって影響を受ける財産の範囲を考慮に入れながら,単なる実用性の問題に非常にしばしば解消される」,と主張したのであった。同様に,フランシス・ヒラードは,コモン・ローの意思決定において,「一般的実用性——公序(public policy)——は,しばしば権利についての最高の基準である」,と述べたのである。[77]

　従って,州と連邦の裁判所は,コモン・ロー・ルールの形態において,商業

の活性化や経済発展を刺激する傾向のある政策を展開したのであった。例えば，19世紀初頭，裁判所は，その時代の前には，財産は安定と安全を保障するためのものと主に理解されていたのに対して，財産についてのコモン・ローの概念を，経済的「活力」の開放を増進するために，変えたのであった。財産についての初期の概念の下では，所有は保護を意味した。所有についての法は，所有者に対して，他の者からの財産侵害を保護することを認めていた。商業目的のために，財産を利用する努力から生じた損害賠償に対する潜在的責任から，所有者を保護するルールを発展させることによって，裁判所は法を変容させたのである。従って，その後，この財産概念の下で，他人への影響にかかわらず，望むことはどのようにでも，所有者は自らの財産を扱うことができたのである。[78]

それ以前のダートマス大学対ウッドワード事件と比べると，チャールズ・リバー橋 対 ウォーレン・ブリッジ会社事件における1837年の連邦最高裁判決は，この変容の例証となるものである。1819年に判決が下された，ダートマス大学事件は，ニュー・ハンプシャー州が大学を法人化する根拠になる，慈善憲章 (eleemosynary charter) を修正する法律を制定したことから生じたものである。ジョン・マーシャル長官が意見を述べて，連邦最高裁は，第1に，最初の慈善憲章は，連邦憲法の契約条項 (contract clause) によって保護された契約を構成し，第2に，意図された法律の改正は，実質的に憲章を変更し，憲法に違反して憲章を損なうものであると判示した。連邦最高裁判所は，このように判決して，ここでは本来の法人憲章 (corporate charter) の下で組み立てられた，既成の財産権の取引の安定性と安全を補強したのであった。[79]だがしかし，1837年におけるチャールズ・リバー橋事件に際しては，連邦最高裁は，財産権を非常に異なった条件において概念化しようとした。1785年において，マサチューセッツ州はチャールズ・リバーを横断する有料の橋の建築と操業のための法人憲章 (corporate charter) を制定した。1828年において，チャールズ・リバーを横断する，2つ目の橋を建設し操業するために，州の立法府は，新しい法人のための憲章を発した。この第2の橋が出来た事によって，チャールズ・リバー橋は，見込まれた交通と料金収入の多くを失った。そこで，ダートマス大学事件判決に基づいて，チャールズ・リバー橋会社は，その最初の憲

章は，契約条項によって保護される既得の財産権を授権したのである，と主張したのであった。今や，ロジャー・B・トーニー長官が率いる連邦最高裁判所は，別様の仕方で判示したのであった。トーニーの多数意見によると，社会は変化しているのであり，そしてより良い状態に向かっているのである。財産の安全と安定性への，いかなる想像上の利益にもかかわらず，法は経済的進歩と繁栄に使われるべきである。「あらゆる政府の目標と目的は，それが確立されるに際しての，共同体の幸福と繁栄とを増進することである。我々のような国においては，自由で，活動的で，進取の気性に富んでいる，量と富において常に前進している，交通の新しい経路が，旅行と交易のために，日々その必要性が存在し，人民の快適さ，便利さ，繁栄にとって無くてはならないものである。州は，決してこの権能を放棄することを考えるべきではない。なぜならば，課税権のように，全コミュニティが，それが低下しないことに利害を持っているからである。」財産権は，今や，それによって考えられているのは，単なる安定や安全というよりは，「成長の道具」となったことである。[80]

19世紀の始め，第2段階の法学は，司法の意思決定に対する実践的，実利的アプローチを信奉することになったが，このプラグマティックなアプローチは，当時の自然法の指向と完全に軌を一にしていると理解された。ストーリィは，マンスフィールド卿を（再度）賞讃した際に，特に海法と商法におけるマンスフィールド卿の判決について，「原理との一般的一貫性は，特筆すべきものであり，実践的重要性を持つものである」，と述べている。財産の権利は，自然法と啓示から生ずるだけではなく，人類の社会的，商業的進歩にも貢献すると，ケントは宣言したのである。

> 財産の観念は，怠惰から人を遠ざけ，行動するように人を仕向ける，慈悲深くも，人間に与えられているものである。そして，取得の権利が社会関係，およびそれから生ずる道徳的義務と一致して行使される限り，それは神聖なものとして保護されなければならない。財産についての，自然的，積極的な意味は，社会の進歩の基礎に浸透している。それは，地上の教化に，政府の制度に，正義の確立に，生活の快適さの取得に，有用な技術の成長に，商業の精神に，嗜好の生産に，慈善の高揚に，慈善に対する感情の展開に導くのである。[81]

とはいえ、原理、特に自然法原理への信奉が、司法の意思決定についての実利的アプローチと正確に一致することが、いかにして可能とされたのであろうか。答えは原理と事件とのプラトン的関係にある。プラトンによると、イデアは個別の事例とは別に存在する。個別の事例は多様であり、イデアを表明しているものであるけれども、決して完全には例証しないのに対して、イデアは普遍であり、変化しないものである。既に論じたように、プレモダンの法律家は、法原理と事件との関係を、同様の方法で理解した。法原理は普遍であり、原理の不完全な出現の結果である事件からは、切り離されている。この観点から言えば、自然法原理は、コモン・ローを含む、アメリカ法体系の形而上学的基礎を提供するのである。とはいえ、原理は具体的な司法上の争いにおいて、個別的に解決され、適用されなければならず、そして判事がそのようにするとき、彼らは実践的で、実利的であったのである。確かに、トーマス・グレイが記しているように、当時の法律家と法学者は、大部分、一般的原理から機械的に確認された低いレベルの法ルール、ないしは具体的争いにおける正しい結果へと、論理を演繹的に遡ることを前提にしていなかった。原理を知っていることは、個別の事件における裁判官の決定を導くことはあっても、決定することではないのである。1854年の意見において、レミュエル・ショーは、自然法という普遍的原理と、個別の事件における道具的な意思形成との間の、プラトン的関係を、次のように掌握していた。

> コモン・ローの大きな長所と利点の1つは、それが適用されるビジネスの実践や過程が、廃止や変革をされるべきときに、時代遅れとなり失敗に帰した、実定法規によって確立され、特殊な事件の正確な情況に適用される、一連の詳細な実践的なルールに代えて、コモン・ローは、理性や自然的正義に基礎付けられ、修正されその中に含まれるすべての特殊な事件の情況に適用される、幾つかの広い、包括的原理から構成されていることである。[コモン・ロー]は、エクイティ、自然的正義、公序（public policy）である、一般的便宜に基礎を持つものである［ことから］、これらの一般的考慮は、様々に複雑な事件、日々の出来事、活動的な共同体のビジネスにおいて、あまりに曖昧で、不確かではあるけれども、コモン・ローのルールは、事件が起り、実務が現実的に動き出すに従って、ある程度、

実務的目的のために，慣習や司法の先例によって，正確になり，確かなものとなるのである。(82)

司法による意思形成に対する道具的アプローチの故に，自然は多くの，そしてほとんどの場合において，裁判上の背景の中に姿を消していった。とはいえ，個別の事件において，原理についての言及はほとんどなかったけれども，それらは，常に法体系の基礎——多くのアメリカの裁判官，法律家，法学者は，広範な自然法原理の考え方に自ら進んで同意し，受け入れていたことによってのみ背景に消失した原理の基礎——として，重要であり続けたのである。その後のモダニストの時代とは異なり，基礎（ないしは，少なくとも，基礎となる型）に争いはなかったのである。さらに，そのような堅固な基礎は，裁判所における道具的意思決定のための手段として，重要であったのである。司法による法形成について，ヒラードは次のように述べていた。「ある意味で，裁判所は立法権を有しない。いかなる実定的，一般的法制定をすることも，その正当な機能からの逸脱となる。しかし，多くの司法問題において，権威，以前の類似の事件に助けを求めることでは，完全ではない。そこで，専断的命令を下すのではなく，理性と正義についての普遍的法の導きにおいて，この法を，個々の判断に制裁的および規範的力を与え，それによって議論や論争の余地のない，国の法となるのである。」(83)

要するに，第2段階のプレモダニズムの法学者は，第1段階同様，コモン・ローを科学として，自然法に基づく原理の合理的体系として捉えたのである。法原理は普遍的ではあるが，事件自体からは切り離されていた。第1段階，第2段階の法律家に従うと，法学全体は，自然法原理だけではなく，コモン・ローの訴訟形態を反映した，様々な下位の法ルールを包含する体系に，合理的に分類することが可能となるのである。この両段階の間の，重要な共通性にもかかわらず，時間と歴史についての異なった考え方が，19世紀の初めに確立したときに，プレモダニズムの法学は，第1段階から第2段階へと移行したのである。第1段階の法学者は，文明の興隆と衰退，およびアメリカ共和国が内在する腐敗について考える傾向にあった。それに対して，第2段階の法学者は，自然的，普遍的原理の，より完璧で完全な実現へと確実に到達する，人間の能力を前提とする，進歩の概念を心底信じていた。このような進歩を達成するため

に，商業の促進に特に注意を払いながら，法律家と法学者は，実利的な形において，原理を道具として適用する結果となったのである。

　ナサニエル・チップマンの著作は，プレモダニズム法学の第１段階から第２段階への移行を如実に例証している。チップマンは，第１段階の間の1793年に，『統治原理概要（Sketches of the Principles of Government）』を公刊した。次に，第２段階の1833年に，初版の修正および拡大された版である『統治原理（Principles of Government）』を発表した。1833年の版は，大部分，1793年の版に非常によく似ていたが，１点全く異なっている。それは，1833年の版において，チップマンは，彼の自然法の捉え方の中に道具的，とりわけ功利的論理を組み入れたのである。従って，1793年の版において，「道徳観」を論じた際に，チップマンは，単に次のように書いた。「人間には道徳観が備わっており，それによって彼の行為の正しい，悪い，を感じるのである。」だがしかし，1833年において，チップマンは，功利の原理に「道徳的能力」，あるいは「道徳的構成」の基本原理として目を向けたのであった。「あらゆる道徳的行為の最大の目的は，一般的功利，ないしは社会の一般的利益［である］。」[84] 同様に，1793年において，チップマンは財産権を，功利の原理には全くふれずに，自然法に基づくとしていたのに対して，1833年には「自然的原理に起源を有する財産権は，功利の原理によって裏付けられ，最終的には制約を受ける」と書いたのである。さらに，ジェレミー・ベンサムやアダム・スミスと同じく，個人の幸福の追求は，社会全体にとって，最大の善を生じると論じたのである。[85]

　確かに，チップマンは，功利の原理を，ある意味で，自然についての究極法と位置付けたのである。「あらゆる自然法の目的や意図は，一般的に功利，あるいは一般的利益や社会的な人間の幸福の増大にあるのであり，自然法として設定されたいかなるルールもの確かなテストは，この目的を増進する一般的傾向が存在するかにある。」従って，第２段階のその他の法学者にとってと同様に，チップマンにとって，自然法と実利的道具主義（ないしは功利主義）とは完全に一致するものであった。自然法と実定法とのプラトン的関係に従って，チップマンは，不変の自然法を，原理と，情況によって変化する実定的適用とに区別した。自然法とそれらが課す義務とは，それらを命じている至高の存在同様不変である。我々が自然の法を不変であると見做すとき，それ自体をそれ

らの適用ではなく，それ自体を法と理解しなければならない。自然法のルールが適用される主体が変化すれば，同様の自然法が向けられる事件において，それに対応する変化が，ルールの適用において生ずることになる。」(86)

このような道具として捉える態度が断固として採用されるに伴って，楽天的にも，チップマンは，進歩の概念を支持したのである。初期のチップマンは，アメリカ共和国が「永久に存続する」ことを望んでいた，進歩の概念について，その発端となる信念を表明した第1段階の法学者の1人であった。しかし第1段階の間，国家の衰退についてのマキャベリ的関心の暗雲の下で，典型的に押さえ込まれていた。しかしながら，1833年において，チップマンは，強固な確信を持って，次のように宣言した。「政府の自由な制度の［下で］，社会の状態は常に進歩するであろう——習慣と知識において，一貫して改善することであろう。」このような理由から，政府の腐敗と破滅に関するチップマンの章は，1833年の版においては，1793年の版と比べて，非常に短いものとなったのである。実際，マキャベリ的関心からはほとんど解放されて，後期のチップマンは，功利の原理によって評価されたものとして，アメリカ共和国を賛えたのである。チップマンは，1833年において，一般的な「統治の科学」の目標ないしは目的は，特に合衆国憲法は，「人民の幸福を増進し，確保すること」にあると主張したのである。(87)

ジョセフ・ストーリィの著作は，第2段階のプレモダニズム法学の構成要素は何かを示す，決定的例証である。ストーリィにとって，法の科学は体系化，すなわち「諸原理との科学的，調整と調和」を要求していた。そして，1829年にハーバード大学の法学教授（Dane Professor of Law）に就任するについて，法の科学は究極的に自然法に基づいていると述べている。「自然法は……あらゆるその他の法の基礎に存在し，法の科学の第1段階を構成する。」従って，例えば，契約を論ずるにおいて，ストーリィは，次のように記している。「［契約の］この強制力は，国内法の安定的宣言の結果であるというよりも，自然的一般原理の，ないしはしばしば言われるところの，普遍法の結果である。」最後に，19世紀アメリカにおいて支配的なプロテスタント文化と軌を一にして，自然法とキリスト教との間の想定上の結び付きを論じたのである。彼は次のよ

うに主張した。「キリスト教は自然法の単なる補助物ではなく、導きの糸であり、結論を定め、疑いを晴らし、規範を引き上げるのである。」(88)

　ストーリィは、法学の基礎として自然法の存在を信じていた一方、同時に法に対する道具的、実利的アプローチが進歩をもたらすことを強調した。特に、コモン・ローは、国家の実利的、商業的必要性に応えなければならない。「科学としてのコモン・ローは、永久に進歩し続けるに違いない。諸原理や改善に限界はない。」ストーリィは続けて、「この点で、それは自然科学に似ているのであり、そこでは新たな発見が継続的に新たな、そしてしばしば、驚くような結果に至る方法へと導くのである。従って、コモン・ローは、決して究明し尽し切れないことは、ほとんど自明の理である。人間の精神は、あらゆる人間の取引を包括することができないことの宣言に過ぎないのである。柔軟性があり、社会の必要に伴って常に拡大していることは、真の栄光なのである。」当時、驚くまでもなく、ストーリィは1842年に、スウィフト 対 タイソン事件において、連邦最高裁の多数意見を書いていたのであり、その中で、連邦裁判所は、暗黙のうちに、商業に関する事件を、経済活動を増進することに向けられた、一般的、連邦のコモン・ローに基づいて決定すべきである、と判示したのである。(89)

　ストーリィにとって、自然法原理は、低い段階の法ルールや司法判決における、それらの不完全な判例とは切り離されたものとして存在した。原理は普遍的、永続的、基礎的であるのに対して、ルールや判決は実利的で、進歩的なものである。G・エドワード・ホワイトが示唆しているように、ストーリィは、歴史的「変化を、第1原理の進歩的展開と」考えたのである。普遍的原理は、多様な具体的文脈において——異なる気候、異なる地理、異なる経済的状況において——適用されなければならない故に、低い段階の法ルールや司法判決は、必然的に場所によって異なるのである。ストーリィによると、商法においては、世界中で共有している関心は、国際的な規模での、高いレベルでの法的統一へと導くのに対して、様々なその他の分野においては、異なる利益や関心は、しばしばアメリカの周辺地域においてさえ、統一を遅らせるのである。コモン・ローは、合理的に体系化することができるが、しかしその個別のルールは、「それらを修正し、限定し、影響を与える、生活の無限の情況」の故に、

永久に不完全なままである。ストーリィは，次のように簡潔に要約している。「[コモン・ロー]は，その基礎を自然的理性に置く体系である。しかし同時に，社会の人工的構造に適合させ，形作られた人口的諸原理によって組み立てられ，完全なものになっているのである。」(90)

第4章
モダニズムのアメリカ法思想

実証主義の到来：
南北戦争およびその他の諸力

　一般論として，思想面における重要な推移は，しばしば重大な社会変動に伴って生じるものである。従って，例のごとく，南北戦争は，パラダイムの釣合いにおいて知的変化の引き金となる大変動であった。さらに広範に，知的領域を超えて，戦争とエイブラハム・リンカーンの暗殺を含めて，その後の出来事は，アメリカ社会のほとんどあらゆる想像可能な領域において，重大な変化へと導いたのであった。[1]歴史家のペーター・J・パリシュは，南北戦争を「アメリカ史の中心的な出来事」と宣言し，エリック・フォーナーは，戦争とそれに続く時代を論じて，「生活の場面で影響を受けないままで存在しているものはない」と宣言している。周知のように，戦争は，1861年に，ディープ・サウスの諸州が連邦から脱退したことから始まり，そこで北部諸州は，初めは連邦国家を維持するために，後になって奴隷を解放するために戦ったのである。だがしかし，次第に多くの北部諸州の人民は，戦いを，文明のまさに進歩のための戦いと理解し，しかし皮肉なことに，アメリカ文明は，結局，根本から変化したのである。最も根本的なことは，若い男性人口の4分の1が死亡し，傷害を受けたことと合わせて，奴隷制の消滅は，アメリカ社会の構成を，根底から変えたのである。[2]

　南北戦争前には，アメリカはなお大部分，幾分孤立した農村的「島共同体」であった。戦争自体，古い生活方法を破壊し，その後，19世紀後半の金ぴかの時代に，新しい社会構造に生まれ変わるとともに，社会が再建された。確か

に，戦争前のアメリカもまた重大な変化を経験していたが，1861年以降，社会の変化は，並はずれたペースで加速された。1870年と1900年の間に，「アメリカ史上，最も大掛りな移住の高まり」が主な理由となって，人口は4千万から7千6百万へと増加した。重要な事には，南北戦争前の時代には，移民のほとんどは，アイルランド，ドイツ，スカンディナビア諸国，およびイギリスからであったのに対して，南北戦争後の時代には，ほとんどイタリア，ロシア，およびバルカン半島諸国から移住した人達であった。この移民の変動は，アメリカの構成を変えただけではなく，南および東ヨーロッパの人達（とりわけユダヤ人）に対する，排外主義，差別主義，および初めて移民を制限する要求の火付け役となった。例えば，20世紀の初めにおいて，合衆国移民委員会の報告においては，ユダヤ人，スラブ人およびイタリア人は，白人のアングロ・サクソンのプロテスタントより道徳的，知的に劣るという推定をしていた。一方，国民生産の増大は，4倍以上に膨れ上がった，人口の増大した分をまかなう以上に成長した。技術面での大発見は，缶詰製品，電話，鋼鉄，地下鉄，摩天楼をもたらした。線路の敷設が，戦争の終結と世紀の終わりとの間でほぼ9倍になり，鉄道は輸送に革命をもたらし，大企業——ビック・ビジネス——の発展へと導いた。そしてそれは，永久に，アメリカにおける工業と商業のすべての型を変えたのであった。ほとんどの大きな工場が，急激に発展していた都市において発達し，主として多数の移民労働者を雇用した。国家は，大いに産業化され，都市化され，新しい企業は，大量の労働者を使用するために，官僚的組織型態を導入した。交通と通信における発達に助けられて，企業は，国家全体を，ばらばらな地理的，文化的地域の集合としてではなく，単一市場として見た（扱った）のである。低階層は，大部分，移民や小農民によって占められ，上流階層は限りなく増大する富を得ながら，より明確に限定された経済的社会的階層を出現させた。ゴードン・ウッドの言葉を借りると，「低階層はより明白に，より人種的に，より貧しく，そして社会のその他の者からさらに切り離された。」従って，政治は階級闘争によって混迷を来し，低階層のある者はポピュリスト（populists）になり，「古い家柄（old-stock）」のプロテスタントの上流階級のある者は，新しい企業と商業の力の支配をもぎ取ることによって，大立物となる現象が出現した。最後に，西部におけるフロンティアの消滅に伴

って，世紀の終わりには，連邦国家は，1850年代にはほとんど見られないような状態となった。フォナーに従うと，南北戦争とその後の年月は，「近代アメリカ国家の誕生」を促進したのである。(3)

知的な面では，南北戦争後，モダニズム思想のうちの，2つの中心となる立場が台頭した。世俗主義（secularism）と歴史主義（historicism）である。(4)これら両者へのモダニストの信奉に貢献した，1つの学問的出来事が，1859年における，チャールズ・ダーウィンによる『種の起源（Origin of Species）』の公刊である。(5)これに先立って，アメリカの知的階層の幾人かは，第2次大覚醒に倣って，宗教と科学とを，より明確に分離させるべきか疑問を持ち始めたのであった。プロテスタンティズム自体，物質的なものから精神的なものを分離させていたので，宗教を分離された領域に置く一方，アメリカン・ライフのある（物質的）領域を世俗化する可能性を含意していた。確かに，宗教はこの世界観の範囲内で重要なものであり続けた（なるほど，プロテスタンティズムは長いことアメリカ文化を支配し続けた）が，世俗は聖なるものから解放されたように見え，従って，結果として，成長することを——少なくとも知的領域において——可能とさせたのであった。その結果，1870年代にダーウィンの進化論を巡る論争が展開されたとき，とりわけ，科学を世俗化する圧力が増したのであった。南北戦争前の時代，ほとんどのアメリカ人は，科学と宗教とは調和がとれていると信じていたのに対して，南北戦争後の早い時期，科学と宗教とは次第に離れて，お互い無関係なものになったように思われた。科学者は，しばしば信仰心を持ち続けたが，彼らの宗教性は彼らの科学的研究とは無関係であった。さらにその上，多くのインテリは，しばしば科学と宗教を相反するもの，と見做すようになった。エドワード・S・コーウィンによると，進化論は「特別な創造の考え方」に挑戦し，「人を天国（Kingdom of Heaven）から動物の王国——地獄に落ちた天使（fallen angel）から単なる生き物の状態——に人を」落とすので，進化論は論争の的となったのであった。最も極端なダーウィン主義の立場からは，人間の精神性さえも，環境を写し取った単なる秩序に過ぎなくなってしまったのである。この点から言えば，人間の「最も大切な心情も，他の動物に結び付く進化の過程の産物に過ぎなかったのである。」重要なことは，世俗化の到達点は，インテリ層のみに限られなかったことである。大衆市場資

本主義の発展と伝達手段の進歩は，大衆文化を生み出した。従って，世俗主義を含む知的傾向は，知的に高い層から大衆へと，かつてないほど急速に広がったのである。世俗化と信仰との間の潜在的矛盾は，より目に見えるものとなり，歓迎さえされるものとなったのである。[6]

　ダーウィン理論の展開はまた，進歩についての，モダニスト的考え方およびそれと相関的な「歴史家の感覚」の発展を促した。南北戦争と金ぴかの時代の「歴史的大変動」は，多くのアメリカの知識層に「アメリカは変化した」という，深いそして確固とした感覚を与えたのである。多くの人は「過去と現在の間の急激な不連続」を経験した。ダーウィン学説信奉者の理論は，このような変化を，知識層が進歩についての第2段階のプレモダニズムの考え方を超越する，発展的前進の1つの型を示すものとして，理解するのを助けたのである。プレモダニズムの進歩は，普遍的，永続的原理への宗教的確信によって拘束されていた。すなわち，プレモダン的進歩は，そのような原理の完全な実現に向かう運動に集約されるように考えられたのである。しかし，今や，宗教的確信から，進歩の概念を解放する役割を果たす世俗化によって，進歩は，潜在的に無限の向上を伴うものと理解されたのである。さらに，幾人かの知識層は，この進歩について出現している，モダニストの考え方を，既に十分展開されていた，アメリカの道具的功利的態度に結び付け，大いなる歴史家的感覚を生じさせたのである。社会における無限の進歩は，人間の発明の才から生まれるのである。[7]

　特に，法学において，様々な社会的，文化的力が，19世紀南北戦争前の大部分の間，アメリカをモダニズムの方向へと押し進めたが，第3章において論じたように，法思想家達はこれらの圧力に抵抗した。[8]だがしかし，南北戦争およびその直後に，自然法から実証主義へと――すなわち，法的プレモダニズムからモダニズムへと――，異なる法学的推移を，最終的に促したのであった。ペリー・ミラーは，南北戦争によって，「アメリカ精神史に残る時代と同様，アメリカ法の歴史に残る時代が，急激で，暴力的結論をもたらした」ことを示唆した。より正確には，奴隷制をめぐる危機を含め，多くの要素が，南北戦争後の法学の一般的傾向に影響を与えたのである。奴隷制の支持および反対を提

唱する，特殊な南北戦争前の議論が形成され，そして，最終的に，南北戦争における暴力的結論となったのである。アメリカのプレモダニズム法学のほとんどの時期において，自然法原理は，論争なしに，法体系の背景に存在する法学的基礎を提供したのである。既に論じたように，自然法と実定法との関係は，奴隷制の問題を含んでいる司法判決の中で，時折議論されるようになった。しかしながら，アメリカ法学の将来との関係において，奴隷制に賛成か反対かについての幅広い議論が進められたことは，特定の司法判決以上に，より永続的な影響を与えたのかもしれないのである。とりわけ，理論的立場が，1830年代から南北戦争を通じて展開されたことにより，奴隷制論争は，自然法を法思想の背景から前面へと押し出したのである。[9]

　アメリカ革命期の世代の多くは，一部には独立宣言に銘記されたものとしての自由についての自然権への信念故に，奴隷制に反対するようになった。国家存続の最初の25年間において，デラウエア州より北のすべての州では，奴隷制を廃止するか，次第に消滅させることを始めた。もちろん，北部諸州と異なって，南部諸州では，同様に奴隷制を廃止する方向に向かうことはなかった。とはいえ，革命期の世代の南部人の多くは，たとえそれは「必要悪として」一時的に耐えなければならないとしても，奴隷制は弁護する余地のないものであると信じた。だがしかし，北部においてさえ，合衆国が1808年に国際的奴隷貿易を禁止したとき，反奴隷制の運動は緩やかなものであった。北部であれ南部であれ，反奴隷制の感情にもかかわらず，アフリカ系アメリカ人に対する人種差別は，支配的アメリカ（白人）文化に，深く刻み込まれたままであった。[10]

　19世紀の初期において，少なくとも3つの要素が，多くの南部人の見解を変えさせ，奴隷制をより強く擁護する方向に導いた。第1に，南部経済は，奴隷制プランテーションに深く依拠していた。綿花の栽培をますますその拠り所とするようになったことである。第2に，国家のほとんど日常的，地理的成長は，新しい州および領土の地位をめぐる争いに，奴隷州と自由州を押し込んだ。つまり，それらは奴隷州であるのか自由州であるのかということである。特に，新しい州の地位は，連邦議会における力の均衡を決定したのである。第3に，ウィリアム・ロイド・ギャリソンとヴェンデル・フィリップスによって導かれた，1830年代の北部における廃止運動の再開は，南部と北部，両者にお

ける保守反動派に火を付けたのである。ギャリソン派の人達は，奴隷制度の即時廃止を主張し，ギャリソンの言葉によれば，奴隷制の支持は「死の規約であり地獄の合意」であるとして，連邦憲法を非難したのである。多くの南部人は，ギャリソンの急進主義を受け入れ難いほど過激であると見做し，その結果，南部人同様幾人かの北部人も，奴隷制に賛成の議論をするという反応を示したのである（多くのその他の北部人は奴隷制をより漸進的に終わらせることを提唱したのだけれども）。直に南部の人達は，奴隷制は，必要悪以上のものではないという，彼らの先祖の意見を拒絶して，奴隷制の最も顕著な支持者となったのである。驚くまでもなく，出現しつつある奴隷制の擁護は，幾つかの点で，当時の法思想の一般的傾向と一致していたのである。議論は，プラグマティックに，ほとんど背景に存在している自然法原理に対して，道具主義的な傾向に向かっていたのである。例えば，バージニア州のウィリアム・アンド・メアリー大学の教授であった，トマス・R・デューは，1832年に著作を著わし，自然法に簡潔に言及し，そして奴隷制廃止が「実行可能性のない」ことを強調したのである。デューによると，奴隷制を廃止するには，奴隷所有者は「財産」の喪失に対して補償されなければならず，解放された奴隷は追放されなければならず，その結果として，州には莫大な費用が必要とされるのである。[11]

　だがしかし，それから数十年にわたって，立場は，次第に自然法や自然権がより強い言語で表現されるようになった。1850年3月には，ニューヨーク州選出の上院議員ウィリアム・H・スアードは，3時間にわたって，連邦領土における奴隷制の拡大に反対する演説をした。簡潔ではあったけれども，すぐに彼の演説の中から有名な一節が抽出された。スワードは「連邦憲法より高次の法が存在する」と宣言したのである。新聞はこの言葉を取り上げ，高次法ないしは自然法の問題は，南北戦争前の重要な時期に国家の突出した問題となったのである。従って，その時までに，自然法はアメリカの政治および法学の背景から前景へと進み出たのである。北部側と南部側の両者にとって，奴隷制論争のほとんどは，自然法と自然権のレトリックにおける説明となったのである。[12]

　法思想の将来との関係において，このように自然法に焦点が合わせられたことは決定的であった。異なった理論的軌道での，自然法についての北部と南部での様々な訴えかけは，次第に他の（北部的）方向へ南北戦争後の法学を導く

ことになったのである。初期のアメリカ法思想家は、正確に用語を自分のものと他のものとを区別することはほとんどせずに、自然法と自然権に与する傾向にあった。自然権は自然法の構成要素として漠然と理解されていた。しかしながら、南北戦争前の奴隷制論争の文脈において、自然法と自然権は分離しているように考えられた。一般論として、北部は自然権を選んだのに対して、南部は自然法を選択した。奴隷制に反対する北部の人達は、個人の自由について、自然権は奴隷制という法制度に矛盾すると論じ、しばしば独立宣言を引き合いに出した。それに対して、南部の奴隷制提唱者は、奴隷は適切な役割を（どん底で）担いながら、社会における自然な秩序に組み入れられている、と論ずる傾向にあった。それ故に、この見解に従うと、政府は、この自然で固有な社会秩序を、法的制裁を通じて正当に強制できるのである。[13]

　1833年12月に、フィラデルフィアにおいて開かれた、アメリカ反奴隷制会議において発せられた、感情の宣言（Declaration of Sentiments）は、北部の立場を例証している。「自由を享受する権利は、不可譲のものである。それを侵害することは、エホバの大権を奪うことである。すべての者は、彼自身の身体に対して——彼自身の労働の産物に対して——法の保護に対して——そして社会の共通の利益に対して、権利を有する。従って、現在強制力のある、これらすべての法律は、奴隷を所有する権利を認めていることから、神の前において完全に無効である、神の大権の簒奪であり、自然法に対する挑戦であり、社会契約のまさに根底を覆すことであり……それ故に、即刻廃止されるべきである。」[14]1830年代に、自然権についてのそのような急進主義者の主張は、あまりに過激すぎると一般に捉えられていたが、1850年代には、奴隷制について穏健な、北部の反対派でさえ同様のレトリックを使用したのである。最初自由土地党（Free Soil）、その後共和党のマサチューセッツ州選出の上院議員であった、チャールズ・スムナーは、北部の官吏に、逃亡奴隷の逮捕を手助けすることを命じていた、1850年の逃亡奴隷法（Fugitive Slave Act）は、「神の法に」違反し、従って服従する義務はないと主張したのであった。それから数年を経た、1852年、スムナーは、「奴隷制の廃止は、独立宣言において表明されたものとしての、人権の偉大な原理を」遂行し、「真に民主的な考え方によって生命を与えられる」と宣言したのである。[15]

この時期，南部の側において，前の副大統領で，長いことサウス・カロライナ州選出の上院議員であった，ジョン・C・カルホーンは，標準的南部の奴隷制擁護論をぶったのであった。カルホーンによると，自然法は社会に秩序を課したのであり，「すべての者が生まれながらにして自由であり，平等である」ことは，「根拠がなく誤り以外の何物でもない」。従って，必ずしもあらゆる人が自由を享受するに値するわけではない。それとは反対に，「それにふさわしくない人に」自由を与えることは，「祝福ではなく，呪いとなるであろう。」このような観点から，奴隷についての法的制度は，実際奴隷自体のためにも「積極的善（positive good）」として認められる，とカルホーンは理由付けしたのであった。奴隷は社会において自然な，適切な地位を占めていると推定されるのであり，白人とのふれ合いによって，彼らは「今日の比較的に文明化された状態に」引き上げられたのである。このような議論をすることによって，カルホーンは，アリストテレス的市民共和制に賛成し，暗にロック的自由主義を拒絶したのであった。すなわち，彼は19世紀アメリカに出現していた，よりモダンな平等主義的個人主義を拒絶し，その代わりに，社会について，よりプレモダンな，エリート主義の，秩序付けられた見解を採用したのであった。[16]

このような見解は，北部の反奴隷制の活動家達を仰天させた。「奴隷所有者は大馬鹿者ではないのか。目をとても薄いガーゼで覆い，世界の残りがすべてかくあれと思っている」と，1839年に，セオドア・ドワイト・ウェルドは驚愕したのである。「彼らが，持っているものすべて，得たものすべてを絶えず略奪している者を擁護するとは，何とおぞましいことか。彼らが餌食を捕まえた時に，あらゆる彼らの権利を無にし，それでもなお彼らの幸福の特別の保護者を主張するとは。」[17] それにもかかわらず，自然法は社会に秩序を設け，その結果，奴隷制は積極的善であると主張し，南部の人達は，カルホーンの議論に一貫して従い，拡大しさえした。バージニア大学の教授であった，アルバート・テイラー・ブレドソウは次のように宣言した。「南部において，我々の間に存在するものとしての，奴隷の制度は，政治的正義に根差すものであり，神の意見と神の摂理としての構想に一致するものであり，そして人類最高の，最も純粋な，伝導的なものである。」[18]

おそらく，南部の人で，奴隷制支持を極端な形で押し進めた人物として，ジ

ョージ・フィッチューほど有名な人物は存在しないであろう。もちろん，フィッチューは，「奴隷制は高次法の下で生じ，人間の本性と同じ歩みをし，同一の広がりを持つものであらねばならない」と信じた。彼は，明らかに，ロックを否認し，独立宣言にその輪郭が描かれている（ロック流の）自然権の存在に疑問を呈した一方，アリストテレスを支持した。さらに加えて，フィッチューは，自由な労働という概念は茶番であると主張した。北部における自由な労働者は，現実には南部の奴隷より一層悪い状態に置かれていた。フィッチューに従うと，主人と奴隷は「友人」であるのに対して，雇い主と労働者は「敵」であった。奴隷は，主人の下で気持ち良く従っているのに対して，自由な労働者は一日中労働し，さらになお完全な責任を持たせられたのである。[19]

最後に，南部連合（Confederacy）の副大統領であった，ジョージア州出身のアレクサンダー・H・スティーブンスは，新しい南部政府の「要石」を提供すると宣言した。

> ［南部連合の］新しい憲法は，我々の特異な制度——我々の間に存在するアフリカ系の奴隷——に関するあらゆる世論を喚起する問題に，我々の文明の形態において，黒人の適切な地位に，永久に，終止符を打ったのである。このことは，最近の北部との決裂と，現在の革命との直接の理由であった……。古い憲法の制定時，彼［ジェファーソン］やほとんどの指導的立場の政治家によって受け入れられ，広く普及していた考え方は，アフリカ人の奴隷化は，原理的，社会的，道徳的，そして政治的に悪であるというものであった……。これは誤りであった……。我々の新しい政府は，全く反対の考え方の上に築かれている……。その基礎が敷かれ，その要石は，遠大な真理である。すなわち，黒人は白人と同等ではないことである。奴隷制度——優生な人種に従属すること——は，自然な通常の状態なのである。この我々の新しい政府は，遠大な，物理的な，道徳的な真理に，世界の歴史において，初めて基づいているのである。[20]

カルホーンや，多くのその他の南部の奴隷制擁護論者は，彼ら自身を，急進派ではなく，保守派と見做したことは，良く理解できることである。彼らが明示的に，自然によって秩序付けられた，社会の考え方を建国の父祖達に結び付け，アメリカ連合国憲法は，疑いもなく，元々の連邦憲法に非常に良く似てい

たのである。結局，1830年代，南部人も北部人も同様に，奴隷所有者よりも，ギャリソン派の奴隷廃止論者を急進派と見做したのである。一般的に言えば，奴隷制の支持者は，大まかな市民的共和的方法において概念化された社会——際立ったエリートと労働者階級に，自然に秩序付けられているものとしての——によって考えられた，プレモダンのアメリカ思想の潮流と部分的に一致していた。(21)だがしかし，奴隷制の支持者は，1800年代にアメリカを襲っていたある種の変化を認め，受け入れる事に，同時に失敗した。第3章において既に検討したように，広範囲にわたるポピュリズムが，北部と南部両者において，国家横断的に広がっていたのである。このポピュリズム——その重要な部分として人民主権がある——は，19世紀の初めの数十年間において，連邦政治のレベルにおいて，市民的，共和的エリート主義を凌いだのである。結果的に，エリートによって導かれ，自然に秩序付けられた社会という，奴隷制支持者の提唱は，伝統的なアメリカの政治思想に根差していた一方，席捲していた国家の変化には逆行していたのである。

とはいえ，その後の法学との関係で最も重要で，最も単純なことは，南部が南北戦争に負けたことである。勝者が戦争の戦利品を取る限り，北部の勝利は，ある意味で，自然法についての南部の見解を葬り去ったのである。北部の自然権についての訴えかけは，必ずしも同様の形においてはその基礎を侵食されなかったけれども，確かに，人種差別は，戦争後もアメリカの文化に根を張り続けた。しかし，まともな法学者は，なお自然法が，アメリカ社会において固有の秩序と思われるものを法的に強制する，と主張することはほとんどなくなったのである。南北戦争後，社会ダーウィン主義者は，自然的に優生な人もいれば，自然的に劣性な人もいることを信じた一方で，社会をレッセ・フェールとの関係で考えるようになった。彼らは優生と劣性は，政府の援助や干渉なしに，それ自体に盛衰が委ねられていると考えたのである。自然な秩序を法的に強制することは，不必要であり，潜在的に悪であるとさえ考えたのである。(22)

さらにより広範な影響として，（自然権の主張を含む）自然法の議論一般における「全か無かの性格」と，それらの立場がお互いに一致せず，平和的には解決されない（南北戦争によって例証されたように）という公算は，自然法につい

てのあらゆる宣言を傷つけた。戦争前の奴隷制論争の文脈において，ペーター・J・パリシュによると，自然法（および権利）についての主張は，「正当な，実際の政治を，危険に陥入らせた」。[23] 主権者人民という，民主的な考え方に，ますます焦点を絞っている国において，そのような反政治的議論は，控えめに言っても，問題であった。従って，リンカーンおよびその後の共和党員が，自然権を援用することに反対しなかったが，頻繁に人民主権——「人民の，人民による，人民のための政治」——を強調したのも偶然ではなかった。それは法についての実証的見解と共鳴したのである。そして，法学的見解から，自然法と自然権についての全く異なる，相反する概念は，潜在的な憶測と混乱という入り組んだものにさせたのである。しかしながら，法思想家は，明らかに，法についての具体的，実証的言明に集中することによって，この迷路から抜け出そうとしたのである。[24]

さらに，その他の要素が，南北戦争中およびその直後の，自然法の終焉と実証主義の登場に貢献した。南北戦争後の知的事柄について，世俗化という一般的傾向とともに，神の啓示に基づく自然法の，明白に法的な援用は，非科学的であり，それ故に，受け入れ難いと考えられ始めた。同様に，アメリカのインテリの間に出現していた歴史感覚は，永遠で，普遍的で，不変な自然法原理に疑いを持つことに導いた。一方，実証主義は，一部にはイギリスの法律家ジョン・オースティンの著作によって，理論的立場として，その地位を確立していった。ジェレミー・ベンサムの弟子であるオースティンは，1832年に初めて『法理学大義（The Province of Jurisprudence Determined）』を出版したが，彼の著作が影響力を持ち始めたのは，死後再版が出された1860年代に入ってからであった。分析法学の始祖であるオースティンは，19世紀初頭のアメリカにおいて，大変重要な役割を演じた，ブラックストーンの自然法概念を明白に，しかも精力的に攻撃した。オースティンは，次のように書いている。「ウイリアム・ブラックストーン卿は，彼の『釈義』の中において，神の法は，あらゆるその他の法による義務に優越する。人の法は，それらに矛盾すべきではない。人の法がもしそれらに反するならば無効である。あらゆる有効な法は，元々の源からその力が引き出される……。神の法に抵触する人の法には拘束力がな

い。すなわち、法ではないと言うことは、全く無意味なことである。最も有害な法、それ故に神の意思に根本的に反する法は、裁判所によってこれまでにも、また今でも法として強制され続けているのである。」以上のように、オースティンは、法実証主義の古典的宣言をしたのであった。すなわち、法の命令理論（command theory）である。オースティンによると、「法［というもの］は、行為の過程で、人あるいは人々を義務付ける命令である。」南北戦争後において、オースティンの著作は、実証主義として括られ、アメリカの法学者に強い影響力を行使したのであった。[25]

相互に関連している、自然法の衰退と実証主義の隆盛は、法学の内部で、モダニズムに典型的な方法論的問題を生じさせた。すなわち、基礎付け（foundations）の問題である。南北戦争前、自然法原理は、アメリカの法体系の理論的基礎を提供してきたが、この基礎が、突然崩れたのである。何が新しい基礎として仕えることができるのであろうか。確かに、人民は主権者であり、この事実が、立法府による法の制定を正当化するのである。しかし、もし立法が、人民の主権者意思を代表しているとの根拠に基づくなら、コモン・ローに基づく司法判決はどうなるのであろうか。コモン・ローが、なおアメリカ法の世界において、最も浸透した型態であり続けていた時に、コモン・ローが裁判官を導き、制約する、基礎的根拠は何なのであろうか。この形而上学的、認識論的問題が、アメリカ法のモダニズムにとっての議題を提供したのである。少なくとも、次の百年間にわたって、法学者は、司法判決を形成するための、客観的基礎を確定することに取り組んだのである。[26]

第1段階のモダニズム法学：
ラングデル派の法の科学

南北戦争後、アメリカの大学は、国内のその他の多くの分野についての例にもれずに、再建されることになった。古い大学は改革され、新興の大学が出現し、大学は、一般に、社会制度における主要なものとして、その地位が上昇した。これら「新しい」大学の学部教授陣や指導者は、南北戦争後優勢になった

世俗主義や歴史主義故に，急激に変化しつつあった知的光景に直面することになった。アメリカのインテリは，大部分，客観性と統制を求めることによって，これらの発展に，心配しつつ反応した。人文科学を専門にする学者のほとんどは，もはや知識を神に根拠付けることを善しとしなかった——すなわち彼らは自然や社会の出来事を神の意思に帰すことをためらった——が，この世俗化は，客観性を求める欲求を減ずることはなかった。急進的な，主観性，相対主義，そして恣意性を受け入れることを恐れ，それ故に快く思わなかったので，彼らは，客観性について，ある新しい源を求めることを開始した。この客観性の追求という，モダニストの研究のための広汎な議題は，急速に発展していた大学にその使命を提供した。もし神は死んだ（少なくとも認識論的目的にとって）なら，次に神に代わるものが発見されなければならない。[27]急激に生じさせる歴史的偶然の可能性を，最も容易に受け入れやすい，歴史の分野においてさえ，客観性の概念は「職業の中心的規範」となったのである。初めに，科学の権威を主張している，多くの学問分野では，形式主義（formalism）のある種の型，公理的原理と論理的に一貫した体系に焦点を当てることにおいて，客観性を求めたのである。従って，ジョージ・M・マルスデンによると，世俗化，ないしは彼の言葉によると，「古い神学崩壊」は，南北戦争後の研究者に，「秩序，体系化，効率，科学的原理，［および］個人の専門に対する情熱」を示すことに導いたのである。[28]

　ハーバード大学の総長であった，チャールズ・エリオットは，新しいタイプの大学を作る運動の最前線に立っていた1869年に，彼は直にクリストファー・コロンブス・ラングデルをハーバード法科大学院の三人からなる教授陣（three-person faculty）に加え，引き続き翌年，ラングデルを法科大学院長に指名したのであった。法科大学院の院長であるラングデルの指導の下，法学教育は専門化していった。南北戦争前には，ほとんどの弁護士は，ロースクールに通うというよりは，法律事務所に弟子入りすることによって，法律を学んだのである。南北戦争前の時期の，数少ない典型的法学教授は，判事として在任し，あるいは弁護士を開業したままであった。しかしながら，ラングデルは，法学教授を常勤の教師および学者に変化させることを求めた。ラングデルの観点からは，大学の中で法学教育に携わる者には，法の科学的研究に必要な，時

間が提供される必要があった。専門的教育者としての法学教授は，法の研究を，外部の世界からはほとんどかけ離れた，高度に専門化された分野に変化させた。幅広い読書と著述にあけくれた，南北戦争前の法学者——例えば，ディビッド・ホフマンの『法学教程（Course of Legal Study）』は，聖書から，アリストテレス，ベーコン，ベンサムと広範にわたる領域のフレーズを推奨した——と異なり，南北戦争後の法学教授は，法そのもの，しかも法のみの研究に集中したのである。倫理学的，社会学的，歴史学的等々の関心は，担当分野の単なる外野に置かれたのである。従って，法の科学的研究に携わっていた法学教授は，今度は，学生がいかに法を学ぶ——理解する——べきか，を教えたのであった。法学教育の将来にとって重要なことは，ラングデル派の法学教授は，アメリカ社会において必要ではあるが，他では利用されることのない，2つの異なる奉仕（産物）を提供したことである。第1にラングデル派では，彼らの法学教育を通じて，法の科学的知識を提供したことであり，第2に，今や高度に専門化された科学的方法において，学生を熱心に教育することによって，有能な法律家を生み出したことである。次から次へと，大学で訓練を受けた法律家は，アメリカの公衆に（特に富裕な企業の依頼人に），特別で重要なサービスを提供することを表向き可能にさせたのである。法のわかりづらく，専門化された科学としての専門的知識を，である。[29]

　専門教育の分野において，エリオットは，新しいタイプの大学のイメージとして，ロースクールを作るために，ラングデルを利用したのである。そして他学部の同僚達と同様に，ラングデルと彼の信奉者は，古い神学が世俗化という崩壊によって特徴付けられる，知的光景に直面した。とりわけ，法においては，古い神学とは自然法のことであった。従って，非常に重要なことは，ラングデル派の人達は，コモンロー・システムを最新の実証主義者の世界において理解し，正当化しようとした，最初のアメリカの法律家であった。そして一般論として，ラングデル派の人達は，その時代を画した知的道具，方法および主張を持って，この挑戦に直面したのである。彼らは科学の衣をまとっていたし，現実の客観的知識を追求し，彼らの発見を論理的に体系化したのである。[30] 要するに，ラングデル派の人達は，リーガル・モダニストの第1段階の，典型であったのである。自然法を拒絶することによって，彼らは必然的

に，法体系を他の場所に基礎付けることを求めたのである。とりわけ，ラングデル派の人達は，圧倒的に抽象的な，理性あるいは論理に依拠させることによって，合理主義者となったのであった。

　ラングデルは，理論として，明確に，実証主義を論じたことはほとんどなかったが，ラングデル派全体としては，実証主義を奉じていた。ラングデルの第2世代の弟子である，ジョセフ・ビールは，次のように主張した。「自然法の原理は，実定法の，ある現実の生きた，現実に作用している体系の原理として確立されるまでは，法と見做すことはできない。」時々，ラングデル自身，完璧な実証主義者の言明を発した。例えば，「あらゆる義務は国家の命令に源を発する」，また通常，弁護士によって使用される，法という単語は，「訴訟当事者間の裁判において，裁判所によって執行されるものとしての法を意味する」と述べた。さらにラングデル派の人達は，法原理は普遍的で，永遠であるという自然法の考え方を批判した。その代わりに，一般に，実証主義者の見解および歴史主義者（それ故にモダニスト）の感覚と一致して，ラングデル派の人達は，法原理を時間とともに発展し，展開するものとして理解していた。1871年に出版された，契約についての彼の最初のケース・ブックの序文において，ラングデルは，法原理の「成長，発展，［および］確立」──「何世紀にもわたって多くの事件において拡大される」，ゆっくりとした成長──を強調したのである。[31]

　だがしかし，最も明確なラングデル流法学の実証主義者のアプローチは，既決の判決に重きを置くことによって，例証された。ラングデルにとって，判決（ないしは判決を載せている書物）は「あらゆる法的知識の究極の源」であった。判決を研究することによって，法学者は，客観的法原理ないしは教義を演繹的に発見することができるのである。従って，法学についてのラングデルの考え方は，教育におけるケース・メソッドと，非常に密接に関係していた。彼が導入したケース・メソッドは，一連の判決の徹底的な分析を伴っていた。ソクラテス的会話の過程を通じて，教授は，学生が判決に内在する法原理を理解できるように導くのである。ケース・メソッドは，講義を通じて抽象的な原理やルールを提供する，典型的な，南北戦争前に見られたアプローチとは対照的であ

った。ラングデルのケース・メソッドは、判決自体が「本来の根拠」である故に、教育のための最良の方法であった。法学教授は、法学者として、法の実務ではなく、法を学んだこと——判決から原理を発見すること、において経験を積んでいる故に、学生に教育をする資格があったのである。(32)

　以上のように、ラングデル派法学の中心となる2つの特長は、既決の事件に実証主義者として焦点を当てたことと、法原理を発見するために、演繹的理屈を使用したことであった。とはいえ、この南北戦争後のアプローチの最も顕著な特徴は、演繹的理由ないしは論理の信奉にあった。事実、ラングデル法学の実践は、そのスタイルにおいて、際立ってデカルト的であった。南北戦争前の法学は、様々な判決をかなり忠実に受け入れたのに対し、ラングデル派の学者は、デカルトを思い起こさせる疑問ないし懐疑の方法を採用した。ラングデルは、明白に、彼の懐疑の眼差しを先例に向けたのである。「今日の［法学研究の目的］のために有用で、必要な事件は、報告されたすべてのうち非常に小さな部分を占める。ほとんど大部分は、体系的な研究のためには、無用であり、無用であるということ以上のことはない。」当時、ラングデルおよび彼の同僚達は、法原理およびルールの論理的に一貫した、そして（望むらくは）典雅な体系を概念化する求めに応じて、デカルト流の頑強な貪欲さをもって、演繹的理由を適用したのである。「科学として考えられる法は、一定の原理や教義からなる」、とラングデルは宣言した。「さらに、基本的法［原理ないしは］教義は、通常考えられているより非常に少ない……。もしこれらの原理が、それぞれの適切な場所に発見されるように分類され、整理されるなら、そしてそれ以外のどこにもないのなら、おそらく、その数が、たくさんのものであることを止めるであろう。」スティーブン・トゥールミンは、デカルトについて、簡潔に、次のように述べている。「抽象的公理を取り入れ、具体的多様性を排除する。」同様のことは、ラングデルについても言えた。法原理は、ユークリッド幾何学の公理になぞらえられた。それらは数が少なく、形式的体系に分類され、整理され、そしてそれらは、あらゆるその他の法原則の論理的演繹にとっての根拠として仕えたのである。ラングデル派の人達は、幾つかの公理的、抽象的原理がピラミッドの頂点にあり、より正確な、多くのルールが底にある、ピラミッドに似ている概念的枠組みに、全法体系をきちんと、合理的に秩序付

けた。形式的，概念的枠組みにきっちりと当てはまらない先例は，誤っているのであり，それ故に無関係なのであった。(33)

　論理を信奉することによって，2つの相互に関係する結果を生むことになった。第1に，分析的，論理的な正しさが，適正な法的推論のための唯一の基準となった。従って，裁判官は，判決から流れ出るように，公正あるいは不公正を考えるのではない。第2に，19世紀初頭を特徴付けていた，明らかにプラグマティックで，道具的な司法判決は否認された。実践的（ないしは政策的）考慮は，法的推論が有効であることを証明する論理の純粋性に悪影響を与えると考えられた。これら2つの帰結は，郵便箱のルール——双務契約のための申込みについて，投函されたものの承諾が，発送あるいは受領を有効にすると述べるもの——についてのラングデルの議論に，よく例証されている。彼の『契約法概要（Summary of the Law of Contract）』において，ラングデルは，双務契約のための申込みの承諾は，黙示の反対申込み（counter-offer）を含むと説明している。分析的定義によると，いかなる反対申込みも伝達されなければならない。なぜならば「申込みの相手側（offeree）への伝達は，あらゆる申込みの本質であるからである。」従って，演繹的論理の問題として，郵便物を通じて郵送された承諾（反対申込みとしての）は，伝達されるまでは，言い換えると，受領されるまでは，有効とはなり得ない。郵送された承諾は，受領に基づいてのみ有効であるという，三段論法的証明を使用して完結させることは，承諾は発送により効力を有すると推定する，通常の議論を否認することに向かわせた。最終的に，ラングデルが直面したそのような議論は，彼によって奨励されたルール——承諾は受領に基づいてのみ有効である——を，不公正と実際的不合理へと導いたのであった。彼の対応は強烈であった。「この議論に対する正しい解答は，それが不適切であることになる。」(34)

　要するに，ラングデル派の法学者にとって，法についての問題は，原理と規則についての正確な分析的定義と，これらの原理と規則から不可避的に流れ出る論理的帰結に注意を向けることによって，解決されるのであった。公理的原理は，最初，判決から引き出されなければならないが，一旦導き出されたならば，原理自体が法の本質となるのであった。ラングデルの指導を受けた弟子の一人である，ウィリアム・A・キーナーは，次のように述べた。「判決は，単に

そこから原理が引き出される素材に過ぎない。」従って，南北戦争後の法学において，原理と演繹的論理は，極めて重要なものとなったのである。(35)

従って，驚くまでもなく，ラングデル派の法学は，南北戦争前の法学に典型的であった，同一の論理のボトムアップ方式を展開したわけではなかった。南北戦争前の諸論文は，通常，訴訟の令状や方式についての詳細同様，繰り返し起きる事件における狭い事実的な情況を反映していた。それとは対照的に，南北戦争後の法学者は，論理のトップダウン方式を展開する傾向にあった。既に述べたように，訴答の法典は多くの州において，訴訟についてのコモン・ローの形態に取って代わられていた（ラングデルが実務に携わっていたニューヨーク州を含む）。その結果，南北戦争前の法学者は，訴訟の形式をコモン・ローの分類を形成するものと見做してきたのに対して，ラングデル派の人達は，彼らの分類の体系において，自由に抽象度のより高いレベルへと向かうのである。実際，ラングデル派の人達は，その他の体系的主題のために事件を求めることを，実践的に強いられたのである。出現した新たな体系的主題は，契約法における約因（consideration）と相互の同意のような，高度に公理的原理であった。これらの原理の求心力は，ラングデル派の人達のケース・ブックや論文において明白であった。例えば，サムエル・ウィルソンの体系書『契約法（The Law of Contracts）』においては，原理は，最早単なる緩やかな組織化された体系を提供するものではない。むしろそれらはプロジェクト全体の核――各章，各節の論理的派生物のための実体的核心――となるものなのである。短い体系書的著作である，ラングデル自身の『契約法概論（Summary of the law of Contracts)』は，契約上の諸原理に焦点が当てられていた。注目すべきことは，その中で判決が援用され，論じられていたことである。実際，彼らの論文や体系書において，ラングデル派の法学者達は，現実の事実を論じるのを避けたのである。とりわけ事実の詳細を避けたのである。それに代えて，それらの主要な点を例証するために，ラングデル派の人達は，関連性のない事実について不純物を取り除き，A，B，Cといった没個性的法律上の行為者を登場させた，仮説的情況を構成したのである。ラングデルの弟子である，ジェームズ・バー・エイムズは，このアルファベットのごちゃまぜ（alphabet-soup）方式の例証である。「CがBを免除する代わりに，AはBがCに負っていたものをCに支払

う事を約束する。もしBがCに対して抗弁（defence）を持っており，その結果Cに対して責任がないのなら，Aの約束との関係で，AはCに対して責任を負わないのである。それに対して，BがCに対して抗弁を持っていないなら，AがBに対して抗弁を持っているとしても，AはCに支払わなければならない。AのCに対する約束に従って，CはBに対する要求を放棄したのであって，Aにとって有利ないかなる衡平法上の権利からも解放されて，それを強制する資格がなければならない。」[36]

既に指摘したように，ラングデル派の人達は，モダニズムの形而上学的，方法論的問題に直面した，最初の法学者であったとはいえ，少なくとも一瞥したところでは，彼らが提供した解決は謎に満ちていると思われる。ラングデル派の形式的演繹的論理への強度の信奉は，自然法体系に最も良く適合するように思われる。そこでは，理論上，裁判官は，個々の事件を適切に解決するために，高次の法原理から演繹的に辿って推論することができたのである。しかしラングデル派の人達は，自然法を拒絶したのである。法は主権者の命令である，実証主義者の世界において，裁判官が法を作ることができるように思われたのである。しかしながら，ほとんどのラングデル派の人達は，裁判官がそのような権力を持つことを否定したのである。ラングデル派の人達に従うと，コモン・ローの公理的原理は，諸判決から上向きに，帰納的な論理によって初めて発見されることになるが，判決の正しいことあるいは正しくないことは，原理から下向きに演繹的に決定されるのである。トーマス・グレイが述べているように，この方法は「循環論法（circular）であるように思われる。」モダニズムが求める形而上学的，方法論的基礎を成功裡に述べる代わりに，ラングデル派の人達は，埃の渦巻き，空中で旋回している循環システムに過ぎないものを提供したように思われるのである。[37]

だがしかし，その外見にもかかわらず，ラングデル派の法学内部におけるこれらの緊張は，調和させることが可能である。言うまでもなく，法学に対するラングデル派のアプローチを擁護し，正当化するつもりはない。そうではなく，それが，少なくともラングデル派にとって，いかに意味あることなのかを説明したいのである。喩によって，説明してみよう。南北戦争前の法学者は，

プラトンに良く喩えられるとするなら，南北戦争後の法学者はアリストテレスに有用に似せることが可能である。プラトンは，イデアないし形態は個々の事例から独立して，別に存在すると論じたのに対して，アリストテレスは，形態は事物から意味においてのみ異なると論じた。ディビッド・ロスはプラトンとアリストテレスとの間の区別を正確に指摘している。「普遍は，プラトンが彼のイデア理論で主張したように，自立した実質を持った存在なのであろうか。……アリストテレスは断固として否定する態度をとったのである。」[38]アリストテレスによると，形態と事物（あるいは普遍と個別）は事実上切り離せないものでなのある。形態は具体的個別ないしは出現の中にだけ起こるものであり，それらを通じてのみ存在するのである。事物の真の意味はその形態であり，その意味は，もし存在するとするならば，物の中に具体化されていなければならない。確かに，形態は「アリストテレスにとっては現実として，客観的なものとして，個別のものとして」存在する。言い換えると，それらは単なる精神の構成物ではなく，同時に個別の事例の中に出現するものとして，特徴付けられるものとしてのみ存在するのである。要するに，普遍的，独立した世界を設定してはならないのである。」それ故に，例えば，善や愛の形態は，その個別の表明を離れては存在しないが，それらの形態の意味は普遍ないしは原理として議論し，分析することができるのである。[39]

もし形而上学の基礎が，ある意味で，形態と事物相互からなるとして，それではいかにして知ることが可能になるのであろうか。すなわち，事物（ないしは個別）についての感覚による認識から形態（ないしは普遍）の知識へと，いかにして移行するのであろうか。アリストテレスは，次のように書いている。「これらの知識の状態は，明確な形態に固有のものでもなければ，知識のその他のより高次の状態から発展したものでもなく，感覚による認識から展開されたものである。それは最初の1人の人間によって，一定の立場が支持され，次にもう1人と，本来の構成が回復されるまで，闘争における無秩序な群衆のようなものである。」言い換えると，アリストテレスにとっては，最初に一連の個別についての知識あるいは経験が存在し，次に形態の発見へと向かって演繹的に論理付けられるのである。だがしかし，アリストテレスが経験や演繹的論理を強調したにもかかわらず，彼はまた，演繹的論理に非常に依拠した階統的

第4章 モダニズムのアメリカ法思想　139

分類の体系への情熱でも有名である。最高次の原理ないしは形態は，彼の演繹により引き出された分類のための枠組の前提（ないしは源泉）として仕えたのであった。さらに，アリストテレスの複雑に入り組んだ階統的，理論的体系は，必然的に事物よりも形態に集中した。事物はこのような論理体系を失敗させる個々の多様性を含んでいるのに対して，形態は論理的に相互に関係付けられ，概念的に整理することができるのである。(40)

　アリストテレス派の形態と事物との関係は，ラングデル派の法学における判例と原理との関係に喩えられる。南北戦争前の法学者とは異なり，ラングデル派の人達は，事件についての諸判決から切り離され，独立したものとしての原理の存在を設定しなかった。そうではなくて，法原理と判例は実際上不可分のものとして理解されたのであった。ちょうどアリストテレスが，形態は具体的個別ないしは発現に内在し，それらを通じてのみ存在すると論じたように，ラングデル派の人達は，原理は判決に内在し，それらを通じてのみ存在すると論じたのであった。キーナーは，法は「判断が下された判決において発見された，原理の総体から構成される科学」である，と明確に宣言した。従って，ラングデル派の人達にとって，法原理は現実であり，客観的なものであった——それらの意味は議論し，分析することが可能である——が，それにもかかわらず，判例において具体化され，発現するものとしてのみ存在するのである。キーナーが教育におけるケース・メソッドを説明するにつき，彼は判決と原理との，この形而上学的混合を示唆したのであった。専門的なテキストにおいて「原理を読むのに代えて」，判決を読むことによって，学生は「原理自体を学び，検討しているのである。」言い換えると，コモン・ローのための形而上学的基礎は，原理と判決の組み合わせから構成されるのである。(41)

　上のように言えるとするならば，それでは法学者は，いかにして判決から原理の獲得へと進むのであろうか。アリストテレス派の哲学からの類推を拠り所にするならば，法学者は，一連の判決を研究し，そして次に原理の発見へ向けて，演繹的に推論することになるのである。しかし一旦発見されたならば，これらの高度な原理は，正確に分類され，整理された正式な体系へと推論されながら，演繹的論理の鎖のための源泉として仕えるのである。従って，具体的事件にその源泉を有しているにもかかわらず，ラングデル派の入り組んだ法体系

は，抽象的な原理とルールを辿って展開されたのである。従って，コモン・ローにとっての方法論的基礎は，最初は判例であるが，主に公理的原理であり，演繹的推論である。

ラングデル派の法学とアリストテレス派の哲学との関係について，以下の4点に注意が向けられるべきである。第1に，南北戦争前の法学についても当てはまるのと同様に，南北戦争後の法学は，個々の判決を除いていかなるものも存在しないことを示唆する，名目論（nominalism）を是認しないことである。ラングデル派の人達は，まず初めに判決に注目する——このことは授業におけるケース・メソッドに拍車をかけた——にもかかわらず，ラングデル派の法学とアリストテレス派の哲学との類似性は，多様な事件に内在すると考えられている，公理的原理を発見することに，法学者が取り組む重要性を強調したことにある。キーナーが指摘しているように，法学は「判例の集合から構成されるという理論の方向へ進まなかった」のである。判決の集合体を幾つかの原理に還元することによって法を合理化する，ラングデル派の人達の傾向は，18世紀後半における法律専門職（legal profession）にとって，とりわけ有用であったことも，偶然の一致ではない。既に論じたように，コモン・ローの訴訟形式が，法を理解するための組織的テーマを提供することを止めただけではなく，ウェスト出版社は，1880年代にナショナル・レポーター・システムを開始したのである。今やウエスト社の判例集の常に増え続ける巻の洪水の真只中で，弁護士や裁判官は，これらの判例を濾過し，洪水の背後に隠されていると推測される，幾つかの重要な原理を確認する，ラングデル派の人達の助けを歓迎したのであった。[42]

第2に，そして第1の点と密接に関連して，アリストテレス派の哲学において，演繹的論理に対する情熱は，事物よりも形態（ないしは普遍）に焦点を当てることへと導いたのであり，同様に，ラングデル派の法学においては，演繹的論理への情熱は，判例よりも原理やルールに焦点を当てることへと導いた。さらに，ある意味では，演繹的論理への情熱的信奉は，そうでなければ事件を解決するについて中心になると思われる，正義や実践的考慮に対する無視を正当化する（正道を踏み外したものとはいえ）現実的，客観的なものとしての，法的原理の相互関連という概念と結び付いたのである。ラングデル派の人達は，

第4章　モダニズムのアメリカ法思想　141

抽象的命題（規則や原理）と社会の現実（正義や実践的関心）との間の関係は，少なくとも一つの重要な点において，問題を孕むものであった。一方では，規則と原理との間の純粋に演繹的論理的関係について，他方では，社会の現実について，話しをすることは，必ずしも意味のあることではなかった。とはいえ，異なった抽象的命題の間の——すなわち，異なった規則や原理の間の——演繹的論理的関係について語ることに意味があった。従って，ラングデル派の人達は，正義や実践的関心のような社会の現実の要素が，法と無関係であると主張するとき，論理大系を理解するための軸としての論理秩序を強調することが，少なくとも妥当と思われるようになった。最低でも，社会の現実と結び付いていないとしても，抽象的理性に基づく法体系を想像することは可能なのである。[43]（もちろん，そのような法体系を想像することが可能であることは，それが現実に存在することを欲していることを意味しない。）

　第3に，南北戦争前の法学者達が，彼ら自身をプラトン派であると考えなかったように，ラングデル派の人達は，彼ら自身をアリストテレス派であると意識的に考えることはなかった。アリストテレス主義になぞらえることが有用であるにもかかわらず，ラングデル派の法学は，明らかにアリストテレスの哲学と同一ではなかった。そこには大きな，重要な相違が存在した。アリストテレスは，自然は神学的であり，道徳的・審美的価値を含むと考えたのに対して，ラングデル派の人達はそうではなかった。従って，驚くまでもなく，アリストテレスは自然法という正義の存在を信じていたのに対して，ラングデル派の人達は実証主義者であった。アリストテレスは，外観や我々の感覚の真実性に忠実であったのに対して，ラングデル派の人達は疑い，そして実際，多くの事件を明確に拒絶した。要するに，アリストテレスはプレモダンであり，ラングデル派の人達はモダンであった。[44]

　第4に，モダニストのラングデル派の法学と，プレモダニストのアリストテレス派の哲学との，これら重要な相違にもかかわらず，両者の間の主要な類似性は，ラングデル派内部での，そうでなければ困惑させる緊張を説明するのに有用であるだけではなく，南北戦争前（プレモダン）と南北戦争後（第1段階のモダン）の法学との間の類似性の証拠となるものでもある。例えば，ラングデル派の人達は，彼らの論文や専門書の本文の中において，実際の判例を避ける

傾向があったのに対して，それにもかかわらず，しばしば彼らは，まさに南北戦争前の専門書の著者がしたように，脚注を先例などの引用で満たしたのである。さらに，法の科学者は，南北戦争前と南北戦争後の時期の両者の間，異なった種類の原理——自然法原理は演繹的に引き出された実証主義者の公理に道を譲った——であるけれども，高度な原理を強調したのであった。最も重要なことは，原理についてのそれぞれの型の相違にもかかわらず，南北戦争前と南北戦争後の法の科学者の両者ともに，コモン・ローを原理についての合理的体系と考えたのである。ジェームズ・ゴウルドが1822年に述べたことは，1880年にラングデル派が述べたとしても容易に通用するものであった。「私の授業計画に幾分特徴的な目的は，法——特にコモン・ロー——を孤立させられた実体的ルールの集合としてではなく……集合した，合理的原理の体系として教えることである。というのは，そのようなコモン・ローが，疑いもなく存在するからである。」[(45)]

南北戦争前と南北戦争後の法学の間に，強い類似性が認められることは，アメリカ法学における，最初のモダニストとしてのラングデル派の人達が，プレモダニズムから離れる動きの重要性を，十分に把握していなかったことを意味する。ラングデル派の人達は，モダニスト的意味において，進歩を信じていた——コモン・ローはゆっくりと発展すると彼らは論じた——のに対して，彼らは歴史主義者の態度を完全には組み入れなかったのである。結局，ラングデル派の観点からは，裁判官は社会の有用性のために，まさに道具的に法を作ることができなかったのである。一般的に，南北戦争後の知的傾向について述べた，ドロシー・ロスは「[1880年代]のメンタリティーは典型的に『ユートピアン』であり，基本的に19世紀初期の思考の特長を備えていたのである。」南北戦争後の時期のこの記述は，ラングデル派の人達に，良く当てはまる。彼らはコモン・ローが進歩することを信じていたが，コモン・ローが完全に論理化され，概念的に秩序付けられるシステムであると考えようとしたことに見られるように，ユートピアンであったように思われる。おそらく，この理由によって，幾人かの論者が誤って，ラングデル派の人達を自然法論者であると見做したのであった。公理的原理から演繹的に推論することは，暗に自然法を志向しているように思われたのである。しかし，もちろん，ラングデル派の人達は実

証主義者であった。実証主義と，彼らの表向き自然法を志向している——原理と論理に焦点を当てる——こととの緊張は，少なくとも部分的に，既に述べたように，アリストテレス派の哲学に彼らの法学をなぞらえることによって，説明がつくのである。そしてまさに，自然法と実証主義との間の決定的相違こそが，南北戦争前をプレモダンとして，南北戦争後をモダンとして特徴付けることを可能にさせるのである。[46]

それ故に，ラングデル派の人達の，歴史主義についての矛盾する把握にもかかわらず，彼らは第1段階のモダニズムを例証していのである。彼らは実証主義者であり合理主義者——法的真理を明らかにするために主に抽象的理性を拠り所にした——であるだけではなく，少なくとも2つの方法において自立し，独立した国民ないしは自己についての考え方を法的に前進させた。第1に，ラングデル派の人達は，法的真理についての権威的表明者，信頼された法的相談者，の両者として暗に自ら——法学者——を描いたのであった。南北戦争後の法の科学は，暗黙に，法学者は法的原理とルールを宣言する資格を持ち，その原理の内容と適用について裁判官を指導する資格を持った，自立した，独立した個人であると考えられた。言い換えると，ラングデル派の人達は，社会での複合的役割——大学教授であるとともに法律家である——を持っていたことが1つの理由となって，一方では，科学的，客観的研究と考えられるもの，他方では，実践的（法律的）弁護の混合として，法学研究を展開したのであった。すなわち，ラングデル派の人達は，法的真理を科学的に発見し，そして同時にそれらの真理を裁判官が受け入れ，適用することを提唱したのである。従って，大学教授と法律家という両者の役割において，ラングデル派の人達は，言わば，個人主義者の自我を強く主張したのである。[47]

第2に，関連した傾向において，次第に私的，利己的行為の分野，領域の周囲に境界を引く法的原理やルールの発展を助けたことである。アダム・スミス的資本主義者の理論と，19世紀を通じて発展していたアメリカ個人主義のエートスと幾分一致して，ラングデル派の人達は，財産や契約についてのコモン・ローを，個人が交渉し，当事者がそれぞれ独立を保って交易をする，既存の経済市場を保護するものとして設定した。経済活動領域の範囲内において，独立した，自立した自己は，政府の干渉から自由に，経済的，社会的欲求を追求す

ることができると考えられた。急激な社会変化と不安定な時代であった，19世紀後期において，このレッセ・フェールのメッセージが，法的安定性と，アメリカ社会において幾分富裕な層（彼らは南北戦争後に創立された大学建設のための重要な基金の提供に貢献していた）に居心地のよさを再確認を提供する，科学的秩序についてのラングデル派の主張に結び付くことができたのも，偶然ではなかったのである。(48)

　ラングデル派の法学の1つの政治的に重要な表明は，19世紀後期と20世紀初期のロックナー時代の間の，最高裁判所による契約の自由の保護であった。1905年に判決が下された，ロックナー 対 ニューヨーク事件において，連邦最高裁判所は，パン工場で働く従業員の労働時間を制限した州法を違憲としたのであった。連邦最高裁判所は，契約の自由を制限する故に，法は修正第14条のデュー・プロセス条項を侵害すると結論付けたのであった。従業員は週に60時間以上，あるいは1日に10時間以上働くことを欲するかもしれないし，政府は彼らがそのようにすること止めるべきではないのである。多数意見の論理は，少なくとも2つの関連する点において，南北戦争後の法学を反映していた。第1に，連邦最高裁の実体的デュー・プロセスは，ラングデル派の形式主義を反映していた。すなわち，多数意見は，私的活動の領域ないしは分野が前もって存在し，その領域の範囲内のあらゆる行為は領域として，政府の干渉から保護されることを前提としていた。言い換えると，禁止された活動が，保護されるべき私的活動の予め定義された概念的範疇の範囲内かどうか，連邦最高裁判所が論理的に演繹することに，事件において目が向けられた。第2に，多数意見の形式主義者の結論自体，当時，独立した，自立した自己が契約上の合意に達すると考えられた，私的行為の領域をめぐる表面上の限界を補強した。ロックナー事件とそれに関連した連邦最高裁判決は，レッセ・フェール主義経済と近代個人主義者のエートスを一定程度憲法化した。個人の自由ないしは選択の自由を増進するとの予測のもとに，連邦最高裁は，不正な政府の規制や干渉から経済市場を保護することを求めたのである。レッセ・フェール立憲主義と実体的デュー・プロセスという，この時代の間，ロックナー最高裁は，市場の自由な作用に，表面上干渉する社会福祉立法を，次から次へと無効にしたのであった。(49)

ラングデル派の法学とロックナー流の憲法学との結び付きは，自然権の問題を提起した。正確に記すと，既に述べたように，南北戦争前の南部の自然法への訴えかけは，南北戦争によって否認されたとして，北部の自然権への訴えかけはどうなったのかということである。自然権の推論ないしはレトリックの残滓は，南北戦争後の時期にも生き残ったのであろうか。この問題を3つの点から検討することにしよう。すなわち，連邦議会，憲法学者，および連邦最高裁判所判事である。

　当然に予想されるように，知的傾向にもかかわらず，政治的責任を負った機関である連邦議会は，少なくとも南北戦争直後の再建期，自然権との関係で，立場を極めて明確にすることが続いた。戦争前と戦争中，北部の人達は，南部の州の主権と奴隷制を含む自然的秩序への訴えかけに対して，連合（Union）と自然権を擁護してきた。従って，再建期，連邦議会は共和党が支配的であったので，北部の勝利によって確認された連邦の権能と自然権の主張が勝利したのである。公民権の保護，とりわけ自然権に付帯するものとしての，「革命，自由，および財産に本質的な」諸権利は，南北戦争後の共和党員にとって中心的テーマとなったのである。従って，連邦議会は，1866年と1875年に公民権法を通過させ，南部の人達の非妥協的態度に直面して，連邦権力の優越性と，自由と平等に対する個人の権利を確認する，再建期の憲法修正を提案したのであった。もちろん，北部と南部において，アフリカ系アメリカ人に対する広汎な人種差別は続いており，これら連邦議会の活動の，アフリカ系アメリカ人のための紙上の保護と，現実化とは，全く異なる問題であった。[50]

　さらに，連邦議会における政治と，学問とは別問題であった。南北戦争後の時期，憲法学者はかなり異常な立場に立たされた。最も重要な事は，ラングデル派の法学者達は，憲法はあまりに政治的であり，曖昧で，科学的に研究することはできない，と信じていたことである。言い換えると，それは，真実の法でもなければ，純粋の法でもないことである。このような理由から，ラングデル派の人達は，契約や，所有や，不法行為のような私法の領域に焦点を当てることを好んだのに対して，憲法やその他の公法の主題を教育し，研究することを避けたのである。それ故に，憲法学者としては，最も著名な人として，トマス・M・クーリーとクリストファー・G・ティードマンを挙げることができるので

あるが，その他（ラングデル派以外）の派の学者によって扱われていたのである。[51]これらの学者は，自然権の主題について，かなり矛盾した感情を持つ傾向にあった。彼らはラングデル派の人達がそうしたようには，自然法や自然権を強力に非難しなかったけれども，しかし，南北戦争前の学者がしたように，法的基礎等々として，自然法や自然権を拠り所にしなかったのである。

確かに，クーリーやティードマンという，当時を代表する憲法学者の教科書は，自然権を示唆する言葉を含んでいた。クーリーがそうであった以上に，ティードマンは，自然権を明確に支持していたように思われる。ティードマンは，1886年に出版された，『ポリス・パワーの限界論（Treatise on the Limitations of Police Power）』を，次のように始めている。「個人の私権は……その源として国内法の命令を拠り所とするのではない。それらは自然の状態における人に属するのである。それらは自然権であり，理性の法において認められ，存在しているのである。」だがしかし，ほんの数ページ後に，憲法の「確立された原理」を提示したように，ティードマンは曖昧なことを言っているのである。「その権能の憲法の限界内に立法部を限定する役割を遂行するについて，裁判所は，自然権や道徳，あるいは抽象的正義についての司法部の意向に反するという理由だけで，法を取り消し，無効にすることはできない。」ティードマンは続けて，自然権についての概念は，それにもかかわらず，デュー・プロセス条項のような，憲法の明示的規定の司法による解釈に浸透する。[52]

『ポリス・パワーの限界論』における，ティードマンの曖昧な言葉にもかかわらず，彼の著作は『合衆国の不文憲法（Unwritten Constitution of the United States）』を含めて，その他の文書に書かれたものや口頭で発表されたものと結び付けて理解されるとき，自然権についてのティードマンの立場は，クーリーの立場と非常に似ているのである。ティードマンとクーリーの両者にとって，自然法と自然権は，実定法として採用された限りにおいてのみ意味があるのであり，実定法は人民と国家の歴史的，文化的発展の問題として大部分展開されたのである。従って，ある意味において，自然権は，アメリカの人民がそれらの実定法の強制を支持し続けることによってのみ意味を持ち続けたのであり，それらの権利が抽象的に存在したからではないのである。例えば，1887年の演説において，ティードマンは，次のように主張した。「倫理においてさえ，

第4章　モダニズムのアメリカ法思想

絶対的,不可譲の自然権のようなものは……存在しない。いわゆる自然権は,人民の法的,倫理的考え方を拠り所にし,それらによって変化する。」最後に,自然権に関するティードマンやクーリーの曖昧な言明をもってさえ,いかなる理論家も,多くの南北戦争前の理論家のように（プレモダニズムの第1段階および第2段階の両者において）,自然的社会秩序を含んでいる広い自然法に,自然ないしは市民的権利を結び付けることはなかった,と結論付けても誤りではない。1つには南北戦争における南部の敗北故に,また1つにはアメリカ社会における個人主義者のエートスの広がり故に,自然および市民権は自然法から分離されたのである。市民権と自然権は（戦争を生き延びた範囲において）,それ以前には結び付いていたプレモダンの社会構造や義務からも開放されて,個人の所有物となったのである。(53)

　自然権に対する彼らの態度にもかかわらず,クーリーとティードマンは,明らかに19世紀後期と20世紀初期における代表的レッセ・フェール憲法理論家であった。レッセ・フェール資本主義理論を唱えて,経済市場において許される,政府の規制が及ぶ限界を求め,そうすることにおいて,個人の自由を増進することを求めたのである。クーリーの憲法教科書は,1868年に初版が出版され,この分野における代表的専門書となり,1910年までの間に7回の版を重ね,まさに『憲法上の制限（Constitutional Limitations）』と言うに相応しいものであった。自然権を示唆する非常に曖昧な表現において,クーリーはレッセ・フェール立憲主義の琴線にふれていた。

　　市民の1つの階級のためになされ,その性格において全く専断的な,以前の法によってはなされていなかった方法で,権利,特権あるいは法的能力を制限している規制が,その一般性にもかかわらず,維持されるかどうかの疑いもまた生じる。これらの点における区別は,それらを重要なものにする幾つかの点——幼児,精神異常の人における能力の欠如のように——に基づかせるべきである。ある特定された合法的交易あるいは雇用に従っている人が契約をし,譲渡を受け,他者が建てることを許されている家を建設し,その他いかなる方法においてさえ他者に許されている財産を使用する能力を持つべきでないことを,立法が規定するなら,たとえそれが明示的憲法の規定に衝突していないとしても,法が立法権の適切な限界を超

えてはいないかどうかが疑われる。広く共同体に許されている方法において，財産の取得ないしは享受が禁止されている人ないしは階級は，特に彼あるいは彼らの「幸福追求」にとってとりわけ重要な，自由を奪われることになるのである。[54]

　従って，極めて明らかに，クーリーやティードマンのレッセ・フェール憲法学は，主題的に，連邦最高裁のロックナー流の憲法判決に結び付けられるのである。憲法学者や連邦最高裁の焦点は，政府の干渉から経済市場を保護し，そのことによって個人の自由を増進させることにあったと考えられる。連邦最高裁のロックナー流の法学を批判する多くの人は，ティードマン，とりわけクーリーの憲法についての専門書に対して，自然権のアプローチに密接に結び付いているとして，批判的に言及してきた。ここで2点強調されるべきである。第1に，ロックナー時代の連邦最高裁は，中心となるレッセ・フェールの命題すなわち，連邦最高裁は，政府による恣意的と思われる市場の制限を無効にする権能があることについて，クーリーやティードマンを引き合いに出すことは驚くほど少なかったのである。1938年の間，連邦最高裁は，ティードマンの2つの主要な憲法の教科書を引用したことがなかった。一方，この時期，連邦最高裁は，クーリーを何度となく引用したけれども，彼のレッセ・フェール的見解を支持したことはほとんどないのである。稀な場合の最も明らかな一つにおいて，連邦最高裁は，実際に，彼の憲法の教科書ではなく不法行為についてのクーリーの専門書を拠り所としたのである。従って，連邦最高裁のロックナー流の法学は，レッセ・フェール憲法学に主題としては近かったかもしれないが，社会福祉立法を無効にする，議論の余地ある諸判決を支持する，代表的学者を援用することはほとんどなかったのである。それに代えて，自由放任主義の判決を正当化するために，それ自身の一連の先例をしばしば引用し，連邦最高裁は，通常，先例拘束性（stare decisis）を拠り所にしたのである。[55]

　第2に，ロックナー流の判決に密着して検討すると，クーリーやティードマンの著作において直面したのと類似した，自然権についての曖昧な態度が明らかになる。ロックナーの線に沿った判決の根源は，1873年に判決が下された，スローターハウス事件における，スティーブン・J・フィールド最高裁判事とジョセフ・P・ブラッドリー最高裁判事によって書かれた反対意見，およびそれか

ら10年後に判決が下された，食肉業組合 対 クレセント市商業組合事件における両名の同意意見に，しばしば遡る。例えば，フィールド最高裁判事は，修正第14条は自由に雇用契約に入る権利を含む，「自然で不可譲の権利」を保護していると理解されるべきであることを明示的に議論した。とはいえ，これらの事件において，最高裁判事の多数は，彼らの自然権の明示的援用について，フィールドやブラッドレイを是認もしなければ，強く非難もしなかったことが強調するに値する。1897年のアルゲイヤー 対 ルイジアナ事件において，連邦最高裁は，州政府の行為を違憲としたが，多数意見は，初めて自然権に言及した。多数意見は，そこで，ブラッドレイ最高裁判事の食肉業組合事件における同意意見を引用した。「人生において通常の職業に就く権利は，不可譲な権利である。それは独立宣言における『幸福追求』の句の下で形成されたものである。」そうであるとしても，自然権についてのアルゲイヤー判決の議論は，保険契約について，争われている州の制限が適正手続を侵犯したという，結論の中心に位置するものではなかった。確かに，多数意見は，不可譲な権利に好意を持って言及したという事実だけでも，重要なこととして考えられなければならないが，ロックナー事件自体を含む，一連のロックナー流の判決において，連邦最高裁は，明確には自然権という言葉をほとんど使用することはなかったし，ましてや判決を正当化するために，自然権を強力な拠り所にすることもなかったのである。だがしかし，連邦最高裁は，先例拘束性の原理を強固な拠り所とすることにおいて，実際ロックナー判決を引用するよりも非常にしばしば，多くの場合において，アルゲイヤー判決を引用したのである。[56]

　結論に入るにおいて，最初の質問に帰ることにしよう。自然権の論理ないしはレトリックは，南北戦争後の時期に生き残ったのであろうか。当時の代表的な憲法学者であった，クーリーとティードマンは，自然権を強く否認もしなければ，強く拠り所ともしなかった。ロックナー流諸判決において，連邦最高裁は，少なくとも明示的な言い回しでは，同じように行動した。さらに，連邦最高裁は，レッセ・フェールの命題を——連邦最高裁は市場に対する恣意的と考えられる政府の制限を無効にする権能を持つ——支持する学者に，明示的に依拠せず，自然権に関する連邦最高裁の曖昧な態度にさえ依拠することはなかった。それにもかかわらず，多くの学者は，特にロックナー流法学の批判者は，

レッセ・フェール立憲主義は自然権に基づいていたことを論理的な前提とした。結局，既に論じたように，連邦最高裁および指導的体系書を書いた著者達は，ラングデル派の法の科学者の態度において実証主義を採用するために，自然権を無条件に否認することをせずに，曖昧な言い回しを使用したのである。そして，稀であったとはいえ，自然ないしは不可譲な権利への連邦最高裁判事達の時折の明示的な言及は，他の場合には，連邦最高裁は少なくとも暗黙に自然権を拠り所にしていたという推定を正当化する，と言っても間違いではないのである。(57)

最後に，連邦最高裁は，ロックナー時代の間，異議を申し立てられたあらゆる経済的規制を無効にはしなかったことも，注目に値する。連邦最高裁は，ほぼ2百近い州の規制を無効にしただけではなく，さらに連邦法も無効にしたが，多くのその他のものは支持したのである。カレン・オレンの興味ある研究において，ロックナー・コートは，どちらかといえば，政府による他の経済市場の規制以上に，労働ないし雇用契約の政府による規制を無効にしてきたのである。この説明として，オレンは，雇用契約に具体化されたものとしての，プレモダンの主人と使用人との関係の痕跡を暗に保護していたことを説得的に論じている。だがしかし，重要なことは，法学の発展に関して，たとえ連邦最高裁判決が，そのようなプレモダンの遺物を保護する効果を持ったとしても，連邦最高裁は，南部の南北戦争前の自然法の議論をあまりに思い出させることになる，自然的社会秩序を強行していることを，些さかでも示唆する明示的な言語は決して使用しなかったことである。その代りに，連邦最高裁判事は，いやしくも自然法ないし自然権という言葉をあいまいに使用する限りにおいて，彼らは自然権ないしは不可譲な権利を参照する傾向があったのである。さらに，クーリーやティードマンにも当てはまることであるが，連邦最高裁判事達は，自然権を，他人に影響を及ぼす個人的財産として，概念化したのであり，自然法ないしは自然的社会秩序に明示的に関連づけられたものとしてではない，ように思われるのである。(58)

第2段階のモダニズム法学：
アメリカのリーガル・リアリズム

　ラングデル派の法の科学は，19世紀後期および20世紀前期を通じてアメリカ法思想を支配したけれども，同時代，その他の法学的アプローチもまた展開されていた。例えば，いわゆる歴史法学派が19世紀の終わり頃にアメリカに出現したが，しかし様々な理由から，その長期にわたる影響は限定的であった。歴史学派の主唱者は，少し前の世代のヨーロッパ人達であった。フリードリッヒ・カール・フォン・サヴィニーはドイツ人であり，ヘンリー・メインはイギリス人であり，彼の非常に有名な著作『古代法（Ancient Law）』は1861年に出版された。彼らの見方によると，法は言語のようなものである。すなわち，それは国民文化の一部として緩やかに発展するものである。アメリカにおいて，歴史学派の最も明確な主唱者はジェームズ・クーリッジ・カーターであった。カーターは有名なニューヨークの弁護士であり，19世紀後半のニューヨークにおける法典化の継続的努力に，強く反対した法曹の代表者であった。結局，死後に出版された1冊を除いて，彼の著作はほとんどが「党派的であり，論争的であり」，そして「法曹界のための演説や報告」として出版されたものであった。カーターにとって，歴史的アプローチは，彼が法典化の運動に見た傲慢さの矯正であった。カーターが「認められた習慣」として言及した，コモン・ローは，必然的に国家の歴史を通じて展開されたものである。おそらく法典主義者が求めたように，それが突然に統制され，作り直されたならば「悪影響」や「混乱」に導くことであろう。実際，世紀の始めに，サヴィニィ自身，同様にドイツにおいて，法典化に反対する歴史的アプローチを率いたのであった。[59]

　いずれにしても，カーターの考え方は，アメリカ法思想において広く受け入れられることはなかった。立法に対する一般的対立の中において，法典化に対する彼の反対の立場を拡大することによって，彼自身の法学的立場を弱めたと言えるかもしれない。立法は，実際，民主主義と矛盾すると主張したのであった。ラングデルでさえ立法に対するそのような反感は示さなかったのであっ

た。純粋な法（すなわち，コモン・ロー）に焦点を合わせていたアメリカのロー・スクールとは異なって，制定法は重要であり，研究に値すると信じていた。[60]カーターは，より敵対的観点を明示し，人民主権を常に増大することを強調する，アメリカ政治思想の傾向に反対する方向に向かっていた。従って，結局，歴史学派は，アメリカ法学において2次的重要性を持ったに過ぎなかった。その主要な主題は，社会福祉立法に反対した自由放任主義の政治的擁護者達と同様に，憲法理論におけるクーリーやティードマンのような，その他の19世紀後半の思想家と幾分共鳴したのであった。だがしかし，結局，歴史学派は歴史主義者ではなかったのである。それは規範的価値あるいは習慣を生じさせ，保守的な働きをするものとして歴史を見ていたのである。世紀の変わり目に確立された，より近代的歴史主義者の見解は，人間の創意によって生命が吹き込まれた無限の進歩のための潜在能力を明らかにするものとして，歴史を考察することになったのである。近代主義者は，一般的福祉のために社会を統制し，再秩序化することを求めたのであった。従って，皮肉にも，アメリカ法思想にとっての歴史学派の最も長期にわたる意義は，一般的歴史認識——究極的に歴史主義についての近代主義者の努力に十分に具体化された意識——の促進にあったと言えるかもしれない。[61]

歴史学派が長期に渡って影響することがなかったのに対して，同じことがオリバー・ヴェンデル・ホームズの法学に関しては妥当しない。ホームズもまたラングデルの同時代人であったし，そしてしばしば彼に対する初めての偉大な批判者であり，しかし多くの方法において，初期のホームズは，ラングデル主義者である彼の同僚と強い結びつきを持っていた。おそらく，最も重要なことは，ホームズは，熱心な実証主義者であったことである。彼は，自然法学者は「単純素朴」であると宣言し，オースティンの実証主義者の法学を明確に論じた，遅くとも1872年までに，ホームズは，次のように書いた。「主権は権力の一形態であり，主権の意思は法である。なぜならば主権は服従を強制し，不服従を処罰する，そしてそれ以外の理由は必要ではない。」[62]実証主義者として，ホームズは，南北戦争後のモダニスト法学の渦中にどっぷりとつかっていた。それ故に，南北戦争前，法学者は判例の先例性に重きを置いていなかった。ホ

ームズは（ラングデル同様），コモン・ローの体系を再概念化しようとしたのであるが，彼の初期の思想の集大成である，『コモン・ロー(The Common Law)』において明らかにされているように，判例に疑いを持ち，疑問視した。それらはしばしば判決のための実際の基礎を曖昧にし，否定していると論じて，ホームズは，判事の意見について，注目すべき懐疑主義を提示した。さらに，コモン・ローを再構築する彼の努力は，モダニストが基礎付けの確立の追求をしたことの例証である。ホームズは，すべてのコモン・ローを1つの基本的原理の上に置くことを主張した。不法行為に割当てた2つの章の始まりにおいて，ホームズは，次のように書いている。「私の目的は……不法行為におけるすべての責任の根底に共通の根拠が存在し，もしそうなら，その根拠は何であるかを発見することである。」究極の基礎付けとなる原理を発見することによって，研究を成功裡に結論付けることが可能になる，とホームズは信じたのである。すなわち「平均的人間，普通の学識と合理的打算」によって最も良く例証される，合理性の（おそらく）客観的基準である。[63] 従って，ある意味で，『コモン・ロー』は，心底還元主義者——コモン・ロー全体を一つの原理に濃縮する試み——のものであり，この理由から，それは極めて抽象的，形式主義的，概念的なものであった。要するに，多くの点において，それはラングデル派の法学に酷似していた。実際，ホームズは，他の箇所で，ラングデルを含めて，コモン・ローに論理的，概念的秩序を持ち込んだ著者に対して称賛を与えているのである。[64]

　ホームズとラングデル主義者との間に類似性が存在するにもかかわらず，ホームズは，彼らのグループと一致しているわけではなかった。一方，ラングデル主義者にとって，一旦事件からコモン・ローの公理的原理が引き出されるや，次に原理や引き出された論理は，法学者が論理的に秩序付けられた体系を概念化するにつき，大変有用なものとされた。他方，ホームズにとって，論理は重要なものであったが，決してプラグマティックな関心の影を薄くするものではなかった。1870年に，ホームズは，次のように主張した。「［コモン・ロー］の一般的取り決めは哲学的［ないしは論理的］であるべきだが，実際的有用性との妥協を図ることは極めて適切なことである。」『コモン・ロー』において，ホームズは次のように宣言した。「本質的には，法の成長は立法的なものであ

る。……判事が非常に稀に，常に弁解を伴って言及するまさに考慮は，法が生命力を引き出す秘密の根源である。もちろん，考慮とは当該共同体にとって何が有用かということである。」[65]

既に論じたように，たとえラングデル主義者がプレモダニズムからの乖離動向が有するこの上ない重要性を，把握する方法を欠いていたのに対して，多分ホームズはこの推移をより徹底して理解していた。ホームズは近代的歴史主義者の感性を身に付けた，最初のアメリカの法学者と見做すことができるのであり，彼の最も有名な格言において，次のように示唆している。すなわち，「法の生命は論理ではない。それは経験である。」彼は最初，この格言をラングデルの『契約要論（Summary of Contracts）』に対する批判的論評に書き，次にそれを『コモン・ロー』の最初のページで繰り返した。ホームズは『コモン・ロー』において，以下のように続けている。

　時代が察知した必要性，流布している道徳や政治理論，公言されていると無意識であるとにかかわらず，公共政策についての直観，判事が同僚と共有している偏見さえ，人が統治されるべきルールを決定する三段論法より大きな影響力を持つ。法は何世紀をも通じて，国家の発展の物語を具体化したものであり，それは数学の本のように，公理と帰結のみを含むように扱い得ないものである。それが何であるかを知るために，それが何であったのか，それがどのようになろうとしているのかを知らなければならない。我々は歴史と立法について現存する理論に，かわるがわる耳を傾けなければならない。[66]

そこで，さらに，ラングデル主義者の法学とは極めて対照的に，判事が彼らの法形成（ないしは立法）の権能を率直に認め，より意識的に社会の善のために法を作ろうとすることを，ホームズは勧めたのであった。例えば，郵便箱のルールを議論するにおいて，ラングデルは三段論法の証明に焦点を当てたのに対して，ホームズは実際的考慮を強調した。「［郵便箱の状況において］問題なのは，承諾の約束が，ポストに投函された瞬間か，あるいはそれが受領された瞬間に，契約は完結するかである。もしどちらかの見解に肩入れすることが，便宜を増大させるなら，それを採用する十分な理由となるのである。」[67]

従って，モダニストの歴史に対しての態度と一致して，社会は進歩し，人間

は社会の変化をコントロールし方向付けることができることを歴史が明らかにすることを，ホームズは信じたのである。このモダンの態度には自身過剰な面が存在したかもしれないが，それは必ずしもユートピアではない。ラングデル主義者と異なり，ホームズは，コモン・ローを完全に論理的で概念的に秩序付けられた体系とは考えなかった。ホームズは，次のように主張した。「本当のところ，法は一貫性に，常に接近するが，決して到達しないのである。それはかたや生活から新たな原理を永久に採用し続け，また他方，それは常に歴史から伝わる，なおかつ使い古されていない，あるいは無視されていない古い原理を保持する。」実際，ホームズは，どちらかといえば，夢想的であるとか希望を抱いているというよりは，悲観的であった。晩年において，彼は後悔のもとに，次のように述べている。「多くの点で我々のとは異なる法の下で生活したとしても，今と同じだけ世界は裕福であると思われるし，そして……尊重することを求められている特別の法典の主張は，単にそれが存在しているだけであるし，我々が慣れ親しんできたものであるし，永遠の原理を示すものではない，と私は信じている。」[68]

　要するに，ラングデル主義者は，第１段階のモダニズムときっちり一致しているのに対して，ホームズは緩やかに適合しているのみである。ラングデル主義者は，主に公理的原理や演繹的理由に焦点を合わせることによって，コモン・ローが根拠付けられることを追求した。ホームズは，進んで原理や論理を考慮したが，しかし実際的経験を犠牲にしたのではなかった。事実上，ホームズのプラグマティックな歴史主義──経験主義──は，リーガル・モダニズムの第２段階の前兆となるものであったし，そこでの法学は，知識の客観的対象として，主に経験に焦点を当てることになる。この第２段階のモダニズムを予兆させるホームズ主義は，だがしかし，彼の後期の法学に関する著作に，特に1897年に著わされた『法への道 (The Path of the Law)』に最も明瞭に現われている。この著作において，法学研究は「裁判所を媒介して公共の力の影響」を預言することを狙いとすべきである，とホームズは論じた。公共の力の使用を予測するために，法学者は，彼自身を「悪人」の立場に置くべきであると，ホームズは推論した。いつ裁判所が罪を科すかを知ることのみに，悪人は関心がある。論理的一貫性や抽象的原理には無関心のままである。従って，ホー

ズは，法についての外部的，行動主義的見解が有する利益を示唆した。法学者は，司法過程の外部に立つ悪人に類似して，ある刺激が予見可能な範囲で，司法による解答および法的帰結を生むことについて，見解を有することができる。[69]

　第2段階のリーガル・モダニズムは，アメリカにおけるリーガル・リアリズムが発展する1920年代および1930年代までは十分に具体化されることはなかったが，第2段階の端緒的要素はまた，ロスコー・パウンドやベンジャミン・カードーゾのような，社会学的法学の20世紀初期の著作に記されている。ホームズ同様，これらの法学者はラングデル主義との不整合（ないしは矛盾）を表明した。ホームズ同様，ラングデル主義者がそうであったが，社会学的法学者は実証主義者との関係が深かったし，彼らは法原理，合理的秩序，および体系的組織に多大の関心を寄せていた。だがしかし，社会学的法学者は，ラングデル主義者のあまりに形式主義的な法的推論を攻撃し，パウンドによって軽蔑的に「機械的法学」の異名が与えられた。多くの事例において，法的真理や正しい司法判断は簡単に発見することができるものではなかった。「正義の実施」は，それどころか，コモン・ロー裁判官が社会の善のために法を作るべきことをしばしば要求することを，彼らは理由付けたのである。[70]

　多くの方法によって，パウンドと彼の同僚は，法学の立場から緩やかなプログレッシブの立場，すなわち，レッセ・フェール資本主義および大量産業化から生じる困難を，広く救済することを狙いとする立場という，当時の政治に呼応したのである。プログレッシビズムは，労働者や資本家を含む，多様な衝突する既得権益としてのアメリカ社会についての，政治的，知的観念とともに出現した。そのようなものであってさえ，正直，勤勉，節制というような，伝統的であると考えられたアメリカの価値に，アメリカ人は究極的に同意している（あるいは少なくとも同意すべきである）ことを，ほとんどのプログレッシブの知識人はなお信じていた。プログレッシブの立場の人は，同時に，飲酒，売春，そしてしばしば繰り返される移民排斥主義（nativist）の感情のような，罪についての道徳を重視する一方，結果的に，トラストと児童労働について政府が制限することを支持する傾向にあった。従って，プログレッシブの立場を

第4章 モダニズムのアメリカ法思想　157

支持する者として，社会学的法学者は，法は変化する社会条件に十分適合するように変化すべきであることを主張しつつ，司法による法形成と同様に政治的に穏健な立法の重要性を力説した。そこで，驚くまでもなく，パウンドは，ロックナー流最高裁判所のレッセ・フェール立憲主義を，長期にわたって学問的に批判することを開始し，そこで彼は，なかんずく，自然権による理由付けの表明を，公然と非難したのである。(71)

プログレッシブの政治運動は，第1次世界大戦の頃に消えたけれども，リーガル・モダニズムの第2段階は，アメリカのリーガル・リアリズムの到来とともに，1920年代，1930年代に絶頂期を迎えた。(72)少なくとも3つの要素が，大戦後のリアリズムの成長を勢い付かせることに結び付いた。第1に，第1段階のリーガル・モダニズムはほとんど消滅するかに見えた。南北戦争後，ラングデル主義の法学者は，自然法原理とそれまでコモン・ローの訴訟形態両者によって課されていた体系を奪われ，アメリカ法体系の概念化に対する異議申し立てに直面した。ラングデル主義者は，大部分，少なくとも彼らがそれと理解したものとして，彼らの役割を身に付け，完結さえした。すなわち，今やモダニストの法体系を抽象的に合理化し，概念的に秩序付けたのである。従って，次世代の若い法学者の多くは，繰り返し法を合理化し，さらに再合理化することによって，日常的に過去を繰り返すという挫折に陥ることに直面した。リアリストであるフレッド・ロデールが言い当てているように，法学は「質的に瀕死」の状態となっていたのである。(73)

第2に，幾人かのこれら若手の法学者は，急展開している社会科学の重要性や潜在力を認めていたのであり，それらは大学の他分野において急激に発展していたのである。社会科学の地位が上昇するに従って，ラングデル主義者が，純粋な法――歴史，経済，心理学，その他の分野から切り離された――を強調したことは，同時代の知的流行に染められた法学者にはとりわけ問題であるように思われた。ウォルター・ウィラー・クックとアンダーヒル・ムーアの両者は，1922年に，哲学者であるジョン・デューイが「法は経験科学として，最も良く見えてくる」と主張した講義を聴講した。クックとムーアにとって，この講義は，彼らをより経験主義者の，あるいは「経験的」方法に向かわせること

を促し，彼らの法学を変容させたのである。実際，ヘルマン・オリファント，ヘセル・エンテマ，およびレオン・マーシャルとともに，クックは，1929年に，ジョン・ホプキンス大学に法の研究機関を設立することに尽力し，そこでは，法を経験科学とすることに貢献し，学生が弁護士となるための訓練はしないのである。[74]

　第3に，政治的圧力，とりわけ1930年代におけるニューディールの到来とともに，リベラルな経済立法への方向性を明確にするために，ロックナー流最高裁の自由放任主義立憲主義の拒絶が開始された。移民やその他の政治的外集団による幅広い支持を得た，ニューディールは，伝統的アメリカの価値に批判的な傾向を有した，それ以前のプログレッシブの動向と比べて，遥かによりリベラルであった。ラウラ・カルマンの言葉によれば，「ニューディールは道徳主義抜きのプログレッシビズムとなった。」行政機関の創設と拡大を含む立法を通して，フランクリン・ルーズベルトおよびその他のニューディーラーは，大恐慌を終わらせるために，アメリカ経済を変化させることを，オープンに，そして積極的に試みた。明らかに自由放任主義資本主義は経済崩壊，不自由，そして不正義を生み出したのに対して，漸進的官僚国家政府は，資本主義を統制し，そして実際資本主義を生き返らせることを求めた。ニューディーラーは，「産業組織をより人間的なものにし，労働者と彼らの家族を搾取から守ること」を狙いとした，国家産業復興法，社会保障法，国家労働関係法のような，様々な法律を制定した。多くのリアリストが，ニューディールと政治的に同盟するとともに，ロックナー流最高裁が繰り返し無効にした，リベラルな経済立法を支持した。ジェローム・フランク，サーマン・アーノルド，アベ・フォータス，およびフェリックス・コーエンを含む，非常に多くの指導的リアリストが，やがてニューディールにおいて重要な公職に就任し始めた。さらに，政治を離れて，一般にリアリストは，ロックナー流立憲主義を，自然権に基づくものとして，ロスコー・パウンドを嚆矢とする合理的な（必ずしも正確ではない）分類に従った。従って，リアリストの観点からは，ロックナー流連邦最高裁は，モダニズムの進歩をひどく妨げる，時代遅れとなったプレモダニズムの有害物を増殖させていることになるのである。[75]

　第1段階から第2段階のモダニズムへの推移との関係で，リアリストの動向

第4章 モダニズムのアメリカ法思想

について、2つの要素が注目される。第1は第1段階のモダニズムの抽象的合理性であり、第2は基礎的認識の源としての経験主義への回帰である。リアリストは、意味のある社会的実在と無関係であり、外部世界の人間の経験と無関係であるとして、ラングデル派の法学の抽象的、文脈から離れた合理主義を公然と非難した。ラングデル主義の学者は、彼らの抽象的推論が、客観的な法的真理——コモン・ローの規則や原理——を発見することを可能にすると主張したのに対して、フェリックス・コーエンのようなリアリストは、ラングデル主義者の規則や原理を「超越的な無意味なもの」として重要視しなかったのである。例えば、裁判所が会社に対して管轄権を有するか否かを決定するために、ラングデル主義者は「どこに会社が存在するか」ということを問題にするであろう。次に、ラングデル主義者は、この質問を解決する抽象的規則や原理に目を向ける素振を見せる。そして、例えば、会社はニューヨークにあると結論付ける。しかし、コーエンは、ラングデル主義者の口実にもかかわらず、彼らの規則や原理は、この事件において、決定的結果を生じることはないと論じた。「明らかに、どこに会社が存在するかの問題は、それが1つの州において法人化され、その代理人が他の州において会社の仕事に従事するとき、経験的観察によって答えることのできる問題ではない」、とコーエンは書いた。「実際、次のような質問と、形而上学的立場においては同様の質問である……。すなわち『どれだけの天使が針の先の上に立つことができるのか』という質問である」。ラングデル主義者流の推論は、他の手段や方法を通じて、何ほどか到達される結論のためのレッテルを提供するにすぎないのである。この例における結論——会社はニューヨークに所在する——は、説明され得ない理由故に、会社はニューヨークにおいて裁判に服させられるべきことを、裁判所が決定したことを意味する。[76]

カール・ルウェリンは、『野ばらの藪 (The Bramble Bush)』に書いているように、抽象的合理主義やそれらに付随する実際の論争の解決に焦点を当て、リアリストとして、破壊的立場を推し進めた。「一般的命題は無意味である……。ルールだけでは……無価値である。論争について何かをすること、それを合理的にすることは、法の役割である。そして、彼らが裁判官であれ、警官であれ、書記であれ、看守であれ、弁護士であれ、それをする責任のある者は、法

の役人である。私の考えでは、それら法の役人が論争についてすること、このことが法自体である。」[77] もっとも過激なリアリストによると、抽象的な規則や原理は、裁判所の結果を決定付けることができないだけではなく、さらにまた、それらは反啓蒙主義、あるいは完全に無関係なものであった。従って、法の科学についてのラングデル主義者のイメージは、神話であり、おそらく、その上、危険なそして誤りに導く神話である。注目すべき告白において、リアリストである連邦地方裁判所判事であるジョセフ・ハッチソンは、「直観」に基づいて事件を解決すると主張した。規則や原理は、判事の直観的結論を正当化する様を見せながら、わかりにくくさせるためにする、せいぜい賢く組み立てられた事後の正当化――「法的行為を巧妙に合理化する」もの――として仕えるにすぎない。リアリストであるアベ・フォータスが、連邦最高裁判事に就いたとき、彼は時折法的援用なしに意見の草稿を書き、次に彼の調査官にそれらを適当な原理や先例で「飾る」ことを指示した。だがしかし、次のことには注目しておいてよい。すなわち、1920年代後半および1930年代の初期の間、リアリストが最も先鋭的で破壊的であったときでさえ、ラングデル主義者の合理主義が、法学界から完全に消えることはなかったことである。その当時のアメリカ法学会 (American Law Institution) の結成および模範法典 (Restatement) 作成の動向は、リアリズムに対する、ラングデル主義者からの反撃として理解することができる。リアリストからの批判に直面して、模範法典作成者（その多くは高齢のラングデル主義者であった）は、抽象的、概念的に秩序付けられた、形式的形態において示すことによって、大部分、契約や不法行為のような、コモン・ロー分野を明確にすることを狙ったのであった。[78]

　模範法典制定運動にもかかわらず、抽象的合理主義へのリアリストの攻撃は、部分的には、ロックナー流最高裁のレッセ・フェール立憲主義に対する政治的反対によって促進させられた。リアリストは、まさしくロックナー流最高裁の司法形式主義は、ラングデル主義者の法学的形式主義と符合することを見抜いていた。その結果として、前者に対する攻撃は後者に対するそれとなった。ロックナー流立憲主義の、明確な自然権志向に対するリアリストの嫌悪から離れて、典型的に、リアリスト批判は、2つの形式主義のうちの1つ、すなわち抽象的形式主義者の推論に焦点を絞り、前者のみに向けられた。ロックナ

ー事件は,立法によって禁止された雇用のあり方——パン屋における過剰な労働時間——を,政府の介入を除くことによって,私的活動についての既に定められた範疇ないしは領域に入るとの,連邦最高裁による論理的演繹に目を向けさせたのであった。リアリストは,次のように主張した。この抽象的合理主義は,伝統的文化的偏見を剥がすことに失敗しただけではなく,実際それらを反映し補強し,さらにまた真理を曖昧にしたのである。言い換えると,リアリストは,ロックナー・コートの個人の自由を保護する私的行為の予め存在する領域という,仮定された存在を拠り所にしたが,この依拠は社会の実際の経験に基づかないものであった。むしろ,私的行為という前提領域は,文化的偏見によって生み出された錯覚であった。ロバート・ヘイルの言葉によれば,「自由放任」の体系は「実際,個人の自由の強制的制約に侵食されている。」政府が既に契約法の体系を作り上げ,強制し続けている故にのみ,個人は,それは私的領域であると考えられた,雇用契約関係に入るのである。いわゆる私的領域は,政府行為との関わりなしに存在することができない。それどころか,私的領域は政府活動故にのみ存在した。さらに,最高裁の前提にもかかわらず,私的領域内の個人は,必ずしも自由ではなかった。政府による介入が存在しないことは,私的領域内の様々な個人や集団が常にお互い強制されるので,政府の介入が存在しないことは,自由であることと同義ではない。実際,多くの例において,政府の活動によって,個人の自由を増大させることができたのである。(79)

　レッセ・フェール立憲主義に対するリアリストの批判の2番目は,ロックナー事件自体において,ホームズ判事が述べた反対意見と方向性を同じくするものである。ホームズは,裁判所は被用者の労働時間を制限するとの立法の決定に敬意を払うべきことを強く主張した。司法の自己抑制の適切な行使に失敗した,連邦最高裁は,仕組み上,立法の役割に侵入したのである。当初ホームズの反対意見にはあまり注意が向けられなかったが,5年も経過しないうちに,社会学的法学およびその他のプログレッシブズはそれを歓迎した。この線に沿って,次にリアリストは,広範な市民の経済的,社会的福利を増進するために,社会を再秩序化する道具的判断力を使用することができる,裁判官以外の,個々の政府の専門家——すなわち,立法部や行政機関における専門家——

の能力を強調する，ホームズの立場に惹かれたのである。従って，憲法訴訟における司法の自己抑制に対するホームズによる要求は，人間の才能や社会の進歩への強い穏健的信念を表明した，リアリストによる，当時のニューディール政策と強く共鳴したのである。[80]

リアリストによる抽象的合理主義への攻撃にもかかわらず，ほとんどのリアリストは，基礎的認識に対するモダニストの関係を拒絶しなかった。彼らは単に抽象的理性が，法的真理を明らかにする可能性を否定したに過ぎない。リアリストにとって，ロックナー流の立憲主義同様，ラングデル主義法学の合理主義も，文化的に生み出された伝統や偏見を剝ぎ取るのに適切でないことが明らかであった。ジェローム・フランクは，次のように主張した。「法的思考の公理の多くは，表面には現われず，隠されており，検討のために掘り出されなければならない。」そこで，第2段階のモダニズム特有の動向において，リアリストは，客観性の源として経験に目を向けた。おそらく抽象的法ルールや原理は，司法判断を拘束しないのであり，外部的（そして社会的）世界の具体的事実が，そのような判断に影響を与え，決定しさえする，とリアリストは主張した。さらに，第2段階のモダニズムの発展と帰を一にして，関連する事実が，次第に個人の行動の周囲で展開するように思われた。特定の判事を左右する事実は，証人の髪の色，弁護人の鼻声，あるいは判事がたまたまその朝に食べた朝食と同様に，一見して，特異なものであり，恣意的なものであり得る。フランクに従うと，「判事による司法の遂行における人間的要素は，抑え切れるものではない」のである。[81]

結果的に，法的活動をする者の注目すべき行動を注意深く観察する，経験的研究は，予見可能な司法の反応を引き起こす刺激が何であるかを明らかにする，とリアリストは論じた。ウォルター・ウィラー・クックは，次のように宣言した。「経験的観察のみが，法の科学を含む，いかなる特定の科学においても有用な，ある基礎的条件を提供することができる。」従って，これらリアリストにとって，1920年代に出現した社会科学の方法は，法システムについての客観的認識を提供することになった。より新しい社会科学は，それらが「ますます客観性，経験主義，および還元主義」になるに従い，「計量的方法および行動主義の心理学」を強調した。クック，アンダーヒル・ムーア，およびチャ

ールズ・クラークのような，リアリストの多くは，すべての社会科学の方法を推奨し，実際に採用（ないしは採用しようと）した。例えば，ムーアは，支払い期日が到来した手形（maturing time notes）の法的問題に焦点を当てながら，コネチカット州の銀行取引の経験的研究を組織した。ラングデル主義者ならば，次のようにしたであろう。すなわち，この問題を原理や判例を調べることによって分析するのである。ムーアは，コネチカット州におけるすべての商業銀行に27の質問からなる質問事項を送り，回答を集計し，そして期日が到来した手形に関する実際の商業慣行を確認することを求めたのである。もう一人のリアリスト，ウィリアム・O・ダグラスは，破産の原因を追求して，同様な経験的調査を実行した。対象群（control groups）や，広範はアンケートのような，社会科学的方法を駆使して，彼によって推奨された数多くの破産法改革のための基礎として仕えた，「統計的研究」をダグラスは生み出したのである。(82)

　従って，第2段階のモダニズムと一致して，リアリストは歴史主義者としては十分な資格を有していた。彼らの急激な歴史変化についての認識は，人間は才能を有する故に，社会は無限に進歩することを信じることに，彼らを導いた。この観点から，経験的研究には，社会にとって有用な統制と，再秩序化にとって必要な認識を提供することが期待された。デューイやウィリアム・ジェームズのような，プラグマティストの哲学者は，「現実の問題を解決するという実践的必要性」との関係において，彼らの経験主義を概念化するにつき，多くのリアリストに影響を与えた。例えば，ダグラスは，破産システムについての経験的研究を，以下のように，自信をもって結論付けた。「明らかに，破産に先立つ多くの経済的，社会的問題を視野に入れたシステムが提供されるならば，多くの分野における社会計画のプログラムの中に破産を統合し，異なる問題に対して異なる政策を実行に移すことを可能にするであろう。」従って，ニューディーラーとなったリアリストは，ほとんど野心的に，最悪の社会悪，とりわけ大恐慌を救済する立法を目的的に作ることができることを前提としていた。アベ・フォータスは，このモダニストの不遜を示す典型であった。「［我々は］新しい世界を垣間見るのであり，我々の手の下に具体化することを実感する。今や，このような時代の流れの1つにさしかかっている。すなわち，アイ

デアとして考え出すことと，それを実行に移すこととの間に，実際上障害は存在しないのである。」[83]

　ほんの僅か，それより控えめに，その他のリアリストは，社会の善のためにコモン・ローを作り変えることができるという考え方を維持した。すべてのリアリストがラングデル派法学の抽象的，形式的ルールを拒絶したけれども，幾人かのリアリストは，法に対するリアリスト/経験的アプローチに基づいて，新しいタイプの法的ルールを組み立てることができる可能性を示唆した。この見解に従うと，判事や学者は，「具体的事例」を次から次へと研究することによって，法的ルールや司法判断の実際世界における帰結を発見しながら，法を作り変えることになる。フェリックス・コーエンはこの方法を機能的アプローチと呼んだ。学者は，ある意味で，地に足がついた方法で経験的に打ち立てられた法原理を描き，推奨することになる。従って，それらの射程において過度に広範に，一般的である抽象的原理であることに代えて，法ルールは，実際世界の状況において生じた，狭い事実上の範疇を反映することになる。例えば，いかなる状況にあろうとも，すべての個人に同様に適用される契約上の原理が存在することに変えて，契約法は，商人と商人以外の者との間の重要な相違を説明すべきである。より細かな規則において，商人とそれ以外の者が極めて異なる方法において契約する実体を反映させることが可能であった。さらに，法システムが，より広い原理を含む限りにおいて，そのような原理や基準が，個々の適用における裁量を招来すると理解されるべきである，とリアリストは論じた。「不合理」や「合理性」のような概念は，厳格に定義されるべきではなく，それぞれの事例における特殊な事実に目を向けながら，柔軟な，直観的な形で適用されるべきである。関連した脈絡において，一定の倫理的価値や実体的目標を増進する機能を果たすために，判事は法を作るべきである，とリアリストは論じた。判事は主に具体的争いを解決することに責任があったが，そうすることにおいて，彼らは「社会工学」を実践することになる。例えば，「契約は存在するのか」という質問に答えるにおいて，判事は，約因（consideration）のような抽象的，形式的原理に焦点を当てるべきではない。それに代えて，判事は，一人の当事者あるいはその他の者が一定の行為に責任を持つべきかに，集中すべきである。様々な可能性が残る判決によって，実際世界の帰

結がどのようになるのか，どのような価値や目標が増進されるべきなのか，が問われるのである。言うまでもなく，判事は社会工学を行うべきであるとのリアリストの主張は，ロックナー流最高裁の司法積極主義に対する，ホームズ主義によって鼓舞された批判と，幾分緊張関係に立つことになった。だがしかし，大まかに言って，契約や財産のような，コモン・ロー分野において，司法による社会工学を強調し，憲法において司法の自己抑制を主張することによって，このような緊張関係は回避されたのである。[84]

第3段階のモダニズム法学：
リーガル・プロセス

　アメリカのリーガル・リアリズムは，やがて，モダニズムの第2段階の終結を象徴する一種の認識論的危機に直面した。すなわち，基礎となる認識は，合理主義や経験主義の装いにもかかわらず，主観それ自体と外部世界の間の亀裂を決して埋めることができない故に，支持され得ないことの承認である。より特定すると，実体的，ないしは倫理的価値の領域において，リーガル・リアリズムはこの危機に直面した。第1段階の合理主義に対するリアリスト／経験主義者による批判は，価値はもはや抽象的推論から引き出すことができないことを意味し，そしてもちろん，プレモダニズムを既に拒絶したことは，ある既に存在する自然秩序に，リアリストが価値を位置付けることができないことを意味した。極めて明白なことは，リアリストおよびその他の第2段階のモダニストにとって，経験的研究は基礎的認識のための単に手段を提供したにすぎないことである。とはいえ，物質的世界の認識とは異なり，明らかに倫理的価値は経験的証拠から発見され，あるいは明確に基礎付けることが不可能であった。言い換えると，価値は，人間の経験の具体的，個別な気まぐれから生ずる，相対的なものにすぎないように思われた。その結果，増大する倫理的，文化的相対主義は，リアリズムと，相互に関連した経験的社会科学を伴った。1930年代までに，知識人は，他に勝るいかなる一組の道徳的価値ないしは文化的教義をも正当化することは不可能である，と感じたのである。すべての価値や文化は

有効性(および無効性)に対して，同等の主張をしたのである。[85]

倫理的・文化的相対主義のこの隆盛は，1930年代における法および政治理論に，一連の異議申し立てをしたのである。いかにして政治的決定者——裁判官，立法者，行政官——は，実体的価値および目標を正当に決定することができるのか。さらに広範に，いかにして共和的民主制における市民は，とりわけ市民が文化的偏見および扇動的象徴によって左右される状況において，政治的争点を議論し，決定することができるのか。実際，多くの理論家には，政治は，各個別・具体的状況における諸利益の相互作用から非合理的に吐き出される政治的決定としての，生の権力の問題にすぎないように思われる。実際，1940年までに，多くのリアリストは，純粋な経験的研究の試みを放棄した。そのような研究は，社会理論家に価値自由な真理を暴露するかもしれないが，しかし，実体的価値および目的を説明し，正当化することを望む，法および政治理論家にとって，経験的研究は，微塵も必要な基礎付けとなる認識を提供することができなかった。ウィリアム・オー・ダグラスは，「それを得ようと必死に研究している，事実のすべては，何の足しにもならないように思われる」と告白した。終局的に，1930年代の終わりに向かう政治的出来事は，法および政治理論へのこの異議申し立ての激しさを増すこととなった。とりわけ，多くのアメリカ知識人にとって，全体主義，とりわけナチズムの国際的盛り上がりは，民主主義や法の支配への強固な信念を必要不可欠なものとした。だがしかし，倫理相対主義の隆盛は，知識人を，次のような狼狽させるような疑問に直面させる。「あらゆる価値が相対的であるならば，それではなぜアメリカの民主的統治が全体主義より優れているのか。」[86]

従って，知的潮流と国際的出来事の接合は，民主主義の理論的正当化をアメリカ思想の最前線に押し上げるのである。興味あることに，民主制理論それ自体に焦点を当てることは知的世界において幾分異常なことであった。他の原因と相俟って，国家の共和制イデオロギーやポピュリズムの傾向故に，アメリカはその歴史を通じて徐々により民主的なものに成長していった。少なくとも形式的な問題として(必ずしも社会の実体としてではなく)，1870年における南北戦争後の再統合期の間に批准された，修正第15条は，アフリカ系アメリカ人に投票権を拡大したし，1920年に批准された，修正第19条は参政権を婦人に拡大

第4章　モダニズムのアメリカ法思想　167

した。さらに，確かなことは，共和制（その民主的構成要素を含む）の性質は，過去に徹底的に議論し尽くされていた——例えば，建国期および南北戦争の時代。とはいえ，幾分，1930年代に，統治の理論として，民主制がアメリカにおいて主要な知的関心となった。実際，第2次世界大戦後，民主制は，アメリカの知識人にとって主要な問題であっただけではなく，司法および政治の中心的論点となった。1940年代以前に，連邦最高裁は民主制に言及することさえほとんどなかったが，しかしそれ以降，連邦最高裁は民主制に次第に注意を向けるようになった。その意見において，継続的に民主制に言及した他に，連邦最高裁は，明示的に民主的参加を増進することを意図した数多くの事件に判断を下した——例えば，（修正第15条にもかかわらず）様々な州が，民主的過程にアフリカ系アメリカ人が参加することを妨げることを狙いとした，幾つかの仕組みを無効にした。例えば，連邦最高裁は，人種的に差別された選挙区割り（ゲリマンダリング）や州の投票における人頭税を無効とした。他方，連邦議会は，少数派の参加を妨げるために使用された識字，教育，および文字テストを根絶することによって，投票権を保障することを狙いとする立法——1965年の投票権法および1964年の公民権法の該当部分——を制定した。1964年にはまた，連邦選挙における人頭税を廃止する，修正第24条が批准され，1971年には修正第26条が18歳以上の誰にでも投票権を保障したのである。[87]

　だがしかし，民主的参加についての，この今や積年の政治的・司法的強調は，知識人を1930年代半ばから後期にかけて，民主制理論へとその関心を向かわせた。第2次世界大戦の脅威が迫るにつれ，政治理論家は，倫理相対主義と国際的全体主義の結合によって，アメリカの民主的統治に提示された知的難問に答えるための取組みを開始した。ある意味で，アメリカ人は物質的のみならず知的な動員体制に入った（1950年代における，冷戦まで継続する戦時動員体制）。1938年，アメリカ政治学会における会長演説において，クラーレンス・ダイクストラは，政治・法理論家に向けて，次のような挑戦状を叩きつけた。「世界が直面している最大の問題は，民主的過程を通じて責任が果たされ，維持され得るかということである。」ダイクストラは明白に宣言した際，「ナチス，ファシスト，［および］コミュニストは……代表システムの軌道の範囲内で，我々が解決策を見つけ出すことに挑戦している。」[88]

次に，第2次世界大戦の直前に，幾人かの想像力に富む理論家は，第3段階のモダニズムへの形而上学的転換をすることによって，この異議申し立てに答えた。この知的動向を始めるにあたって，これらの理論家は，極めて単純に，アメリカの統治は，まさにそれが民主的である故に，全体主義より優れていることを前提にした。民主制への信奉は動かしがたいものであった。そこで，カントが人間の経験を説明するために，どのような条件が必要であるかを問うたように，今や政治理論家は，民主制にとってどのような条件が必要であるかを問題にした。例えば，1939年において，ジョン・デューイは，どのような文化の型が，民主制の政治的自由を促進するかを問題にした。デューイにとって，文化が「基本的コンセンサスと信念を有した共同体」──すなわち民主制に対する信奉──を作り上げた故に，アメリカにおいて民主制は花開いたのである。だがしかし，民主制が，世界の他の部分においてそうであるように，全体主義に退化することのないように保証することがいかにして可能となるのか，デューイは疑いを持った。彼は民主制の政治的方法ないしは手続──協議，説得，交渉，およびコミュニケーションのような──が，今度は逆に，政治的民主主義を増進する文化を発展させ，維持することを確保するために，文化的領域に拡大される必要があると結論付けた。要するに，デューイにとって，民主制の鍵は民主的手続にある。「民主的目的はそれらの実現のために民主的方法を要求する。」[89]

 デューイの2つの主題──手続ないしはプロセスの信奉，およびアメリカ社会のコンセンサスへの信念──は，民主制についての相対主義理論が，第2次世界大戦後に発展するための中心的要素となった。ほんの数年前に，価値についての相対主義が，アメリカの統治理論を無力にする恐れが存在したのに対して，今や同様の相対主義が，民主制にとっての理論的基礎となった。相対主義者の民主制理論によると，何が支持される実体的価値であり，従ってどのような目的が追求されるべきか，社会は常に選択しなければならないが，価値は相対的であるので，異なる価値の間での選択をするための唯一の正当な手段は，民主的プロセスである。全体主義国家においては，政府が価値や目的を独裁的に選択し強制するが，民主制では異なる。民主制においては，各個人が，彼や彼女の既に存在する価値を政治の舞台に持ち込むことが想定され，次に民主過

程を通じて，共同体が特定の価値や目的を促進し，追求する。共同社会のレベルにおいて，民主過程自体は，規範的選択を有効なものにするための基準のみを提供する。政治闘争における人民による受容以上の，有効な基準が存在しない。従って，民主制は資本主義に類似している。市場（民主主義）は個人の選好や価値の表現のためのフォーラムを提供し，次に生産（政府）はそれに応じて答えを出すのである。(90)

　民主制についてのこの相対主義者の理論の，もっとも重要な形態は，多元主義（pluralism）と呼ばれた。多元主義者は政治過程を，競合する利益集団間の正当な闘争と見做し，それら集団のすべては政治闘争の場に既存の，大部分非合理（不合理）的価値を持ち込む。利益集団は同盟を形成し，妥協し，そして場合によっては立法者に影響を与え，コントロールすることによって，彼ら自身の欲求を満たす，原理不在の闘争において，政治的支持を集めることを試みる。個人，利益集団，そして立法者は，共同体の利益あるいは共同社会の善を考慮に入れることはない。ロバート・ダールはこのような観点を代表し，次のように書いている。「たとえ外部的要因によって抑制されないとしても，所与の個人あるいは個人の集団は，他者に対して専制的となるであろう。」それ故に，政治闘争の帰結は，プロセス自体以上に問題とならない。プロセスが結果を正当化する。価値は相対的であるが，民主制は続けなければならない。(91)

　さらに，民主過程に関して，アメリカ文化が，必要とされるコンセンサスを生み出していることを，多くの政治理論家は信奉している。様々な個人や利益集団が，政治闘争において衝突するかもしれないが，彼らは社会が悲惨な分裂に陥り，ばらばらになることを防ぐ一定の基本的な文化的規範を共有していた。再びダールの述べることに耳を傾けると，彼はこの分裂を，次のように把握していた。「この国が合衆国憲法の故に民主的であることを前提とするのは，私には，関係の明らかな逆転であるように思われる。我々の社会が本質的に民主的である故に，合衆国憲法が存在してきたと想像するのが，よりもっともなことなのである。」この見解に従うと，アメリカ社会は，民主制のプロセスを歓迎している文化基盤の上に立ち，調和して結合している。個人は自由に異なる見解を表明し，彼らは交渉し，彼らは不同意であり，そして彼らは妥協する。その後，エドワード・パーセルが述べたように，戦後の理論家は，アメリ

カ人を「無反省な実用性」のプロセスを信奉する者と見たのである。[92]

　社会的コンセンサスの観念は，少なくとも3つの理由によって発展した。テレビ，強制，そして戦後の繁栄である。第1に，1947年には7千台のテレビが生産されたのに対して，その後の3年だけで7億3千万台が生産された。1950年代中期から後期に，テレビは主要なメディアとしての力を備え，同時に「ブランドの時代」へと突入したのである。広告主とスポンサーは論争的番組（controversial programming）を排除するために，テレビ局に圧力をかけ，今や無意味なクイズ番組が最も人気のある番組の仲間入りをしている。さらに，テレビが大変多くの家庭に普及するにつれて，広告は「大量消費文化の劇的拡大」へと導いたのである。全国を横断して，視聴者は同じ加工食品，同じ歯磨粉，同じ鎮痛薬，同じ洗剤，あらゆる同じ物を使うように仕向けられる。言い換えると，テレビは，明示的そして暗示的両者において，コンセンサスの形成に向かわせる。第2に，1950年代の赤の恐怖（Red Scare）の間，ジョゼフ・マッカーシー上院議員と下院の非米活動委員会は，強制的に破壊活動分子あるいは共産主義者であると申し立てられた者を迫害することによって，数多くの過激派と公言された者は，学問の世界やその他からパージされた。実際，何百という学部が解散させられ，そして「警戒の風潮と自己検閲」がその後何年もの間大学生活を曇らせた。第3に，この抑圧的雰囲気にもかかわらず，経済，軍事，および政治における優越の感覚はアメリカ全体に充満した。合衆国は「絶対的，相対的両者において，比類なき強さをもって……」第2次世界大戦後に出現した唯一の大国であった。「新たな権力均衡においてそれは世界舞台での巨人であった。」実際，戦後の経済繁栄はアメリカを「裕福な社会」へと変えた。戦後この国は「歴史が記録に留められるにおいて最も高い比率で4半世紀の成長」を享受した。多くのアメリカ人の自惚れだとしても，そのような権力と成功は注目に値する。国家が平等，自由，そして民主主義という貴重な価値に立脚したのである。それ故に，1960年代の初期までには，「ビジネスマンと未熟練労働者，作家と主婦，ハーバード大学と戦略空軍部隊（Strategic Air Command），多国籍企業と労働運動，すべてが調和のとれた政治的，知的，経済的体系においてそれぞれが演ずべき役割を有している」という見解を共有した。この点で，寛大に，アメリカ人は，世界の残りの国と，彼らの民主的，

資本主義的制度の利益を共有することを狙いとしたのである——もちろん，世界の残りの国は，このアメリカの寛大さに常に賛同していたわけではなかったけれども。(93)

　他方，法学は第2次世界大戦頃から生じた，民主制への知識人の強調を即座に支持した。例えば，1952年に公刊された重要な論文において，イェール・ロー・スクールの教授で，直ぐになるべくして法科大学院長の地位に就いたユージン・V・ロストウは，「合衆国憲法は政治的決定の民主的正当性を保障すべきである」ことを表明した。さらに，ほとんどの部分に関して，法理論家は，民主制についての相対主義者の理論を受け入れたが，彼らはなお民主制における法の支配に関する特定の問題に発言する必要があった。もし司法の政策形成が単なる決断の問題であるなら，結局，法の支配は神話にすぎず，民主政府という気球は急激に収縮することになるであろう。民主制に対する政治的信奉が堅固な故に，法の支配に対する法学の信奉もまた同様であった。リーガル・リアリズムは完全には死滅しなかったが，今やほとんどの学者はリアリストをニヒリストとして非難した。結局，彼らは司法判断の形成における重要な決定要素としての法的ルールや合理性を拒絶した。法的推論や法の支配は，リアリストが非難したにもかかわらず，否定することのできない所与のものでなければならない。従って，政治理論家同様，法理論家は超越的転回（transcendental turn）をした。ちょうど政治理論家が民主制にとって必要な条件は何かを問題にしたように，法理論家は法の支配にとって必要な条件は何かを問題にしたのである。もし法の支配の条件が特定されるなら，それらは客観的司法判断の形成のために求められた基礎を提供することになるであろう。これらの本質的条件を求めるにおいて，またしても政治理論家と同様，法理論家は，アメリカの法体系を受容するについての前提である社会のコンセンサスによって支持される，プロセスに主に焦点を当てた。これら「リーガル・プロセス」派の教授は，部分的に彼らの間における多様性の欠如故に，社会のコンセンサスの考えを容易に共有したことも注目に値する。1940年代および1950年代の間，圧倒的多数派は白人男性であった。この事実は，明らかにすべての争点について彼らが合意することを保障するものではなかったが，同質性は基本的前提について

の鋭い対立の可能性を減少させ，幅広く見解を具体化させることとなったのである。[94]

　リーガル・プロセス学派の思想は，第2次世界大戦後に開花したけれども，その法学のルーツは大戦前の同時代のリアリストに対する批判に遡ることは明らかであった。例えば，ロン・フラーは，リアリストが，裁判官やその他法に関わる官吏による観察可能な行動をあまりに重視しすぎている，と論じた。結果的に，法は単に裁判官がなすところのものであり，法的ルールや司法的推論は無意味であることを前提とすることによって，リアリストは民主制の基礎を掘り崩してしまったのである。さらに，フラーによると，リアリストは法的推論を拒絶するのに急なあまり，価値と事実との間の——あるものとしての法とあるべきものとしての法との間の——必然的な結び付きを非難することによって，実証主義者の誤りを犯すのを促進した。フラーは，やがて彼の理論を仕上げるについて，事実と価値とのこの結び付きを，法の内面的道徳性として表現した。フラーは，第3段階のモダニズムを特徴付ける超越的質問を問うことによって，法の内面的道徳性の構成要素を特定した。法を存在可能なものとする条件は何か。この問いに，彼は次のように結論付けた。それらの条件は，法は明確で，広く公開され，そして予測可能であるような，8つの手続的必要条件から構成される。要するに，フラーによるならば，法の内面的道徳性のプロセスは，法が存在し力を有するための「本質的条件」を構成するのである。[95]

　そこで，第3段階のリーガル・モダニズムは，リーガル・プロセス学派の形態において，1950年代までには明確に形成された。リーガル・プロセスの理論家は，法の支配を説明する徹底した態度を貫き，アメリカ民主制における，司法判断の形成を正当化しようとした。遅くとも1951年までには，ヘンリー・M・ハートは，既にリーガル・プロセスの中心命題，すなわち「制度的解決の原理」を説明していた。ハートとアルバート・サックスは有名ではあるが，長く未公刊であった，授業の教材『リーガル・プロセス——法の策定および適用における基本問題 (The Legal Process: Basic Problems in the Making and Application of Law)』において再定義している。「制度的解決の原理は，次のように表現される。すなわち，適正に確立された手続の結果として，適性に到達された決定は……それらが適正に変更されることなしには，またそれまで

第4章 モダニズムのアメリカ法思想 173

は，社会全体を拘束するものとして受け入れられなければならない。」制度的解決というリーガル・プロセス原理は，レッセ・フェール立憲主義に対するリアリストの制度的批判を発展させた。（ホームズに従った）リアリストによると，ロックナー流の連邦最高裁は，それが立法の制度的役割に介入した故に，司法積極主義を採用したことに罪があった。だがしかし，リーガル・プロセスの理論家は，この制度的批判を，その極限にまで推し進めた。制度の概念が最重要なものとなった。リーガル・プロセスに従うと，社会は異なる種類の社会問題を解決するために異なる法制度を作り，異なる役割を与えた。極めて明白なことは，裁判所は立法機関と異なることである。その結果として，立法者がそうすることに自由であるのと同様に，裁判官は法を作ることに自由ではないことである。同時に，有名な1953年のハーバード・ロー・レビューの論文において，ハートは議会が連邦裁判所管轄権を制限するについて，対話を強調したことに見られるように，裁判所は立法機関によって侵害されるべきではない，一定の活動ないしは「本質的」機能を果たしているのである。(96)

　リーガル・プロセスの理論家は，ロックナー事件に対するリアリストによる制度上の批判を，その極限にまで推し進めただけではなく，彼らはさらに卓越した分析を通じて，それを丹念に説明した。もし裁判所，立法機関，その他の政府機関が，異なる制度上の役割を有すべきであるならば，これらの役割を限定し，それらを可能にするプロセスとは，どのようなものなのであろうか。この観点から，様々な政府機関は，それに不可欠の異なる手続ないしはプロセスによって限定され，それ故に，異なる政府機関の中で働く個人は，個々のプロセスによって制約される。それ故に，リーガル・プロセスの理論家は，行政法や連邦裁判管轄権のような分野の発展に，学者として，多大の学問的エネルギーを費やし，この分野では，彼らは権力分立や連邦制に焦点を当てた——すなわち，州政府と連邦政府との関係同様，立法，行政，司法部の間の制度的，プロセスを基礎とした関係についてである。実際，リーガル・プロセスの中心主題については，ハートとハーバート・ウェクスラーによる，『連邦裁判所と連邦制度（The Federal Courts and the Federal System）』——これは連邦裁判所についての授業の主題を定義づけた（おそらく未来永劫に）ケース・ブックである——にまして，その特徴を現しているものはおそらくない。この本の初版の

174 第4章 モダニズムのアメリカ法思想

はしがきにおいて，共著者は次のように書いた。

> 本書は……連邦と州との関係の問題を主に扱っているが，それはまた2つの副次的主題を有している。様々な文脈において，連邦裁判所と連邦および州政府のその他の機関との間の適切な関係についての質問の全範囲を拾い上げることを求めつつ，どの裁判所が適しているか——そして適していないか——の問題を設定している。われわれはまた，連邦司法行政の役割およびその改善のために有用な手段を理解することを増進させることを願い，連邦裁判所の組織と運営の問題をいたるところに設定した。(97)

リーガル・プロセスの理論に従うと，司法判断の形成を限定するプロセスは，特に「理由付けられた説明 (reasoned elaboration)」と呼ばれる。理由付けられた説明は，裁判官に常に判決のための理由を与え，これらの理由を詳細な一貫した方法で説明し，「同様の事件は同様に扱われるべきである」ことを前提にするように求める。裁判官は判決を関連した法の支配に結び付け，論理的に一貫して，先例と一致した方法において法の支配を適用しなければならない。ハートとサックスは極めて高い調子で，「もしいやしくも法的解決 (legal arrangements) がなされるべきであるならば」，この「一貫性を求める努力は必要性の問題となる」と宣言した。さらに，コモン・ローの事件や制定法の解釈の文脈において，理由付けられた説明は，「それが表現する原理や政策に最も良く仕える方法において」法を適用することを裁判官に要求する。従って，ある意味で，理由付けられた説明のプロセスは，一定の特定された文脈における限定された司法積極主義を認めることになる。それにもかかわらず，リーガル・プロセス理論の中心命題は，リーガル・リアリズムに反する。法的ルールや司法判決が問題なのである。リーガル・プロセスに従うと，理由付けられた説明は，大統領府の官吏，立法者，および行政官を制約しない方法で，裁判官を有意味に制限する。理由付けられた説明は，民主制における法の支配を生む条件ないしはプロセスを特定し，それらのプロセスは，中立的で政治とは無関係な司法判断形成のための客観的基礎を提供するのである。(98)

リーガル・モダニズムのこの第3段階の間，社会をコントロールし再秩序化

するための手段としての理由に使用されている，独立した，自立した自己に対する信奉は変わらずに継続された。この信奉の存在は，少なくとも3点において明らかであった。第1に，民主主義についての相対主義者の理論は，おそらくジョン・ロックの政治哲学から生じ，アメリカ合衆国憲法上の枠組みを強化した，モダニズムの個人主義者の伝統に根差していることを，主として政治・法理論家は主張した。例えば，ルイス・ハーツは，アメリカの立憲主義はロックの理論を基本的前提としていると論じた。自由で独立した個人が，自由と財産を守る政治共同体を作るために，一緒に結合するとき，正当な政府が生まれる。個人主義の伝統故に，「アメリカにおいてバークはロックと同等である」，とハーツは明言した。第2に，とりわけリーガル・プロセス理論において，法についてのハートとサックスの定義は，モダニストの個人主義と共鳴した。「法は，何かをすることであり，目的的行為であり，社会での生活の基本問題を解決するための継続的努力である。」同様の文脈において，制度上の問題として，法プロセスの原理は，次の基本的なことを問いかける。すなわち，誰が決定するのか，ということである。すなわち，政府のどの機関あるいは関係者が特定の問題を適切に決定すべきであるのか（また次に，もちろん，どのようなプロセスが，これらの決定を導き，制約すべきなのか），ということである。極めて明白に，ある政府機関——立法府，行政機関——内の専門家が，社会を管理し，コントロールする，制度上の理性を使用する資格がある，と考えられた。実際，既に論じたように，判事でさえ，制定法やコモン・ローの原理や政策を達成するのを助けるために，しばしば法を作ることができる。第3に，リーガル・プロセス派の学者は，法体系において，彼ら自身が重要な役割を果たすことを固く信じていた。彼らは法について，連邦最高裁判事を指導すべきであるし，判事は耳を傾けるであろうし，そして連邦最高裁判決は（それ故に学者の指示は）アメリカ社会を変えることを確信していた。1951年に開始された，著名な「ハーバード・ロー・レビューの巻頭言（Harvard Law Review Forewords）」は，多年にわたって，リーガル・プロセス派の学者が，連邦最高裁を導くことを狙いとしたものとして，特別な意味を有したのである。その証拠として，少なくとも一人の最高裁判事を挙げることができるのであり，元ハーバードの教授であったフェリックス・フランクファーターは，もちろんそれに

必ずしも従ったわけではないけれども、学者の示唆を参考にした。そして1968年までは、幾分悲観的な巻頭言の著者といえども、学問が、最高裁に影響を与えることができることに、なお望みを繋いだのである。「ロー・レビューが多く引用はされるが、しばしば注意を払われない日においてさえ、それはなおその欠点を強調する鏡として、最高裁を立ち止まらせる目的に奉仕し得るであろう。」(99)

一つの観点からすると、リーガル・プロセス派の学者は単に、注意深くかつ正確ではあったが、司法制度のために人工的に作られた規範、とりわけ司法の判決形成を確認したにすぎない。(100)理論家が主張したのは、判事が善であることを欲するならば、次に彼あるいは彼女は我々が言うことをまさにすべきである、ということである。実際、リーガル・プロセス派の学者を回顧してみると、彼らはしばしば、困惑させられるほど、単調ではあったが、尊大であったように思われる。なぜ知的な学者が「事件は同様に扱われるべきである」という、ありふれた格言を説明するために、彼らの生涯を捧げられたのであろうか。とはいえ、リーガル・プロセスを第3段階のモダニズムであるという見解に立つとき、その貢献およびその熱愛者の熱意さえ理解可能となる。第2次世界大戦後、法的基礎付け主義は、危機に瀕していたように思われる。法の支配と司法判断形成の客観性は、知的包囲網の下にあった。リアリストは、ラングデル派の抽象的合理主義を矯正不可能なほどにその信用を失わせ、そして今やリアリスト自身の経験主義は、同様にその地位を低下させた。そこで、この知的危機と今にも起こりそうな絶望の中において、リーガル・プロセスの理論家は、解決策を発見したと信じた。何らかの方法で、彼らは帽子から兎を取り出したのである。卓越した論理によって、彼らはいかにアメリカが、民主制と法の支配を所有しているかを説明した。彼らは冷戦の間、アメリカを正当化した。彼らは、司法判断の形成のために必要な、客観的基礎付けを生み出す、アメリカの法システムの構造、条件、およびプロセスを描写したのである。

第4段階のモダニズム法学：
後期の危機

　一見無関係に見える多種多様な要因が，第2次世界大戦後の最も重要な連邦最高裁判決，ブラウン 対 教育委員会事件判決（Brown v. Board of Education）に関係していた。1930年代のヨーロッパにおける全体主義の隆盛は，既に論じたように，アメリカの知識人を民主制理論に焦点を当てることに導いただけではなく，アメリカ人に彼らによって公言された民主的理念に従って行動しなければならないとする社会的圧力を加えた。明白な人種差別主義や反ユダヤ主義は，第2次世界大戦前のアメリカにおいて，社会的に通用した，極めて通常のことであった。実際，1930年代にアメリカを目指し，ドイツから逃げ出したユダヤ人にとって，（人種差別主義の一つの形態としての）反ユダヤ主義は，ナチ前のドイツにおけるよりもアメリカにおいてより悪い状態である，と思われた。しかしながら，大戦後，明白な人種差別主義や反ユダヤ主義はホロコーストの暴力と密接に共鳴し，従って社会的に糾弾されるものとなった。彼ら自身の感情が健全であるために，アメリカ人は彼ら自身をドイツ人とは明確に異なるものとする必要性が存在した。ジェローム・A・チャーネスの言葉を借りると，「アドルフ・ヒットラーは反ユダヤ主義を悪者にした。」同様のことはヒットラーと人種差別主義についても妥当した。ドイツ人は人種差別主義者の怪物であるが，アメリカ人は異なる。アメリカ人は例外である。アメリカ人はすべての者に対する平等と自由を信奉し，少なくとも，今や多くのアメリカ人はそうであると信じたのである。[101]

　言うまでもなく，南部における人種隔離法（Jim Crow laws）がその後も存在したことは，そのような平等主義の信念および宣言から，問題を引き起こした。明白にアフリカ系アメリカ人に対して分離し，差別することを州政府の法によって強行することは，民主制や平等についてのアメリカの理念（ないしは外見）と一致させることは困難であった。だがしかし，戦後の早い時期においては，多くの白人のアメリカ人は，社会の実際と理念との間の不協和音を無視し続けた。そのような無関心を維持することは，1950年代後半に公民権運動が

広まるにつれて，ますます困難となった。1960年代の初期までには，テレビがほとんどのアメリカ人にとってのニュースの主要な源となっていたが，南部の残虐な明滅する像は，法的・社会的変化（例えば，1964年の公民権法の成立へと導く）を求める，先例のない国民の支持を生じさせていた公民権運動家に衝撃を与えた。そこで，次第に，明白な人種差別主義（反ユダヤ主義を含む）は社会悪（faux pas）となった。人種差別主義は地下に潜行し，孤立し，無言となり，気付かれなくなった。確かに，そして非常に明らかに，明白な人種差別主義や反ユダヤ主義はアメリカにおいて完全に消え去ることはなかったが，しかしそれらは日常的なものからは程遠い——日々の生活の通常で当たり前の経験の部分としては存在しない，ものとなった。[102]

他方，連邦最高裁の法学に関しては，19世紀後期から1930年代の中頃を通じて，裁判所は，ロックナー事件に例証される，レッセ・フェール立憲主義に大部分従った。しかし，政治的，知的圧力は1937年における最高裁の変化へと導いた。経済規制を含む事件において，司法の自己抑制への信奉が，ロックナー流最高裁の積極主義に取って代わった。ほとんどの部分に関して，最高裁はロックナー事件に対するリアリストによる制度上の批判を受け入れ，少なくとも一時的に，判事の中の多数派は，連邦議会や州の立法府への敬譲を貫いた。それにもかかわらず，この司法のコンセンサスにおける亀裂が，ハーラン・F・ストーンの，1938年に下された，合衆国対キャロリーン・プロダクツ事件判決における脚注4に即座に出現した。司法の自己抑制が，経済規制を含む事件においては適切であるが，ある程度の司法積極主義が，一定の個人の権利や自由を含む事件において適切な場合があり得ることをストーンは示唆した。すぐに，連邦最高裁内でそれまで同盟を結んでいたプログレッシブとニューディール・リベラルとが，2つのグループに分かれた。ヒューゴ・ブラックとウィリアム・O・ダグラスに導かれた，裁判官の第1グループは，ストーンの洞察を把握し，特別な司法上の保護に値する，表現の自由や信教の自由のような，「優越的自由」が存在すると主張した。フェリックス・フランクファーターとロバート・H・ジャクソンに導かれた，裁判官の第2グループは，司法の自己抑制の哲学に（ほとんど）厳格に固執することを主張した。この後者のグループの言い分は，あるものは優越するものとして，他のものはそうではないこと

第4章　モダニズムのアメリカ法思想　179

を示しながら，もし連邦最高裁が様々な権利を取り上げ選択することになるなら，それは無拘束な積極主義というロックナー・コート同様の過ちを犯すことになるというものであった。この論争は決して単なる憲法理論の問題ではない。第2次世界大戦期の政治的・社会的圧力もまた裁判官の上にのしかかっていた。例えば，1940年に，連邦最高裁は，国旗に敬礼することを宗教的理由から拒絶した，エホバの証人であった，2人の公立学校学生の退学を支持した。その後，宗教的偏狭が国を横断して押し寄せ，しばしば暴力として噴出した。それ故に，突然180度転換し，1943年に国旗への強制的敬礼は違憲であると判示して，連邦最高裁は自ら判例変更をした。第2次世界大戦の只中において，暴力的宗教迫害は，あまりに全体主義的すぎて，裁判所は無視することができないと考えたのである。(103)

　この社会的，司法上の文脈において――人種差別主義に対処する国家の闘争が存在する状態で，そして連邦最高裁の分裂した，不安定な傾向の下で――，公立学校における人種差別の合憲性に異議申立をしている，ブラウン対 教育委員会事件が1952年に最高裁に係属した。驚くまでもなく，1952年11月に開かれた，最高裁判事達の口頭弁論の会議後は，事件の結論は不明確であった。せいぜい，最高裁判事は単に5対4の投票で，人種差別を違憲とする可能性が存在した。だがしかし，注目すべきことに，フランクファーター判事は，立法行為に対するそうでなければ頑強な謙譲の態度にもかかわらず，人種差別を違憲とすべきとすることに投票することを既に決めていたのである。会議において，おそらく彼と彼の調査官であるアレクサンダー・ビッケルによって起草された特定の質問に答えるために，次の最高裁の開廷期に再度議論するように，他の最高裁判事達を説得した。質問の焦点は修正第14条の歴史と，差別が違憲とされた場合の命令（decree）に関する問題に当てられていた。再検討を求めたフランクファーターの真意は，現在，学者の論争の対象とされている。歴史家は当初，彼は連邦最高裁における指導的立場を引き受け，その役割において，より強い多数派を形成するために判決を遅らせた，と論じた。最近では，学者は新たに発見された証拠に依拠して，フランクファーターは単に彼が既に決めていた決定――学校の差別は違憲である――と，通常の司法の自己抑制とを調和する，ある原理化された基礎を求めていた，と論じている。フランクフ

ァーターの動機がどうであれ、再検討の効果は、判決を次の会期まで遅らせる結果となった。そこで、注目すべき事件の転回が起こった。フレッド・M・ヴィンソン長官が1953年9月に死亡したのである。ブラウン事件が1953年11月に再度議論された時は、アール・ウォーレンが、新しい長官となっていたのである。(104)

　最高裁長官として、疑いもなく、ウォーレンは、ブラウン事件における最終的な、全員一致の判決を確保するにおいて決定的役割を演じた。戦術として際立つのは、ウォーレンは判事達に、命令（decree）の問題（Brown II事件）の部分を憲法上の要求という本案（Brown I事件）から切り離す取り扱いをして、判決を2つの部分に分けることを確信させることによって、結束することを促進させたことである。個々の判事に関して、道徳上および憲法上、正しいことをすることは、確かにその中の幾人かを動かした。疑いもなく幾人かは、明白な人種差別主義は、もはや社会的あるいは道徳的に受け入れられないという、戦後のアメリカの増大している感情を共有した。だがしかし、その他の考慮はまた、彼らの方向性に影響を与えながら、最高裁判事達を歩み寄らせた。全国有色人種向上協会（NAACP）は、プレッシー対ファーガソン事件判決の「分離すれども平等」原理という平等保護についての、既に存在する伝統は、表面上擁護できないことを、徐々にではあるが堅実に打ち立てられ、支持された（おそらく一様ではないとしても）法的キャンペーンを繰り広げていた。加えて、人種隔離法による明白な人種差別の永続化は、全国的、とりわけ南部における経済的発展を妨げた。国際的には、そのような人種差別主義は、冷戦期の第3国の支持を得る国家の努力を妨げた。要するに、国民の多くにとって、法的に強制された差別は、進歩にとってのやっかいな障害となっていたのである。(105)

　いずれにしても、ブラウン対教育委員会事件は、公立学校における生徒の差別は修正第14条の平等保護条項を侵害する、と最終的に判示した。連邦最高裁のウォーレンによって書かれた意見は、異例な簡潔さであった。修正第14条の採択の歴史は、連邦最高裁にいかなる明確な案内となるものをも提供しないと述べることによって、彼は書き出した。それ故に、人種的に差別された公教育を取り巻く現在の社会的文脈に照らして解釈されなければならない、と彼は推論した。次に、ウォーレンは2つのポイントを強調した。第1に、人種差別

はアフリカ系アメリカ人の子供に有害な心理的影響を与えた。第2に、公教育はアメリカにおいて非常に重要なことである。

　今日、教育は、おそらく州および地方政府の最も重要な役割である。義務教育法と教育に対する莫大な支出の両者は、我々の民主社会にとって、教育が重要であることの承認の証である。それは、武装された力におけるサービス同様、我々の最も基本的公的責任の遂行において、必要とされている。それは良き市民のまさに基礎である。今日、子供に文化的価値を目覚めさせ、その後の職業訓練の準備をさせ、環境を普通に調整することを助けるについて、主要な道具である。近時において、もし子供に教育を受ける機会が否定されたなら、いかなる子供にも人生において成功することを合理的に期待することはできないのである。州がそれを提供することを引き受けた、そのような機会は、すべての者に平等な条件において利用可能とされるべき権利なのである。

それ故に、ウォーレンは、「分離教育の促進は、本来的に不平等である」、と結論付けたのである。[106]

　ブラウン事件判決およびそこで述べられた意見は、アメリカ法思想が、モダニズムの第4段階に入るきっかけとなった。すなわち、非常に矛盾した態度と課題——不安、失望、怒り、非難および合理主義、経験主義、超越主義の組み合わせの上に理解された、次第に複雑化するモダニストの解決——によって特徴付けられる後期の危機である。ブラウン事件は、社会に熱狂を生じさせただけではなく、それはまた学問の世界での騒動をも生じさせた。早い時期のリーガル・プロセスの教材は、憲法上の判決形成の文脈における司法審査の問題に焦点を当てていなかった。ブラウン事件はこの問題を前面に持ち出し、そうすることにおいて、すぐさまリーガル・プロセス理論の卓越した推論の中で、固有の弱点を暴露させた。[107]

　興味あることに、ブラウン事件後の最初の「ハーバード・ロー・レビューの巻頭言」において、アルバート・サックスは、判決および連邦最高裁を絶賛した。彼はブラウン事件について、次のように書いた。それは「司法プロセスが機能することをその最高の形で例証し」、ウォーレンの簡潔な意見は、部分的

に，「率直な簡明なスタイル」故に，「司法的政治家の資質（judicial statesmanship）」を示した。それにもかかわらず，サックスは全員一致の簡潔なパー・キューリアムの過剰な使用を批判することによって，ウォーレン・コートにリーガル・プロセスからの攻撃を開始した。ここで，次に，リーガル・プロセス学派とウォーレン・コートとの間の基本的緊張が，直にあからさまになった。リーガル・プロセスの理論家は，裁判所の意見におけるルールと法的推論の重要性を強調したのに対して，ウォーレン・コートは，その推論過程を適切に説明することなしに判決を下した。その次の巻頭言において，リーガル・プロセス学派と連邦最高裁との間の関係は，既に悪化していた。部分的にサックスを狙いとした非難において，ロバート・ブラウチャーは，ウォーレン・コートの「司法的政治家の資質」を賞賛しない，と注意深く注記した。(108)

　リーガル・プロセス学派とウォーレン・コートとの間の緊張は，その後数年間，爆発寸前の状態になるまで続いた。結果的に，リーガル・プロセスの理論家は，最高裁判所を批判する過程において，基本的な理論的論点を説明した。例えば，アレクサンダー・ビッケルおよびハリー・ウェリントンはウォーレン・コートの説明なしのパー・キューリアム判決の過剰な使用だけではなく（サックスがしたように），「合理的に説明された判決の根拠」に代えて，交渉によって到達された合意に似た，空虚な意見を非難した。アーネスト・ブラウンは，弁明書や口頭での十分な議論なしに，あまりに多くの事件を簡単に処理したことについて最高裁を非難した。言い換えると，連邦最高裁は，適切に推論された結論に到達するために必要な手続に従っていなかったのであった。連邦最高裁のますます増加する処理件数は，その制度的役割——明確に説明された推論と原理によって意見を書くこと——を果たすことから遠ざけた，とヘンリー・ハートは論じた。最高裁は法の支配を，身をもって示さなければならない。「単なる決断ではなく，推論に基礎を置く意見のみを述べ，あるいは先例を形成することが，合衆国連邦最高裁がしなければならない仕事なのである。」この議論を提供するにおいて，ハートは推論された説明のプロセスを最高のレベルに置いた。ハートに従うと，事件を通して推論する一団の判事は，「成熟した集団の思考」，すなわち個々の判事による特定の表現を超えることを裁判所に可能にする，合理化プロセスを経験すべきなのである。(109)

第4章 モダニズムのアメリカ法思想　183

　リーガル・プロセスの理論家とウォーレン・コートとの間の熱い論争は，ハーバート・ウェクスラーが連邦最高裁とその擁護者に対して究極の異議申し立てをした，1958年に，最終的展開を見せた。その論文「憲法における中立原理に向けて（Toward Neutral Principles of Constitutional Law）」において，ウェクスラーは，制度的相違故に，裁判所のみが（立法や行政ではなく）裁定に対して，推論された説明を与えなければならないと論じた。これらの説明は，個別の，道具的，ないしは原理化されていないものであってはならない。それとは反対に，裁判所は各裁定を「中立原理」，個別の事件という直近の結果を超えた「適切な中立性と一般性」を伴う理由ないし推論によって正当化しなければならない。最も重要なことは，次に，ウェクスラーは，この中立原理の基準に照らして，ウォーレン・コートの代表であるブラウン事件をテストしたのである。裁定を支持するための中立原理を同定する彼の努力は，結社の自由が唯一の可能性として残されているというものであった。ウェクスラーは，人種差別は統合されたいと望む者（ブラウン事件における原告）の結社の自由に反することを認めるが，彼はブラウン事件におけるこの原理の適用が真に中立的，推論された適用であるかには疑問を呈した。強制された統合はまた結社の自由——とりわけ，統合されないままであり続けることを望む者の結社の自由，と矛盾することを力説した。結局，ウェクスラーは，ブラウン事件の原理ないしはルールは中立的ではなく，従って判決は客観的に間違いであるとして，非難したのである。[110]

　ブラウン判決に対するウェクスラーの非難は，ストレートに，学問が動揺する引き金となった。一方では，ウェクスラーの攻撃はほとんど必然的と思われた。サックスによる当初のブラウン判決に対する賞賛の後，リーガル・プロセス派の学者は，次第にウォーレン・コートに敵意を抱くようになった。彼らの主要な批判は，推論された説明の要求を満たすことに繰り返し失敗した，最高裁の不適切と考えられる意見をめぐって展開された。リーガル・プロセスの観点からは，ウォーレン・コートは，十分に推論された裁判所の意見に表明された法の支配の重要性を認めることを拒絶し，しばしば強情なリアリストに過ぎないように思われた。従って，ウェクスラーでないとしても，その他のリーガル・プロセスの理論家が，ウォーレン・コートを代表する判決である，ブラウ

ン事件にいずれは立ち向かっていたことは確かである。さらに，そのような非常に簡潔なブラウン事件判決の意見を再検討するなら，それがリーガル・プロセスの要求を満たしていなかったと結論付けられたことであったであろう（なぜならウォーレンは，明らかにそのようにする何らの努力もしなかったのである）。ウェクスラーが解いて見せたように，「[ブラウン事件における]問題は，意見の推論に密接に付着している。」しかし，他方では，多くの学者は，ウェクスラーの攻撃と結論を頭から受け付けようとしなかった。それ以上のものではないとしても，ブラウン事件はアメリカの平等を象徴し，それ故に反駁できないものである。たとえそれを受け入れることが，法の支配というリーガル・プロセスの基礎を，何ほどか掘り崩すとしてでも，である。[111]

その結果，多くの研究者は，しばしばウォーレン・コートを一般的に擁護することができなかったけれども，ブラウン事件判決を評価するために格闘した。ルイス・ポラクは，ブラウン判決に代わる代替的意見を提供し，中立原理というウェクスラーの要求を満たしている，と彼は主張した。同様に，チャールズ・ブラックは，ブラウン判決を弁護して，中立原理に賛同を示したが，より重要なことは，彼はまた怒りを込めてウェクスラーとリーガル・プロセスを非難したのである。ブラックにとって，人種差別は具体的・歴史的実際における悲劇的社会関係であり，中立原理の要求には，この災難における人間の痛みを抽象化する危険な傾向が存在する。従って，ブラックによると，ブラウン事件における実際的結果には十分な理由が存在し，それが中立原理で正当化できるか否かに関わりなく，支持されるべきことになる。もしリーガル・プロセスがブラウン判決を擁護できないなら，その時は必然的に，リーガル・プロセスが間違っているに違いないのである。ブラウン判決は支持されなければならない。[112]

従って，1960年頃までに，ブラウン事件判決とウォーレン・コートは，モダニズムの第4段階である後期の危機に陥るのを促進した。第3段階の間，リーガル・プロセスの理論家は，法の支配と民主制の下で，客観的な司法判断形成にとって必要とされる条件を述べるための卓越した推論を使用した。しかし，ウォーレン・コート，特にブラウン判決は，厳しい現実を見せつけた。ウォーレン・コートの意見は，せいぜい，リーガル・プロセス理論は現実ではなく，

想像上の世界を描いていることを示唆した。モーゼス・ラスキーは，推論された説明および中立原理の概念は，司法の判断形成の現実とは無関係な，単なる理論的なものであると嘆いた。その他の法学者ははるかに辛らつであった。1960年において，アディソン・ミュラーとマーレイ・L・シュオーツは中立原理の概念を，支持することができないものとして，断固として非難した。彼らは，いかなる原理も，論理的に展開されるとき，やがてその他の競合する原理と衝突することを論じた。いかなる原理も真に中立ではなく，従って，中立原理についてのリーガル・プロセス理論は，憲法判断の形成のための客観的基礎を提供することができないのである。(113)

　リーガル・プロセスは，さらに数年にわたって主要な法学のアプローチとして留まったが，学問の世界での指導的影響力は，既に緩められ，相当程度転げ落ちていた。1960年に著されている，老年のカール・ルウェリンの言葉を借りると，法学は「信念における危機」を経験していた。この危機は「我々の上訴裁判所の働きにおいて評価することを可能とさせるもの，法律家にとって足がかりとなる実際に固定的なものに行き着いた故に，すみからすみまでを棺と麻痺状態にする結果となった。」直ぐに，研究者はモダニストの世界についての見解の根本的要求を満たすための闘争として，あらゆる方向へと向きを取り始めた。様々な著者が，合理主義，経験主義，超越主義，あるいは手元にあるあらゆる知的道具を参考にした。多くの理論家が客観的基礎を求めて哲学的あるいは社会科学的方法を利用した。ロナルド・ドウォーキンは，リーガル・プロセスを，ジョン・オースティンからH・L・A・ハートへと引き継がれた，イギリスの分析法学に統合させた。ドウォーキンは，どのような司法的推論のプロセスが，裁判官に原理化された基盤に基づいて事件を正しく判断することを可能とさせるのかを説明しようとした。幾人かの法理論家は，ジョン・ロールズの政治哲学を法学に組み込む努力をした。例えば，フランク・マイケルマンは，貧困者に対する政府からの援助を保護した，後期のウォーレン・コートを擁護するにおいて，国家は「不自由な社会に特有の一定の危機に対して」貧困者を保護する義務が存在するという，ロールズ主義の観点から議論を展開した。1960年代中頃には，経験的志向を有した法と社会運動が出現した。幾人かの社会学者と法学教授は，1964年に「法と社会学会（Law and Society Association)」を創設するために共同した。ここに集合した多くの学者は，連邦最高裁判決が有効にアメリカ社会を変化させたことを研究するために，経験的方法を使用した。例えば，公立学校におけるお祈りを中止させた連邦最高裁の命令は，教育委員会にそのような宗教的実践を実際に排除することを実行させたのか，という問題である。一般的に，これらのいわゆるギャップ研究は，司法判断は，求められた目標を達成しなかった，と結論付けられたが，しかし典型的なモダニストの形では，次に研究者はこれらの研究自体が社会の統制や変化により有効な手段へと導き得ることを示唆した。そこで，注意しなければいけないことは，それ以前のモダニズム法学の段階とは異なり，この後期の危機の時代の間，指導的学者は，すべてを覆う法学のアプローチの価値の上に，広範な同意を得ることができなかったことである。[114]

　この時期に現われた，2つの指導的法学の発展として，「法と経済学運動（law and economics movement）」と「批判的法学研究（critical legal studies）」を挙げることができる。法と経済学派の学者は，法システム，とりわけ契約，不法行為，財産権という，コモン・ロー分野において，客観的真理を発見するために，経済分析の方法を使用しようとした。経済分析一般についてと同様，基本的モダニストの前提は，法と経済学のアプローチの出発点となった。すなわち，すべての個人は，彼ら自身の自己利益を最大にすることを求めることである。もし個人が自己利益を合理的に追求することを自由に委ねられたなら，そこで，社会自体はおそらく，もっとも経済的に有効な方法において，資源と財の分配をする，その最高善を達成するであろう。基本的に，社会のための全生産がそれに対応して増大するに従って，経済的効率は増すのである。実際，これらの諸前提の大部分を駆使して，経済学者であるロナルド・コースは，1960年にやがて法と経済学運動の源泉として仕えることになる論文を発表した。コースの定理は，取引費用なしの世界において，法的権利の割当ては，自然に最も効率的な分配に動くであろう，資源の分配に影響を与えない，と主張した。[115]

　コースの定理と，その根底に横たわる経済的諸前提の上に建てられた，法と経済学派の研究者は，彼らの方法は，記述的および予測的意味合いの両者を有することを示唆した。記述的ということで，彼らは次のように主張した。すな

わち，判事達が何年にもわたって何をしてきたかを考えるかとは関係なく，経済分析は，コモン・ローの歴史的発展――より大きな経済効率性に導いた発展――を正確に描いた，ということである。従って，ある意味で，法と経済学派の学者は，裁判所の意見の価値を拒絶することによって，リアリストに従ったが，しかしリーガル・プロセス派の学者と同様に，それにもかかわらず法と経済学の著者は，司法の判断形成を異なる論理で見たことになる。その他の法と経済学の学者は，さらに法システムの予測的勧告をするために分析を推し進めた。最も有名な例として，リチャード・ポズナーは，コモン・ロー裁判官は経済市場を真似て法を形成すべきである，と主張した。もし想像上規制されていない市場が，しかじかの方法において財の分配に導くなら，コモン・ロー裁判官は財を同様に分配すべきである。ポズナーおよび彼の同僚に従うと，問題なのは，財の公平な分配――すべての人間が公正に扱われること――ではなく，むしろ財がシステム全体の効率性を増大させるように分配されることである。そして，想定の上では，規制されていない市場が最も有効な結果を生むのである。要するに，法と経済学のアプローチは，それに伴う公平や不公平に関わりなく，社会の全生産の増大を狙いとしたのである。[116]

　多くの研究者にとって，法に対して経済的アプローチを適用することは，一見科学的で厳正であった。1972年に創刊され，法と経済学の論文を発表する場として貢献した，『法学研究ジャーナル（Journal of Legal Studies）』の創刊号において，ポズナーは，次のように宣言した。「この雑誌の目的は，法システムの研究に科学的方法が適用されることを支援することにある。生物学は生きた有機体を，天文学は星を，経済学は価格システムを解明するために存在するように，法学は法システムをその研究対象とすべきである。すなわち，法システムが実際いかに作用し，記録に現われた頻発するパターン――システムとしての『法』――を発見し，説明し，正確で，客観的な，そして体系的観察を加える努力をすることである。」なるほど，法と経済学の運動は発展した。例えば，今日，この運動の最も活発な部分はおそらく，立法の政策形成のような，政治活動に経済的分析を適用する，公共選択理論であろう。それにもかかわらず，法と経済学は，科学的客観性を主張することに集約されるように，明確にモダニストとしての志向を維持している。[117]

批判的法学研究（CLS）の運動は，1970年代の初めから中頃にかけて出現した。「批判者」の多くは，ロースクール時代，公正で中立なアメリカの法システムおよび穏健な，リベラルな政治的コンセンサスという，リーガル・プロセスが描いて見せたものに魅力を感じなくなっていた，学生時代に，ベトナム戦争に反対した者達であった。批判派が法アカデミーの世界に入ると，彼らは主流の法学，とりわけリーガル・プロセスの類に，（そして，結局，法と経済学にもまた）異議を申し立てた。彼らはアメリカ社会内部の階層に基づく経済的分配——異なる集団間の富の不平等から生じる分配——に注意を向けさせた。リーガル・プロセス学派は，法固有の合理性を示そうと努めたのに対して，批判的法学研究は，アメリカ社会における富と権力の不均衡を，不当にも正当化するイデオロギーとして，法がいかに奉仕するかを証明することを追求した。リーガル・プロセスの主張に反して，批判的法学研究の学者は，司法の判断形成は中立的プロセスではなく，全くの政治であると論じた。法は政治的であるだけではなく，槍の突きを持って戦いを挑まれる意味で政治的なのである。アメリカにおいて既に十分に恵まれた者に有利に働く，法システムにおいて，「持てる者」は一貫して（常に必ずというわけではないが）先を行くのである。しかし，法はこの政治的傾向を曖昧にし，隠す傾向にあるので，法はイデオロギーであると，批判的法学研究は主張する。法は中立であり，公正であると主張するが，しかし同時に，そして一貫して，一定の強力なグループをひいきにするものでさえある。従って，批判的法学研究の論者は，リベラルな漸進的改革を伴って，法システムを改善する可能性を拒否する。必然的に，そのような改革は，システムを実質的にそのままにしたまま，法のイデオロギー性に飲み込まれ，吸収される。それに代えて，唯一免れる道は，システム全体の，あるいは革命的変容しか残されていない，と批判的法学研究は主張する。[118]

ここで強調しておきたいことは，批判的法学研究の論者はモダニストであったことである。疑いもなく，法と経済学のように，他の同時代の学際的法学研究運動において明らかなように，異なる学問領域間の境界は，この時期壊れ始めていた。とはいえ，おそらくいかなる他の現在の潮流よりも——そして確かに，リアリストを含む，以前のモダニストの諸学派以上に——，批判的法学研究の論者は折衷主義者であった。彼らは，ヨーロッパ大陸の多くの思想家を含

む，ありとあらゆる所に源泉を求め始めた。彼らの脚注は，ウェーバー，マルクス，フッサール，ハイデガー，ハーバーマス，メルロ‐ポンティー，アーレント，デュルケーム，サルトル，フォイエルバッハ，レビ‐ストロース——確かに伝統的アメリカ法の権威ではない——に言及している。だがしかし，通常の引用の域を出たいとの批判的法学研究の論者の意図にもかかわらず，彼らが引用した大陸の思想家の多くがそうであったように，彼らは大部分，基本的にモダニストの諸前提に立脚したままであった。最も重要なことは，批判的法学研究の著作の中心的特徴の一つは，いわゆる基本的矛盾（fundamental contradiction）を有していたことである。ダンカン・ケネディは，それについての根本的な言明を提供してくれる。

　個人的自由の目標は，同時に，それを達成するために必要な，共同体の強制への依存およびそれとの矛盾である。他者（家族，友人，官僚，文化的象徴，国家）は——それらは我々に我々自身の素材を提供し，破滅に対して決定的方法において我々を守る——，我々が苟も人となろうとするなら，必要なものである。……しかしそれが我々を形成し，守ると同時に，他者の世界（家族，友情，官僚制，文化，国家）は我々にとって，極めて単純に善というよりは悪である，壊滅の脅しをかけ，そして我々に融合の形態を主張する。友人は一人でいる惨めさを和らげることができる。無数の適合，自己の大小を問わない他者への放棄は，我々が社会において経験する自由の代償である。[119]

ケネディによって示されたように，基本的矛盾は2つの極端なものの両極の反発によって特徴付けられる，構造的現象であった。すなわち，個人の自由と共同社会の強制である。ロバート・W・ゴードンはそれを次のように呼んでいる。すなわち「社会が存在する最も脅威となる面の1つである。他者——その協力は我々の存在に欠かすことができない（それを社会的に限定する努力なしに，我々は個人的アイデンティティーさえ持つことができない）が，我々を殺戮し，あるいは奴隷化するかもしれない——によって設定される危険である。」基本的矛盾は深い構造を有しているので，それは日々の生活の表面には直ぐには現われないが，しかし表面のさらに下を掘ると，様々な文脈において，異なる外観を呈して，何度も何度も出現する傾向にある，と批判的法学研究は述べ

る。結局，批判的法学研究に属する著者は，根底に横たわる基本的矛盾の構造から，いかに法システムの様々な領域が生じるかを説明することに，多大の時間を費やしているのである。ジェラルド・E・フラグは近代都市の無力さを部分的にそのせいであるとしたし，他方，フランシス・E・オルセンは家族と経済市場の2分法を，この基本的構造に関係付けたのである。[120]

　批判的法学研究の論者が，基本的矛盾の検討に深く関わったことは，彼らが2つの重要な点において，モダニストとして特徴付けられることを意味する。第1に，社会生活はこの根本的ないしは基本的建設の障害に還元され，次にそれは多様な社会の発展のあらゆる方法を説明するために使用することができることである。ケネディが表現しているように，あらゆる法的問題は「適切な個人の自己決定に反対するものとして，共同体の度合いという唯一の矛盾」に還元されるのである。実際，基本的矛盾は，批判的法学研究学派の研究者にとって，真理の客観的源泉となった。第2に，この根底に横たわる構造を学問的に信じているにもかかわらず，同時に批判的法学研究は，何とかして，何がしかの方法で，彼らが真の自由の新たな社会生活へと誘導するために，基本的矛盾の制約を乗り越えることができると信じたことである。従って，結局，批判的法学研究の論者は，人類の善のために社会を作り変える手助けができると信じたのである。モダニストの進歩が，前面に出ることができたのである。[121]

　批判的法学研究は，おそらく世代に関わる運動として，最も良く理解されるであろう。この点から，批判的法学研究の論者は，1970年代に法学のアカデミックな世界に入り，15年程左翼の法思想を支配した，批判的で，過激な思想家達であった。確かに，他の批判的思想家は批判的法学研究に従ったが，しかし様々な理由から，より最近の批判的研究者は，批判的法学研究運動の中に収まり切らないのである（最も重要なことは，ごく最近の思想家の多くはモダンというよりは，ポストモダンである）。批判的法学研究の論者は，彼ら自身のロースクールでの経験における根深い失望とともに，戦争反対者としての経験によって，大いに動機付けられていた。その結果，時々，批判的法学研究の論者は基本的なリーガル・プロセスの主題を解明するという困難な仕事に取り組んでいた，ロースクールの教授達の完全な失敗の証明に従事することに，ほとんど強迫じみた使命を感じていたように思える。例えば，ポール・ブレストやマー

ク・タッシュネットは，憲法理論の目的——これは次第にリーガル・プロセスの著作の源泉となる——は論理的に不可能である，と論じた。リーガル・プロセスの観点からは，有効な憲法理論が，政治的に中立であると同時に，ある客観的基礎の上に憲法判断を根拠付けるために必要とされた。ブレストおよびタッシュネットが結論付けたように，これらのリーガル・プロセスの目標は本来的に一致しない。言い換えると，リーガル・プロセスの思考は自己矛盾であり，憲法理論の構築に全生涯をかけたリーガル・プロセスの学者は，実際，彼らの職業人生を無駄にしたのである。学問の先達へのこのように広範な攻撃にもかかわらず，批判的法学研究の論者は，1980年代頃に終わりに近づいたように見える。正当にも，ダンカン・ケネディは基本的矛盾の観念を明確に拒絶したとき，批判的法学研究の短い時代を象徴的に終わらせ，1984年に「それは完全に消滅させ，根絶させられなければならない」と宣言した。そのころ，批判的法学研究が熟すに従い，彼らの多くは，より主流の活動になるべく努力していた。例えば，タッシュネットは指導的憲法史家になったし，他方ブレストはスタンフォード法科大学院の院長になった（ほんの数年前，当時デューク大学法科大学院の院長であった，ポール・D・キャリントンは，批判的法学研究はロースクールの教育から追放されるべきであるとさえ，嚙み付いていたのであるが）。(122)

他方，法思想が種々の方向に向かっていたにもかかわらず，リーガル・プロセス理論は完全には消滅しなかった——それとは正反対であった。彼らの不安は募っていたが，幾人かの忠実なリーガル・プロセスの学者は，ウォーレン・コートとの闘いにおいて一歩前進していた。彼らの観点からは，連邦最高裁は一貫して法の支配を無視し，従って弱めていた。ニヒリズムの叫びが再び聞こえるようになった。他のより希望的リーガル・プロセス派の学者は，次第に複雑な理論を展開することによって，リーガル・プロセスとウォーレン・コートの両者を擁護する闘いをした。実際，やがて，ブラウン判決に対するウェクスラーの異議申立ては，リーガル・プロセスの類型の中に，非常に想像的で，洗練された著作の幾つかを生み出した。例えば，リチャード・ワッサーストルムは，ウォーレン・コートの質を低下したと思われる，リアリスト類似のルール懐疑主義の多くに対して，リーガル・プロセスからの回答を非常に雄弁な形で説明した。ワッサーストルムによると，リアリストは2つの異なるプロセスを

混同した。すなわち，発見のプロセスと正当化のプロセスである。発見のプロセスは，いかにして裁判所は事件において結論に到達するかを記述し，他方正当化のプロセスは，裁判所がいかにしてその結論を根拠付けないしは正当化するかを記述する。発見のプロセスに適用される限りで，法的推論や裁判所の意見に対するリアリストの批判は正しかった。裁判所の意見はしばしば，裁判官がそれらの結論にいかに達したかを正確には記述しない。しかしながら，正当化のプロセスに適用される限りで，リアリストは間違っていた。裁判所の意見は，いかに裁判官が結論を正当化したかを正確に記述している（ないしは正確に記述す・べ・き・で・あ・る）。すなわち，裁判所の意見の目的は，結論の正当化であり，発見であるべきではないことを承認することに失敗した。発見のプロセスは合理的ではあり得ないが，正当化のプロセスは厳密に合理的であり得るし，そうでなければならない。というのは，終局的に，リーガル・プロセスに従うと，この正当化のプロセスにおける厳格な合理性の要求は，司法の判断形成に意味のある（そして客観的な）制約を課すからである。それ故に，その判断を適切に正当化することに，ウォーレン・コートが一貫して失敗したことは，誤って，そして危険のうちに，推論された説明という制度的制約から連邦最高裁判事を自由にしたのである。[123]

　もしワッサーストルムが最も雄弁に，十分に推論された裁判所の意見について，リーガル・プロセスを説明したのだとするなら，次に，アレクサンダー・ビッケルは最も雄弁に，憲法の判断形成における司法積極主義に対して，制度が有する批判を述べた。多元的政治理論に共鳴して，ビッケルは，立法過程は，すべての者に開かれ，推移する多数派によってコントロールされる，広く開かれた諸利益の衝突であると論じた。立法活動は，ほとんど原理化されておらず，せいぜい，問題を解決し，目標に到達するために最も好都合な手段を反映する。それにもかかわらず，ビッケルにとって，我々の立憲政治の中心として信奉すべきものは民主過程であり，それ故に，立法活動は，それがまさに民主的である故に——それらはおそらく人民の多数意思を示している——正当なのである。従って，連邦最高裁が立法行為を違憲であるとして無効にするとき，最高裁は，民主的意思を敗北させることになる可能性が存在する。もし立法の制度的役割が，民主制の自由な活動を認めることにあるとするなら，司法

審査における連邦最高裁の役割は、民主制の精神に反して活動することを強いることになる。要するに、連邦最高裁の役割は、「反多数決主義という乗り越えがたい壁」を作っているのである。(124)

ビッケル自身、この反多数決主義という乗り越えがたい壁の問題を解決する一つの可能性を示した。ビッケルによると、司法審査は、それが統治に不可欠な何かを加える場合にのみ、正当化することができる。立法過程は原理化されていない諸利益の衝突を許している、とビッケルは信じた故に、司法審査は我々の統治システムに、原理ないしは倫理的価値を差し込む、と彼は論じたのである。多元主義的政治理論に一致して、ビッケルは、アメリカ社会を基本的文化的規範の上に同意していると見ていたので、連邦最高裁の制度的機能は、これら「我々の社会の永続的価値」——ウェクスラーの中立原理——を明確に述べ、適用しなければならない、と彼は結論付けた。ビッケルは次のように説明した。「［司法審査の］プロセスは、それが未だそこには存在しない何物かを代表制に注入する場合にのみ正当化される、というのが根本的考え方である。すなわち、それは原理であり、物質的必要性とともに社会の精神的長期展望から価値を引き出す、間じかの結果が有用であるあるいは同意されているか否かに関わりなく、固守することを命じられている行為の基準である。」(125)

たとえそうであっても、連邦最高裁は、立法府の民主過程との衝突を最小限にするために、慎み深く、自己抑制的に行動すべきである、とビッケルは主張した。「消極の美徳」——原告適格、ムートネス、争いの成熟性などの諸原理——は、連邦最高裁にその出番を注意深く待つことを可能にする。それら消極の美徳を拠り所にして、連邦最高裁は、本案での多くの憲法事件を判断することを避けることができ、それ故に、立法府の判断を尊重し、しかし連邦最高裁は、本案についての判断が、永続的価値を表現することを助長する、稀な事件をなお掌握することができるのである。従って、連邦最高裁は、我々の民主的システムにおいてその不安定ながら、なお決定的な、反多数決主義の機能を維持するのである。(126)

アメリカ法思想は、既に第4段階のモダニズムに突入していたので、その洗練さと巧妙さにもかかわらず、反多数決主義の問題に対するビッケルの解決は、直ぐに疑わしいものとなった。彼の消極の美徳は、裁判所の判断形成のた

めの客観的基礎を提供していないことから、ジェラルド・ガンサーは、ビッケルを法の支配をなし崩しにするものとして非難した。ガンサーにとって、消極の美徳は「裁定すべきか否かの決定において［連邦最高裁に対して］実質的に無限の選択」を提供する「空虚な定式」であった。そのようなものとして、それらは「法を無意味なもの」とするのであり、結局リーガル・プロセス理論と一致しないのである。さらに重要なことに、ビッケル自身、やがて、連邦最高裁が、真に中立的な原理を説明することがかつて可能であったか、疑問を持つようになった。あらゆる実体的価値が相対的であるならば——民主制についての相対理論が示唆したように——、結局連邦最高裁は、中立的な、あるいは客観的な価値を説明することができないはずである。後期のビッケルにとって、文化的伝統によって純化された基礎に対するモダニストの欲求は、悲劇的に不条理なものとなる。理性は、それのみでは内容が空虚であり、価値は必然的に伝統自体から生ずる。結果的に、アメリカ民主制において、法の支配を擁護するリーガル・プロセス全体が消滅の憂き目にあい、法学者は、第4段階のモダニズムに深い絶望感を抱くようになったのである。[127]

　しかしながら、この絶望感は、幾人かのリーガル・プロセス派の学者に、さらに高度なレベルに磨き上げることに向かわせた。実際、リーガル・プロセス理論は、リーガル・プロセスとブラウン事件判決を調和させることを狙いとした、ジョン・ハート・イリィの代表補強の憲法理論により、その頂点に達した。ビッケルの中立原理についての懐疑的結論を受けて、イリィはプロセスに対する信奉を増大する方向に献身した。イリィによると、価値相対主義の問題の、唯一の解決策は、憲法訴訟に対して、純粋にプロセスに基づくアプローチを展開することであった。連邦最高裁は、中立であれ何であれ、実体的価値ないしは目標を説明しようと試みることさえすべきではない。あらゆる実体的価値決定は、民主過程から生み出されるべきである。だがしかし、民主過程は必ずしも公正で、開かれているとは限らないことから、そこで連邦最高裁は、立法府の判断を自動的に尊重すべきではない、とイリィは理解した。その代わり、連邦最高裁は、代表民主制のプロセスを統制すべきである。立法行為は、それが欠陥ないしは機能不全を有する民主過程故に、またそれ故にのみ、違憲として覆されるべきである。イリィの見解においては、プロセスのみが、客観

第4章 モダニズムのアメリカ法思想 195

的司法判断形成のための基礎として提供されている。さらに，代表補強は，司法審査が民主過程を支持し，増進する故に，反民主主義的という困難な壁を実際乗り越えているのである。(128)

　連邦最高裁は，民主過程を2つの方法において統制できると論じ，イリィは彼の理論を説明した。第1に，最高裁は政治的変化のチャンネルを明らかにすべきである。そうするために，政治的変化のチャンネルを窒息させ，政治的「野党」を永久に排除することによる，政治的「与党」の継続的政治権力奪取を防ぐのである。例えば，議員定数不均衡によって投票権を否定ないしは薄めることは，民主過程における「典型的機能不全」であり，それ故に，連邦最高裁によって妨げられなければならないものである。第2に，そしてブラウン事件を擁護するために大変重要なことは，連邦最高裁は，マイノリティーの代表を促進させるべきである。すなわち，連邦最高裁は，代表者が敵意や偏見の故に，意図的に不利益が及んでいるマイノリティーを救済しなければならない。もしすべての者が「現実に，ないしは事実上代表されていないなら」，民主過程は機能不全に陥っている。民主過程に投票によって形式的に参加しているマイノリティーは，それにもかかわらず，もし彼らがマイノリティーというだけで選挙された代表が彼等の利益を無視するなら，彼らは排除されているのである。それ故に，例えば，立法府が，人種的敵意のような，不適切な動機からマイノリティーを意図的に差別するとき，連邦最高裁は，立法行為を違憲と判断すべきである。従って，この理由から，代表補強の理論は，ブラウン事件判決および公立学校における人種差別に対する非難を正当化した。人種差別を命じている立法は，アフリカ系アメリカ人の有権者の利益を適切には代表していなかったのである。さらに，アフリカ系アメリカ人の子供を差別する教育は，民主過程に十分に参加する，大人としての能力を結局押さえ込んだのである。(129)

　代表補強というイリィの理論は，その簡潔性において優雅であった。そうであっても，批判者は，直ぐにそして徹底的に攻撃するために群がった。例えば，連邦最高裁は，マイノリティーの代表を促進するために民主過程を統制すべきである，とイリィは論じたが，批判者が直ぐに注釈を付したように，連邦最高裁自体が，多元的民主制の原理化されていない闘いにおける敗者である，

様々な社会集団を差別しなければならない。連邦最高裁は，他の集団を民主過程における単なる敗者と考えながら，そのような集団の幾つかを特別な，裁判所による保護を受ける資格のある（分離され孤立した）マイノリティーとして示した。事実上，これらの単なる敗者は，裁判所によって保護されずに，立法の場において自らを守るために放置されたままであった。だがしかし，リーガル・プロセス理論の観点から，社会集団の必然的差別化には問題があった。それは連邦最高裁に，代表補強の理論が禁止するであろう，まさに違憲な実体的価値選択に関わることを要求するのである。おそらく，代表補強はブラウン事件を擁護したが，リーガル・プロセスの中心的目的である，中立で客観的司法判断の形成を犠牲にすることによってのみ，それをなした（とにもかくにも），と批判者は結論付けた。ポール・ブレストが嘲笑的に述べたように，イリィは，プロセスを基にした憲法理論をあまりに見事に組み立てたので，彼の失敗は，成功した理論に至ることがいかに不可能であるかを無意識のうちに証明したのである。「ジョン・ハート・イリィは，それは果たすことが不可能なことを，誰かが成し遂げることができるかもしれない，と証明する寸前にまで達したのであった。」同じことは，モダニズム法学一般について言えることであった。1世紀以上にわたる努力にもかかわらず，モダニズム法学が自己に課した諸目標は，そもそも達成不可能であると思われたのである。[130]

第5章
ポストモダニズムのアメリカ法思想

交錯する不明瞭な境界：
モダニズム法学からポストモダニズム法学へ

　1950年代および1960年代初期のアメリカは，コンセンサスと自信によって特徴付けることができる国家であった。(1)リーガル・プロセス学派の研究者や政治理論家を含めて，多くのアメリカ人は，1950年代を通じて，国家は，民主制と法の支配から構成される，コンセンサスによって結び付けられていると信じていた。さらに，アメリカが有する情報技術，繁栄，および力の故に，これらの原理は，すべてのアメリカ人の生活において満たされるだけではなく，奇特にも全世界を形成することができると確信していた。だがしかし，コンセンサスが存在していたこの時期は，おそらく，「愚か者の天国……誤った自己満足と危険な錯覚の時代」であった。初期の公民権運動は，コンセンサスが存在するとの考え方に弱点があるにもかかわらず，運動それ自体に対する当時の広範な支持は，コンセンサスの一部となった——自由や平等への見せかけのアメリカ人の信奉を映し出しながら。そして初期の運動の成功のみが，アメリカ人に自信を強めさせていた。南部の人種差別は敗北し，すべての市民は機会の平等を有し，アメリカン・ドリームを共有する，とほとんどのアメリカ人は信じた。実際，これは「大いなる期待」の時代であった。ジェームズ・T・パッターソンによると，「貧困から癌，ベトナムにおける不穏な状態にわたる，当時の諸問題に対して勝利する『戦争』について，自信をもって語ったのである。」しかしながら，最終的に，1960年代の初期から1970年代の初期を通じての出来事は，調和と成功についてのアメリカ人の考え方を劇的にずたずたにしなが

ら，これらの期待を裏切った。公民権運動の変容，ジョン・F・ケネディ大統領，弟のロバート・F・ケネディ上院議員，そしてマーティン・ルーサー・キング牧師の暗殺である。ベトナム戦争およびそれに伴う抵抗，そしてウォーターゲート事件は自信を喪失させ，「コンセンサスを亡き者にした。」[2]

　おそらくいかなる他の出来事にもまして，ベトナム戦争ほどアメリカの確信を溶解させたものはない。アメリカの繁栄は，彼らが世界中の社会の進歩を操作することができるとの，モダニストの傲慢とも言える確信と結び付いていた。冷戦の間，進歩についてのアメリカの考え方は，共産主義を食い止めることと同義であった。ベトナムにおいては，この見解は，北ベトナムの共産主義者を敗北させ，東南アジアを自由な経済と政府と想定されるものを確立するという，相互に関連する目的に換えられた。だがしかし，1964年と1965年に，合衆国軍隊が関与を開始するについて，北ベトナムとの決着を非常に甘く考えていた。そこで，合衆国の目標の追求は，戦争における努力を一貫してエスカレートさせることを国家に要求した。それにもかかわらず，いずれの拡大をもってしても，いずれの新型爆弾の攻撃やさらなる部隊の派遣をもってしても，合衆国はその目的を大きく前進させることに，どうしても成功することができなかった。実際，戦争期間中，合衆国は，連合国が第2次世界大戦中にヨーロッパやアジアにおいて落した総数の2倍以上にわたる，7億トンの爆弾をベトナムに投下した。海外での拡大に伴って国内での失望感が蔓延し，アメリカ人は戦争に賛成する者と反対する者とに二分された。1965年に，アメリカ人の大多数はベトナムに介入することを支持したが，1969年には，アメリカ人の多数派はそれに反対した。反対する者の多くが，この時代の名の知れたデモ行進に参加することによって，卒直に不満の声を上げたのである。[3]

　合衆国は，リチャード・ニクソン政権が「名誉をもって和平」交渉に入ることを宣言して，1973年に，ベトナムから最終的に軍隊を引き上げた。それにもかかわらず，1975年早々に，北ベトナム人が南ベトナムの首都サイゴンに入り，南ベトナム人の政府を倒した。アメリカは戦争に350億ドルを費やし，5万8千名のアメリカ人，41万5千名を超えるベトナム人，約100万人の北ベトナム兵が殺されたにもかかわらず，合衆国は，その目標を，悲惨にも達成することに失敗した。このような軍事的敗北は，もちろん，国際問題を含んでいた

が，それはまた国内においても深い意味を有していた。その1つは，アメリカ人は1960年代初めには有していた，自己自身を信じることが，最早ないことである。国家の莫大な経済的，軍事的力にもかかわらず，合衆国は，小さな，東南アジアの比較的に発展途上にある国に勝つことができなかった事実を，アメリカ人は受け入れなければならなかった。戦争は，国家の努力をおそらくは結集した，アメリカにおいて「最善の，最も賢明な」ものでさえ，限界や欠点を有することを暴露したのである。1975年に，南ベトナムは崩壊した。アイオワ州選出の上院議員ジョン・C・カルヴァーは，「ベトナムはアメリカ人の国民意思に桁外れの通行料を課した」と嘆いたのであった。(4)

　もしベトナム戦争が，アメリカ人の確信の喪失を象徴するなら，おそらく公民権運動の運命は，コンセンサスが消滅したことの最良の例証である（確信の喪失のさらなる例証であるとともに）。1955年11月1日，ロサ・パークスが，アラバマ州モンゴメリーにおいて，バスの後部座席に移動することに端を発し，数年間，運動の核となった組織は，マーティン・ルーサー・キング，ラルフ・アバナシー，フレッド・シャトルワース牧師達に指導された，南部キリスト教指導者会議（SCLC）であった。とりわけ，キング牧師の著作は，アフリカ系アメリカ人は，団結し，平等なアメリカ共同体を成功裡に統合することができるとの感覚で，SCLCの指導者達の楽観的態度を示している。キング牧師は，彼の言葉によると，「人間の動機の複雑さを知っているし」そして「集団的悪のぎらつくような現実」を認識しているとはいえ，彼の非暴力の抵抗への揺れ動く信奉は，共同社会の進歩に対する可能性への確信を証明した。「我々の目的は説得することである」，とキング牧師は宣言した。「我々の目的は，平和な手段で平和な共同体となることに存在するのであり，非暴力という手段を採用する。……我々は常に進んで話し合うし，公正な妥協を求めているが，必要ならば……我々が見たものとしての真理のための証人となることを，容認する用意がある。」(5)

　1960年代の初期までには，学生非暴力調整委員会（SNCC）が，展開されていた公民権運動において，もう1つの核となる組織として出現していた。SNCCは主に，当初ランチ・カウンターでの座り込みに参加していた，多くの大学生を含む，若い人達から構成されていた。ほとんどのSNCCのメンバ

ーは「リベラルな信条への信仰者として始めたが」, しかし彼らは「最後には体制を拒絶するようになった。」ゴッドフリィ・ホジソンは, 次のように説明している。「[SNCCの指導者]は, キリスト教の福音書, アメリカの約束, そして連邦政府の正義の妥当性を確信して出発した。恐怖, 苦痛, 失望, そして裏切りが彼らを変えさせた。彼らはより悲観的に, より懐疑的に, より嘲笑的——そしてより分離主義的に——なった。彼らは政治的天国への忠誠を失った。」皮肉にも, キング牧師が1963年の夏に, ワシントン大行進において, 有名な『私には夢がある (I Have A Dream)』の演説をした時までには, 夢は既に消滅していたのである。「いつしかこの国にその信条——我々はこれらの真理を自明のものであると信じる。すなわち, すべての人間は平等に創られているということである——の真の意味が出現し, 実現するという, アメリカン・ドリームに深く根差した夢」について, キング牧師は語ったのである。しかし, マルコム・Xは全く異なる見解で応酬した。「私はいかなるアメリカン・ドリームも夢見ていないし, 私はアメリカの悪夢を見ている。」彼にとって, ワシントン大行進は「ワシントンにおける道化芝居」と呼ばれるべきものであった。なぜならば, 計画段階の間, ケネディー政権は秘密裡にまた成功裡に, それが過激な方向に向かわないように働きかけをしたからである。一部, 政権からの圧力故に, 大行進は, 経済的不平等のような, より扇動的な争点よりも, 公民権立法の制定に焦点を当てたのである。そこで, 大行進から2年後に, 公民権運動は, 「抵抗運動から反乱へと」変容させられたのである。1965年に, ロサンゼルスのワッツから始まった, 一連の暴力的人種暴動は, アメリカの諸都市を席捲したのであった。1966年の夏までには, 「我々は乗り越え得る (We Shall Overcome)」というキング牧師の統合主義者の宣言は, 公民権運動から白人を排除することを意味した, SNCCのストークレイ・カーマイケルおよびその他の「ブラック・パワー」——幾人かの者にとって, それは公民権運動から白人を排除することを意味した——を要求する声によって, 次第にかき消された。ますます, アフリカ系アメリカ人は, 単なる機会の平等を求めるのに代えて, 今や真の拡大された社会的, 経済的変化——多くの白人のアメリカ人が引き渡すことを望まない, あるいはできない (あるいはこの両者を含む) 変化——を伴う, 実質的結果における平等を要求したのである。[6]

要するに，1960年代と1970年代前半のアメリカは，市民の考え方，予測，および希望を急激に変化させる一連の出来事を経験した。1950年代のコンセンサスと自信は溶解した。「60年代の真の危機は，南北戦争および再建後初めて，アメリカの1世代が，大恐慌期に人民に求められた，彼らの諸問題をいかにして解決するかではなく，問題は解決されるのかということにあった。すなわち問題は，ケネディやニクソンの時代の大きな衝突は，1930年代における失業問題，1940年代における戦争および1950年代における冷戦による異議申し立てとは異なり，なぜアメリカン・ライフの中心的約束が挑戦を受けたかにある。」[7]
これは言い換えると，モダニズムは行き詰まった，と考えられたということである。アメリカ人が団結し，傷を癒すのではなく，1960年代の分極化は1970年代の分裂となった。一種の権利意識が目覚め，公民権運動に共鳴し，しかし今やさらに多くの，そして様々な利益集団が権利の正当な評価を求め，過去の不正が救済されることを求めた。女性のための全国組織が1966年に創設され，女性解放運動が国全体の問題の前景に出てきた。環境保護団体やその他の公益団体が実現される運びとなった。メジャーリーグの野球選手でさえ，彼ら自身の組合を設立した。要するに，アメリカ社会は様々に，相反する集団に，後戻りができないまでに，ばらばらになったように見えた（あるいは，おそらく，より正確には，多くのアメリカ人が，長いこと存在してきたある社会的分断に初めて気が付くようになったのである）。従って，これらの分断は「1960年代以降数十年にわたってアメリカン・ライフを支配した。」権利意識に目覚めた社会内部においてさえ，非常に多くの団体の存在が，同時に正義を求めたことは，成功のための機会，真の社会変化は最小であった，ということを意味したのである。アメリカ社会の構造が急激な（そしてしばしば累積的でさえある）変化の諸要求に抵抗した——それらの要求がいかに正当で，そして極めてしばしば，著しく合理的であると思われた。従って，社会変化に対する希望は，際立った信念であったが，急激に挫折，悲観主義，シニシズムに道を譲ったのである。[8]

アメリカ社会におけるこれらのパラダイムの変化は，連邦最高裁の判決に反映されている——あるいは，より正確には，公的反応におけると同様，連邦最高裁の前での権利の主張において，そのような権利を承認し擁護するこれらの

連邦最高裁判決に対し極めて積極的と,極めて消極的の両者が存在したのであった。1960年代中頃早々においてさえ,エンゲル 対 ヴァイテル事件判決によって例証されるように,これらの社会変化が現われ始めていた。1950年代——表面上コンセンサスが存在した時代——に,ニューヨーク州理事会（Board of Regent）は,地方の教育委員会が宗教的信奉および道徳的,精神的価値を増進させるために,学校において毎日お祈りをすることを生徒に義務付けるよう勧告した。理事は「特定の宗派に関わりがない（nondenominational）」であろうお祈りをするように勧告した。「全能なる神よ,わたしたちはあなたを拠り所としていることを認め,わたしたち,わたしたちの両親,教師,国にお恵みをお与え下さいますように。」1958年に,ロング・アイランド州,ニュー・ハイド・パークの町のある教育委員会が,このお祈りを教室において使用する採択をしたとき,幾人かの両親が,その合憲性の判断を求めて異議を申し立てた。この訴訟に対する当初の反応は険悪なものであり,原告には無数の嫌がらせの手紙が届いた。例えば,ある手紙には次のように書かれていた。「ユダヤ人がいかなる国でも欲するものを独り占めしているように,ユダヤ人はアメリカを牛耳ろうとしている。」もう一つの手紙には,次のように述べられていた。「おれらの神が嫌いなら,おまえらが属する鉄のカーテンの後ろに行け,ユダ,与太者,汚れ者。」極めて明瞭に,アメリカのコンセンサスと考えられたものに亀裂が見え始めていた。[9]

　ウォーレン長官の下で連邦最高裁が1962年に判断を下した,エンゲル事件判決は,理事会が勧告した公立学校におけるお祈りの日々の暗誦は,国教樹立禁止条項に違反するというものであった。連邦最高裁は,国教樹立禁止条項を解釈するにつき,プロテスタントの歴史を引き合いに出した。ピューリタンは,政府が強要するイギリス国教会のための祈禱書（Book of Common Prayer）の使用を回避するために英国を去り,アメリカに逃れたことを,連邦最高裁は想起させた。連邦最高裁によると,理事会が勧告する日々のお祈りの暗誦は,祈禱書の公的な強制に非常に近似するように響く。さらに,修正第1条は,その法が宗教的実践をたとえ強要していないとしても,「公的な宗教」を確立するいかなる法をも禁止した,と連邦最高裁は理由付けしたのである。それにもかかわらず,実際この特殊な文脈において,クラス・メイトがお祈りを暗誦して

いるときに，生徒は沈黙のままでいる，あるいは部屋を離れることを許されてはいるが，強制が存在することを認めた。「政府の権力，威厳および財政的援助が，特定の宗教的信仰の背後に存在しているとき，公的に是認された宗教を普及することに一致させるために，宗教的マイノリティーに間接的強制的圧力を課しているのは明らかである。」直ぐにニュー・レパブリックにおいて論評されたことからもわかるように，エンゲル事件判決は「激しい論争」に火を付けた。幾人かの論評は，教会と国家との間に高い壁を築いた判決を歓迎したけれども，多くの他の論者は「アメリカ的生活の方法」に背くものとして最高裁を侮蔑した。例えば，ウォール・ストリート・ジャーナルの社説は，判決が有する恐るべき意味合いを嘆いた。「子供達がかわいそうである。クリスマス・キャロルさえ歌うことができないなんて。」驚くまでもなく，アメリカの歴史に照らして，エンゲル事件判決は，合衆国憲法に，キリスト教修正条項を追加する提案の噴出を生じさせた。実際，1964年の共和党の綱領は，そのような修正条項を要求したのである。[10]

　エンゲル事件判決の重要性とともに，1960年代および1970年代の連邦最高裁判決——それ故にモダニズムからポストモダニズムの法学への移行に関して最も影響のあったもの——の中で，最も激しい論争を引き起こしたのは，疑いもなく，グリズウォルド 対 コネティカットとロー 対 ウェイド事件であり，それぞれ1965年と1973年に判決が下されている。グリズウォルド事件は，コネティカット州の反避妊法をめぐる，長期に渡る政治的・法的闘争の後に生じたものである。[11]法律は，既に4年前に，連邦最高裁の前での宣言的判決において，異議申し立てがなされていた。ポー 対 ウルマン事件において，5対4の多数決という僅差で，この事件について判断を下すには事件が成熟していない，と連邦最高裁は判断を下していた。最高裁の中で，司法の自己抑制の最も強力な唱導者である，フェリックス・フランクファータ最高裁判事は，消極の美徳を唱える多数意見を書いた。しかしながら，グリズウォルド事件が連邦最高裁に達した時においては，フランクファーターおよびポー事件判決の多数派を形成した，その他のメンバーは退職していた。従って，コネティカット州家族計画連盟（Planned Parenthood League）のディレクターであった，エステレ・グリズウォルドおよび彼女の同僚のほとんどは，最終的に勝利を勝ち取ることを確

信したのである。(12)

　グリズウォルド事件判決において，ウィリアム・O・ダグラス最高裁判事は，反避妊法は憲法上のプライバシーの権利を侵害すると判示して，様々な意見から形成されている多数意見を書いた。ダグラス判事は自分の意見を修正することはほとんどなかったのであるが，本件において，彼はウィリアム・J・ブレナン最高裁判事からの書簡に対応して，最初の草稿を実質的に改めた。ダグラスは最初，主に修正第1条の結社の権利を拠り所にしたが，大部分彼の調査官の1人によって執筆された，ブレナンの書簡は，ダグラスは実体的デュー・プロセスに依拠してはいなかったけれども，彼の理由付けは「ロックナー事件を想起させる時代を思い起こさせたのかもしれない。」修正された意見において，ウォーレン・コートが，事実上，ロックナー時代の連邦最高裁の誤った方向へ導き，憲法から離れているとの現在なされている非難の再演であるとの告発をそらすために，2つの段階を踏んだ。第1に，ロックナー事件とは異なり，グリズウォルド事件における連邦最高裁は，その制度的役割の限界を超える方向に向かうものではない。「経済的問題，ビジネスに関連すること，ないしは社会的条件に関わる法について，賢明さ，必要性，および優先性を決定するスーパー立法府として存在するものではない。しかしながら，この法は，夫婦の親密な関係，およびこの関係の1つの面における医師の役割に直接作用するものである。」(13)

　第2に，ダグラスはその理由付けに重大な輪郭の修正を施した。彼は結社の権利についての本来の強調を維持することによって，本案についての彼の分析を開始したけれども，ダグラスは突然この議論の真只中において，修正第1条はプライバシーを保護する半影（penumbra）を有していると宣言した。そこで，彼は，結社の権利から権利章典における幾つかのその他の保障に焦点を移動させた。これらの保障の各々は，プライバシーの半影を生み出し，あるいは広げる，と彼は理由付けた。そこで，ダグラスは，結社の権利についての当初の議論を，単に例証的なものとして鋳直している。

　　権利章典における特別な保障は，それらに生命と実体を与えることを助けるこれらの保障から広まることによって形成される，半影を持っている。様々な保障はプライバシーのゾーンを創造している。我々が見たように，

修正第1条の半影に含まれている結社の権利はその1つである。平時においては，所有者の同意なしに「いかなる家屋にも」軍人を直営させることを禁止している修正第3条も，このプライバシーのもう1つの面である。修正第4条は「不合理な捜索および押収に対して，身体，家屋，文書，および動産を保護される人民の権利は」明示的に保障されている。自己帰罪拒否特権条項において，修正第5条は，政府が彼に不利となることを強制することを許さない，プライバシーのゾーンを市民に提供している。修正第9条は，次のように規定している。「幾つかの権利を合衆国憲法に列挙したことは，人民によって保有されるその他のものを否定し，あるいは許していないと解釈されるべきではない。」[14]

次に，プライバシーについての，幾つかの特別な保護について簡潔に論じた後，ダグラスは，これら様々な半影は，プライバシーについてのゾーン——全体はその部分（個別の半影）の総計より大きい——を生み出すために結び付けられることを，見出した。だがしかし，再びかなり唐突に，ダグラスは，彼の焦点を，今度は結婚生活に移し，そして次に，反避妊法はプライバシーに対して保護されたゾーンを侵害する，と即座に結論付けた。「従って，この事件は幾つかの基本的憲法の保障によって創造される，プライバシーのゾーンの範囲内に横たわる関係に関わる。さらに，この事件は，製造および販売ではなく，避妊具の使用を禁止することにおいて，この関係に最大限の破壊的衝撃を与える手段によって，その目的を達成することを求める，法律に関わる。……我々は，避妊具の使用の証を暴くために，婚姻関係にある者の寝室という聖なる境界に，警察が捜査に踏み込むことを許すのであろうか。まさにこの考え方は，婚姻関係を取り巻くプライバシーの観念に反するものである。」ダグラスは，プライバシーの権利は自然権であることを示唆しつつ，幅広いレトリックを駆使して，多数意見を締め括っている。「我々は権利章典より古い，プライバシーの権利を扱っている——政党より古く，学校制度より古い。」[15]

その他の裁判官自身は，グリズウォルド事件判決における理由付けについて，彼らの注目に値する関心を明示した。口頭弁論および口頭弁論後の会議において，ウォーレン長官，ヒューゴ・L・ブラック裁判官，バイロン・R・ホワイト裁判官は法律を覆し，およびその正当化の射程によって引き起こされる困

難に当惑していた。とりわけ，彼らは中絶問題への波及に困惑させられた。さらに，法律を違憲とした投票は7対2であったけれども，4人の裁判官のみがダグラス裁判官の意見に同調していた。ジョン・M・ハーラン最高裁判事とホワイト最高裁判事は，それぞれ結果にのみ同調し，彼ら自身の意見を書いた。アーサー・J・ゴールドバーグ最高裁判事は，ダグラス裁判官の意見に加わっていたが，それにもかかわらず，補足意見を書き，ウォーレン長官およびブレナン最高裁判事はダグラスの多数意見とともに，ゴールドバーグの補足意見にも加わっていた。ブラックおよびポッター・スチュワート最高裁判事が反対意見を書いた。[16]

ダグラスがそうであったように，その他の裁判官すべてが，ロックナー事件判決の影響下で，同意意見および反対意見を書いた。もちろん，ブラックおよびスチュワートの反対意見は，裁判所の制度的制約を踏み越え，それ故にロックナー事件のように振舞ったとして，多数意見を非常に激しく非難した。しばしば，ブラックは，まるでリーガル・プロセス派の理論家のような反対意見を述べた。「私の主張の要点は以下のとおりである。明示的であれ，黙示的であれ，正当に構成された立法部の法律の上に，監督機関のように君臨し，採用された立法府の政策が道理に適っていない，不合理である，賢明ではない，専断的である，恣意的である，不合理であると連邦最高裁が信じる故に，それらの法律を無効にすることを，この連邦最高裁に，明示的であれ黙示的であれ，権能を与えている合衆国憲法の条項は存在しないということである。法律を違憲とするための，そのような緩やかな，柔軟な，無制約な基準の採用は，もしそれが最終的に到達されたものならば，裁判所にとって悪であり，国にとってさらに悪いものとなる，と私は信じるし，このように述べざるを得ない裁判所への，重大かつ違憲な権力の移行となることであろう。」[17]驚くまでもなく，グリズウォルド事件判決における理由付けについて，関心の声を上げているのは最高裁判事のみではない。その他に研究者も加わって，リーガル・プロセスの理論家は，2つの典型的なかつ相互に関連する批判を，ウォーレン・コートに対して向け続けた。第1は，意見における法的推論が不適切であったことであり，そして第2に，連邦最高裁はその適切な制度的役割の限界を超えたというものである（それはロックナー事件判決の全くの再現であった）。例えば，ポー

ル・コイパーは，それが実は実体的デュー・プロセスに基づいているにもかかわらず，客観的であることを装う説得力のないものとして，ダグラスの意見を酷評した。ハイマン・グロスは，ダグラスは「プライバシー」の意味を歪曲したと主張し，アルフレッド・ケリーは，それが「ロックナー事件判決後の実体的デュー・プロセスという開かれた概念」への裁判所の回帰を曖昧にすると示唆して，ゴールドバーグによる憲法史の使用を批判した。グリズウォルド事件判決は「彼ら自身の感情が関わったとき連邦最高裁判事は『超立法府』として活動する用意があることを例証する」と，ロール・バーガーは主張した。連邦最高裁の前でグリズウォルドの代理人を努めた，トマス・エマーソンでさえ，研究者はいともたやすく意見を批判できることを認めたのである。[18]

ロバート・ボークが，おそらく最も率直なグリズウォルド事件判決の批判者であった。すべての憲法判断は，中立原理に基づかなければならないという，ハーバート・ウェクスラーにボークは同意するが，ボークは，次に連邦最高裁は司法上の保護のためのいかなる基本的価値をも正当には選択することができない，と論じた。連邦最高裁によるいかなるそのような選択も中立ではない――価値は中立的原理になり得ない。ボークにとって，連邦最高裁は，「建国の父に」よって選択された価値のみに基づいて，憲法問題を判断しなければならない。連邦最高裁はこれらの価値を2つの方法を通じてのみ同定することができる。第1に，憲法条文あるいは制定者の意図において「特定」された権利を発見することであり，第2に，我々の統治過程を維持するのに必要な，自由な表現の領域のような，諸権利を承認することである。そうでなければ，連邦最高裁判事は，アメリカ社会のその他の人に，彼ら自身の価値を必然的に押し付けることになる。「合衆国憲法が語っていないとき，連邦最高裁は，それ自身の選好を除いて，個々の主張を考量する，何らの基準をも発見することはできないであろう。」最後に，グリズウォルド事件判決は，「ウォーレン・コートにおける典型的な判決」であった。それは，いかに原理化されていない司法判断の形成が，民主過程をなし崩しにすることができるかを完璧に例証しているのである。[19]

グリズウォルド事件判決に対する諸学者からの攻撃にもかかわらず，それは20世紀後半の最も重要で議論の多い連邦最高裁判決を生み出すための基盤とな

った。もちろんそれはロー対ウェイド事件判決であり,「母親の生命を救済するという目的」を除いて妊娠中絶を禁止した,テキサス州の反中絶法の合憲性に異議が申し立てられた事件であった。この事件が1971年11月に初めて連邦最高裁で議論されたとき,リチャード・ニクソン大統領による2人の被任命者,ルイス・F・パウエルおよびウィリアム・H・レーンクィストは,上院において承認されたばかりで,連邦最高裁には未だ加わっておらず,当時,以前にニクソン大統領によって任命された,ウォーレン・バーガー長官によって主宰されていた。ロー事件についての,この最初の口頭弁論の後,それは曖昧ゆえに無効という限定された理由に基づいてテキサス州法を無効にする,5対2判決になりそうな成り行きであった。実際,ハリー・ブラックマン最高裁判事は,この手続的ポイントに焦点を当て,根底に,実体的な憲法上の主張に答えるために本案に入ることはしない,意見の草稿を回覧した。だがしかし,その後,理由は不明であるが,最高裁判事達は,最終的にこの事件を,判事が全員揃う次の会期において再度議論することを投票によって決定した。注目すべきことは,ブラックマンは,実体的憲法上の主張によって提起された争点の研究に,夏休みを費やした。彼は故郷であるミネソタに戻り——そこで彼はメイヨ・クリニックの訴訟代理人を務めたことがある——,そしてさらに妊娠中絶および反中絶法を調査した。[20]

　次の会期早々に,ロー事件が再度議論された後,ブラックマンは,本案に基づいて反中絶法を無効にすることを支持する,強力な多数派を形成した。彼は夏休み中の調査に基づいて意見を書き直し,1972年11月22日に草稿を連邦最高裁において配布した。この草稿において,ブラックマンは,州は女性が妊娠した後,最初の3ヶ月の後に,中絶を禁止することが許されるべきである,と結論付けた。しかしながら,サーグッド・マーシャルは,ブラックマンに書簡——この書簡はほとんど全部がマーシャルの調査官であった,マーク・タッシュネットによって準備された——を送り,生命維持可能性に焦点を絞るべきことを示唆した。すなわち,州は最初の3ヶ月後,母親の健康と安全のために規制をすることは許されるべきであるが,次の3ヶ月後,生命を維持する可能性の時期が到来するまで,中絶を禁止することが許されるべきではないということである。ブラックマンとの個人的話し合いにおいて,ブレナン最高裁判事

は，意見の草稿として同様の変更を薦めた。結局，1972年12月21日，ブラックマンは，ブレナンおよびマーシャル（およびタッシュネット）の示唆に，非常に近い最終意見の草稿を配布した。[21]

　1973年1月22日に出された，最終的裁定および意見は，テキサス州の反中絶法は修正第14条のデュー・プロセス条項に違反するというものであった。グリズウォルド事件判決におけると同様に，再び，最高裁判事達は，ロー事件判決とロックナー事件判決との潜在的結び付きを徹頭徹尾意識した。実際，ロックナー事件の亡霊が影のように漂ったと述べることは，その意味を低く見ることになる。もしロックナー事件判決が亡霊だとしても，たとえ彼らがたじろぐとしても，裁判官達の耳元に「お化けだぞ」と囁きかけるのである。従って，ブラックマンは「中絶論争の微妙で感情的な性質」を認めることによって，多数意見を述べることを始めたのである。次に，彼は，ホームズ判事の反対意見を支持し，明示的に引き合いに出しながら，ロー事件をロックナー事件から区別することを求め，次のように述べた。

　　言うまでもなく，我々の職務は感情や選好から離れ，憲法が定める基準によって問題を解決することである。我々は誠心誠意，この任務の遂行に務めてきたし，そうするために，医療や医事法の歴史やこの歴史が明らかにする，何世紀にもわたる中絶手続に対する男性の姿勢を調査し，また本件において，幾分力点を置いたのである。また，ホームズ最高裁判事が，ロックナー対ニューヨークにおける，彼の今やその正当性が承認されている訓戒を心に刻む必要がある。すなわち，「［合衆国憲法］は，基本的に異なっている意見を有する人民のために作られている。自然で親近感の涌くものであれ，あるいは新奇なものであれ，また衝撃的なものでさえあれ，ある意見を我々が見出すという偶然は，それらを具体化している制定法が合衆国憲法と衝突するかの問題についての，我々の判断を結論付けるべきではない。」[22]

　それ故に，このブラックマンの簡潔ではあるが，遠回しな導入部分は，ロー事件における，連邦最高裁判決の正当性を確立するためのものであった。ロックナー事件判決の最高裁とは異なり，ロー事件の最高裁は，客観的に判断を下している――ないしはブラックマンの言葉を繰り返すと，判決は「感情や選好

から離れ，憲法が定める基準によって」下されるのである。この客観的裁定を支持する一つの支柱は，妊娠中絶をめぐる歴史の徹底的かつ正確な理解である。従って，ブラックマンは，古代ギリシャやローマ時代早々に始まる，反中絶法の歴史を跡付ける一団の実質的な意見を書くことに専心したのである。そうすることにおいて，ブラックマンは，反中絶法がアメリカの伝統に根付いているという主張に反論することを狙ったのであった。それどころか，反中絶法は，ほぼ19世紀後半において例外的に導入されたことを，彼は推論した。[23] その時点で，なぜ各州は反中絶法を制定し始めたのかを検討した後，ブラックマンは意見の核心に矛先を向けた。すなわち，プライバシーの権利である。

ブラックマンは，「合衆国憲法がプライバシーについてのいかなる権利についても明示的に述べていない」ことを承認することから始め，しかし直ぐに「一連の判決において……個人のプライバシーの権利，ないしはプライバシーについての一定の領域ないしはゾーンが，合衆国憲法の下で存在することを，連邦最高裁は認めてきた」ことを付け加えた。そこで，連邦最高裁が援用した諸判決の中で，グリズウォルド事件は，明らかに核となる先例であった。最も重要なことは，次に，プライバシーの権利は，中絶をするか否かの選択をする女性の利益を含むことを，ブラックマンは説明した。

このプライバシーの権利は，個人の自由および州の行為に対する制約についての修正第14条に見出すか——我々はそうであると思うのであるが——，あるいは，連邦地裁が決定したように，修正第9条の人民への権利留保に見出すにせよ，妊娠を終わらせるか否かを女性が決定することを含むのに十分なほど広いのである。この選択を完全に否定することによって，州が妊娠中の女性に課す損害は明白である。妊娠初期における医療的に診断可能な，特殊な，直接的な害も含まれる。妊娠，あるいはその結果としての出産が，女性に苦しい生活および将来を強制することになるかもしれない。心理学的害が迫っているかもしれない。精神的，肉体的健康が子供の世話によって負担を求められるかもしれない。欲しなかった子供に関係し，結び付いている限り，これもまた悲惨であり，心理的であれその他であれ，既に世話をすることが不可能な子供を家族に迎え入れる問題も存在する。その他の場合において——本件がそうであるが——，未婚の母

という，それに伴う困難と，継続する汚名が含まれ得る。これら諸要因すべてを女性および責任ある医師は，必然的に，相談の段階において考慮に入れるであろう。[24]

しかしながら，ブラックマンは続けて，「この権利は無制限なものではなく，規制するにおいて重要な，州の利益に照らして検討されなければならない」ことを付け加えた。従って，意見の中で残されているのは，中絶の決定に州が介入することを正当化するほど，選択する女性の利益に，州の利益がまさにどの時点で十分に優るかに，焦点は絞られた。中絶に対する州の制限は，「止むに止まれぬ州の利益（compelling state interest）」を達成するために必要な場合にのみ許される，と連邦最高裁は推論した。従って，主張された州の利益についての，これに続くブラックマンの分析は，連邦最高裁の3ヶ月という枠組みに向かうことになった。妊娠初期の3ヶ月の間，州はいかなる形であれ，中絶を禁止することができない。次の3ヶ月の間，妊娠中の女性の健康を守る州の利益は，州の中絶制限を正当化するが，しかし，妊娠中の女性を保護する目的のためのみである。最後に，生命維持が可能となった後，および第3の3ヶ月の間，妊娠中の女性の「生命や健康を維持するために必要」ではないとしても，州の「人間の生命の潜在性を保護する利益」は非常に強力なので，州が中絶を禁止することは正当とされるのである。[25]

驚くまでもなく，彼らの耳元で，ロックナーの亡霊が囁くとととともに，バーガー長官の簡単な同意意見を除いて，すべての同意意見や反対意見は，あれやこれやの方法において，ロックナー事件判決と向き合った。スチュアート最高裁判事の同意意見は，グリズウォルド事件判決に照らして，ロー事件は，ロックナー事件判決とそれ故に非常に密接に共鳴するとはいえ，実体的デュー・プロセスの判決として適切に理解されるべきである，と理由付けた。ダグラス最高裁判事は，同様に同意意見を述べて，グリズウォルド事件判決もロー事件判決も，実体的デュー・プロセスに依拠していると性格付けられるべきではない，と繰り返した。そして誰しもが予測するように，レーンクィストとホワイト最高裁判事の反対意見は，多数意見は主観的「憲法の基準」を行使したとして，ブラックマンの主張を斥けた。ロー事件判決は，実体的デュー・プロセスの判決であり，連邦最高裁はその制度上の限界を超えており，従ってロックナ

一事件判決の全くの繰り返しであるとして非難した。(26)

　もちろん，グリズウォルド事件判決と同様に，ロー事件判決は，学者による激しい批判を招く引き金となった。グリズウォルド事件判決に対する爆発的批評の後のことでもあり，ロー事件への批判は，妊娠中絶問題によって引き起こされるあらゆる側面における情熱を映し出す，新たなエネルギーが注入されてはいたが，かなり予想されたものであった。最も注目すべき攻撃の1つは，かつてアール・ウォーレンの調査官の1人として働いたことがある，当時イェール大学ロースクールの教授であった，ジョン・ハート・イリィからのものであった。彼のエレガントで，力強い著述スタイルはひとまず置くとして，イリィの批判の説得力は，ブラウン対教育委員会事件を含む，ほとんどのウォーレン・コートの判決は，リーガル・プロセスの観点から擁護できると宣言したことから引き出される（第4章の終わりにおいて述べたように）。言い換えると，イリィは，ウォーレン・コートにせよバーガー・コートにせよ，あらゆる積極主義者の判決を攻撃することをしなかったが，しかしロー事件判決に対しては異例な判決として描き出していた。イリィは，ロー事件について，多くのその他の批評家が後に繰り返し，あるいは詳細な説明を加えることになる，5点にわたる批判を展開した。第1に，合衆国憲法は「妊娠中絶について，明確であるにせよ曖昧であるにせよ，全く何も語っていない」，と彼は宣言した。第2に，たとえグリズウォルド事件判決におけるプライバシーについての憲法上の権利を認めたとしても，そのような権利は，中絶するか否かを選択する女性の権利を含まない，と彼は主張した。グリズウォルド事件判決におけるように，プライバシーは，婚姻関係にある者の寝室を政府の侵害から保護することを含むかもしれないが，中絶することを保障することとは似ても似つかないものである。第3に，ロー事件における裁判所は，立法部がする方法で利益の衡量をすることによって，その制度上の限界を超えている，とイリィは主張した。第4に，多くの，議論の余地のある連邦最高裁判決は，代表補強の理論（彼が単独でその後に創り上げた用語法）によって擁護することができるとはいえ，ロー事件判決は，同様に正当化することはできないものである，と彼は論じた。「男性と比べて，立法府に席を占めている女性の数は非常に少ないのであり，この事実は，女性より男性に有利な立法のための適切な審査基準に……関連す

ることを示している，と私は信じている。しかし，胎児は誰も立法府に席を有していないのである。もちろん擁護者を有しているが，しかしこのことは女性についても同じことが言えるのである。」従って，「男性と比べて，女性は」特別な司法上の保護に値する隔離され，孤立しているマイノリティーを「構成する」が，「未だ生まれていないものと比べる」とき，「女性をこれに相当するとすることは的外れなのである」。第5に（最後ではあるが言うまでもなく最小ではない），ロー事件を判決した連邦最高裁が，「ロックナー事件判決の哲学」に従った，とイリィは宣告した。なるほど，ロー事件判決とロックナー事件判決とは「確かに双子」ではあるが，しかしこの2つのうち，「ロー事件判決はより危険な先例であることが判明するかもしれない」，とイリィは論じたのである。[27]

その他の多くの著名な研究者が，ロー事件判決を攻撃した。アーチボルド・コックスは，自然法を評価しながらも，しかしそれにもかかわらず，「十分に抽出され得るとの考え方からして，［ロー］事件判決を政治的判断のレベル以上に引き上げることはできない」と結論付けた。そして，グリズウォルド事件と同様に，ロー事件判決の最も雄弁な批判の一つは，ロバート・ボークからのものであった。彼は多くの論者から共通に批判されている諸点――ロー事件において最高裁は立法府のように振舞うことによって制度的限界を超え，そうすることによって，連邦最高裁はロックナー事件で犯した過ちを繰り返した――を繰り返したが，彼一流の辛らつさで他の論者と際立っている。1990年に出版された著書において，彼は次のように冷笑した。「我々の歴史の中で最近［妊娠中絶］の問題が民主的決定の問題ではなく，憲法の問題の1つであるとの発見には，確かに51頁におよぶ説明に値することである。不幸にも，［ロー事件］全体の意見の中に，法的議論に値する，1行，1文の説明文も存在しない。また，連邦最高裁は，1973年に欠けていた説明をそれ以後16年間，1度も提供したことがない。中絶する権利は，それを誰がどう考えようと，合衆国憲法の中に見出すことができない故に，それは今後ともできそうではない。」[28]

数多くの，厳しい批判にもかかわらず，ロー事件判決（およびグリズウォルド事件判決）に，擁護者が存在しないわけではない。しかし，ロー事件における結果――中絶するか否かを決定する憲法上保護された権利――を称賛する者

でさえ，しばしば多数意見を非難した。例えば，シルビア・ローは，女性が選択する利益は，プライバシーの問題というよりは，性の平等の問題として保護されるべきであることを示唆した。実際，アメリカ法思想は，既に第4段階（後期の危機）のモダニズムへと突入していたので，中絶を選択する権利，プライバシーの権利，およびその他論争の余地が存在する憲法上の（ないしは憲法上のものであると称する）権利について，多様で創造的な擁護の提案には事欠くことがなかったのである。だがしかし，同時に，まさにこれは第4段階のモダニズムであった故に，ほとんどの研究者は，それら個々の提案に従うことを他者に確信させることに成功しなかったし，多くの学者は，他者によって提案された理論を明らかに不適切であると見做したのであった。[29]

　従って，法思想は，失望という大きな渦に巻き込まれた。1950年代の法学の金字塔，リーガル・プロセスは，法学界において，既にその指導力を失い，今やその力が完全に削がれているように思われた。リーガル・プロセスの理論家は，彼らすべてが絶望的ながらモダニストの目標や方法を維持するものとしての，多様なその他の学者と格闘した。リーガル・モダニズムは，司法上の判断形成——憲法訴訟を含む——を，ある客観的な基礎に基づかせることを要求した。だがしかし，ゆうに百年以上にわたる奮闘（しばしば英雄的でさえある）努力にもかかわらず——合理主義，経験主義，超越主義という種々様々な試みにもかかわらず——，法理論家は，法の支配のようないかなる基礎をも発見することができなかった。ブラウン事件，グリズウォルド事件，ロー事件のような連邦最高裁判決は，この失敗を際立たせ，学問的な失望感を拡大させた。これら歴史に残る判決は，モダニズム法思想の変数の中で，成功裡に擁護することが明らかに不可能であったとはいえ，それにもかかわらず，多くの学者は，これらの判決を主観的に正しい——論争するまでもなく正しいものと見做していたのである。

　結局，これらの事件は，その自己に課された要求が今や明らかに達成不可能であると思われたので，モダニズムそれ自体の終焉の可能性に直面させることを強いることとなった。1966年早々，アーチボルド・コックスは，ハーバード・ロー・レビューの巻頭言（Foreword）において，多くのウォーレン・コートの判決によって，法学者に生じさせることになったジレンマを要約した。

コックスは「ウォーレン・コートの優れた業績」を率直に称賛したが、同時に、「結局のところ、受け入れられている法の根拠に関連付けられた諸原理との関係において、憲法判断を合理化する能力は、憲法訴訟の本質的、主要な要素である」ことを、彼は嘆いたのである。ロー事件後、1970年代後半において、幾人かの研究者は、基礎付けを求めるモダニストの要求を断念することさえ明示した。アーサー・アレン・レフは、プレモダニズムにおいて、普遍的な問題は宗教的に解決されたとして、次のように述べた。「それが神の御意である故に、神の意思は強制的であった。」しかしモダニズムの終焉にあたり、基礎を発見しようとする、数え切れない努力にもかかわらず、結局規範的価値は基礎付けられないように思われた。「その他どのような状況の下で、［神以外の］その他の無審査の意思が秩序立って『誰が言うのか』の問いに耐えられるのか、また同様に決定的なものが出現するのか。そのような状況は存在しないのである。」ロベルト・アンガーが冗談めかして述べたように、法学教授は「信仰を失ったが、仕事に忠実な司祭」のようなものなのである。[30]

研究者が、無益にも、客観的な法の支配を犠牲にせずに、ブラウン事件、グリズウォルド事件、およびロー事件のような判決を正当化することを可能とさせる、ある理論を探したとき、憲法解釈という特殊問題に対して、2つの相反する、一般的モダニストのアプローチが1970年代後半に出現した。解釈主義と非解釈主義である。解釈主義者（しばしば原意主義者と呼ばれる）は、憲法のテキストと憲法制定者の意図のみが、正当に憲法判決を根拠付けることができると論じた。連邦最高裁は、立法行為を、それが「成文憲法の中で述べられ、ないしは明確に含まれている規範」に一致しないときにのみ、違憲として無効にできる。これに対して、非解釈主義者（しばしば非原意主義者と呼ばれる）によると、テキストと憲法制定者の意図は、どうしようもなく、あいまいで、不完全であり、それ故に、あるその他の源泉ないしは諸源泉によって補充されなければならない。これらの論争は、第4期リーガル・モダニズムである後期の危機に生じたので、異なる非解釈主義の理論家は、伝統、社会的コンセンサス、そして自然法さえ含む、極めて多様な意味や価値の源泉を提言した。例えば、自然法の提唱者によると、もし立法行為が自然権あるいは正義に一致しないな

らば，連邦最高裁はそれを違憲であると判示することが許される。非解釈主義は，合衆国憲法を無視することによって，言い訳を提供するにすぎない，と主張することによって，解釈主義者は応答した。憲法上の客観性は，テキストとその制定者の意図のみから生じる。もし我々がこれらの源泉を超えるなら，憲法訴訟は基準を欠くことになり，それ故に批判的に評価することは不可能となる。非解釈主義者は，彼らの個々のアプローチは，少なくとも解釈主義と同程度に客観的であると応酬した。この点から，意味や価値について，彼らが好む源泉は——伝統，社会的コンセンサス，あるいは何であれ——判決のための，堅固な基礎を提供したのである。[31]

ジョン・ハート・イリィが示唆したように，解釈主義者と非解釈主義者両者についての問題は，第2次世界大戦後非常に広く受け入れられた，多元的政治理論を産み出した，倫理相対主義のそれであった。倫理相対主義は，成文のテキスト，自然法，あるいはその他いかなるものであれ，客観的であると考えられる源泉に基づく，司法審査についてのいかなる見解をも掘り崩した。ほとんど共通に受け入れられている非解釈主義の形態同様，解釈主義は全く不定形である，とイリィは説得的な議論をした。それらは司法審査を基礎付ける客観的源泉を提供する，自己に課せられた使命を果たすのに成功していない。自然法についてイリィが指摘した非難は，解釈主義者のアプローチ同様，その他の非解釈主義者にも同様に当てはまるように思われた。「［自然法］の利益はあなたが欲するものは何でもそれに頼ることができるということである。不利益はすべてのものがこのことを理解しているということである。」イリィの考えでは，解釈主義および非解釈主義は，常に相対主義という主観性の渦巻きの中に落ち込んでいるのである。連邦最高裁は必然的に，社会に対して個人的価値を押し付けているように見えたのである。第4章の章末において論じたように，なるほどイリィは，憲法論争を解決するための客観的方法として，彼自身，代表補強の理論を提唱したのであるが，彼の批判者は即座に，このアプローチは，その他のもの同様何ら決定的なものではない，と応酬したのであった。[32]

この点で，あらゆる理論の，明らかな不定型性に直面して，トーマス・グレイやポール・ブレストのような，幾人かの憲法学者は方向転換し，異なる方針を採用した。彼らは，解釈主義と非解釈主義との間の当初の区別は，誤りに陥

る可能性がある。結局，非解釈主義者と考えられたものでさえ，憲法を解釈していると常に主張してきた。おそらく，憲法訴訟——実際，すべてのその他の訴訟同様——は，常に解釈の問題である，と議論を続けた。そしてもし訴訟が常に解釈的企てだとするならば，そこで，憲法およびその他の法理論家にとっての最もうまく行きそうな道は，解釈自体のプロセスを検討することである。(33)

ひとたび法理論家が，1980年代に，この「解釈的転回」を採用し始めると，広く法学外の著者に思想や刺激を求めるにつき，少なくとも3つの要素が彼らに影響を与えた。第1に，第4段階のモダニストの法学者は，既に，哲学者のジョン・ロールズや経済学者のロナルド・コースのような，法学以外の思想家を拠り所とすることによって，法学という学問において，ある種最近の先例を示してきた（そして，数十年前に，アメリカのリーガル・リアリストは経験的社会科学者の業績の上に従事したことは言うまでもない）。第4段階の間，批判的法学研究の学者は，ヨーロッパ大陸の思想家を大変重用したので，この点で多大の影響を受けた。さらに，1970年代の中頃までには，ミシガン大学で法と英語の教授を勤めた，ジェームズ・ボイド・ホワイトは，法と文学との関係に注目を集め始めていた。ホワイトにとって，法についての言語学的，解釈的実践は，文学についてのそれに劣らず，我々の文化や共同体を構成する助けとなるものである。(34)

第2に，1960年代後期および1970年代の間，人文・社会科学において，非常に厳しい就職口の不足が生じた。ペーター・ノビックは歴史の分野における状況を記述している。「1970年のアメリカ歴史協会の会合には，188のリストに上げられた職に対して，2481名の応募者が集まり，競争があまりに過酷で，職を求めている者が競争相手に行われる面接の招待を台無しにしないようにするために，安全確保の手段が講じられた。」だがしかし，1960年代および1970年代の同時期，ロースクールはブームであり，多くの組織が拡大に走っていた。結果的に，夥しい数の人が，人文・社会科学により関心が向かっているにもかかわらず，法学教授になることを選択した。従って，機会ないし口実が与えられれば，そのような法学教授は直ぐさま非法学的方法に向かったのである。(35)

第3に，ポストモダニズムの知的文化が広まるにつれて，アメリカの多くの

学問分野において，学問領域の境界が崩れ始めた。法思想はまさにその1つであった。ジョン・ホプキンズ大学が「批判主義的言語と人間の科学」と題する会議を主催した，1966年に，アメリカ学界の変容における批判的な早期の出来事が起きた。「それはやがて，2年間にわたる一連の追跡的な会合やセミナーにおいて，1000人の人文主義者や社会科学者が，アメリカの学界にフランスの理論を導入するための広い学際的基盤を確立した。」当初この会議は，主に文学研究，人類学，そしてより少ない程度で，歴史学に影響を与える一方，その影響は，他の諸要素と結び付いて，外に向かってさざなみを立てた。1980年までには，彼自身法学に強力な影響与えた，解釈的文化人類学者である，クリフォード・ゲーツは，学問領域の境界一般について批判をした。「我々が求めているものは，文化地図をまさにもう一つ描き直す——幾つかの論争のある限界を動かすこと，幾つかの人目を引く山の湖水を描く——ことではなく，地図を作成する諸原理を変更することである。我々の考えている方向について，我々が考えている方向に向かって，何事かが生じている。」[36]

初版が1962年に出版され，1970年に再版が出された，トマス・クーンの『科学革命の構造 (The Structure of Scientific Revolutions)』の幅広い普及ほど，おそらく学問領域の壁を取り除くのに，重要な役割を果たしたものはなかったであろう。アメリカの大学という世界において，少なくとも1世紀にわたって，自然科学は客観性，モダニズムの基礎付け主義の概念——ほとんどすべての学問領域が影響を受けた概念——を提供した。従って，クーンの重要性は，彼が自然科学についての伝統的見解に挑戦した限りにおいて，この概念に対する彼の明白な攻撃から生まれた。伝統的見解に従えば，科学は客観的，機械的なものであり，進歩は直線的である。科学者は夥しい客観的データの中立的観察に基づいた理論を展開しながら，自然についての彼らの知識において進歩すると考えられた。クーンはこの伝統的見解に対して，説得力のある非難を加えた。それに代わって，科学者が，「パラダイム」——科学者の共同体によって受け入れられた，現実についての広い見方ないしは地図，世界観——に従って，あるいはそれを通して世界を理解し解釈する，と彼は論じた。科学共同体のパラダイムは，科学者が興味のある，研究のために適切な問題を形成し，さらに一層重要なことは，パラダイムが，データについての科学者の観念を形成

することである。パラダイムは「観念自体の前提条件」である，とクーンは主張したのである。(37)

　科学革命についてのクーンの見解は，受け入れられているないしは支配的パラダイムに，広範な影響を押し及ぼした。クーンによるならば，科学共同体は，一つの支配的パラダイムが他のものに取って代わられる革命によってしばしば動揺を来たす。科学革命の典型例は，アリストテレス的，プトレマイオス的地球中心の宇宙観から，コペルニクス的太陽中心の理論への移行であった。実際，そのようなパラダイムの転換は重大である。「新たなパラダイムに導かれて，科学者は新たな道具を採用し，新天地を発見する。さらに重要なことは，革命の間，科学者は，以前に見ていた場所に慣れ親しんだ道具で観察するとき，新たな，異なった物を見るのである。それはあたかも専門共同体が，そこでは慣れ親しんだ物体が異なる光で見え，おまけに見知らぬ物体が加わる，他の星に突然送り込まれたようなものである。」従って，科学は，それが1つのパラダイムから他に移行するに従って，より複雑にそして専門化することによって進歩するが，伝統的見解に反して，科学は必ずしもある客観的真理に徐々に移行するものではないことを，クーンは示唆したのである。(38)

　幾人かの読者の結論と異なり，クーンは，科学が存在不可能であることを示そうとしたのではなく，そのまさに反対のことを説明しようとしたのである。つまり，いかにして科学が可能となるかである。彼は，科学共同体の中で，いかにして成功裡に，個人が科学を扱うあるいは行うことを習うかを説明しようとしたのである。クーンの目的にもかかわらず，彼の考え方は，多種多様な領域において，次第に科学の客観性についての伝統的，モダニストの見解に向かうことの熱望から，研究者を解放するように思われた。「トマス・クーンの著作は，実際あらゆる領域において，避けて通ることができないものとなった」，とノビックは述べた。今やより不定形な分野ではあるけれども，彼らは個々の領域における研究の目標や方法を再概念化するにつき，研究者は常に広がり続けている多様な源泉を引き合いに出し始めた。言うまでもなく，そのような学者の多くは，理解や知識について，よりポストモダンの，解釈主義者（interpretivist）の見解を説明する闘争の際，パラダイムについてのクーンの概念を繰り返そうとしたのである。とはいえ，パラダイムや革命的移行についての議

論が当たり前のようになった，法学におけるほど，クーンの影響が顕著な分野は存在しなかった。例えば，法学的解釈学（legal hermeneutics）についての影響力を有した初期の論文において，ロバート・M・カバーはクーンを引き合いに出し，「行動のためのパラダイムを確立するのを［助ける］複雑な規範的な世界の一部および一群［としての］法的伝統」を描いた。同様に，1986年の論文において，スザンナ・シェリーは「道徳，政治および憲法理論における，パラダイム転換」について論じた。実際，1995年の時点で，クーンの『科学革命の構造』は521のロー・レビューの論文（5つの連邦裁判所の判決においてさせ）において引用されたことを，ラウラ・カルマンは報告している。(39)

結果的に，多くの他分野の研究者と同様に，法理論家は，彼らの学問領域の境界を超えて，より自由に渉猟することを始めた。従って，1980年代に解釈的転回を開始したこれらの法学者は，既に解釈に対して洗練されたアプローチを展開していた他分野の著者をすばやく発見した。クーンを別にして，スタンレー・フィッシュ（文芸批評），リチャード・ローティー（アメリカの哲学者），そしてハンス・ゲオルク・ガダマー（第2章で論じたドイツの哲学者）は，法学界にとりわけ多大な影響を及ぼした人物である。このような思想家の影響の下で，幾人かの憲法理論家は，根深いモダニストにとっての問題を問うことを最終的に停止した。すなわち，憲法解釈および訴訟を客観的に制約し，基礎付ける基礎は何か，ということである。それに代えて，これらの憲法学者はポストモダンの問題を問い始めた。すなわち（憲法の）解釈はいかにして生ずるか，である。(40)

スタンレー・フィッシュは，法学におけるポストモダンの解釈主義へと向かう転回の，適例を提供する。イギリス文芸批評における彼の初期の業績において，またミルトンについての研究者として，テキストの意味を決定するものとして，テキストに対する読者の経験を強調する，読者反応理論（reader-response theory）に従ったことで有名であった。しかしながら，彼のその後の論文においては，フィッシュは，解釈に対する彼のアプローチに重大な修正を施した。実際，後期のフィッシュは，ガダマーの哲学的解釈学に非常に共鳴したアプローチを展開した。この後期の，そしてよりポストモダン的な解釈主義者であるフィッシュは，1980年代早々において，法学者の注意を引き始めた。

ついには，原型的ポストモダンの動向において，フィッシュ自身，文芸批評から法学者への道に進み，彼は文学と交錯する学問領域を開拓していたので，法解釈に関する法学論争に巻き込まれることとなった。彼は結局デューク大学において，英文学とともに法学の教授となったのである。[41]

　フィッシュは法学研究に移行し，法解釈を含む，解釈についての複雑で知的に磨きのかけられたアプローチを導入した。何年もの間，モダニストの憲法学者は「あ・れ・か・こ・れ・か・（either/or）」という二者択一のジレンマに固執してきた。すなわち，我々は客・観・性・を持っているのか，無制約の主・観・性・を持っているのか・，である。司法審査についてのモダニストの考え方は，憲法解釈はある堅固な基礎——客観的であると考えられる憲法条文あるいは制定者の意図——に基づくことを要求したが，提唱されたあらゆる基礎付け理論は，憲法解釈を明らかに，無制約な，単なる気まぐれな個人的選好であるとの，主観的相対主義に退歩させるように見えた。フィッシュは，実際，この二者択一を取り除くことによって，このジレンマを解決することを主張した。フィッシュによると，常に我々は既に解釈をしているので，客観性を維持することは不可能である。テキスト，著者（あるいは制定者）の意図であれ，その他何であれ，生のままの資料として，言い換えると，解釈されていない意味の源泉として接近することは不可能なのである。「文字通りの意味ということによって，文脈がどうであれ，話者や聞き手の心情がどうであれ，曖昧でない意味，それは解釈に先立っている故に，解釈への制約として仕えることが出来る意味を指しているのなら，そのような文字通りの意味は存在しないのである。」[42]

　だがしかし，同時に，個々の解釈者ないし読者は，何らの制約も受けないわけではない——テキストについて個人的に選択された意味を課すのに全く自由なわけではない，とフィッシュは主張した。むしろ，解釈者は常に，「前提とされた区別，理解の類型化，関連性と非関連性の規則」を与える，解釈共同体の実践によって限定されるのである。従って，客観性の維持が不可能であるのと同じ理由——なぜならば常に我々は既に解釈している故に——で，無制約な主観性の維持も同様に不可能なのである。解釈者は，例えば合衆国憲法を含む，いかなるテキストの解釈をも常にまた必然的に限定する，解釈的実践の前にも，外部に立つことも決してないのである。フィッシュが述べたように，

「それ自体既に解釈されていない，有位な位置から解釈の可能性を検討できる者は決して存在しなかったし，これからも存在し得ないのである。」[43]

　従って，フィッシュにとって，解釈共同体および実践（practice）についての考え方は，科学共同体やパラダイムについてのクーンの概念，およびガダマーの伝統や先入見の概念同様の，解釈学的機能を果たすことになる。フィッシュの用語法を使用すると，解釈共同体がそのメンバーの実践を形成し，これらの実践は解釈や認識を「可能にすると同時に，その働きを限定する。」実際，ガダマーとクーンの両者が確かに同意するであろう思想において，「既に構築された構造物は意識の前提である」，とフィッシュは宣言した。解釈共同体に所属し，参加することによって——それはすべてのものが常にそうしている——，「関連性の感覚，義務，行動のための方向性，準則，等々」を提供する，この共同体の実践の「『ノウハウ』ないし『秘訣』についての知識」を必然的に内面化する。次に，フィッシュは，彼の解釈についての観念を特に司法判断の形成に適用した。「法的認識との関係で，［司法の］判断を形成するまさに能力は，何が法であるかの理解を作り上げる，規範，範疇的差異化，および証拠となる基準をこれまでに内面化してきたことに依拠するのである。この理解は，ロー・スクールにおける教育，および調査官職においてあるいはジュニア・アソシエートとして受けるその後の教育の教材である，公開されている一連の諸事件，判決，反対意見，立法活動等々が素材である，教育経験の過程において発展させられるものである。」[44]

　極めて明白に，法的であれその他であれ，解釈についてのフィッシュの観念は，徹頭徹尾ポストモダンのそれである。彼は基礎付け主義を非難し，しかしモダニストとは異なり，そこでニヒリズムや相対主義に自らを委ねることに活路を見出すことはなかった。むしろ，解釈的実践という豊かな観念を援用することによって，テキストの意味は，一風変わった方法とはいえ，決定されている，とフィッシュは主張したのである。フィッシュによると，テキストは，我々が文脈から離れて理解するときにのみ，テキストを抽象的に想像するときにのみ，意味を複数持つことになる。しかし，フィッシュが繰り返し想起させているように，我々は常に文脈の中に置かれているのである。我々は抽象的に，ないしはある決して存在しない地平において，解釈することはないのであ

る。我々がテキストに向かうとき，既に心の中に一定の目的，一定の前提，一定の価値等々を有しているのである。そして，特定の解釈共同体の中で具体的文脈が設定されると，解釈者は，常にテキストの中に特定の意味を理解する。だがしかし，意味は文脈が変化するにつれて変化する可能性が存在することを，フィッシュは付け加えた。「逆説的に」，言葉は好みに合わせて，いかようにも意味することが可能となるものではないが，「しかし……1つということは必ずしも常に同じであるとは限らないが，言葉は1つのことを常に，またそれのみを意味するのである」，とフィッシュは説明したのである。[45]

　最後に，フィッシュは，解釈についての自己の洞察は見当違いであると宣言することによって，しばしば真似ることのできないポストモダンの修飾で著作を閉じている。フィッシュの立場からは，解釈的実践についての理論的議論はこの実践を直接に修正することが不可能である。言い換えると，解釈的実践の作業を認識することは，我々を実践そのものから自由にするものではない。我々の賢明な理論やしっかりとした判断力を有した観念にもかかわらず，我々は常に実践についての解釈的制約の中に組み込まれたままである。我々は，常に「予断，偏見，ないしは個人的選好」，すなわち，もって生まれた性質によって制限される決まりになっているので，自由化ないしは自由は不可能事なのである。フィッシュによると，この解釈的真理は，その他の実践についてと同様，弁護士や裁判官の実践についても有効なものである。従って，「判断ないしは判断することと，説明を与えることないしは判断の理論とは別物である」，とフィッシュは結論付けたのである。[46]

　要するに，フィッシュは，ほとんど引用さえしなかったけれども，ヨーロッパ大陸の哲学者ガダマーに極めて近い方法で，法学にポストモダンの理論を持ち込んだのである。多くのその他の法理論家は，しばしば，ガダマー，ジャック・デリダ，ミッシェル・フーコー，ジャーク・ラカン，およびその他のヨーロッパのポストモダンの思想家の考えを，しばしばより明確に援用したけれども，この同じ道をフィッシュとともに歩いた（ないしはさまよった）のである。他方，その他の法学者は，同様にポストモダンの方向に向かったが，彼らは異なる路を選択した。これらのその他の法学者の幾人かは，しばしばルードウィヒ・ウィットゲンシュタインやウィラード・ヴァン・オルマン・クワインのよ

うな思想家に触発されて，分析哲学の観点から，ポストモダニズムに接近した。その1人である，デニス・パッターソンは，クワインはモダニストの真理についての対応理論を拒絶した，と論じた。対応理論によると，もしそれが実際独立した，客観的実在を反映する，ないしは対応する場合に，命題ないしは信念は真理であることになる。パッターソンによると，「クワインのポイントは――ポストモダニストのそれであるが――，他人の信念以外の我々の信念を真理とする何らかの概念を形成することはできない，というものである。」従って，真理についてのモダニストの概念から離れて，パッターソンは，ウィトゲンシュタイン哲学の上にポストモダンの法学――「法的正当化についての新たな観念」――を建設することを試みた。パッターソンは，次のように述べている。「真理や意味についての理論を産み出すのに代えて，哲学は，今や言語学的実践についての曖昧ではない記述をその使命とするに至った。法において，このことは正当化の法的実践［ないしは］『議論の形態』を記述することを意味する。何物も――言葉でもない，道徳でもない，経済でもない――法的命題を真理とすることはない。法的命題の真理について，我々の主張を正当化するために，法的議論の形態（テキスト，歴史，構造および原理のような）を使用する。議論の形態は法的正当化の文法である。それらは法の命題が真理であることを示す方法である。」[47]このような哲学に刺激された法学の理論化は，1980年代，1990年代におけるポストモダン法学の芽生えというその他の要素と結び付いた。例えば，1970年代に導入され，1980年代および1990年代にさらなる発展を遂げた，コンピューターによる法情報検索は，裁判の実践同様，研究を含む法文化を変容させた。リチャード・デルガドとジーン・ステファンシックは，ウェスト出版社のキーナンバーやダイジェストのシステムのような，出版された裁判判決の組織化と，ロー・ライブラリーという伝統的方法は，法検索を組み立て制約する傾向があったことを記述した。これらの組織化された「方法は，DNAのように作用した。すなわち，それらは現在のシステムをそれ自体無限に，容易に，苦痛なしに再生することを可能にしている。それらの分類は先例や現行法を映し出している。それらは伝統的法思想を促進し，法に対する新たなアプローチを制約することの，両者を促進している。」しかしながら，コンピューターに補助された法検索は，伝統的に組織化された諸技術の

鎖を解き始めた。今日弁護士は,既存のウェスト社のキーナンバーを確認し,次にダイジェストにおいて既に一覧に並べられた事件を,これに従って追跡することによって情報検索を始めることは非常に少なくなっている。これに代わって,個人的に作られるブール・タイプの検索（Boolean-type inquiries）において（検索用語と『および』,『または』,そして『以外』のようなコネクターと結び付いた）言葉と句の組み合わせの選択によって,検索者は広範な種類の,法の素材,事件,およびその他のものの検索を開始することができる。デルガドとステファンシックが認めているように,「自由なテキスト検索は,それまで頼っていた固定された主題の題目から自由に,主題の検索において,検索者が広範な選択をすることを可能にしたのである。」従って,ウエスト社のキーナンバーシステムは,コンピューターを使用した法情報の検索をする者（限定された想像力のような多様なその他の要素になお制約されるとしても）に,もはや直接的限定を課すことはないのである。(48)

しかし,原型的ポストモダンにおいて,コンピューターを使用した検索技術は,逆説的にも,一貫しない効果——分断と統合の両者を同時に生じさせる——を生んだように思われる。一方では,公刊された諸事件を一見して無限に供給することと結び付いて,コンピューター検索によって,ある意味で分断され,分裂した法的ルールや原理を持つことになる。10年前,ウェスト社はおおよそ250万件の事件を公刊し,毎年約6万件の新しい事件を出版し続けていた。20世紀前半には,先例拘束性の原理はかなり大幅に法的,司法的実践を制約していた（もちろん,これには議論の余地があるが）ことを前提にするなら,それにもかかわらず,この原理は最早この機能を遂行できないように思われた。膨大な事件が,コンピューター検索を通じて,即座にアクセス可能となる。この点で,コンピューターの前に座っている有能な弁護士は,数分間のうちに,法について,まさにいかようにでも欲する命題について,先例を見つけ出すことが可能となったのである。さらに,リーガル・データベースの中でのハイパーリンクの存在は,1つの源泉から他に,他から他に,と無限にすぐさま移動することを促している。マウスのクリックがこれらすべてをやってのける。今や検索者は,自己の見解を十分に支持する判決を見つけ出すまで,次から次へと場所を変えながら,事件から事件へと飛び回りながら,データベースを縦横無

尽に移動することが可能となる。連邦最高裁判決でさえ，今やコンピューターの画面以上に深い根拠を有していないように思われる。「ハイパーテキストは，中心となる諸前提を根本的に問題のあるもの［としている］，とジョージ・P・ランドフは書いている。「実際，ハイパーテキストは周縁的なものから成り立っている。ハイパーテキストにおいて，いかなるリンクされたテキストも，注釈，評釈，ないしは付加されたテキストとして仕えることができる。そして各リンクされたテキストは，他者（Other）としてのテキストの観念（および経験）へと導く，その他のテキストとして存在している。」[49]

他方，コンピューター検索は，研究者，弁護士，および判事にとって，統合的作用を果たすことができる。文字通り何百万という事件を即座に手にすることが可能となるので，検索者は，管理不可能なデータによって圧倒されることを避けるためのある種のろ過装置を必要とする。ウエスト社のキーナンバーシステムはこの必要性を充足させることができたが，コンピューターを使用する検索は増え続ける事件の量により適合した，より柔軟で拡大可能な技術を提供する。コンピューターの用語法において，今日の法検索ソフトのプログラムである，グラフィック・ユーザー・インターフェイス（GUI）は，情報領域において一見無限なデータの広がりを持つにもかかわらず，検索者が必要とする量の情報を確認し，把握することを可能にさせる。スティーブン・ジョンソンの『インターフェイス・カルチャー（Interface Culture）』によると，GUI は「半分は公にし，半分は消滅させる行為」である。「それは情報のほとんどを視界からさえぎることによって，情報を認識可能とさせる──『そのほとんど』が単一思考で想像するにはあまりにも多様すぎるという単純な理由のために。」要するに，コンピューターを使っての検索は，事件を無限に供給するためのアクセス方法を提供することによって，法原理をばらばらにするかもしれないが，しかし同時に，GUI は「まさに分断化との闘いのために……デザインされた，そして統合と意味を理解可能とさせる役を担わされた」象徴的形態なのである。[50]

だがしかし，おそらくコンピューターを使用した検索よりさらに数段重要なことは，1960年代および1970年代前半に，アメリカ社会に波紋を広げた広範な変化──自信とコンセンサスの喪失──は，結局，国のその他の部分同様，法

学界においても極めて明白となった。これらの喪失感は、社会を変化させ、統制する法の有効性に関して、法学界に今日広く普及した、多様で不明確な態度に明らかに認められる。例えば、ほとんどの学者は何年にもわたって、ブラウン対教育委員会事件判決は、公民権運動に非常に貢献した記念すべき判決であることを前提としていた。だがしかし、近時、ブラウン事件判決は、社会や政治の変化に対する南部白人層の抵抗を焚きつけることによって、運動を現実には阻害したという、これとは反対の主張をする、幾人かの研究者も出現した。なお、その他の学者は、ブラウン事件判決は当初抵抗を生み出し、従って、運動を遅らせた一方、ブラウン事件判決の長期的効果は積極的に捉えられるべきである、と答えている。この見解によると、南部における白人の抵抗——とりわけ平和的な公民権擁護者に加えられた残虐行為——をメディアが報道したことは、1964年の公民権法や、「偉大な社会（Great Society）」プログラムの一部として制定された同様の立法へと導きながら、結局変化に対する広範な政治的支持を生み出した。さらに、その他の評釈者は、「偉大な社会」の立法化は、アメリカにおける真の、永続する変化を成し遂げることに、悲惨にも失敗したと主張している。連邦最高裁の歴史において最も重要な判決の一つである、ブラウン事件をめぐる、このような鋭い対立との関わりで、リチャード・ポズナーが、近時、法律家（法学教授を含む）は、際立って法的な問題でさえ改善する、彼ら自身の能力に対する自信を喪失したように見える、と述べたことは驚くにあたらない。「1930年代から1950年代を通して、司法の勝利と考えられるものの幾つかの評価は見直しを受けてきたし、最早それ程成功したとは思われていない。例えば、このことは民事手続についての連邦規則や行政手続法についても当てはまる（そして裁判や行政手続一般について言える）。」同様に、コンセンサスは、分断へと道を譲ったとして、次のような見方が示されている。「1960年代において、穏健なリベラリズムと穏健な保守主義との間の狭い範囲で占められていた、ロースクールにおける政治的見解の範囲は、今や左翼における、マルキシズム、フェミニズム、左翼のニヒリズムやアナーキズムから、右翼における、経済的、政治的リバータリアニズムやキリスト教ファンダメンタリズムにまで広がりを見せている。」彼らの政治的信念において、幾分セントラリストと思われる法学教授でさえ、しばしば彼らの同僚から、イデオロギ

一的に孤立しているように思われる。[51]

　非常に広範囲におよぶ，法学教授間のコンセンサスの崩壊は，法学界の統計的な構造変化に起因する。1960年代および1970年代に始まる，公民権やウーマン・リブ運動の成功（実際これらの成功は限られたものであったとはいえ）故に，ますます増大する数の女性や有色な人達が，20世紀後半の間に，法律専門家のみならず法学教授職に進出した。法学界のこの多様化は，1960年代および1970年代の間の，多くのロースクールに流布していた活況的雰囲気（boomtown atmosphere）によって大いに拍車がかけられた。例えば，ウォーターゲート事件の発覚に続く，1973-74年度において，「135,000名を超える人がLSAT（ロースクール入学適正試験）を受験し……これは前年度より14,000名以上の増加であり，1960年代のいかなる年度と比べても，ほぼ2倍の増加を示している。1976年において，125,000名以上の者がロースクールの学生として登録し，2億7千5百万ドル以上の授業料が支払われた。」大幅な学生増と授業料収入の大量増加に伴って，多くのロースクールは熱狂的ペースで拡大した。例えば，1967年と1975年の間に，「アメリカ法曹協会の認証を得たロースクールにおいて，終身在職が認められる法学教授の数は80パーセント増加した。」この繁栄期に，ロースクールは，白人男性に脅威を与えることなしに，以前には排除されていた外集団——主に女性と人種的マイノリティー——に属するメンバーを雇い入れることができた。実際，ロースクールが半狂乱で拡大するに従って，非常に多くの白人男性を迎え入れ続けるとともに，同時に外集団に属するメンバーが流入したのであった。例えば，1960年において，1,645名の終身在職権を有する者のうち，たったの11名を女性が占めていたのに対して——すなわち，常勤の法学教授の0.5パーセントを僅かに超えるのに対して，1979年においては，女性の数は516名となり，これはほぼ5,000名に達する，全体の10.5パーセントを占めるに至ったのである。[52]

　相当数の女性や有色人達がロースクールに流入したことは，一種の「アウトサイダー法学（outsider jurisprudence）」の出現を招いた。外集団（outgroup）ないしはマイノリティーの学者の著作は，リーガル・プロセスおよびその他主流の学者のとはかなり異なる法システムをしばしば明らかにした。幾人かの外集団に属する学者の観点からは，法システムは，異なる社会集団を平等に扱っ

ていなかった。それどころか,法の支配を操ること自体が,社会的,経済的,および政治的不平等を増大させるための手段であった。リーガル・プロセス派の学者が,法的ルールの中立的,客観的適用——同様の事件は同じように扱うこと——と理解した状況において,幾人かの女性およびマイノリティーの著者は,そうではなく,外集団の服従と理解した。言い換えると,主流,外集団の学者両者は,同じ社会的,法的事項を観察しているように見えても,各集団はそれらを極めて異なる方法で理解し,経験した。主流派のモダニストの学者は,ブラウン対教育委員会事件判決のような,重要な法的出来事に直面したとき,その出来事は,法についての本質的真理,安定的,固定されたコアを有する真理を具体化した,と信じるのが通例であった。外集団に属する学者は,同じ出来事に直面したとき,多様な真理の存在を承認する,より一般的傾向が存在した。例えば,アフリカ系アメリカ人の憲法学者は,合衆国憲法が抑圧と解放両者の道具であることを,白人の学者より即座に承認することができた。合衆国憲法は,合法的制度として奴隷制と人種隔離を正当化するように思われたが,公民権運動や人種差別の廃止を支持したのである。従って,マイノリティーや外集団の真理の下で暮らす(ないしは共感する)人は,モダニストによって主張された,本質的あるいはコアとなる真理は,実は優勢な文化的多数派によって受け入れられた真理であることを認める立場に立つのである。[53]

このような理由から,アウトサイダー法学の出現は,ポストモダンの法思想の発展に貢献した。外集団の法学者は,法システムについて通常は聞くことのない,代替的見解に正当性を認め,「異なる声」に耳を傾けることを,事実上,他の研究者に要求してきた。実際,多様で異なる声——少なくとも,フェミニスト,人種差別批判,そしてごく最近では,ゲイやレズビアンの理論家を含んでいる——の出現を認めるとき,次に,本質的真理を認め,堅固な基礎に基づく認識を根拠付けるモダニストの主張は,非常に問題であることが浮上してくる。外集団に属する法学者の多様な声は,以前には一つの真理のみが明白であった所に,多様な真理が姿を現す。結局,外集団に属する学者は,ポストモダニズムに特徴的な,反基礎付け主義,反本質主義を醸成し,正当化する助けとなったのである。ある意味で,外集団の法学研究者は,一見安定的モダニストの意味付けは不安定で,移動していることを暴露することによって,シニフィ

アン（signifier）によるデリダ派の遊戯（play）を例証している。批判的人種およびフェミニスト派の学者であるパトリシア・J・ウィリアムズの言葉を借りると、「実際、物――非常に具体的物でさえ――を見、だがしかし同時に異なって見ることが可能なのである。」[54]

従って、驚くまでもなく、ある外集団の学問は、まさに原型的ポストモダニズムとして特徴付けることができる。例えば、批判的人種理論におけるリチャード・デルガドやデリック・ベルのような研究者や、ゲイやレズビアン研究におけるウィリアム・エスクリッジやマルク・A・ファジャーは、彼らの研究において、分析的方法に代えて、物語（narratives）ないしは語り物（storytelling）をしばしば使用している。そのような物語はベルのしばしば神秘的な話から、性的選好故に終身在職権を否定されたというエスクリッジの記述のような、著者自身の経験についての、強烈な1人称による物語にまでおよぶ。特定のスタイルがどうであれ、物語のあらゆる形態は――とりわけ多様なストリーからなる羅生門形式（*Rashomon-like*）ではあるが――ポストモダンの反基礎付け主義に共鳴するだけではなく、今日受け入れられている真理は、おそらく、物語それ自体にすぎないことを示唆している。確かに、もし相当な数の人がある物語を受け入れるなら、次に、それはほとんどの人がそれ自体を物語としては考えられないほど、広まることになるかもしれない。それどころか、彼らはそれを客観的真理として――政治的および文化的に中立なものとして――理解する。しかし、外集団の物語は、文化的およびそれに伴う規範のような真理を、暴露することを狙いとする。彼の論文「ゲイ法学的物語（Gaylegal Narratives）」において、エスクリッジは、伝統的モダニストの学問は、それ自体一種の物語であると論じている。

> 法学という学問は必然的に物語である。伝統的学問は、訴訟における当事者や上訴審における彼らの経験を語っている。すなわち、裁判所の意見を相互に関係付ける方法、制定法の制定と執行、行政争訟と規則制定に伴う、圧力団体、官僚、議員の間の綱引き、様々な法的機関とそれら各機関の指導者の歴史、そして法学自体の歴史である。伝統的学問において語られる物語は、法の分野でのエリートにとって重要な点に焦点が当てられ、しばしばコンセンサスあるいは中立的観点として提供される、彼らの観点

から語られる。これらのエリートは，圧倒的に白人，男性，富裕層，そして表面上異性愛者であるので，彼らの物語は，社会のコンセンサスあるいは中立的価値を真に反映しているのか疑問が持たれるのも当然である。(55)

アウトサイダーの法学と，ポストモダンの学問との間の，密接で明白な関係にもかかわらず，多くの著者はまた，両者の間の緊張関係をも承認した。初期の外集団の学者——とりわけフェミニスト（最初に登場した），それには及ばないが批判的人種理論——は，ポストモダニストというよりはモダニストであった。従って，驚くまでもなく，マルサ・ミノウのような指導的フェミニストは，「ポストモダニズムが，政治参加へのフェミニストの信奉や，抑圧的なものを，確信をもって告発し，効果的に戦う継続的力と衝突する，相対主義に陥る危険があることを」心配した。フェミニスト法学についての最近の歴史を瞥見しただけで，フェミニズムとポストモダニズムとの間の，この潜在的緊張が明らかになる。フェミニスト法学は，4つの重なり合う急激に展開された舞台ないしは種類を通じて発展したものとして理解することができる。リベラル，文化的，ラディカル，およびポストモダンである。第1に，シルビア・ローおよびウェンディー・ウィリアムズのように，リベラルなフェミニストは，法の前に，女性は男性と同じように扱われるべきであると論じた。非常に広範に，これらのリベラルなフェミニストは，性の平等という特殊な領域において，リーガル・プロセス理論を作り上げた。女性と男性が同じような立場に置かれたとき，彼女らは同様に扱われなければならない——すなわち，同様な事件は同様に扱われる。第2に，ロビン・ウェストのような文化的，ないしは異なる声のフェミニストは，大部分，キャロル・ギリガンの影響力のある著作『異なる声において（In a Different Voice）』を法学に波及させることを追求した。心理学者である，ギリガンは，おそらく文化的影響故に，女性と男性は異なる一団の倫理的価値を展開する傾向があると論じた。最も基本的に，女性の倫理は他者に対する思いやり（caring）を強調するのに対して，男性の倫理は抽象的倫理に従うことを強調する。さらに，ギリガンは思いやりについての女性の倫理は，大部分倫理的発展についての初期の心理学理論において無視され，そして矯正する方策として，彼女は女性の倫理は承認されるだけではなく，包含されなければならないことを示唆した。すなわち，ギリガンは，差異（異なる声）

を歓迎することを求めた。ギリガンの示すところに従い，文化的フェミニストの法学者は，法システムは男性の倫理を好み，表明し，それ故に，思いやりについての女性の倫理を法学に適用することは，アメリカ法を変容させ，実際改善させると論じたのである。第3に，最も有名なのはキャサリン・A・マッキンノンであるが，ラディカルなフェミニストは，性的関係は常に権力について——女性を支配し征服する男性について——のものであると論じる。ある程度，両グループが，マルキストやその他のヨーロッパの批判的社会理論から影響されている限りにおいて，ラディカルなフェミニスト理論は，批判的法学研究と重複していたのである。(56)

　最も重要なことは，モダニストの立場とポストモダニストの立場との緊張関係において，これらフェミニストについての3つの立場——リベラル，文化的，ラディカル——は，しばしば，すべての女性(women)を**ウーマン**(WOMAN)に還元するように見えた。すなわち，予見され，限定された一式の抽象的性格，観点，ないしは利益によって定義されたものとしてである（しばしば暗黙のものであるが）。例えば，文化的フェミニストによると，すべての女性は思いやりの倫理を表明した特定の方法において，他者と相互に作用し合う傾向にある。このようなモダニストの観点から，すべての女性は1つの普遍的本質——アンジェラ・P・ハリスのような外集団のフェミニストが，その後，疑いの目で，白人，異性愛，および中間上位層を見るにつれて，異議を申し立てた本質——を分有するように見える。このような「性本質主義」故に，有色の，レズビアンの，貧しい女性の存在が，初期のフェミニスト法学において承認されていたときでさえ，そのような女性は，白人の，異性愛の，中間上位層の**ウーマン**から引き出される規範ないしは基準とは異なっているとしてのみ，せいぜい俎上に上るにすぎなかったのである。(57)

　さらに，初期の批判的人種理論派の学者同様，初期のフェミニストは，臆することもなく，規範的であった。彼女らは女性や有色人種の生活を改善するために，アメリカの法システムを変容させる様々な手段を明示的に推奨した。例えば，マッキンノンは，ポルノに対して法的制限を加える制定法の推進で有名であったし，他方，非常に影響力のある1987年の論文において，チャールズ・R・ローレンスは，連邦最高裁の意識的と同様無意識的偏見を説明する，人種

差別主義についての洗練された描写に基づいて，平等保護原理を変化させることを提唱した。このタイプの規範的学問——栄光をもたらす唱道の型——は，少なくともリーガル・プロセスやその他主流派の学者の著作に現われたとき，規範性についてのそのような露骨な表示を公然と非難する，ポストモダンの法理論家が公表している論文とは際立って対照的であった。ポストモダンの観点から，そのような規範的法学を特徴付ける，明白な擁護は，読者（著者同様）が法システムを変化させる選択を行うことができ，そのように望まれた変化を成功裡に遂行することのできる——あたかもそれはたやすいかのように——，自立し，独立した個人であることを，誤って示唆したのであった。これらのポストモダンの理論家が，そのようなモダニストの個人主義の表明を拒絶するにつき，今度は彼女らが，ポストモダニストに次のような質問を効果的に設定する，多くの外集団の怒りを引き出したのである。すなわち，「まさに歴史的に圧迫され，排除された主体が十分な社会的力と認知を獲得し，その結果彼女らもまた彼女ら自身の目標と価値を追求することが可能となったとき，なぜ法システムを通じて規範的目標と価値を選択し，追求する個人の能力を問うのであろうか」，ということである。実際，幾人かの外集団の学者は「産業化された西洋の白人，特権を有する男性」の要求に適合したにすぎないイデオロギーであるとして，ポストモダンの理論を激しく非難したのであった。[58]

　それにもかかわらず，ごく近年，増大する数の外集団の法学者——フェミニスト，批判的人種，ゲイおよびレズビアンの理論家を含む——は，外集団とポストモダンの主題との間の関係および統合の可能性を探り始めた。既に示唆したように，外集団の学者は，繰り返し多様な真理の存在を証明し，従って基礎付け主義と本質主義というモダニストの主張の基礎を掘り崩す限りにおいて，部分的に，原型的ポストモダニストとして理解することが可能である。だがしかし，さらにそれ以上に，幾人かの外集団の学者は，ポストモダニズムを明示的に受け入れた。これらのポストモダンの外集団の学者は，ポストモダニズムの批判理論的観点を，アウトサイダー法学のより以前の形態を代表する，過激な政治的方向付けに，組み入れるアプローチを発展させている。例えば，ジョーン・ウィリアムスのようなポストモダンのフェミニストは，次のように論じた。すなわち，女性は男性と異なるが，本質的**ウーマン**か，両性の間のある安

定した一団の本質的相違かの，存在を前提にすることをなお回避できることを，フェミニストは承認することができるということである。メリー・ジョー・フラグによると，女性と男性との差異は，実際付随的なものであり，従って法学論文の領域の中での争いを含む「政治闘争」に服することを示唆した。「性的差異の意味をめぐる継続的解釈的闘争は，家父長的法権力に衝撃を与えることができる」，とフラグは主張した。そしてポストモダニズムとフェミニスト法学との関係に焦点を当てた，幾分難解ではあるが学識豊かな著書において，ドルシア・コーネルは「本質主義の桎梏から解き放たれて……『女性(feminine)』を描きフェミニンを喚起すること」を追求した。そうするために，フェミニンは対象ないしは本質ではなく，他人との関係における偶然的立場——そこから他人に対して開かれまた同定する立場——として，理解されるべきことをコーネルは示唆した。コーネルにとって，意味についての不安定性を強調するポストモダンは，性の階層性を掘り崩す，フェミニストの政治目的を支持するために援用することが可能なものである。「フェミニンの立場から著述することは，それ自体フェミニンの価値低下に対する実行的な異議申し立てである，明示的，倫理的肯定を含む。フェミニンは，現実の女性の生活に還元し，同定できるものではないことを我々が承認するときでさえ……我々はフェミニンを肯定するのである。」[59]

法思想におけるポストモダンの主題

様々な理由の組み合わせ故に，アメリカ法思想は，モダニズムからポストモダニズムへの曖昧な境界を横切って，ねじれ状態にある。本章の前節で，モダニズムからポストモダニズム法学への移行に拍車をかけている，幾つかの弁証法的に相互に関係する要因を議論した。すなわち，法学教授を含む，アメリカ人一般の間でのコンセンサスと自信の喪失，グリズウォルド対コネティカット事件およびロー対ウェイド事件における，連邦最高裁の極めて論争喚起的判決とこれらの事件に対するその後の学者の反応，法を含む多くの分野における学際的研究の隆盛と，その後の哲学，文芸批評，文化人類学のような他分野

第5章　ポストモダニズムのアメリカ法思想　235

によるポストモダニズム概念の法学への影響，法思想，とりわけ憲法理論における解釈的転回の出現，グラフィック・ユーザー・インターフェイスを有したコンピューターを使用しての法情報検索の発展，アウトサイダー法学の発展に貢献した，法学界における人的構成の変化である。これらの原因となる諸要因を組み合わせた程度と方法は，少しも明確ではない。小説家コーマック・マッカーシーが述べたように，「歴史において統制する集団は存在しないのである。」だがしかし，この要因についての不確定性にもかかわらず，モダニズムからポストモダニズムへの移行は，それ自体が，すべてではないにしても，ほとんどの学問分野に影響を与えながら，法学を含む学問領域の限界を超えて，広く，文化的，社会的，そして政治的変容を招いているのである。[60]

スタンレー・フィッシュのような著者の，ポストモダン的解釈戦略および，前節で議論したポストモダンのアウトサイダー法学者の革新的アプローチは，ポストモダンの法思想の重要な面を示している。だがしかし，より完全に描き出すために，ここでは，法学という特定分野において相互に関係する主題に焦点を当てるが，第2章で紹介した8点の一般的ポストモダンの主題，それぞれを展開する。確かに，ポストモダンの法学者は，統一された前線を示してはいない。[61] 実際，幾つかの最も興味を引くポストモダン法学は「ポストモダンの取締役（postmodern policing）」を担っている。すなわち，1人のポストモダニストがもう1人のポストモダニストを，実際，十分にポストモダンを体現していないとして，批判するのがそれである。そうであっても，様々なポストモダン法学間の不一致にもかかわらず，法学の著作における様々なポストモダンの相互関係および統合には特徴が存在する。全体として見た場合，実際，ポストモダン法学者は，プレモダニズムやモダニズムのそれに対応した，パラダイム的世界観を展開しているように思われる。そしてまさにプレモダンやモダンの法思想がそれぞれの時代の幅広い文化に密接に適合していたように，ポストモダン法学は，我々が生きている時代の文化に共鳴している。ここで，それでは，ポストモダンの法思想についての，8つの主題を検討してみよう。[62]

第1に，ポストモダンの法思想家は，基礎付け主義および本質主義に対する，相互に関連したモダニスによる信奉を拒絶する。百年以上にわたって，ア

メリカのリーガル・モダニストは，法および司法の判断形成のための基礎を求めてきた。そうすることにおいて，合理主義から，経験主義，超越主義へと広がりを見せた。他方，ポストモダニストは，認識と意味は常に基礎付けられないままであり，基礎付けられない意味は常に不安定で，移行していると主張している。分析的な観点からポストモダン法学にアプローチした，ダグラス・E・リトウィツの『ポストモダンの哲学と法（Postmodern Philosophy and Law)』によると，ポストモダンの反基礎付け主義は，「法システムについての特定の解決を支持する法律家や哲学者によって，歴史的に提示されてきた形而上学的および/あるいは認識論的基礎についての，深い不信と懐疑主義」を反映している。結果的に，ポストモダンの法理論家は，全リーガル・テキストと同様，特定の言葉についての見せかけの安定性を常に疑う。前節で論じた，フィッシュのポストモダンの解釈主義は，この傾向の表明のほんの一例である。例えば，この反基礎付け主義者の主題に一致して，今やポストモダンのフェミニストは「『女性』は，フェミニズムおよび法において，やっかいな用語である」ことを宣言している。「この範疇は，言語学的，歴史的，法的文脈において，継続的でもなく，一貫的でもなく，構成されている。」[63]

　反基礎付け主義や反本質主義の広範な，潜在的に過激な広がりを強調するために，モダニストの主張に反して，法において，そのようなイージー・ケースは存在しないことを，幾人かのポストモダニストは主張している。大統領は少なくとも35歳以上でなければならないという憲法規定でさえ，多様な解釈の可能性を残している。これらの線に沿った議論をするに際して，ポストモダニズムにおける脱構築論者，アンソニー・ダマトは，テキストの意味は，文脈に従って変化することを強調している。従って，「文脈は変化するので，すべての時を通じて絶対で，変化しない，いかなるテキストについても唯一の解釈は存在し得ない。」憲法においてイージー・ケース――18歳の者は大統領職に就けないというような――が存在することを主張するモダニストは，文脈の重要性というこの基本的なポストモダンの洞察を見逃している。抽象的仮定として，18歳の大統領の問題はばかげているかもしれないが，しかしもしそれが実際の事件の文脈において生じたなら，問題は全く異なる様相を呈するであろう。モダニストの「いわゆる18歳の大統領というイージー・ケースは，それ自体常軌

第5章　ポストモダニズムのアメリカ法思想　237

を逸している」と，ダマトは結論付けている。「それは俎上に上らないであろう——もしそれがそうなったら，ある将来の文脈において，その時それはもはや常軌を逸していないのである。」文脈の重要性を，わずかに異なる条件に置き換えながら，客観的テキスト解釈に基礎付けているように見える，ある背景となる文脈あるいは前提の安定性を暗に受け入れている故にのみ，モダニストはイージー・ケースと理解している。しかしながら，そのような背景となる前提は，常に前面に持ち出され，取って代わられることをポストモダニストは強調し，そうすることによって，ポストモダニストはそれまでは論争の余地が存在しないように思われた，テキストの意味を脱構築するのである。[64]

　ポストモダンの法学者の中で指導的立場にある，ピエール・シュラグは，なぜモダニストは（誤って），法は存在論的に堅固な基礎の上に置かれていると信じるのかを示唆している。シュラグによると，法学教育における，ある際立った方法が，学生に，法は堅固な実体的存在であることの，忠実な確信を発展させることに誘導するのである。特に，ソクラテス・メソッドによる質問の難解さは，しばしばロースクールの学生に，教授は「隠し球」——そこでは球とは法を暗喩的に示している——を持っていると疑わせる方向に導く。球を1人の手から他の者の手へと送球し，それを陰に滑り込ませ，そして（しばしば）注意深い学生のまさに不安な視界の中にそれが常に入らないようにしながら，教授は巧みに球を転がす。この見事な展開を見ながら，教授は球を隠しているに違いない，と学生は信じる。なぜなら，彼らはそれを全く見ることがないからである。従って，学生は，暗にある固い球が実際に存在していることを前提にする。もしそのような球が存在しないなら，教授はいかにして（またなぜに）そのようなトリックを使うのだろうか。このようにして，将来の弁護士，裁判官，法学教授は，「法についての存在論的，認識論的性格についての深い信仰」を形成する。「固定された解釈以前の」法における，球の存在を心から信じるのである。[65]

　しかし，シュラグは，そこで，ポストモダンの脱構築的観点を上げる。モダニストの弁護士や学者の忠誠ないしは信仰にもかかわらず，まさに固定された，解釈以前の法など存在しないのである。モダニストの法学者は，あたかも「固定された同一性を有した強固な対象という形態」としての原理が，現実に

存在するかのように，法原理について無限に著述してきたのかもしれない。それにもかかわらず，法的ルールや原理は「いかなる強固な，ないしは安定した対象」の上にも，基礎付けられてはいないのである。さらに，法についての存在論的空虚は，モダニストの法学者が，整然と，論理的に多くの見せかけの法原理やルールを互いに関連付けながら，長文の論文，著書，さらには数巻にわたる教科書を，次第に精巧な，原理的枠組みの建設に捧げることを可能にさせるのである。だがしかし，シュラグのポストモダンの観点からは，それらが現実には固定された対象として存在しない故に，モダニストの学者は，原理やルールについて，彼らが欲するまさにいかなるものについても，述べることができるのである。最も順応性のある素材——存在しないルールや原理——をもとに仕事をしている限り，最も創造的で，典雅でさえある，原理の殿堂を建設することは極めてたやすいことなのである。(66)

その他のポストモダンの法学者は，反基礎付け主義および反本質主義を，デリダ派の残されたもの（Other）に対する関心と結び付けてきた。デリダによると，理解についての解釈学的プロセスは，常にまた既にある残されたものを限定している。我々が我々自身の地平の中からテキストを理解するときはいつでも——それはテキストを理解する唯一の方法であるが——，我々はある他の観点ないしは地平から生ずるかもしれない潜在的意味を必然的に否定する。脱構築と法解釈の論文において，マイケル・ローゼンフェルドは，次のように書いている。「あらゆるテキストは（口頭によるものであれ書かれたものであれ）他の著作を参照した著作である。テキストは，その著者によって意図された，明瞭な意味を直ぐさま，また明白に明らかにする純粋な存在物ではない。そうではなく，脱構築の観点から，すべての著作は，同化と異化，統合と分化および自己と他者を和解させるという，実りの少ない試みを具体化している。著述は求められた和解を達成した印象を与えるかもしれないが，そのような印象はイデオロギー的歪曲，差異の抑圧あるいは残されたものの服従の産物としてのみ存在し得るものである。」(67)

ここで，明確にするために述べておくと，残されたものとして，抑圧されたテキストの意味だけではなく，脇に追いやられた，支配されている個人や集団（ないしは外集団）——それらの意味（ないしは声）は不明瞭で無視されている

個人や集団——に言及している。従って，ポストモダニストは，例えばフェミニスト法学という特定領域において，モダニストは「性本質主義」——すべての女性はある普遍的本質を分有しているとの前提——に依拠してきたことを議論する。このモダニストの本質主義は，「他のものに特権を与えるために」ある声——とりわけ女性，有色の，レズビアンの，そして貧困な女性のそれ——を沈黙させる傾向があった。より広範に，ポストモダン法学は「性質という名で，あるいは実際的必要性という名で，沈黙させ抑圧してきた権力の行使を，法がそれに基づいて無批判に支持してきた，範疇および分類に，疑問を投げかけている。」脱構築において残されたものに焦点を当てることは，暴力や欺瞞を暴露し，否定，排除，抑圧を明らかにするための，消すことのできない政治的欲求を養うことを示唆して，デリダ自身脱構築を正義と同等のものにした。この観点から，法は常にある残されたものを解釈し抑圧し，脱構築された正義（ないしは「脱正義（deconjustice）」）は，この抑圧を暴露することを求める。ラリー・カタ・バーカーが説明するように，「逸脱の範囲を限定し，その境界内のものを強制するのが，あらゆる集団の性質である——それはあらゆる社会システムの定められた性格である。」従って，J・M・バルキンによると，法概念の脱構築は，「背景へと押しやられた人間生活の面を思い出すための」叫び声なのである。通常のモダニストの誤った概念化とは異なり，「脱構築はルールや原理の正当性を否定するものではない。それは特定の法概念を特権化することにおいて，見落とされ，忘れ去られた人間の可能性を肯定することなのである。」[68]

例を挙げると，アメリカ法にとって，レッセフェール理論の意義は脱構築される。レッセフェールは検討されず，問題とされずに一般的に残されているある背景となる前提から生じている。最も重要なことは，レッセフェール理論は，すべての人間は自身の自己利益によって，当然にそしてそれのみに動機付けられることを前提にしている。他の前提同様，この前提から，経済の領域において，「規制されない市場取引が人間の目標を実現する最善の方法であり」，従って，政府による経済市場の規制は，最小限でなければならないことをレッセフェールの主唱者は推論する。しかし脱構築を支持する者は，背景となる前提を問題にすることを求める。すなわち，「法についての我々の社会的見解や

システムは，現実に存在するものとしての人間の性質に基づいておらず，むしろ人間の性質についての解釈，暗喩，特権付与に基づいている。」とりわけ，レッセフェールの鍵となる前提——純粋に利己的人間——の有効性に疑問を抱くとき，この経済的存在は「社会的愚か者」のように疑わしく思えてくるのである。経済学者であるアマルティア・センは，彼自身明白に脱構築を支持する者ではないけれども，人が自己利益のみから真に行動するなら生じる不条理を豊富に例証している。「質問されたとき，個人は彼の個人的利益を最大化するように解答するというのが前提で［ある］。この前提は善であろうか。一般的に，それが善であることに疑問が存在する。(『駅はどこにありますか』，と彼は私に尋ねた。『そこです』，と私は言い，郵便局を指差し，『途中，私のためにこの手紙を投函していただけますか』と依頼する。『はい』，と彼は答え，封筒を開け，何か貴重なものが含まれていないか確認することに決めた。)」(69)

　重要なことは，脱構築の地平から，特権化された前提が問題視されたとき，次に，他の可能性が周辺から出現することである。例えば，自己利益以外の多くの考慮が，人間の行動を動機付けることを承認することができる。利他主義や正義から，人種差別や反ユダヤ主義まで広がりながら，これらの動機は，高貴でもあれば卑しくもある。例えば，投票するという単純でありふれた行動は，明らかな自己利益の合理的追求から生じるものではない。時間と労力の費用は，明らかに，1人の1票から生ずるいかなる潜在的利益にもまさるが，多くの人はこの経済的に不毛な意思表示の選択をする。実際，まさに経済的自己利益の追求でさえ，「社会的協同や価値の共有を最終的には拠り所にしている。」だがしかし，確かに，脱構築の目的は，必ずしも自己利益にまさるある他の動機に特権を与えるものではない。ほとんどの場合，人間の行動は，自己利益であれその他のものであれ，いかなる単一の動機に還元できるものではない。むしろ，脱構築を支持する者は，我々が最初に前提としているものを中断させ，社会的存在としての人間のその他の見解をいかに抑圧しているかを暴露することを求める。結局，レッセフェールの脱構築は，政府の規制から解放された市場という概念が，人間存在についての狭い，内容のない解釈に基づいていることを示唆するのである。(70)

第5章　ポストモダニズムのアメリカ法思想　241

　次に、第1のポストモダンの主題と密接に関係しているのが第2の主題である。すなわち、ポストモダニストはあらゆる種類の、見せかけの、確定性、深甚性、体系性、および学問領域の限界を含む、限界性を拒絶する傾向にあることである。すなわち、ポストモダニズムは、「我々が慣れ親しんだ範疇が存在する必要性がないことを受け入れることを強いる。」このポストモダンの傾向は、法原理についての伝統的範疇に常に異議を申し立てることへと導く。例えば、グレゴリー・S・アレクサンダーは、特にモダニストの個人主義に基礎付けての財産（property）の概念化を拒絶した。このモダニストの見解の下で、「財産とその憲法上の保護の目的は、個人に彼自身の欲求を満たすための、象徴的であるとともに文字通り、場所を保障するであろう、個人と集団との間の壁を築くためのもの以上でも、それ以下でも［なかった］。」この財産についての「単一な特権化された理解」は流行遅れである、とアレキサンダーは宣言し、これに代えて、彼は財産についてのポストモダン概念を提供した。とりわけ、アレキサンダーは、個人主義者と、公的責任を強調する財産についての、よりコミュニタリアン的見解との間の、解決不可能な弁証法的衝突であると理解している。[71]

　さらに広範囲に、ウィリアム・L・F・フェルスタイナーおよびオースティン・サラトは弁護人と依頼人の関係についての伝統的概念に異議を申し立てた。フェルシュタイナーおよびサラトによると、弁護人と依頼人との関係は、2つの対立するモダニストの観点の1つから伝統的に理解され、分析されてきた。すなわち、前もって定義された社会的役割によって厳格に組み立てられているものか、自立的個人の行動から生じているものか、である。フェルシュタイナーとサラトは、この2分法的見解を社会と個人についてのモダニストの見解によって、あまりに狭く制限されているとして拒絶する。弁護人と依頼人は固定され前もって存在する社会構造によって囚われているのでもなければ、自由で独立した個人同士でもないのである。これに代えて、フェルンシュタイナーとサラトは、常に拘束されているがなお偶然的なものとして──限定されているがなお交渉を通じて継続的に変容するものとして──弁護人と依頼人との関係を理解する、ポストモダンの見解を提案している。[72]

　さらにまた、ポストモダンの蛮勇は、原理（そしてリアリストに従って、公

序）に焦点を狭く絞り過ぎているとして，法学自体のモダニストの概念を，多くの法学者が拒絶する方向へと導いた。フーコー，ローティー，ガダマー，ウィトゲンシュタイン，クーン，ニーチェ，デリダ，ハイデガー，ラカン，およびその他の多数を引き合いに出す，学際的法学研究は当たり前のこととなっている。しばしば，アメリカ社会には，文化が充満していることから——実際，文化が社会的，個人的生活のあらゆる側面に充満しているように見える，ポストモダンの学者は，法を文化・社会研究の観点から理解する傾向が存在している。とりわけ，この傾向は，ポストモダンのアウトサイダー法学において顕著であり，そこでは，法文化や諸関係を含む，アメリカの文化や社会の象徴や構造が，いかに外集団の声——デリダ派の残されたもの——を曖昧にし，抑圧しているかを理解するために，研究者は奮闘している。例えば，多くのアウトサイダーの法学者は，差別についての個人の意図的行為によってのみ構成されるものとしての，人種差別についてのモダニストの概念に拒絶反応を示している。これに代えて，人種差別主義は，意図的行為と意図しない行為，および意識的態度と無意識的態度に表明される，文化的・社会的現象として考察される。「人種差別主義は，我々が世界を理解し組織する方法の縦糸と横糸から織り込まれている」，とリチャード・デルガドおよびジーン・ステファンシックは説明している。「それは我々が社会生活を営む世界の経験を持ち込み，そして組み立てるために使用し，意味を与える，多くの先入見の一つである。人種差別主義は，支配的物語，受容された理解と，そこから我々が推論する基線を形成する基本原理の集合の一部を形成している。」[73]

このような文化的，社会的なものの強調がアウトサイダー法学において支配的であるのに対して，その他のポストモダンの法学者もまた同様の方法を使用した。例えば，バルキンは，「いかにポストモダンの文化と技術が，制度としての法に影響を与えたか」を検討することによって，ポストモダンの立憲主義を展開している。

　　マス・メディアの進歩と記号を用いた表現形式（symbolic forms）の産業化は，公衆が法システムに参加する法的権利や能力を理解する方法に，どのような影響を与えているのであろうか。「ニュース報道等を簡略に伝えるサウンド・バイト（sound bites）」の現象になぞらえて，一般公衆に共

通の文化的造語（coin）となった「ロー・バイト（law bites）」、ないしは法システムの記号の概念が作り出されたのも、もっともなことである。ロー・バイトが働いた古典的例として、ミランダ事件で認められている権利が、彼らに読み上げられなければならないことを繰り返し主張した、カナダの警察によって逮捕されたモーターリストについての報告がある。アメリカにおける刑事ものの大量放映（そして後にはL・A・ローというテレビ番組）は、刑事および民事手続のシステムについての、公衆の観念を明らかに変えたのであり、そしてそれはアメリカにおいてだけのことではない。これら法についての記号的表現は、思想伝達の共通形態となり、素人公衆の間の、法についての予測の基準となっているのである。[74]

確かに、幾人かの法モダニストは——しばしば、法とその他の学問分野両者における学位と教授としての資格を持っている人物——、これらの学際的研究者を物好きとして厳しく非難する。だがしかし、頻繁に、そのようなモダニストの批判は、彼らの専門的、学問的土俵を守るための闘いとして、けたたましい叫び声として響くのである。確かに、ポストモダニストに劣らず、モダニストは他者の著作の内容を批判すべきであるが、しかし単に違った人（妥当でない学問領域における人）がそれを書いたというだけで、著作を非難すべきではない。そのような偏見に訴えかける批判は、学際的ポストモダンの学問の重要な点を見逃してしまう。法的問題、争点、さらに出来事は、必ずしも学問的境界内に整然と対応するものではないことを、ポストモダニストは承認しているのである。専門的、学問的領域は、富、権威および権力の蓄積を含む、様々な理由から発展してきた——単にそれらが有する包括的、説明することのできる潜在力によってのみではない。いかなる単一の学問も、法を含む、社会の出来事を適切に理解するための、十分な手段を提供するものではない。もし既に定義付けられた学問領域の中に閉じ込められたままでいると、ある出来事についての理解は、これらの学問領域に適合させるために歪曲される可能性が生じ、またその出来事についての代替的真理を見逃してしまう可能性も存在する。この理由から、ポストモダンの法学者は、あたかもワールド・ワイド・ウェッブ（W.W.W.）において、ハイパーテキスト・リンクの偶然に連結された道のりに従って行くように、場所から場所へと、分野から分野へと、モダニストによ

って設けられた境界をしばしば無視するのである。だがしかし，疑いもなく，ウェッブ上のリンクに従うことは，眼精疲労と頭痛以外はほとんど得るところがなく，疲労とストレスを残すことでしばしば終わることもある。同様に，学際的学問は，わけのわからない専門用語で満たされた，つまらないものに立ち往生し，多様な観点を成功裡に統合することができないことも，しばしばである。だがしかし，ポストモダン法学の学際的性質は，アメリカ法システムにおいて，革新的，刺激的アプローチや描写にしばしば拍車をかけている。すなわち，研究者が単一の学問領域に限定されていた時には，脇に追いやられていたアプローチや描写である。[75]

　第3の主題は，ポストモダンの法学者は，逆説 (paradoxes) を受け入れ，検討し，歓迎する傾向さえ存在することである。基礎付けや本質的真理を求める，モダニストの学者は，問題の所在の不一致を意味するものとしての，逆説を疑いの目を持って見る傾向にある。反基礎付け主義者であり反本質主義者である，ポストモダニストは，逆説を困ったものとは見ない。それどころか，ポストモダニストは逆説を予測している。従って，驚くまでもなく，ペーター・シャンクは，制定法解釈に対するポストモダニズムの含意ついての論文を，逆説で締め括っている。「ポストモダンの概念は，今日の制定法解釈についての理論に強力な影響力を行使し得るし，また行使している。しかしながら，逆説的にも，制定法解釈についてのポストモダンの理論を展開し，あるいはポストモダンの土俵で解釈理論を正当化するいかなる試みも，反ポストモダンとなるのである。」ここで，シャンクは，制定法解釈のような，解釈実践へのポストモダンによる理論的洞察が，この実践を直接に変容させるために採用され得ないことを示唆することによって，スタンレー・フィッシュの手本に従っているのである。[76]

　ポストモダンの立場から，逆説は社会的，解釈学的現実を反映している。いかなるテキストあるいは社会的出来事も，多様な真理や声を含んでいるので，おそらく幾つかのものは互いに逆説的関係に立つことであろう。例えば，アメリカの文化や社会に組み込まれている人種差別の故に，ヘイト・スピーチは「感情を傷つける言葉」を構成する，とデルガドは述べている。人種差別主義

者およびその他の者のヘイト・スピーチは強力である——それは差別をすることである。それは認識可能な方法で犠牲者を徹底して傷つけることが可能となる。だがしかし，同時にまた逆説的に，いわゆる思想の市場において交換される自由な言論は，人種差別主義と成功裡に闘争し，それを実質的に減ずることはありそうもない，とデルガドとステファンシックは主張する。この文脈において，言論は効果的ではなく，力を欠いている。デルガドおよびステファニックの観点から，言論に関するこれらの逆説的命題は，彼らの推論における宿命的不一致を例証しているのではなく，むしろ人種差別主義者の文化および社会において生活している，社会の現実を反映しているのである。ヘイト・スピーチは効果的である。なぜならば，ヘイト・スピーチに反対する議論は，同様の人種差別主義者の力によって中立化される一方，それはアメリカ社会におけるその他の強力な人種差別主義者の力と，それ自体一貫して提携しているからである。人種差別主義は驚くべき，そして異常な速さでヘイト・スピーチを前面に押し出すが，しかし人種差別主義は同時に，ヘイト・スピーチに反対する最も強力な追求にさえ肩透かしをくらわすのである。[77]

　この言論（speech）を巻き込んでいる逆説は，第4のポストモダンの主題へと導く。すなわち，権力と，その多様な出現に焦点を合わせることである。モダニストは権力を，個人，人の集団，あるいは主権というように，ばらばらな，意識の中心に位置付ける傾向がある。このモダニストの立場からは，権力は，あたかも他者によって行使される道具であるかのように，人ないしは制度によって「設定された『もの』」としてしばしば理解される。従って，憲法理論において，「連邦議会が州際通商を規制する権力を『所有する』こと，大統領が連邦最高裁のメンバーを指名する権力を『所有する』こと，連邦最高裁が合衆国憲法の下で生じる事件を審理する権力を『所有する』ことについて語る」ことが，あまりにもしばしばであることに，ケンダル・トマスは注目する。権力についての，このようなモダニストの概念に反して，ポストモダンの法学者は，「権力はどこにでも存在し，あらゆる人に存在する」と主張する，フーコーに従っている。フェルスタイナーとサラトの言葉を借りると，「［権力］は棚の上に置いてあり，取り上げられ，手持ちの仕事に使われるのを待っ

ている道具のようなものではない。むしろ，権力は，時々刻々と制定され，構成されている。それは間接的な動向と手先の早業において，破裂と省略において，そして強力で，継続的で，明白な主張におけると同様，無言で無知のままに残されているものにおいて，理解される。権力は，ほとんどの社会相互作用を包含する，規則的で明らかに平穏な日課や実践において，継続的に生み出されるものである。」[78]

従って，「権力は多くの特性を有し，多くの領域において作られている」が，大きな広がりを持つものの1つ——そしてポストモダンの法理論家によってしばしば強調される1つの領域——が，言語ないしは論証の領域である。ウィトゲンシュタインのプラグマティズムに従っている，デニス・パッターソンから，ガダマーの解釈学を拠り所とする，フランシス・J・ムーツに至るまで，「あらゆる理解は言語において生じる」ことに同意している。他方，脱構築主義者は，「テキストの外には何も存在しない」ということを，同様に主張している。従って，ポストモダンの法学者には，法を言語による権力の表明として概念化する意味合いを探求する傾向がある。例えば，サンフォード・レビンソンやJ・M・バルキンは，法言語が遂行的権力（performative power）であることを強調する——すなわち，召喚状や契約のような，多くの法的な言葉を発することは，直接に権力を課すことに繋がる。だがしかし，レビンソンおよびバルキンは，法言語が「その権力との共犯において例外」ではないことを付け加えている。むしろ，「詩人キーツについての想像上の，もの静かな『権力性の欠如した』講義は例外であるが，解釈という法的行為は……通常の，系列的な解釈行為である。」概して，その他のポストモダンの法学者は，法言語がいかに社会の実体を構成することに寄与しているかを探求する。ポストモダン・フェミニストであるトレイシー・E・ヒギンズは，次のように説明している。

　ポストモダニズムは，言語と解釈プロセス自体の規則的役割を強調する。個々の事件においてその判決が有する，直接的，規則的（ないしは遂行的）意味を超えて，性をめぐる法的議論についての（連邦最高）裁判所の解釈は，女性のために提起された議論の構造，法的主張に翻訳される害の種類，およびこれらの害が個人によって経験され，あるいは認められる程度についてさえ，影響を与える。同様に，この法的議論に対するフェミニス

ト法理論による批判および交戦は、女性の経験についてのフェミニストによる再解釈の範囲を規制する。従って、連邦最高裁判所およびそれに対するフェミニストの批判にとって、女性であることの競合する説明の中から選択することは、排除することの強化に繋がるだけではなく、女性がその人生を経験し、表現する仕方を変更させるのである。[79]

言語の権力性に関心を寄せるポストモダンは、反基礎付け主義および反本質主義に密接に関係している。「言語は社会的・文化的に構成されているので、本来実在を描き、対応させることは不可能である。それ故に、あらゆる命題、あらゆる解釈、テキストでさえ、それ自体社会の構成物として存在している。」[80]もちろん、法と言語についての、この反本質主義および反本質主義による概念化は、多くのモダニストが、ポストモダニストに、危険なニヒリストないしは相対主義者であるとの責めを負わせることを促す結果となった。だがしかし、ニヒリズムおよび相対主義の恐怖は、モダニストが作り上げた妖怪であり、ほとんどのポストモダニストがお化けになることはないのである。そうではなく、ポストモダニストは、いかに言語が作用するのか——いかに言語が意味と理解を生じるのか——を理解するために、これらの妖怪を通じて見ているのである。トマス・クーンが、いかに科学者は成功裡に仕事をするのか——そしていかにして科学は不可能ではなかったのか——を説明するために主張したように、ポストモダンの法学者は、いかにそれが失敗するかではなく、いかにしてテキストの理解が生じるかを説明するために、主張しているのである。確かに、スタンレー・フィッシュは、この点での指導者であったが、多くのその他の者も、法言語と理解のさらなる探求をしたのであった。

例えば、幾人かのポストモダニストは、明確な支えとするために、ガダマーの哲学的解釈学に目を向けている。第2章において述べたように、共同社会の伝統が我々に、解釈と理解を可能にさせると同時に制約する、先入見と利益を植え付ける、とガダマーは論じている。我々は、理解するためのある堅固な基礎を見つけるために、我々の先入見や利益という地平の外に出ることは不可能なのである。言い換えると、我々は、常にまた既に解釈を行っているのである。だがしかし、我々は決して先入見や利益——伝統に由来する——から免れることはできないけれども、解釈自体のプロセスは、継続的に伝統に疑問を生

じさせ，再構築される故に，伝統は常に変化し，従って我々の先入見や利益を再構成している。憲法解釈の文脈に置き換えると，次のようになる。

憲法の意味は，読者とテキストとの間の解釈的遭遇を通じて現実のものとなることを，哲学的解釈学は［示唆している］。先入見と伝統から生じている，解釈者の地平は，弁証法的作用と解釈的循環という対話を通じて，テキストの地平を溶解しなければならない。従って，時の経過とともに現在の地平が移動するに従い，憲法の意味は，常に潜在的に新たなそして異ったものとなるのである。言い換えると，客観的意味が単に発見されるのを待ち受けているのではないが，意味は無制約な個人あるいは社会的慣行によって押し付けられるのではない。そうではなく，憲法解釈は，意味が実在のものとなる存在論的出来事である。理解についての，2つの側面が解釈的循環内で共鳴する。人間の地平に組み込まれた伝統が，常に憲法についてのその人の見解を限定し，それ故に理解や解釈を方向付け制約する。だがしかし，憲法の意味が実在化するに従って，伝統は常に創造され，そして作り変えられるのである。(81)

他方，デニス・パッターソンは，法文の理解を説明するために，ウィットゲンシュタインのプラグマティズムに目を向けている。パッターソンによると，理解は，いかに実践に参加するかを知ることから生じる。「我々は世界を構成する多様な活動を理解している故に，他者と一致した世界を持つ。これらの活動を理解し，参加すること——いかに行動するかを知っている——は，理解の本質である。」従って，理解することは，発声に対応して「適切に行動する」ことになる。「例えば，塩を回すか，そうすることがなぜできないのかを説明することによって，『お塩をお回し下さい』という要求を理解していることを示しているのである。理解していることは，塩を回す行動に明らかに示されており，行動は発声を理解したことの尺度なのである。」(82)

パッターソンにとって，法文を理解することは，それが「解釈的作用」ないしは実践である限り，その他のテキスト理解と異なるものではない。「法は行動であり，物ではない。それは実践の中での参加者の『行い』において『存在』する。」結局，「法のある部分が真理であるとの主張は，何か特別な機会に，問題となっている言葉を正確に使用していることを示すことができるな

ら，立証されている。」だがしかし，「法についての特別な言葉」が存在する故に，法的実践はある意味で異なる文法を有している。「ゲーム」を行う，法の実践に参加するために，一式の体系的，ないしは組織的「ルール」が存在するのである。従って，驚くまでもなく，パッターソンは，憲法を実践するための，特別な文法を記述した，フィリップ・ボビットの試みを称賛した。ボビットの用語法においては，憲法は6つの「議論の様式」の操作からなる。すなわち，「歴史的なもの（合衆国憲法の制定者および批准者の意図に依拠すること），テキスト的なもの（普通の同時代の『街の人』によって解釈されたものとしての，憲法だけの言葉の意味を検討すること），構造的なもの（憲法によって設置されている構造間において，憲法が命じている関係から推論されるルール），教義的なもの（先例によって生まれるルールを適用すること），倫理的なもの（憲法に反映されているアメリカ的エートスの道徳的信奉からルールを引き出すこと），打算的なもの（特定のルールの費用と便益の比較を求めること）である。」これらの「議論の様式は，様々な政治イデオロギーのために展開される，道具的，レトリカルな手法以上のものではない」，とボビットは説明した。「憲法論議の手法は，憲法事項について法が述べていることを評価する方法である。」[83]

　このような，ウィットゲンシュタイン派のアプローチが有する，ポストモダン的性質にもかかわらず，彼らが還元主義者である傾向はまた，ポストモダンからの異議申立て（postmodern policing）を喚起させた。理論家が，全実践を限定され，良く定義された一式の論争のための戦略ないしは様式に還元することを主張するときはいつでも，ポストモダンの批評家は，実際，理論家は完全にはポストモダンではないと主張して，脱構築的攻撃を始めるのが常である。結局，多くのポストモダニストは，あらゆる種類の，表面上の確定，慢性，体系，および境界を拒絶する傾向にある（第2に認められるポストモダンの主題）ことを想起してもらいたい。それ故に，ボビットは「憲法論争の言語ゲームの中で，ある一定の純粋性を維持すること」を試みたことに対して，批判されてきたのである。憲法論争は，あらゆる「現在する言語ゲーム」のように，「種々雑多で多彩であり，しばしば混沌としており，そして常に爆弾を抱えて」いる故に，この試みは「失敗するように運命付けられて」いる。同様に，法学についてのパッターソンの見解は――「法命題の真理を示すために，法律家に

よって使用される議論の形態を正確に記述したに」すぎないものとして——，「通常，ないしは慣習的なものを無批判に受け入れる」その政治的保守性故に，失敗したのである。(84) ポストモダニストは，最も重要な争点についてさえ，不同意であることが，おそらく，すべてを物語るであろう。もちろん，ポストモダンの世界観が，統合を疑問視し，分断を受け入れる——デリダ派の底知れぬもの (abyss) に，脱構築的な侵略をすること (forays) を包含する——傾向にあることを考慮するなら，このような不同意は，ほとんど驚くに値しない。

アメリカの法システムについての，ポストモダンからの分析において，言語の権力性がその中心を占めることに疑いはないが，それにもかかわらず，多くのポストモダンの法学者は「言語は，同時に権力から距離を置いて浮上し，あるいは演じる」ことを主張している。これらのポストモダニストは，権力の構造的構成要素を強調する傾向にある。弁護士と依頼人との関係についての論文において，フェルスタイナーとサラトは，行動の習慣となった類型として，社会構造についてのポストモダンの概念化を説明している。

　人が日々の言葉のやりとりにおいて用語を選び出すについて，毎日あるいは個々の状況において白紙で開始するのではない。いかなる状況においても，限られた数の利用可能な動き方が存在している。日常の開始にあたっての，教師と学生，使用者と被用者の状況を考えてみなさい。階統的関係，労働の日常的分割，狭い訓練範囲が，一般的に，どの種類の事項にどの種類の権限を誰が行使するのか，参加者の各々が，その日の役割について，いかに，またどのような感情を抱くかを誰が判断するかを命じている。学生が授業計画，あるいは学生の成績評価をする先生の特権に疑問を持つことはないであろう。被用者はその日の割当て，あるいは消費者に配達するために，いつ仕事の準備にとりかかるかを告げる使用者の特権に，表立って抵抗しないであろう。(85)

ケンダル・トマスは，同性愛者によるソドミーを禁止する法律が憲法違反であることを論ずるために，社会構造の概念を引き合いに出している。トーマスによると，そのような法律は，構造的に生み出される，同性愛に対する恐怖からの暴力を広く受け入れることに貢献している。「同性愛への恐怖からの暴力は『役割や地位，権力や機会を限定し，それによって結果に対する責任を分配

しているルールによって組み立てられた』社会行動である。組織的に見ると，レズビアンやゲイに対する暴力の目的および帰結は，人間の性に対する社会的統制なのである。」この観点から，良かれ悪しかれ，社会構造は我々が何者であるのかを解釈する助けとなっている。トーマスおよびその他のアウトサイダーの法学者は，そのような構造から生ずる制約を強調する傾向にあるが，社会構造は，我々の可能性に道を開くと同時に限定もする。「同性愛者によるソドミー禁止法と，同性愛への恐怖に起因する暴力が結び付いた力は，ゲイやレズビアンが『共同体の日常の政治生命』に入り込むことをできるだけ妨げ，政治的権力に彼らが近づくことをできるだけ制限し，ゲイとレズビアンを隠すために存在している。」[86]

　だがしかし，ポストモダンの法学者は，社会構造は堅いないしは固定された仕組みであるとは主張していない。一方では，真の構造主義者であり，それ故にモダニストである社会・法理論家，他方では，ポスト構造主義者であり，それ故にポストモダニストとの間の，主要な違いは，モダニストの後継者達とは異なり，ポストモダニストは，常に社会構造の偶然性および可塑性を承認していることである。構造は安定したものではなく，むしろ日々の社会関係において絶え間なく協調を迫られ，再構築されている。それらは毎日の生活の習慣化された，繰り返される日々の相互作用の中にのみ存在し，それ故に変化することが可能である。特に，文化的象徴および社会構造は，弁証法的，動的関係において存在する。法文化を含む，文化は，社会的役割や構造を生み，強化するのを助け，結果的に，文化的変容は，しばしば構造的変化へと導くのである。[87]

　だがしかし，社会構造は常に偶然であると，ポストモダニストの法学者は主張するけれども，言葉だけで，そのような構造を変化させることはできない。典型的には，我々の社会的役割はあまりにも習慣化され，疑問視されていないので，我々の社会に深く染み込んだ構造に対して，言葉が実質的に変化させるための力を有することは不可能なのである。このように認識することは，社会的変容のための手段としての自由な言論の限界についての，デルガドとステファンシックの議論を説明する助けとなる。ことに，一定程度，人種差別がアメリカ社会に構造的に組み込まれている故に，思想の自由市場において交換され

る自由な言論が，人種差別を縮減することはありそうもないことなのである。この理由から，自由な言論は「支配的集団の強力な武器」足り得るが，しかし「[それは]従属する集団には非常に弱いもの」に過ぎないのである。この観点から，人種差別は，それについて話し合うだけで消滅させることは不可能なのである。それに代えて，人種差別の実質的縮減は，アメリカの社会構造の広範な変革——2世紀以上におよぶ奴隷制と，ほぼ1世紀にわたる人種隔離法による合法的に強行されたアパルトヘイトの後に，容易には達成され得ない偉業——からのみ生ずるのである。[88]

重要な社会変化を生み出す仕組みとして，自由な言論が有する欠陥は，第5のポストモダンの主題に関わる。すなわち，自己ないしは主体の社会構造である。既に述べたように，モダニストは権力を別個の意識の中心に，しばしば個人自体に位置付ける傾向がある。従って，個人自らが権力を行使し，社会や自然の発展を抑制できるとモダニストは主張する。この観点から，自己は，進歩についてのモダニストの概念——社会は無限に改善されるという見解——の源泉となるのである。文化的・社会的要因が，個人自体の自立と独立を侵害していることを認めている，これらのモダニストでさえ，少なくとも相対的に自立的な自己を維持している，とピエール・シュラグのようなポストモダンの法学者は主張している。「それが社会的，修辞的に組み立てられていることを認めている，組み込まれた自己は，それでもいかに自立的であるか，あるいはそうでないかをまさに決定する，それ自身の自立性を維持している。」[89]

ポストモダニストは，個人自体についてのモダニストの観念，およびそれに付随する進歩の概念を拒絶する。それに代えて，自己は中心から外れていることを，ポストモダニストは宣言している。自己ないし主体は，意図的に直接社会を無限の進歩へと向かわせることができる，権力と抑制の最高に位置する中心とは，最早見られることはない。ポストモダンの観点からは，自己ないし主体は，社会的に組み立てられ，社会構造および文化的象徴によって生み出されるものである。例えば，バルキンは，次のように主張している。自己は「見たところのものを十分に統制できる立場にいるのではない。理解のまさに形態を形成するより大きな法的・政治的文化の一部なのである。彼女はイデオロギー

ないしは社会的解釈の諸条件を選択するのではない。むしろそれらを通して選択する。それらは彼女の選択が理解され，なされる枠組みを形成している。」このような理由から，デリック・ベルやリチャード・デルガドのような指導的な批判的人種理論学派の学者は，一種の「人種的リアリズム」に目を向けたのである。彼らの見地からは，人種差別主義は，アメリカ社会と文化に非常に深く組み込まれ，従って我々は社会的に組み立てられた自己に具体化されているので，人種差別主義を根絶するあるいは実質的に縮小することさえ，単純に選択すること——社会においてあるいは我々自身において——が不可能なのである。我々は，そのような困難な問題を直接解決するために，社会関係か，我々自身の心理構造に対する，十分な権力や統制力など，まるで持ち合わせていないのである。[90]

　自己はまさに社会的に組み立てられている故に，自己は本質ないしは核を持つものではないことを，ポストモダニストは主張している。従って，自己は，言い方を換えると，中心から外れているのである。自己が中心から外れていることは，反基礎付け主義や反本質主義という主題と密接に関連する。自己は，それを中心に置くだけの基礎と本質を欠く，と言うことも可能であろう。ポストモダンの時代において，文化的象徴と社会構造は，非常に広範に及んでいるが，多様であり，変化しやすく，自己は交差する偶然の声と同一性から構成されているように思われる。ポストモダンの社会同様，自己は分断されている。従って，多くのフェミニストは「構成され，分断された場として，少なくとも部分的に，人種，性，および性的志向のような支配/抑圧の様々な範疇を交差させることによって自己を」再構成している。「[従って，人の同一性は]社会およびその中での経験を形成する様々な思想伝達や構造から作り上げられている。」ジェームズ・ボイルは，多様で交錯した自己についてのポストモダンの考え方を，さらに推し進めている。「階級，人種，年齢，集団，宗教，性的志向，役割，心的状態，文脈という決定要素が，絶え間なく型を変化させながら我々を構成している。ポストモダン自体，それら多様な交差から出現している。『私は』それらのことが生じる場所に存在するのみである。」自己についてのこのポストモダンの理解は，法に対して幾つかの意味合いを有する。例えば，ジョン・a・パウエル（john a. powell）は，次のような示唆をしている。「交

錯する自己の理論は，同一性は多くの交錯している特色によって特徴付けられ，この意味合いはこれらの特徴を互いに合計しても理解することができないことを前提としている。例えば，アフリカ系アメリカ人の女性の経験は，（白人）女性の特徴に黒人（男性）のそれを付け加えることによっては適切には把握され得ない。従って，法との関係において，分離された現象として発せられた人種的および性的差別を禁止するルールが，従属した性と人種的地位，両者によって特徴付けられる人に対する保護に，適切に拡大されることはないのである。」(91)

　重要なことは，ポストモダニストは，自己が社会的に組み立てられていると主張するが，ほとんどのポストモダニストは，自己を社会的に決定された自動機械に還元することを避けようとしていることである。これらのポストモダニストは，社会構造および文化的象徴は，構成する日々日常の個人の行動から離れて存在するものではないことを強調する。パトリシア・エゥイクとスーザン・S・シルベイによると，意識は，「個人によって彼らの世界に，そしてこの世界の一部としての法および法的制度によって与えられる意味は，繰り返され，様式化され，固定され，そしてこれらの制度化された構造は，個人によって採用された意味の体系の一部となる，相互プロセスの一部」なのである。この観点から，エゥイクとシルベイは，次のように続ける。「意識は，固定され，安定した，まとまったものでもなければ，一貫したものでもない。そうではなく，我々は法的意識を，闘争と矛盾に満ちた，何か特定の領域に限られた，文脈に関係した，複合的なものと見ているのである。」従って，確かに，社会的，文化的入力は我々が我々であるところのものを作り出すが，これらの入力は，同時に，制約するとともに可能性をもたらす。すなわち，社会構造と文化的象徴は，我々に一定の可能性と展望を吹き込み，可能にさせるが，同時に，これらの構造および文化は，また我々の可能性を厳しく制限する。我々は，社会関係を直接に統制することができないが，しかし我々はすべて，常に社会や文化の常なる建設や再建に参加している。多くのポストモダンの法学者にとって，とりわけ外集団やマイノリティーのメンバーにとって，自己についての弁証法的観念は――社会構造や文化的象徴によって構成されているが，同時に建設過程にあるものとして――，批判的，政治的スタンスを維持するために決定的で

あると思われる。この観点から，抑圧的，社会的・文化的構造物を直接に統制し，意図的に変更させることは不可能であるが，それにもかかわらず，それらの再建のプロセスを塞ぎ，また改めさせることは可能かもしれない。既に論じたように，脱構築主義者は，周辺に置かれた残されたものを暴露し，そうすることによって，不正な抑圧と服従をできるだけ中断することに，しばしば狙いを定めるのである。(92)

　自己の社会構造は，第6のポストモダンの主題の文脈において，しばしば議論されている。すなわち，ポストモダンの実践が自己内省的である（self-reflexivity）ことである。しばしば，ポストモダニストは，自身の社会実践に目を向け，これらの実践の文化的・理論的意識を，実践それ自体の一部にしている。ある意味において，ポストモダニズムは実践を，自己内省的意識を包含するように変容させている。この自己内省は，多くのポストモダンの法学者を，法学自体の実践に，幾分自己愛的に，こだわる方向に導いてきた。ポストモダン時代の間，たくさんのメタ学問――学問についての学問（法的ないしは司法的実践についての学問に代わって）――が波となって打ち寄せている。例えば，幾人かのポストモダンの学者は，モダニストの法学を，一貫してまた明らかに規範的であるとして揶揄している。すなわち，モダニストの法学者は，典型的に，連邦最高裁がある原理的枠組を採用し，あるいは，連邦議会がある提案された法案を制定することを唱導することによって，ある特定の法的・社会問題に対応している。だがしかし，ポストモダニストがたしなめているように，法において，あたかもいかなる望ましい原理的な，あるいは制定法上の改善をも成し遂げるために，選択することが可能なほど，自立し，独立しているかのように，明確に規範的な忠言を読者に発している。言い換えると，モダニストの法学者は，モダニストの言う自己――法システムを含む，社会関係を意図的に，効果的に変化させることができる権力と統制力を有する主権の中心としての自己――を再記述する傾向にある。このような理由から，多くのポストモダンの法学者は，ある明白な法的変更の遂行を勧める，モダニストのスタイルを学問の結論とすることを，かなり明白に控えているのである。(93)

　最も顕著な例として，ピエール・シュラグは，モダニストの学問をその規範

的性格，および，モダニストが，自己について，それと相互に関連した再記述をする点を厳しく批判してきた。例えば，「主体の問題（The Problem of the Subject）」と題した論文において，シュラグは，ラングデル派の法学者から批判的法学研究の学者に至るまで，モダニストの法学者は，一方では現実の存在，あるいはこれらのモダニストの自己ないしは主体についての機能の検討を回避しながら，いかに我々の（想像上の）存在を相対的に自立した自己として単調に解釈し，また再解釈してきたかを分析している。シュラグは，次のように主張している。「アメリカ法思想は，誰が，またどのように法を考え，生み出すかの問題に直面することを回避するために，概念的に，修辞的に，社会的に構成されてきた。」原型的ポストモダンにおいて，シュラグは，この疑問ないしは問題に，まさに直面することによって，このシステムとしての回避を，反対方向に向かわせる——後景を前景に持ち出す——ことを求めている。すなわち，主体の問題である。

　それぞれの，またあらゆる社会的，法的，および政治的出来事は，価値に基づく選択を要求している出来事として直ぐさま示される。あなたにはこれとあれとの間で，選択する自由が存在する。しかし，言うまでもなく，あなたは自由ではないのである。あなたは選択者として存在している個人の，規定された，既に組織化された構成の動作を再演することを，一貫して要求される故に，あなたは自由ではないのである。あなたは義務付けられており，選択している存在として既に構成され，方向付けられているのである。自己についての，この社会的解釈は極めて耐え難いものであるだけではない——それはしばしば，ばかげたものであることが判明する。ばからしさの多くは，規範的見解において，法学界が我々にあれやこれやのユートピア的プログラムの採用を主張することから理解され得る——あたかも我々の選択（私は地方分権化された社会主義が好きである，あなたは保守的田園生活での政治が好きである，彼女はリベラルな文化的多元主義が好きである）が，我々の社会的，あるいは政治的場面の構成に，何がしか直接，自己同一視できる効果を持つかのように。政治的価値選択を批判的に主張することは，政治分野の慣習的，素朴な記述の完全な虜になっている——政治的無能力や影響力の剝奪を生じている分野の記述および定義。政治的

第5章　ポストモダニズムのアメリカ法思想　257

価値選択をする能力を既に持ち合わせていると人民に語りかけることは，実際上，我々は自由に選択する存在であるという支配的文化の表現を支持し，（意味のない）選択について我々自身が繰り返させられ，強制させられることに導く力を強化することになる。[94]

　なぜモダニストの法学者は，法的変化を虚しくも唱導し，相対的に自立的自己を記述し続けるのであろうか。1つには，モダニストの学者自身が，相対的に自立した自己であり，忠言ないしは選択をすべきであるし，またしていると信じるような文化的適応を受けてきたのである。さらに，シュラグによると，彼らは「迷路の中の」鼠のように閉じ込められているのである。この比喩は，大学の中における彼等の構造的役割，法学教授職，および社会一般によって，モダニストの学者に課せられた制約を生き生きと描いている。学問の世界に飛び込む前に，多くの法学教授は，しばしば上訴審の裁判官のために働く，ロー・クラークとなる。そのようなものとして，即座に司法上の立場に一致した，自己同一化された役割を受け入れ，現実の法実践から遠ざかるのである。この社会的役割ないしは立場において，法学教授は，アメリカの法システムが有する，真の暴力を否定する法についての，空想的見解を抱くようになる――どこか他所に出向くか，何か他のことをして理解しない限り，彼らは何度も繰り返しそのようにし続ける。「法の訓練は，ある意味で，それ自身の暴力的存在から逃れ，否定することに，一貫して追いやっている」，とシュラグは説明している。「これは，学問世界の『法』において，我々は法学をあまりに多くの軽いおしゃべりにしているからである――『高邁な会話』としての法を約束し，『プログレッシブの法思想』に従う法を約束し，『有効性』の命題に対応するものとしての法を約束し，最善の形で存在することになる，あれやこれやの方法が常に用意されている法を約束する。」ほとんどのモダニストの学者は，この軽口の迷路から抜け出ることができない。なぜならば，そのようにすることは，モダニストの学者としての自己同一的役割を放棄することを要求することになるからである。すなわち，専門的職業生活のほとんどの期間従事した，訓練あるいは社会化における方法において，法を扱い理解することを止める必要があるからである。[95]

　従って，一方では，モダニストの法学の，明白に規範的会話ないしは言語

は，法システムを通じての権力の適用から，無意識のうちに，少し離れて立つことである。モダニストの学者は，規範についての忠言は，権力を行使するにつき，法的・政治的決定者に影響を与えていると信じているが，実際のところは，そのような著作は，法的活動にほとんど，あるいは全く効果がない。とりわけ，シュラグやその他の者が強調したように，裁判官の大部分は，法学者が書いたものに耳を傾けない，あるいは注意さえ向けることがない。従って，しばしば，モダニストの学問は，想像上の規範的枠組みを好むか好まないかの，著者の単なる宣言以上のものになり得ないのである。「テレビアニメのビーヴィスとバットヘッド（Beavis and Butt-head）について，『これはすばらしい』／『これはばかげている』という強烈な単純化は，今日の大衆文化の空虚な性格についての明快な洞察足り得るかもしれないが，膨大なアメリカ法思想の規範的構造についての洞察［としては］，もちろん，貢献は，疑う余地のないものである」と，シュラグは痛烈に皮肉っている。[96]

だがしかし，他方では，シュラグの分析は，そのような規範的な法的会話が，相対的に自立的自己を中心とした，現実についての見解ないしは理解を，一貫して再構築することを示唆している。我々は，この道かあの道かを選択しなければならないことを我々に語ることによって，規範的会話は，どちらの道が最も魅力的かを選択するのに自由であることを，我々に一貫して，繰り返し想起させる。さらに，シュラグによると，このモダニストの自己についての執拗な再構築は，政治的保守主義を生み出すことになる。真の政治的授権および変容を生じさせ，希求し，追求することに代えて，我々の世界を自由に論じ，選択し，変化させる，相対的に自立的な自己であることを従順に装いながら，我々は無抵抗にさせられている。要するに，規範的法思想は，主張することを成就させることが不可能であるし，しかし逆説的に，それはそれにもかかわらず，多くを達成するのである。[97]

幾人かのポストモダンの法学者は，モダニストの学者だけではなく，その他のポストモダニストをも同様に批判することによって，法学にけるこの内省的転換を展開する。パッターソンを批判しているフィッシュを，シュラグが批判し，そのシュラグをムーツが批判する等々である。すなわち，既に述べたように，ポストモダニストは，しばしば，ポストモダンとして十分ではないとし

て，他のポストモダニストを非難することによって，ポストモダニストは，しばしば，ポストモダンの警察官役（postmodern police）を演じるのである。例えば，フィッシュは，パターソンを，あまりにも過度にモダニストの形において読者を描いているとして——あまりに過剰な選択，個人性，自由——非難してきた。他方，シュラグは，1つの論文全体を，いかにフィッシュ自身が，究極的にまた無意識に，モダニズムの相対的に自立的自己を前提に論じているかを示すことに費やしている。だがしかし，ムーツは，規範的法学についてのシュラグの批判を，あまりに単純化し過ぎているとして非難している。「今日の法学の中心問題は，規範的な法学の会話の迷路に入ることではなく，認識の産物である不可避の条件としての迷路を承認することができないことにある」，とムーツは主張している。実際，ムーツの見解と同様に，多くのポストモダンのアウトサイダー法学者は，ある程度の，あるいは何らかの形での規範性は，不可避であるだけではなく，価値ある学問に不可欠なものであると主張している。そのようなポストモダンの規範性は，教義あるいは制定法の変更を求める，モダニスト・スタイルの忠言に必ずしも導くわけではなく，それどころか，我々の不確かな，それ故に変化可能な文化の，一貫した構築および再構築において，自己内省的参加のための潜在可能性を強調しているのである。[98]

最後に，幾人かのポストモダンの法学者は，彼ら自身のポストモダンへの方向性を含む，ポストモダニズム一般にことさらに焦点を当てることによって，学問に対する自己内省的転換を押し進めている。既に論じたように，ポストモダニストは，いかにモダニストの学者が，大学，法学教授職，および社会一般の構造の中で，彼等の役割や地位によって拘束されているかを強調してきた。モダニスト同様，ポストモダニストである，すべての研究者は，教育し出版する（少なくとも終身在職権を得るまでは）大学教授である。従って，大学教授として，ポストモダニストおよびモダニストは，多くの争点について一つの見解を常に表明していなければいけない——学生に対してであれ，読者（となることを望む者）に対してであれ。モダニストの著者の実体的見地は，しばしば規範的目標あるいは価値を明示的に忠言するので，より明確であり得るが，しかしポストモダニストは，ある概念や批判的主題を伝達しようとし過ぎることから，必然的に異なる価値評価や見解を生じるのである。開放性ないしは仮説性

――例えば，議論するのではなく明示的に語り合うことによって，あるいは記述するのではなく解釈することによって――の非近代的感覚を成功裡に伝達する，最も忠実なポストモダニストでさえ，少なくとも常に黙示的見地を所有している。そしてポストモダンの観点から，いかなるそのような見地も，必然的に一定の背景をなす前提――前提的文脈――に身を置いている。それ故に，ポストモダンの法学者が，モダニストであれポストモダニストであれ，他の学者を批判する絶対確実な方法は，いかにその研究者が検討されていない背景的前提を有しているかを，単に指摘することである。もちろん，ポストモダンの立場からは，未検討の背景的前提（ないしは伝統から引き出される先入見）を有していることは避けようがないのである。それにもかかわらず，このような認識は，これらの諸前提を決して要塞化することを助けるものではない。従って，常にポストモダニストは，誰か他人の背景的前提を前面に持ち出し，それらを批判に服させることを可能にさせるのである。「いかなるテキストも，ポストモダンによって脱構築されたテキストでさえ，脱構築され得るのである。」[(99)]

従って，重要なことは，ポストモダニストは，自身のポストモダンの立場を脱構築することさえ可能なことである。その他すべての者と同様に，ポストモダンの脱構築論者は，常に「密かに特別なたくらみを有している」――すなわち，ある目標ないしは見解は一定の背景となる前提を拠り所にしている。それ故に，ポストモダンの脱構築論者は，自身の背景的前提を前景に持ち出し，常にそれらを脱構築的批判に晒すことを試みる――しかし，もちろん，次にその他の背景的前提が，その批判の背後に立ち現われる等々，無限に続く。法学者が，いかにポストモダンであろうとすることを求めようとも，彼女が論文や本を著すなら，あるいはこの問題に関して，いやしくもいかなる方法においてであれ伝達をするなら，その時彼女はポストモダニズムを事実上飼い慣らす，ないしは制限を加えなければならないのである。もしポストモダンについて，その極限までに洞察を頑強に押し進めようとするなら，その時，これらのポストモダンの洞察を含めて，すべてのものは脱構築されるであろう。あなた自身を含む，すべての物をその底知れない割れ目の中に吸い込んでいる，星と星との間のブラック・ホールの重力領域に突然捉えられるまで，絶えず外へ向かって旅していることを想像せよ。そこで，このような脱構築的内破を避けるため

に，我々は常に一定の地点に留まろうとする。話すこと，伝達すること，書くこと，何でであれ。[100]

　自らの実践についてのポストモダンの法学者による内省的意識は，しばしばアイロニーの使用という，7番目のポストモダンの主題を通じて伝達される。ポストモダニストは，法学教授として組み込まれた役割の中で働き，生活を継続している故に，学生や読者に対して様々な争点について常に見解を表明している。すなわち，ポストモダンの法学者は，使用可能な修辞法を用いた道具ないしは論説の型に引き寄せて，常に物語や議論を組み立てる――すなわち，ポストモダニストは，見解を表明するために，ポストモダニストの諸概念と同様に，モダニストのそれをも使用しなければならない。しかしモダニストの学者は，同様の道具を気まじめに使用するのに対して，ポストモダニストの学者は，これらの道具を，アイロニーを持って使用する。ある程度，ポストモダニストは，法学を含む，モダニストと同様の実践において，演じ続ける。従って，ポストモダンの法学者は，約束されたように演じ続けることができないことを知りつつも，モダニストの道具を使用する――道具は客観的に基礎付けられた結果を伝えることはできない。だがしかし，ポストモダニストにとって，それ以外の選択は存在しない。その他の掌握可能な修辞上の，広範囲にわたる道具は存在しないのである。従って，この意味において，ポストモダンの学問は「部分品で遊んでいる (playing with pieces)」ことになる――脱構築されたモダニストの立場からは，残された崩壊した部品を含んでいる。だがしかし，確かに，ポストモダニストは，学問的道具ないしは部品で遊んでいるかもしれないが，そのような遊びは必ずしもくだらないわけではない（しばしばそうであることもあるが）。脱構築と正義についてのこれまでの議論が示すように，多くのポストモダンの学問は，政治的，道徳的に重荷を負わされているのである。[101]

　従って，アイロニーを通じて，ポストモダンの学者は，モダニストの方法，道具，および情報源を使用するとはいえ，それらをモダニストの客観性を伝えることは不可能であるという内省的意識を持ってそれらを使用しているという，合図を送っているのである。そのようなアイロニーを含むための共通した

ポストモダンの技術は，パスティシュ (pastiche) である。異なるスタイル，情報源，および伝統を一つのテキストに併置することである。ポストモダニストが，モダニスト類似の方法および情報源を使用するときでさえ，パスティシュは，各々の様々なスタイル，情報源，伝統の偶然性を示唆する——反基礎付け主義の考え方を伝達する——ことを可能にさせる。言い換えると，慣習となっていない，期待されていない，情報源およびスタイルを研究者が使用することは，読者に対して，ポストモダンのアイロニーを意味する目配せであり，同意を求める印を示しているのである。[102]

　ポストモダンの法学者の中でも，バルキンやシュラグは，アイロニーを喚起させるためにパスティシュを使っている。例えば，両者は，ポストモダンの文化，テレビ番組という豊富な源泉を拠り所にしている。伝統，脱構築，および法についての論文において，バルキンは，それらがアイ・ラブ・ルーシー (I Love Lucy) というテレビ番組において呼び物にされていない故に，様々なアメリカの伝統の重要性に，ふざけて（皮肉をこめて）疑問を呈している。他方，シュラグは，テレビ番組を使用して，シアリアスな（モダニストの）法哲学を併記している。彼は有名な法学者ロナルド・ドウォーキンが，テレビ番組のL. A. ロー (L. A. Law) においてどのような役を演じ得るかを，読者に問いかけている。他の場所では，シュラグは，異なる方法においてスタイルを混在させている。「主体の問題 (The Problem of the Subject)」において，彼は，大部分形式的法学の著作の厳格な作法に従っている（すなわち，モダニストの法思想）。それにもかかわらず，彼は，ラングデル法科大学院長を「クリス」と呼ぶことによって，そのような形式的著作の，退屈な著述を笑いものにすることに成功している。このスタイルの冗談めかした混合は，非常に形式的なスタイルについて，シュラグによる内省的およびアイロニックな使用を示唆しながら，比喩的に，眉をひそめること (arched eyebrow) を示している。シュラグは次のように書いている。「例えば，クリス・ラングデルが，ある日目が覚めて，威厳のある宣言的型の使用を忘れ，そして『法は……である』ではなく，『法は……であると私は思う』と書いているところを想像することができる。この文章を書くことによって，クリスは，法が命ずることを受動的に受け取ることから離れて，彼は（その『私が』）法を思考すること（すなわち解釈するこ

第5章　ポストモダニズムのアメリカ法思想　263

と）に積極的に携わっているのである。」[103]

　第8のポストモダンの主題は，ポストモダニズムは，幾分，政治的には曖昧である（ambivalent）と見えることである。多くのポストモダンの法理論家は，ポストモダニズムは，とりわけ脱構築は，潜在的に過激な政治的意味合いを有していることを強調し，確かにそうである。バルキンは，脱構築と政治的正義との間の初期の結び付きを，次のように説明している。「脱構築は目的を持っている。その目的は破壊ではなく，訂正である。脱構築論者は，向上させるために批判する。より良い秩序化を主張するために，不正ないしは不適切に概念化されたヒエラルヒーを捜し出す。それ故に，その議論は常に，単に異なるだけではなく，より公正な既存の規範を変更させることの可能性を前提としている。」従って，この理由から，デリダ派の脱構築は，正義を追求することを支持するが，しかし逆説的に――そしてバルキンの地点を超えて移動し――脱構築は，同時にそして過激に，正義の要求を中断する。脱構築は正義についての最終的宣言について常に用心深くあり続け，また慎重であることを要求し，そうすることによって，脱構築は正義を不断に追求することを強制する。「我々が1つの出来事や行動に正義のラベルを貼る時はいつでも，我々の理解の周縁に隠れている残されたものの痕跡が必然的に存在するのである。正義の意味が実在化してくる各々の解釈学的行為の中で，不正義が存在する。各々の正義の行為は，ある残されたものを暴力的にまた不誠実に排除し，否定し，そして抑圧する。それ故に，正義は達成され得ないのである。それは常にとって代わられるのである。」既に述べたように，デリダは，「脱構築が正義である」と宣言するまでに至っているのである。[104]

　従って，驚くまでもなく，ほとんどのポストモダンの法学者は，その政治理念において，プログレッシブないしは左寄りと考えられている。そのような存在として，受容されている社会構造や文化的象徴を混乱させ，移動させることによって，しばしば脱構築を通じて確立された社会や文化の実践に介入しようとしている。モダニスト法学に対する，シュラグによる頑強なまでの脱構築からの批判は，この点を例証する。彼は法学についての典型的な実践の方向性を失わせることを求め，それによって法学教授が，より政治的に法システムの暴

力における共犯であることを意識するようにさせるのである。さらに、アメリカ法に組み込まれた抑圧的、文化的前提を暴露し、変容させることを強く求めているので、アウトサイダーのポストモダン法学者の著作において、ポストモダニズムの過激な政治的潜在力がおそらく最も顕著に現われる。これらのポストモダニストにとって、脱構築は、政治闘争を支持する理論的技術および正当化を提供することを可能とさせる。脱構築がテキストの意味の不安定性および可塑性を強調することは、アウトサイダーが、常に多様な声、多様な真理が存在すると主張することと軌を一にしている——たとえ支配的・文化的観点がまさにこの点を否定するように思えても。従って、脱構築は、アウトサイダー法学の目標にまさしく適合しており、ウィリアム・N・エスクリッジの言葉によると、「法のアジェンダ、その前提、その偏向に異議を申し立てることを求めている」のである。(105)

　だがしかし、同時に、ポストモダニズムは、一定の文脈において、政治的保守主義を支持することもあり得る。実際、アウトサイダー法学者の多くが、ポストモダニズムに懐疑的なままであることも繰り返し述べるに値する。ポストモダンの脱構築の見解が、過激な政治的動向を支持するのに必要な、確信を掘り崩すかもしれないことを恐れるのである。さらに、これらの政治に無頓着であることの疑いや恐れを超えて、ポストモダンの政治的保守主義という、さらにより具体的で強力な実例が存在する。すなわち、ポストモダニズムの政治的な保守の出現が、ウィリアム・H・レーンクィスト長官の下での合衆国最高裁の場で、表面化したのである。言うまでもなく、最高裁の判事が、法学界に見られるような、公知の、明白なポストモダンの理論家になったことを認めているのではなく、アメリカにおける他の者達と同様に、最高裁判事は、ポストモダン文化の中で生活しているということである。その結果として、ポストモダニズムは、ある意味で、裁判の実践に注入されている。最も保守的な者の幾人かを含む、数名の最高裁判事は、時折、その意見の中で、ポストモダンの主題にふれる、あるいはそれを引き合いに出しているように見える。

　例えば、オッコンナー、ケネディ、スーター連邦最高裁判事によって書かれた、家族計画連盟 対 ケーシー事件判決における、接木された共同意見は、自己内省と反基礎付け主義というポストモダンの主題を展開している。ケーシー

事件判決は，中絶するか否かを選択する女性の利益を，合衆国憲法が保護しているか否かの問題を再検討した。もちろん，ロー対ウェイド事件判決は，憲法上のプライバシーの権利は，この利益を包含していると，1973年に初めて判示した。従って，州は生存可能性が生じる，ないしは妊娠の最後の3ヶ月の間まで，中絶を禁止することはできなかった。本章の前半において論じたように，ブラックマン最高裁判事は，「中絶論争の微妙で感情的な性質」にもかかわらず，連邦最高裁判決は客観的である故に，正当とされるであろうと示唆することによって，ロー事件判決における多数意見を開始した。ブラックマンが述べているように，連邦最高裁は，「感情や好みから離れて，憲法の基準によって」事件を「真剣に」解決したのである。ロー事件判決後，中絶反対およびプロ・チョイス間の法廷闘争，レトリック，抵抗，そして暴力と続いた20年後の，1992年に，レーンクィスト・コートは，ケーシー事件を判断する時において，連邦最高裁判事は，判決が客観的であることをほのめかすことさえしなかったのであった。それどころか，連邦最高裁は，共同意見（joint opinion）の説明によれば，「単純なルールとして表現することができる」，限界が存在することのない，「推論された判断」に従って，判決を下すことを主張したのである。[106]

　共同意見の重要な部分において，連邦最高裁は先例拘束性の原理（doctrine of *stare decisis*）とロー事件判決を覆すことの可能性を詳細に議論した。結局，ケーシー事件において，連邦最高裁は，単独で生存することが可能となる時期まで，中絶するか否かの選択をする憲法上の権利が存在するという，ロー事件判決およびその主要な判示部分を再確認した。しかし，非常に興味あることに，この議論の過程の中で，共同意見は，ロー事件を覆すことが，いかに連邦最高裁自身の正当性を掘り崩すかを自己内省的に熟考した。ロー事件判決における場合とは異なり，ケーシー事件において連邦最高裁は，その正当性が客観的に基礎付けられることを宣言しなかった。それに代えて，連邦最高裁は，ケーシー事件において，その正当性は公衆の意識やその判決内容から生じることを示唆した。連邦最高裁がその権力を維持するためには，連邦最高裁の判決が憲法原理に基づいていることをアメリカ人が信じなければならない，と共同意見は推論した。しかしながら，もし連邦最高裁が，ロー事件判決を覆すなら，

ケーシー事件判決は，あまりにも政治的過ぎる，無分別な，原理の存在しないものと思われるであろう。それは原理化された基礎に基づいて，ロー事件を覆すことを「装う」ことさえできないであろう，と連邦最高裁は推測した。従って，判例変更をする判決は，連邦最高裁の権能と正当性に，重大な打撃を加えることになる，と共同意見は結論付けたのである。(107)

それでは，いかにケーシー事件判決の意見は，ポストモダニズムを，少なくともある程度，表明していることになるのであろうか。1つには，連邦最高裁が，ポストモダニズムに共鳴する，それ自身の実践についての自己内省的転換を展開したことである。この点を超えて，ロー事件の，よりモダニスト的装いに明確に反対の立場において，ケーシー・コートは，その判決が客観的であり，あるいはある堅固な基礎を拠り所にしている，との主張をしなかったのである。だがしかし，連邦最高裁によると，真に問題になるのは客観性ではなく，むしろ公衆の意識である故に，基礎の欠如は明白には重要なものではない。連邦最高裁の正当性は，意識や信念より深いものを拠り所にしないのである。それは鏡の間において活動していることを，連邦最高裁が認めているように見える。従って，最高裁判事は，鏡を壊し，粉々にしないように，あまりに突然に方向変換しないように気を付けなければならない。そしてもし突然に起こったならば，その時は，正当性についての意識が吹っ飛んでしまうことになるのである。

だがしかし，逆説的にも，ケーシー事件において連邦最高裁がそれ自身を凝視し，それ自身の実践を自己内省的に考えることに方向転換したという単なる事実は，正当性についての伝統的ないしはモダニストの見解が，もはや適切ではないことを示唆している。というのは，もちろん，もし連邦最高裁の権能が真に脅威に晒されたなら，連邦最高裁が，公衆の認識のために事件を判断していることを明示的に宣言することによって，それ自身を救済することはないであろう。連邦最高裁は，それが真に脅威に晒されたなら，原理化された基礎に基づいて判断をすることを装うことができさえすれば，ここで取り上げている事件に異なる判断をすることがあり得ることを示唆しないであろう。これに反して，ロー対ウェイド事件判決における連邦最高裁のように，単純にモダニストの裁判所は，その結論は，堅固な基礎の上に客観的に基礎付けられること

を，簡単にまた力強く主張することであろう。だがしかし，それ自身の正当性を開けっ広げに検討することによって，ケーシー事件における連邦最高裁は，少なくともほとんどの事件において，連邦最高裁の権能と正当性は，もはやその意見から生じ，それを拠り所とするものではない故に，現実にはその意見において，いかなることでも述べることができるという可能性に共鳴したのである。そこで幾人かの人は，例えば，連邦最高裁判事が，その意見の中で，詩を引用することができるという連邦最高裁の意見をなお重大に捉え，そして幾人かの人は注目し，幾人かの人は心配しさえするのである。

　実際，このことは，まさしくレーンクィスト長官がしたことである。すなわち，詩を――全文にわたって――引用したのである。1989年に下された，最初の国旗冒瀆事件である，テキサス 対 ジョンソン事件において，政治的プロテストとして，アメリカ国旗を焼棄することは，修正第１条の言論の自由によって保護される象徴的行為である，と連邦最高裁は判示した。連邦最高裁判決は，国旗の冒瀆を禁止した48州と連邦政府の制定法を事実上無効にした。レーンクィスト長官は反対であった。アメリカの歴史は，国旗冒瀆禁止法を憲法上正当化してきたことを示唆することによって，その反対意見を始めている。従って，主に詩に基づいてこの歴史解釈に進んだのである。彼はラルフ・ワルド・エマーソンの『コンコードの賛美歌（Concord Hymn）』から始めている。

　　　　川を渡るそまつな橋のかたわらで
　　　　４月の風に旗は掲げられたのだ，
　　　　ここでかつて戦闘に加わりし農夫が立ち上がり
　　　　そして戦火が世界中に鳴り響いた。[108]

　次に，長官はフランシス・スコット・ケイの物語と『星条旗（star-Spangled Banner）』に目を向け，そこからレーンクィストは７行引用した。最後に，ジョン・グリーンリーフ・ホイッティアの南北戦争の詩『バーバラ・フリーチ（Barbara Frietchie）』に向かい，メリーランドの町を行進する，ストンウォール・ジャクソンに率いられた，南軍の軍隊に対して，連邦国旗を振る，70歳の婦人を物語っている。レーンクィストは，詩の部分を引用しただけではなく，全60行の，全作品を引用した。ここに，一例を挙げる。遠景に，ジャクソンが旗を見つけたとき，部下に旗を撃ち落させようとした。だがしかし，バーバ

ラ・フリーチは旗を取り上げ，南軍の軍隊に向けてそれを振りかざし，撃ってみろとばかりに，挑発した。ウィッターは，次のように書いている。

「もし命令なら，この年老いた白髪の頭を打ち抜くがよい，
だがあんたらの旗に代えはさせない」，と彼女は言った。
悲しみの影，赤面させるような恥ずかしさ，
隊長の顔を横切った。
彼の中の気高いものが掻き立てられる
心の底からこの婦人の行動と言葉に。
「誰がおまえのような灰色の頭に触れるものか
犬死しろ。行進。」と彼は言った。[109]

ジョンソン事件判決において威厳のある出典を持ち出した，幾分ボヘミアン風のレーンクィストの考え方は，これもまた国旗冒瀆を争点としていた一つの事件において，15年前に書いた，もう一つの反対意見とは非常に対照的である。1974年に下された，スミス 対 ゴーギャン事件における，マサチューセッツ州の国旗冒瀆法は，漠然性故に無効であるとして，違憲とされた。驚くまでもなく，当時連邦最高裁判事として，レーンクィストは反対した。後のジョンソン事件判決におけると同様に，レーンクィストはその反対意見において，詩（そしてまた歌）に言及した。エマーソンからの同様の章句を引用しさえした。だがしかし，エマーソンの詩以外には，レーンクィストは『バーバラ・フリーチ』からの2語を除いて，その他の詩あるいは歌のいずれもからの引用もしなかった。彼の法的推論は，遥かに伝統的なもの，ないしはモダニストのものであった。詩についての議論は短いものであり，アメリカン・ライフにおける，国旗の重要性を強調しようとするためだけのものであった。[110]

そこで，ジョンソン事件とスミス 対 ゴーゲン事件との間の類似性にもかかわらず，レーンクィストは，15年の間に変化し——より前衛的（あるいはポストモダン）になっている，と言ってよいかもしれない。このグループに属するのは彼だけではない。実際，彼の主要なパートナーは，アントニン・スカリアである。好例は，1998年に下された，サクラメント・カウンティー 対 リーバイス事件である。リーバイス事件は，容疑者逮捕までの間，故意，ないしは向こう見ずに，生命に対し無関心であったと申し立てられた，警察官の問題で

あった。当該状況の下で、警官は修正第14条によって保障された、実体的デュー・プロセスを侵害しなかった、と連邦最高裁は判示した。スカリアは最高裁の結論に同意したが、スーター最高裁判事が述べた多数意見に賛同することを拒否した。同意意見において、スカリアは、実体的デュー・プロセスの侵害を決定するためのスーターの基準を批判した。スーターの多数意見は、あまりにも「恣意的」であり、「善悪の判断に衝撃を与える」場合にのみ、行政活動は実体的デュー・プロセスを侵害すると宣言した。(111)この基準は明らかに主観的であるばかりではなく、ワシントン 対 グラックスバーグ事件において、たった1年前に最高裁によって拒絶されたばかりである、とスカリアは主張した。スカリアによると、グラックスバーグ事件におけるスーターの同意意見は、恣意性について同様の基準を提唱したが、グラックスバーグ事件判決の多数意見は、それを拒絶した。自身の主張を明確にするために、スカリアは有名な作詞家（そして今や、おそらく、法的権威）、コール・ポーターを拠り所とした。とりわけ、スカリアは、スーターの実体的デュー・プロセスの基準が、主観性において究極であることを示唆するために、ポーターの歌『ユー・アー・ザ・トップ（You're the Top）』からの章句をパラフレーズした。「どちらかといえば、本日の意見は、グラックスバーグにおける［スーター］の同意意見より、さらにより高度に主観的な実体的デュー・プロセスの方法論に逆戻りしている。グラックスバーグ事件の同意意見は、単に実体的デュー・プロセスが『恣意的賦課』および『目的外の制約』を妨げる（何が恣意的で、目的外であるかに関していかなる客観的基準もなしに）、と述べているのに対して、本日の意見は極限を蘇生させている、ナポレオン・ブランデー、マハトマ・ガンディ（Mahatma Ghandi［ママ］）、主観性のセロファン（Celophane［ママ］）、『善悪の判断に衝撃を与える』基準。」(112)

　レーンクィストおよびスカリアによって、詩および作詞家が持ち出されたことは、ポストモダニズムといかなる関係に立つのであろうか。レーンクィストおよびスカリアは、よりモダニスト的最高裁判事および時代を特徴付ける、まじめさでその意見を書いているのではないことを示唆しているように思われる。幾分アンバランスな一節や出典――アンバランス、すなわち、モダニストの観点から――をその意見の中に含むことによって、その最高裁判事達は、ポ

ストモダンのアイロニックな態度を喚起するパスティシュを使用したように見える。言い換えると，最高裁判事は，暗にそれぞれの偶然性を含む方法において，異なる様式，情報源，および伝統を併記している。最高裁判事による詩と作詞家の引用や参照は，読者に対する目配せとうなずきを示している。最高裁判事もまた，表面上モダニストの道具と情報源を使用し続けるとはいえ，モダニスト的客観性を伝達できないという自己内省的意識をもって，それらを使用していることに，読者は注意を促されている。従って，最高裁判事は，それらの有効性を本気で信じることなしに，モダニストの道具や情報源を使用するについて，ある意味で，部分品で遊んでいるのである。そこで，驚くまでもなく，ジェームズ・B・ビィーム醸造会社 対 ジョージア事件判決において，たとえ裁判官が法を作るとしても，それを発見したと装わなければならないことを，スカリアは示唆したのである。

  連邦最高裁に与えられた「合衆国の司法権」は……コモン・ローの伝統によって理解されたものとしての司法権であると考えられなければならない。これは「法が何であるかを述べる」権能であり，それを変更する権能ではない。私は判事が真の意味で法を「作る」ことに気が付いていないほど，素朴ではない（また我々の先祖もそうではなかった，と私は思う）。しかし彼らは判事がそれを作るようにそれを作る，すなわち，あたかも彼らはそれを「発見している」かのように，である――それを本日変更した，あるいは明日そうなるであろうと布告しているというより，法が何であるかを布告しているのである。(113)

従って，たとえレーンクィストやスカリアが，部品で遊ぶことがあるとしても，彼らはなお頻繁に，先例拘束性の原理のような，司法判断形成のための伝統的モダニストの道具を使用する。彼らは，様々な事件において，先例についての正確な意味を分析し，合理的に調和する法的命題の織物を縫い上げる。しかし連邦最高裁の判事達は，このようなタイプの法的議論が，モダニストの信念のぼろぼろにされた残部であることを知っているように見える。これらの判決が客観的ではなく，堅い基礎の上に支えられているものでもないことを，彼らは知っている。スカリアの言葉を借りると，「連邦最高裁が『中心部分 (central holding)』と呼びたいものは何でも，連邦最高裁が『中心部分』と呼

ぶ資格が与えられている」ことを，彼らは知っている。最高裁判事は，自分の名前が記載される意見を書くことさえ，ほとんど稀であることを知っている——他の誰よりも良く知っている。調査官（clerks）が，ほとんどを書いているのである。実際，調査官は，連邦最高裁がどの事件に判断を下すかの，大部分さえ決定しているのである。だがしかし，連邦最高裁判事は，そのことが真に問題ではないことを知っている。連邦最高裁の権力の構造は，アメリカ社会において，非常に広範に及んでいる。連邦最高裁は判決を下し続けるであろう，そして連邦最高裁判事は意見を書き——ないしは，少なくとも署名し——続けるであろう。連邦最高裁は，生と死を扱い続けるであろう——なぜならば，確かに，連邦最高裁判事は部品で遊ぶかもしれないが，真剣に演じるのである。要するに，連邦最高裁流のポストモダン法学が例証するように，ポストモダンの理論は，潜在的に過激な政治的意味を有するにもかかわらず，ポストモダニズムは，政治的に保守的目的に転化し得るのである。[114]

　疑いもなく，多くのポストモダンの法学者は，ポストモダンの法学についての私の性格付けに反論することであろう。その他批判の中には，私が指摘した8つの主要なポストモダンの主題に同意しないかもしれない。主題の幾つか，ないしはすべての内容についての私の記述に批判をするかもしれない。そのようなアプローチは，複雑な概念（あるいは時代）を正確な定義に還元する，モダニストの試みにあまりにも接近し過ぎていることを示唆して，ポストモダニズムに対する主題中心のアプローチ全体を拒絶するかもしれない。だがしかし，同時に，多くのポストモダニストが，ポストモダンの法学についての私の描写に同意できる，多くのことを見出すことを固く信じている。さらに，ポストモダンの学問に対する共通のモダニストの応酬に対して反論するにおいて，ポストモダニストは広範に結び付くことであろう。とりわけ，多くのモダニストの法学者は（幾分預言的に），ポストモダニズムを打ち破ることを，我々が選択すべきことを推奨する。このモダニストの観点から，ポストモダニズムは，もし不適切なら，評価し，拒絶することの可能な理論的，イデオロギー的観点にすぎないかもしれない。そして，言うまでもなく，ポストモダニズムは，実際，不適切であるとモダニストは結論付ける。驚くまでもなく，モダニスト

は，モダニストの2分法の中にそれを無理に適合させることによって，ポストモダニズムを描く。従って，ポストモダニストは，客観的認識のための基礎を確立するための主張をしない故に，ポストモダニズムは，ニヒリスティックであり，独我的であり，相対的である，とモダニストは結論付ける。そういうものとして，ポストモダニズムは危険なものであり，無責任なものであり，モダニズムに賛同して，拒絶されなければならない。だがしかし，ポストモダンの観点から，モダニズムとポストモダニズムの間でのそのような選択を我々がすることはない。モダニズムからポストモダニズムへの動向は，部分的に，偶然の文化的・社会的変容なのである。「個人や社会集団はこの移行に影響を与えるかもしれないが，それをコントロールすることはない。モダニストの夢の中でのみ，我々は選択を考慮に入れることができ，最善のものを選択し，次にそれを効果的に遂行するのである。」[115]

第6章 結　論

未来への曙光？

　本書における，アメリカ法思想の旅は，1つの段階から次の段階へと，1つのサブステージから次のサブステージへという形で跡付けてきた。この物語の多くは，基礎付けと進歩の，相互に関連した概念に照明を当ててきた。プレモダンの時代において，自然法原理が，法システムを補強していたように見える。国家の歴史の最も早い時期には，法・政治理論家は，共和国および永遠で，普遍的な原理への信奉を維持することに大いに関心を向けた。だがしかし，おおよそ1820年から南北戦争まで，法学者は，自然法の存在への確信と，進歩についてのプレモダンの概念とを結び付けた。自然法は，なお法システムにその基礎を提供したが，明らかにアメリカにおいては，これらの原理を道具的に，プラグマティックに実行することによって，進歩することができた。そのようなものとして，自然法は，永遠不滅の原理を完全に実現させることを求めるとき，目標と限界の両者を提供しているように思える。南北戦争後，アメリカ法思想は，実証主義の開始とともに，モダニストの時代へと突入した。ほとんどの部分にわたって，法学者は自然法を拒否した。その結果，進歩の概念は，プレモダンの時代に有していた自然法の限界から解放された。進歩は潜在的には無限のものと見做されるようになり，人間の才のみを拠り所とした。だがしかし，自然法原理を拒絶してさえ，モダニストの法学者は，法システムを堅固な基礎の上に位置付けることを望み続けた。このような基礎付けなしには，法はあまりにも主観的，相対的に——虚無的にさえ——なることを，モダニストは恐れたのである。だがしかし，自然法原理は，もはや必要とされる基礎付けを提供することができないので，モダニストは，それに代わる基礎付けを求めることを欲し始めた。法学者は，法についての客観的基礎付けを確定す

る闘いをするにつき，合理主義，経験主義，そして次には超越主義に目を向けた。20世紀の後半，アメリカ法におけるモダニズムは，その最終段階，後期の危機に突入し，そこは混乱，絶望，および創造的複雑性によって特徴付けられた。法学者は法を基礎付けたいという強い欲求を持ち続けたが，しかしこの目標が達成不可能なのではないかねと不安であった。ついに，20世紀の最後の10年間において，アメリカ法思想におけるポストモダンの時代の幕が開いた。多くの法律家は，モダニストのような基礎付けを求めることを拒否したが，主観主義，相対主義，さらにはニヒリズムというモダニストが憑かれていた妖怪を否定した。従って，ポストモダニストは，法を理解するために，反基礎付け主義の潮流に乗ることを始めた。多くのポストモダニストはまた，無限の進歩というモダニストの概念を拒絶した。人間はモダニストによって想定された，コントロールする最高の中心に位置するものではない。我々は，社会の変化に影響を与えることが可能かもしれないが，コントロールする我々の努力は，それらが予期せぬ，そしてしばしば有害な方向に導くとき，挫折と驚きに直面するように思われたのである。

確かに，プレモダニズム，モダニズム，およびポストモダニズムの各段階，およびそれら各々のサブステージは，知の歴史において，明確な境界を画するものではない。これらの段階およびサブステージは，薄い空気から魔法のように現われるものでもなければ，完全に停止し消滅するものでもない。1つの段階（あるいはサブステージ）からの痕跡が，次の段階に常に証拠を残し，次の段階は，その後に痕跡を残す等々をしながら，新たな段階，およびサブステージへと，常にそれらに先立つものから部分的に発展する。例えば，プレモダニズムにおいて非常に顕著な，自然法および自然権からの推論は，モダニストの時代に消滅したが，19世紀後期および20世紀初期の間，憲法学および憲法判断に居座ったままであった。実際，自然法への言及は，今日なおしばしば浮上する。モダニスト法学の第1段階において権威のあった，ラングデル派の法の科学は，その後のモダニスト同様，ポストモダニストによって拒絶されたが，しかしラングデリアニズムの影響は，今日においてさえ，法学および法学教育におよんでいる。ポストモダニストは，永続的，今日的意義にもかかわらず，ラングデリアニズムを論じ，非難することを厭わないのである。同様に，アメリ

カのリーガル・リアリズムという，モダニストの第2段階の時代は，とうに過去のものとなったが，それにもかかわらず学問，とりわけ，例えば「法と社会学会 (Law and Society Association)」の学者の間において，顕著な，社会科学に焦点を当てる学問的アプローチ同様，ケースブックへの影響ということの中に生きている。[1]

　必然的に，モダニストとポストモダニスト法学の間の境界が不明瞭であることは，驚くことではない。私見では，モダンからポストモダン法学への移行は，認識可能であるのみならず，重要ではあるが，この移行には異論がないわけではなく，また完全に浸透しているわけでもない。多くの法学者は，なお自らをモダニストと見做しており，そしてまさにその通りなのである。さらに，これらモダニストの法学者の多くは，明示的にポストモダニストを酷評している。実際，少なくとも幾人かのモダニストにとっては，他の著者によるいかなるポストモダンの観点からの徴候も，自動的に非難のうねりを引き起こすこととなる——ニヒリズム，相対主義，無責任，および同様の非難を伴って。モダニズムとポストモダニズムの区別にさえ異論が唱えられている。一方では，幾人かの学者は，我々が今日ポストモダンの時代に生きているという考え方に完全に与し，他の者は，今の時代をモダン／ポストモダンとして論じることを好み——そしてもちろん，さらに他の者は，今日モダニズムに留まっているか，モダニズムに回帰すべきであることを主張している。[2] しかし，ポストモダン時代の一つの逆説は，モダニストであると公言している者でさえ，しばしばポストモダンの文化によって強い影響を受けているように見えることである。この現象は，ポストモダニズムについて論じた箇所と，前章の最後にふれた連邦最高裁から明らかである。既に述べたように，連邦最高裁の判事は，明白なあるいは公言されたポストモダニストになったわけではない。例えば，もしレーンクイスト長官に，ポストモダニストであるかと尋ねたとするなら，「いいえ」と答えるか，嘲笑するかであろう，と自信をもって言える。しかし，そこが重要なのではない。他のアメリカ人同様，連邦最高裁判事は，ポストモダンの時代に生きているのであり，そしてそのようなものとして，しばしばポストモダンの方法で行動し，ポストモダン的態度から，ある程度影響を受けていることを言いたいのである。そして，自らをポストモダニストと認めるか否かに関わ

らず，連邦最高裁判事は，そのように行動するのである。

　本書との関係でより重要なことは，ポストモダンの文化が，モダニストであると公言する法学者にさえ吹き込まれていることである。一般論として，モダニストの法律家および学者は，先例拘束性，論理的一貫性，テキストの明白な意味，制定者ないしは集団の意図，政策論，および比較衡量テストのような，道具箱を持っていると言えることである。モダニストは，特定の便宜的目的に適合するように，一定の主観的立場を擁護する，あるいは反対する議論を構築するために，必要な道具に手を伸ばし，引き出す。正しい道具を選択し，それらを上手に使うことを学ぶことは，法律家のように考える訓練をする一部である。だがしかし，近時，幾人かのモダニストの学者は，一定のポストモダンの洞察は，自身のモダニストの議論をする上で有用であるかもしれないと認識したのである。[3]

　とりわけ，これらモダニストの学者は，ポストモダン理論の，あるしばしば議論された局面を利用し，道具箱の中に投げ入れる。第5章において論じたように，多くのポストモダニストは，共同体の伝統や文化は，あらゆる伝達と理解を可能にすると同時に制約すると述べている。従って，共同体の中の個人にとって，社会文化的先入見や利害という現在の地平は，理解，伝達，および規範的価値や目標を含む，認識一般を常に形成する。このポストモダンの洞察は，過激な意味を含み得るけれども，モダニストはそれを利用し，それを順応させ，道具——法的議論を組み立てるにつき行使し得る装置——として利用した。これらのモダニストは，このポストモダンの洞察を，しっかりと蓄え，そして必要な場合にのみそれを取り出しながら，法律家の道具箱の中に投げ入れた。そしてこれらのモダニストにとって，この洞察（ないしは道具）は，他のモダニストの規範的立場を批判するのに大いに有用足り得るのである。しかし，そこで，他者の価値や目標を手際よく脱構築し，一掃したあかつきには，モダニストの著者は，決まって自身の規範的立場を説明し始める。すばやく，道具はその箱に戻されなければならない——そうしなければ著者自身が明示した，目標の一貫性が脅かされることになるからである。

　スティーブン・D・スミスは，このポストモダンの道具を使用する，モダニストの法学者である。1995年に出版された，教会と国家の分離についての彼の

第 6 章 結　論　277

著書『運命付けられた失敗（Foreordained Failure）』において，合衆国憲法は，信教の自由についての原理を具体化していないことを論じている。もちろん，言うまでもなく，判事や憲法学者は，長いこと「以下のような質問」を問うてきた。すなわち，「合衆国憲法に組み込まれた信教の自由原理の意味と射程はどのようなものか。」スミスが主張しているように，そのような原理が存在しないのなら，この質問は解答不能なものとなるのである。[4]

　多くの憲法学者は，修正第1条に述べられていると考えられる信教の自由原理を解明するために，ある種の理論を使用している，とスミスは論じている。そのような理論的アプローチを否定するために，スミスは彼の道具箱に手を伸ばし，彼のポストモダンの装飾品を取り出す。信教の自由についての一般理論を構築することは不可能である，と彼は主張する。いかなるそのような理論も，論理的難問の上に必然的に立ち往生する。

　　信教の自由理論の機能は，多様に競合する宗教的，世俗的立場や利害を調停する，あるいはいかに政府は，これら競合する立場や利害を扱うべきであるかを説明することにある。しかしながら，この役割を果たすためには，他のものを拒絶する，あるいは割引ながら，理論は，暗黙に，しかし必然的に，これらの立場のうちの一つに特権を与える，あるいは前もって優先順位を与えることになるであろう。しかし競合する立場の1つに特権を与え，他を前もって拒絶することは，真の信教の自由理論では全くない――ないしは，少なくとも，信教の自由についてのモダンの主唱者が展開しようとした種類の理論ではない。[5]

　言い換えると，ここでスミスは，あらゆる規範的価値ないしは立場は，文化的および社会的に偶然的なものであるとの，ポストモダンの主張を引き合いに出している。ポストモダニストにとって，あらゆる理論――実際，あらゆるコミュニケーションおよび理解――は，社会文化的先入見や利害という現在の地平から生じる。それ故に，いかなる信教の自由理論――明確な規範的立場としての――も，必然的に一定の（しばしば暗黙の）背景的信念ないしは前提の上に成り立っている。これらの背景的信念ないし前提には，常に論争の余地が存在するのであり，理論自体，おそらく他の競合する信念と中立的に調和しているとの主張の型にまさに当てはまるのである。しかし，言うまでもなく，まさ

しく理論は，それらのまさに諸前提に依拠している故に，他の競合する信念とそれ自身の前提とが中立的に調和することを不可能にするのである。スミスは，次のように結論付けている。「要するに，信教の自由についての理論が，社会の中で競合する宗教的，世俗的立場の間を和解ないしは調停することを求めるが，これらの競合する立場は，信教の自由理論が拠り所としなければならない，まさに背景的信念について同意していないことに，問題の所在があるのである。」[6]

だがしかし，この時点で，スミスは，ポストモダンの装置を道具箱の中に投げ返す。彼は宗教条項についての法分野を批判することを欲しているが，理論に関する広範な法学論争に巻き込まれたくはないのである。「『理論』が法において可能かもしれないし，また望ましいかもしれないことを，いかなる普遍的方法においても否定したくはない。ここでの私の異議申し立ては，宗教の自由理論にのみ向けられている。」スミスがポストモダン的洞察を拡大しようとしないことは，連邦最高裁に対して，規範的忠言を帰結することを可能にするのである。彼にはこのような忠言をする資格があるかもしれないが，連邦最高裁は，信教の自由と「政治的プロセス」に対する平等の保障を残しつつ，宗教的自由についての原理の強行を拒絶することを検討すべきである，と彼は示唆している。従って，スミスは，憲法学一般に，ポストモダニズムの潜在的に過激な意味合いを含ませることを避け，それに代えて，政治的に保守的な結論に到達することを遂行しているのである。[7]

要するに，モダニストの多くの法学者は，ポストモダニズムを激しく非難しているけれども，幾人かは，同時に，モダニストの立場を構築し，擁護するために，ポストモダンの見解を飼い慣らしている。[8]疑いもなく，そのようにすることは，著者の結論に歪みを生じさせる。スミスは，彼のポストモダンのソレを利用し，そして，信教の自由についての憲法上の原理が存在しないことを発見した。もし他の憲法上の原理が真に存在することが事実だとしたなら（スミスは前提としているが，なんら言及していない），そこで，おそらく，連邦最高裁は，信教の自由の原理を強行しないことを考えるべきである，とのスミスによる規範的示唆は，意味を持ち得るかもしれない。結局，連邦最高裁は，実在する憲法原理のみを強行することができる，と合理的に結論付けるかもしれな

い。だがしかし，もしスミスのポストモダン類似の議論は，憲法原理が真に全く存在しない──少なくとも，伝統的モダニストの意味において存在しない──ことを示唆するために拡大されるなら，次に，スミスの規範的示唆は非常に疑わしいものとなる。信教の自由は，いかなる他の自由や権利よりも弱くはない足場の上に置かれることになるのである。従って，例えば，スミスとは異なり，憲法上の諸原理の概念は，完全に再考される必要がある，あるいは，一貫した抽象的憲法原理は，一般的規範の実践的ないしはプラグマティックな強行にとって不必要であることを，示唆する者がいるかもしれない。しかし，批判的道具としてポストモダニズムを選択的に使用すること──他の著者の見解に対して行使された──は，創造的なモダニストの著者（そしてスミスはその好例である）に，欲せられた規範的目標を忠言するか，表面上堅固な基礎の上に，ある選好された政府のプロセスないしは規範的価値を位置付けることを，未だ表向き可能にさせているのである。

　それ故に，ポストモダンの見解は，モダニストの学問に染み込んでいるが，しかし同時に，ポストモダンの法学者は，モダニズムの影響下で表現をしている。多くのポストモダニストは──反基礎付け主義 対 基礎付け主義，反本質主義 対 本質主義，等々のような──モダニストの関心に，夢中にさせられる傾向にある。ポストモダンの法学者は，モダニストの同僚や先人から非常に明確に区別される，まさに学問の特色を強調し続ける。従って，第2章において示唆したように，ポストモダニストが，もはやモダニストが有する関心にこだわらないとき，ポストモダニズムはこの影響から脱して第2段階に入ったと言えるかもしれない。従って，ポストモダニズムについての今後有り得る変容に関して，第2章の最後に提供した一般的示唆を繰り返すことなく，ここで発せられるべき特定の質問は，以下のようになる。ポストモダニズムについて，これから到来する第2段階は，アメリカ法思想の領域においていかに表明されるべきか，ということである。だがしかし，この問いに答える試みに先立って，第2章に付した但し書きが繰り返されるべきである。すなわち，第2段階のポストモダニズムについての議論は，仮定的，示唆的なものとなるであろうということである。確かに，私見においても承認しているように，モダンとポストモダン法学の境界がなお不明瞭であるとするなら，従って，ポストモダンの法

学の潜在的第2段階は，せいぜい，極めて憶測的なものとして理解されなければならないのである。

いずれにせよ，最初に，おそらくは直感に反する予測から，第2段階のポストモダンの法思想にアプローチすることにする。すなわち，連邦最高裁が有利な立場に立つことである。既にポストモダンの文化は，部分的に，連邦最高裁の判断形成に吹き込まれていることを主張したが，今や，この主張に逆説的な補足を付すことにしたいのである。連邦最高裁のポストモダニズムを第2次的に，あるいはポストモダン法学からの派生物と考えるというより，連邦最高裁は，第2段階のポストモダン法思想の局面を予測するにおいて，少なくとも将来のほのかな兆しを提供する可能性を検討したいのである。このことはいかにして可能とされるのであろうか。アメリカ社会における連邦最高裁の構造的役割は，非常に重要である。すなわち，連邦最高裁の役割が，ポストモダンの学者とは極めて異なる方向から，ポストモダンの見解にアプローチすることを，判事達に押し進める。そして，連邦最高裁の方向付けから，ポストモダニズムは，ここは議論の余地のあるところであるが，第2段階のポストモダニズムの前兆になる，数奇な方向に具体化されたのである。

連邦最高裁タイプのポストモダニズムを，より完全に理解するためには，最初に連邦最高裁の状況が，少なくとも1つの重要な型において，現在のポストモダンの文化的状態を要約していることを，承認する必要がある。第2章において述べたように，ポストモダンの文化研究は，しばしば，ポストモダンの主体ないしは行為者（agent）を，ハイパースピィードにおいてモダニストの自己のようなものとして描く。文化的，社会的に組み立てられたポストモダンの主体は，個々の相違に応じて，堅固な（モダニストの）理由や基礎付けなしに，常に意味のない判断や選択をする者である。アメリカ文化の分断化は，ラディカリズムを商品化するために，資本主義者の商業主義に混じり合ってきた。ポストモダンの主体は，様々に大量生産され，大量広告された産物の中から繰り返し選択することによって，ラディカルな個人性ないしは特異性を有する物を購入することを求めるハイパー消費者（hyperconsumer）である。この観点からは，連邦最高裁の判事は，典型的なポストモダンの主体と見ることが可能である。最高裁判事は（最高裁判事の資格で），まさにハイパー消費者では有り得

ないが,しかしハイパー決定者(hyper-decision makers)なのである。連邦最高裁におけるモダニストの先達のように,現在の連邦最高裁判事は,決定し,決定し,決定し続けなければならない——無数の事件の中から,サーシオレアライ(裁量的上告)を認めるか否かを決定すると同様に,事件を裁く,これがアメリカ社会における最高裁判事の役割である。例えば,1977年度開廷期の間,連邦最高裁は7千に近い事件を処理した。だがしかし,連邦最高裁のモダニストの先人達とは異なり,少なくとも幾人かの最高裁判事は,今や表面上の客観性という慰めを再確認することなしに,堅固なモダニストの基礎付けへの信念の恩恵を受けずに,それらの判決を下しているように見える。基礎付けなしに裁定を下すことは,まさにポストモダンの世界における,現在の最高判事の役割なのである。

　そのような立場として,連邦最高裁判事は,重要な様式において,ポストモダンの法学者とは異なる。モダニストが有する関心の影でなお暮らしながら,ポストモダンの学者や理論家は,テキストの意味の不確定性を強調する傾向にある。モダニズムを拒絶する努力において,多くのポストモダンの学者は,そのテキストが法であれ,文学であれ,哲学であれ,その他であれ,重要なテキストについて広く受け入れられ,支配的な理解を脱構築すること以上に関心がないように見える。支配的な理解をこのように脱構築することは,必然的にテキストについて,それまで押さえ付けられていた既存のものとは別の意味ないしは真理を暴露することになる。従って,これらのポストモダンの脱構築論者は,テキストについての唯一の意味といういかなる権威的宣言にも断固として敵対する。しかしながら,このような権威的宣言は,連邦最高裁から日常的に発せられている。結局,連邦最高裁の1つの役割は,事件に裁定を下し,そしてそうすることにおいて,法そのものを宣言することである。多くのポストモダンの学者が,テキストの意味や真理の多様性を歓迎するのに対して,実際,連邦最高裁の権威的宣言は,それに代えて,代替的意味を抑圧する,ないしは圧殺するのである。ジャック・デリダおよび彼を支持する法学者は,テキストの意味は決定不可能であると宣言するかもしれないが,連邦最高裁判事は,裁定を下さなければならないのである。法学教授は,テキストの曖昧さに浮かれることができる——実際,そのような曖昧さが学術的出版の過多を生む助けと

なる——が，連邦最高裁判事は，法を宣言しなければならないのである。[9]

　従って，連邦最高裁の法の権威的宣言者としての役割故に，連邦最高裁判事——少なくとも最高裁判事としてのその役割において——は，法学教授がポストモダンであるのと同様にはポストモダンではあり得ない。多様なテキストの意味——多くの教授の下で生み出される——を歓迎する，公言された，明白なポストモダンの理論家となる代わりに，連邦最高裁は裁定を下し続けるであろう。従って，連邦最高裁判事は，事件について満足のいく解決を促進し得る，先例拘束のような，あたかもそれらがモダニストの道具でもあるかのように，反基礎付け主義のような，ポストモダンの見解を多用する傾向がある。確かに，ポストモダンの見解のこの便宜的使用は，連邦最高裁判事達が，真にポストモダンであるよりも，単に不正直である，あるいは不幸であることの告発へと導き得る。[10]実際，この観点から，さらに，ポストモダンの理論と司法の判断形成との間に固有の緊張が存在する，と結論付けることが可能かもしれない。従って，ポストモダン法学の考え方には乗り越えられない限界が存在するのである。おそらく，法学の実践はポストモダンとなり得るが，法の実践や司法判断の形成は，同様にはなり得ない。ある程度，このような見解は法学者と判事との間の，明らかに増大するギャップを部分的に説明することを可能とさせるかもしれない。実際，もしアメリカ社会におけるそれぞれの構造的役割が，両者を反対の方向に，とりわけポストモダンの文化への対応において，導くなら，次にこのギャップは長期にわたる，橋渡しすることのできない裂け目となる可能性が存在する。連邦最高裁判事を含む，判事が，法学者が生み出すものを無視するか，軽蔑するかし続けることによって対応することが予測されるのに対して，裁判所の意見を拠り所にするモダニストの先達とは異なり，ポストモダンの法学者は，ますます裁判官およびそれらの意見に注意を一貫して向けなくなることであろう。[11]だがしかし，同時に，連邦最高裁について，それに代わる，よりポストモダン的理解の存在可能性が見落とされてはならない。もしポストモダニズムを少なくとも部分的には文化の問題として見るなら，そこで，既に示唆したように，幾つかの連邦最高裁の行動は，まさに司法の実践におけるポストモダンの文化として理解することが可能である。しかし連邦最高裁判事は，ポストモダンの見解に，道具として，手段的方法において

対応する傾向がある故に，連邦最高裁判事は，ポストモダニズムにかなり奇妙な——少なくとも第1段階のポストモダンの立場からは奇妙な——色を付けることになるであろう。

　だがしかし，おそらく，ポストモダニズムについての連邦最高裁の見方は，第2段階のポストモダン法思想の様相の前兆となる。とりわけ，ポストモダニズムにおける連邦最高裁のあり様は，ポストモダンのテロリズムという病的な状態を予告しているかもしれない。第2章において述べたように，ポストモダンのテロリズムは，2つの異なる形態をとり得る。すなわち，物理的なものとヘルメノイティク（解釈学的）なものである。ポストモダンのテロリストは，意味は基礎付けられないし，ポストモダン文化において，知識は目まぐるしく流れていることを認める。だがしかし，このハイパー文化によって押し潰されるか，一種の麻痺に屈するかに代えて，ポストモダンのテロリストは，たとえ一瞬でも，ポストモダン文化の情け容赦のないハイパースピードを停止させることを試みる。テロリストは，物理的暴力行為を通じて，より害のない方法としては，（テキストないしはテキスト類似物についての）意味を独断的に主張する解釈学的行動を試みることによって，このことを遂行するかもしれない。

　連邦最高裁を，物理的およびヘルメノイティクなポストモダンのテロリズム，両者の前兆として理解することが可能となる。解釈学的見解から，ポストモダンを支持する学者の幾人かは，脱構築は「何をしても構わない（aything goes）」ところでは，テキストには何でも有りを意味する，と主張する者がいる——モダニストの批評家は，この立場を一貫してポストモダニストの責めにするけれども。ポストモダンの立場から，脱構築は，いかにテキストを理解するに至るか，そしてこのプロセスは，いかに一定の条件ないしは限界を伴うかを説明している。だがしかし，連邦最高裁が有する強みから——部分的にその構造的地位から生じるもの——，ポストモダニズムは，テキストについての無制約な解釈を許すまさに免罪符のように見えるかもしれない。連邦最高裁判事（ないしは少なくともそのうちの幾人）は，司法判断が，堅固な基礎の上に客観的に根拠付けることができないことを承認するが，しかしなお事件を裁定しなければならない。従って，連邦最高裁判事は，法を独断的に宣言しなければならない。連邦最高裁判事は意味を宣告しなければならない——その連邦最高裁

判事が理解する意味は，究極的に根拠付けのないものであり，束の間のものであり，そして移動するものであるが，しかし最も権威的な形で宣言しなければならない。連邦最高裁判事は，ポストモダンの様式において，司法の構成要素と戯れているかもしれないが，多くの場合において，あたかも客観的に基礎付けられた法の支配を発見している，あるいは永遠不滅の原理から議論の余地のない結論を演繹しているように，行動し続けるであろう。しかも連邦最高裁判事は，モダニストが共有している不安なしに，そうすることができるのである。最早その判断が客観的に基礎付けられていないという可能性を心配することはないのである。むしろ，連邦最高裁判事は，判断が基礎付けられていないだけではなく，そのような基礎付けのなさが真に問題ではないことを知っているのである。連邦最高裁判事は，罰を受けることなしに，モダニストの司法実践や判断の道具を使用して，戯れることができるのである。従って，ウィリアム・レーンクィストやアントニン・スカリアのような，保守的最高裁判事にとって，基礎付けの欠如は，彼等が保守的政治傾向に従うことを正当化すること以上には，ほとんど問題にならないのである。そして，もし異なる政治的・法的方向に彼らを強制させるモダニストの基礎付けやルールが存在しないのなら，他の何をなすべきか，と彼らは問いかけるかもしれない。法学の世界において，彼らと袂を分かつ者達とは異なり，連邦最高裁判事は，テキストの意味の決定不可能性を喜ぶことはできないのである。なぜならば，連邦最高裁判事は，彼らは苦笑するかもしれないが，現実の事件を解決するのにあまりにも多忙過ぎるからである。そして，物理的ポストモダンのテロリズムはどうであろうか。それは連邦最高裁判事の解釈学的テロリズムを引き継ぐ。というのは，連邦最高裁判事が，独断的に法を宣言するとき，連邦最高裁の判断は，時には死活に関わるような極端な，しばしば重大な影響を及ぼすからである。例えば，連邦最高裁が死刑判決を受けた被告人のための人身保護令状を拒絶するとき，連邦最高裁の宣告が客観的に基礎付けられていると否とにかかわらず，申立人は，ほぼ確実に死に直面するのである。[12]

最後に，これらの検討が，ポストモダン法学の来るべき第2段階について示唆するものは何か。ポストモダン・テロリズムは，ここでの一つの可能性ではあるが，唯一のものではない。第5章において論じたように，ポストモダン法

学の重要な構成要素は，メタ学問——学問についての学問——であるということである。だがしかし，そのようなメタ学問の考え方は，モダニズムの影が消散した，予測される第2段階のポストモダニズムにおいて問題となる。もっともしばしば，メタ学問は，学問についての学問であるだけではなく，より正確には，モダニスト法学を脱構築しているポストモダンの学問である。それ故に，もしモダニズム法学が，最早生み出されないなら——もしモダニズムの影響が取り除かれたなら——，そこで，ポストモダンの法学者は，もはや現在のモダニストの学問を脱構築する，メタ学問を著述することは有り得ないのである。それでは，どうなるのであろうか。ポストモダンのアメリカ文化についてふれている，ウエッブサイトのコメントの一節が想起される。「実際，［我々アメリカ人は］文化的レベルにおいて植民地化されて［いる］。他にいかにして『手製の』ビールや専門店のパンのような，ばかげたアメリカ的でない産物の突然の目を見張る人気を説明するのであろうか。いつからバドワイザーやワンダーブレッド（Wonderbread）が，アメリカ人を十分には満足させないようになったのであろうか。」[13]いかに間接的とはいえ，この文言は，ポストモダニズム法学にとって，少なくとも4つの将来像を示唆している。

　第1の可能性としては，連邦最高裁判事同様，ポストモダンの法律家自体が，解釈学的ポストモダン・テロリズムの一種に従事するかもしれないことである。もしバドワイザーやワンダーブレッドを買うことが，常にアメリカ人に十分満足のいくことであったならば，それでは，法学との関係においては，法的ルールや原理および司法判断について記述することは，常にアメリカの法学者にとって十分満足のいくことであった。この感情に従うと，第2段階のポストモダン法学者の幾人かは，モダニストの採用した見せかけは無用であるけれども，現実に，教義的学問を著述すること——法的ルールや原理および司法判断を記述すること——に回帰するかもしれない。これらのポストモダンの法学者は，司法判断の形成を，ポストモダン文化にもかかわらず，継続し続け，そしてそれ故に，判事（および連邦最高裁判事）は，彼らの判決をするためにモダニストのような正当化を並べ続けることであろう——判事達がなおそのような正当化および判決が客観的に基礎付けられると，信じているか否かにかかわらず。従って，第2段階のポストモダンの学者が，モダニストの教義的学問に

非常に近接したそれを記述するかもしれないが，ポストモダニストは，それを異なる態度と異なる目的で行うことになるであろう。モダニストは，基礎付けについての気がかりな確信をもって，教義的学問を記述した（そして，この問題に関して，なお記述している）。モダニストは，真摯に，意図的に裁判所を客観的解答に向かわせる努力をするにおいて，司法的推論や判断形成のためのモダニストの道具を引き合いに出した。それに代えて，ポストモダニストは，真摯に，おそるおそる，というよりも，遊戯的に，皮肉を持って教義的学問を記述するかもしれない。教義的な忠言が，司法判断の形成に重大な制約を課すことは不可能であることを知っているが，それにもかかわらず，ポストモダンの学者は，裁判所の意見を遊戯的にパロディー化し，同時に，ポストモダンの見解と結び付いたモダニストの司法上の道具の遊戯的，皮肉を込めた混合物を形作る教義的枠組みを提供するかもしれない。だがしかし，究極的に，第2段階のポストモダン法学者は，単にポストモダンの状況下に置かれている故に，そのような教義的学問を記述するかもしれないし，そしてそのようなものとして，できるだけ強制的に，あるいはテロリスト的に，ある意味を主張することに駆り立てられているにすぎないと感じているのかもしれない。異なった言い方をすると，第2段階のポストモダンの法学者は，バドワイザーやワンダーブレッドを使用しながら，態度をスタートさせるかもしれないのである。

　だがしかし，ここに第2の可能性が存在する。第2段階のポストモダン法学者は，実際，バドやワンダーブレッドの使用を止めて，次に，それらについて語ることを全く止めてしまう可能性が存在する。メタ学問――モダニストの学問についてのポストモダンの学問――は，バドやワンダーブレッドを使用することについてのポストモダンの脱構築的批判として理解され得る。しかしもし我々すべてが，バドやワンダーブレッドを使用することを止めるなら，次に，ポストモダニストは，もはや現在の使用を脱構築する必要がないのである。もしポストモダン文化が，十分に法的・法学的実践に浸透し，その結果すべての者が手製のビールや専門店のパンを使い始めるなら，誰がバドやワンダーブレッドを気にかけるであろうか。この可能性は，おそらく，ポストモダン法学にとって，もっとも不確定な将来を現出する。もしモダニストの学者を批判しない（そして司法判断形成について遊戯的パロディーを記述しない）とするなら，ポ

ストモダン法学は，何について語ることになるのであろうか。せいぜい，幾つかの仮定的可能性を提供できるにすぎない。ポストモダンの学者は，ポストモダン社会における法現象について，さらに多くを著述することになるかもしれない。法はいかにして生じるのか。ポストモダン文化の中で，法はいかに作用するのか。そこでさらに，ポストモダンの学者は，法学の上にナルシズム的に居座り続けるかもしれない——今やポストモダンの学問自体に，言い換えると，まさにポストモダンの学者が何について記述すべきかの質問に，焦点を当てながらではあるけれども。

　第3の可能性において，ポストモダン法学の将来は，その現在とはほとんど異なっていないかもしれない。異なるポストモダン法学の第2段階は出現しないかもしれない。なぜそうならないのであろうか。おそらく，バドやワンダーブレッドが常にそこにあるであろうからである。結局，経済状態が重要なのである。幾人かのアメリカ人は，バドやワンダーブレッド以外に購入するゆとりがないのである。実際，幾人かはこれらの規格品でさえ購入する余裕がないのである。事実，バドやワンダーブレッドの使用に喩えている，いかなるポストモダン批判も，少しばかり中の上クラス的，自惚れなのではなかろうか。そして，ポストモダニズムについてのこのような批判は，幾分典型的なものである一方，それにもかかわらず，混乱を招くようなものではないのではなかろうか。このように見てみると，ポストモダニストは，しばしば，現実に社会闘争をしている——貧困者，有色人種，およびその他の外集団——の側に立ち，それが一体全体いかなるものであるのかを理論化し，外集団やマイノリティーの言葉や行動を移植している，白人の有識者であるように思われる。そして，バドやワンダーブレッド，ないし類似のかなり一般的な製品を買う必要のある，貧しいアメリカ人が常に存在するであろうように，どうにかこうにかやり繰りをしている——遺言書を作成し，自動車事故を処理し，労働者の補償請求を援助する，等々——平均的弁護士が常にまた存在するであろう。これらの弁護士の多くは，大袈裟な理論のために時間を割くことはないのである。生活の糧を得る必要があるのである。それ故に，幾つかの基本的ルール，幾つかの先例，および幾つかの格好の書籍を欲するのである。さらに，これらの弁護士は，そこではまた判事も日常のありふれた裁判実践として裁定を下し続けるで

あろう，州や地方の裁判所において，実務に携わり続けることであろう。実際，既に論じたように，連邦司法の最高峰においてさえ，アメリカ社会における裁判所の構造的役割から，次から次と裁定を下すことが要求されている。そしてもしそうであるなら，幾人かの法学者は，次から次と裁定を下すことを忠言し，そのような司法判断形成について著述することであろうことを推定するのも，もっともなことなのである。言い換えると，まさにバドやワンダーブレッドについて——客観的ルールや原理によって決定されたと称される裁定について——著述しようとする，アメリカの法学者が常に存在することから，予見することのできる将来に関して，モダニストの法学が消滅するとは考えられそうにもないのである。結局，次のようになる。すなわち，たとえそのようなポストモダンの著述が，階層を基にしたエリート主義の一形態として，それ自体脱構築され得るとしても，メタ学問——アメリカ法学の場面でのバドやワンダーブレッドを脱構築しながら，モダニストの学問を脱構築するポストモダンの学問——を著述することを求める，ポストモダン法学者にとっても，重要な役割が常にまた存在するであろうということである。

　第4の可能性は，第2段階のポストモダニズムが，全くポストモダンではないことである。それどころか，第2段階のポストモダニズムは，モダニズムへの回帰に過ぎないことになろう。おそらく，その時点において，多くの法学者は，1つや2つのポストモダンの主題を取り入れ，法律家の道具箱にそれらを投げ入れることによって（おそらくそれらがポストモダンに起源を有することを認めることなしに，あるいは幾人かの法学者にとっては，そうであることを気付くことなしに），スティーブン・D・スミスのような，現在のモダニストを引き継ぐことであろう。そのことが有用であるとき，これらの法学者は，ポストモダンの道具を取り出し，それらを有利となるように使用し，そして次に，差し支えがないようにそれらをしまいこむことであろう。言い換えると，洗練された政策論議のように，時々道具箱から引き出される，まさに幾つかのポストモダンの残滓とともに，ポストモダニズムが有する，潜在的に過激な性質は，押さえ込まれることであろう。もちろん，これは，大いなるモダニストの夢である。すなわち，モダニズム法学は，現在のポストモダンの流行に勝利するのである。結局，この観点から，ポストモダン法思想とは何であるのか，あるい

は，換言すると，手製のビールや専門店のパンは何であるのかということが問題になる。結局，それは，なおまさにビールでありパンではある。そして一時的流行が過ぎ去れば，バドやワンダーブレッドが残るであろう——あるいは，そうなることをモダニストは希望している。だがしかし，この回帰はいかにして可能となるのであろうか。一旦手製のビールや専門店のパンを試してみたならば，昔のバドワイザーやワンダーブレッドは，決して完全には同じ物とは思われないのである。我々は本当にぐるりと向きを変え，昔に戻ることができるのであろうか。たとえ我々が試みようとも，昔のバドやワンダーブレッドは，我々が戻ることを待ってはいないかもしれない。それらはかつて存在していたようには残っていないかもしれない。結局，経済状態のことが重要である限り，預言することは不可能なのである。例えば，まさにワンダーブレッドの代わりに，我々は，小麦のワンダーブレッド，ライ麦のワンダーブレッド，マルチグレイン（Multigrain）のワンダーブレッド，レーズンのワンダーブレッド，ヘルス・ナット（Health Nut）のワンダーブレッド，ハイ・ファイバー（High-Fiber）のワンダーブレッド，そしてオリジナル・ワンダーブレッド（Wonderbread Original）を持つかもしれない。ワンダーブレッド自体，専門店のパンになっているかもしれない。どうだとしたら，それでは，我々はどこに存在することになるのであろうか，モダンであろうか，それともポストモダンであろうか。

注

第1章 序 論

(1) See Max Weber, Economy and Society 20-22 (Gunther Roth and Claus Wittich eds., 1978); Max Weber, The Methodology of the Social Science 90, 100 (Edward A. Shils and Henry A. Finch eds., 1949); Stephen M. Feldman, *An Interpretation of Max Weber's Theory of Law: Metaphysics, Economics, and the Iron Cage Constitutional Law*, 16 L. & Soc. Inquiry 205, 212 n. 31 (1991).

(2) Alexis de Tocqueville, I Democracy in America 280 (Henry Reeve text, revises by Francis Bowen, Philip Bradley ed., Vintage Books 1990) (最初, 1835年と1840年にフランスにおいて2巻本で出版された); Mary Ann Glendon, A Nation under Lawyers 259 (1994); David Theo Goldberg, *The Prison-House of Modern Law*, 29 Law & Soc'y Rev. 541, 544 (1995) ("an imperative").

(3) On James Wilson, see James Wilson, The Works of James Wilson 59-710 (1967; first published 1804); Mark David Hall, The Political and legal Philosophy of James Wilson, 1742-1798, at I, 20-22 (1997). デニス・パッターソンは法学をより狭く限定する現代の学者の一例である。Dennis Patterson, The Poverty of Interpretive Universalism: Toward the Reconstruction of Legal Theory, 72 Tex. L. Rev. 1, 56 (1993).

(4) See Robert W. Gordon, *New Developments in Legal Theory*, in The Politics of Law 281, 286 (David Kairys ed., 1982) (いかに法システムは「具体的経済利益あるいは社会階級から」幾分独立して, あるいは相対的に自立して作用するか, ということについて記述している).

(5) See Thomas S. Kuhn, The Structure of Scientific Revolutions (2d ed., 1970) (科学におけるパラダイムの転換を説明している).

(6) See, e.g., Grant Gilmore, The Age of American Law 42 (1977) (C・C・ラングデルに対して「本質的に間抜け者」と言及している).

(7) Rita Felski, The Gender of Modernity 171-72 (1995); Jean-Fencois Lyotard, The Postmodern Condition: A Report on knowledge xxiv (G. Brennington and B. massumi trans., 1984); Saul Cornell, *Moving beyond the Canon of Traditional Constitutional History: Anti-Federalists, the Bill of Rights, and the Promise of post-Modern Historiography*, 12 L. & Hist. Rev. 1, 6-7 (1994).

(8) See, e.g., Stephen M. Feldman, Please Don't Wish Me a Merry Christmas: A Critical History of the Separation of Church and State (1997); Stephen M. Feldman, *Whose Common Good? Racism in the Political Community*, 80 Geo. L. J. 1835 (1992).

(9) See Jerold S. Auerbach, Unequal Justice: Lawyers and Social Change in Modern America (1976) (20世紀初頭におけるエリート弁護士の人種的偏見と, 法曹およびアメリカ社会にとってのそのような偏見の帰結を強調している); Morton J. Horwitz, The Transformation of American Law, 1780-1860 (1977) (19世紀初頭のアメリカ法

についての物語を構成するものとしての経済的利益を強調している）．
(10) 知の歴史についての異なるタイプについて，以下の文献を参照。See Stephen M. Feldman, *Intellectual History in Detail*, 26 Reviews in Amn. Hist. 737 (1998). 知の歴史について，より心理学的に詳細なタイプの優れた例として，以下の文献を参照。See N. E. Hull, Roscoe Pound and Karl Llewellyn: Searching for an American Jurisprudence (1997).
(11) *Roe v. Wade,* 410 US 113 (1973); *Brown v. Board of Education,* 347 US 483 (1954); *Lochner v. New York,* 198 US 45 (1905).
(12) Compare Robert Hollinger, Postmodernism and the Social Sciences xiii, 21, 40-42 (1994)（モダニティーをしばしばより社会学的に，モダニズムをより文化的に考えることを示唆している）; Stephen Toulmin, Cosmopolis: The Hidden Agenda of Modernity 6 (モダニティーをモダニズムと区別している) with Marshall Berman, All That Is Solid Melts into Air 131-32 (1988 ed.)（文化的なもの——モダニズム——を，政治的，経済的，および社会的なもの——モダニゼーション——から切り離すことに反対であると論じている); Steven Connor, Postmodernist Culture 44-51 (1989)（ポストモダニティーとポストモダニズムに焦点を当てている); David A. Hollinger, *The Knower and the Artificer, with Postcript 1993,* in Modernist Impulses in the Human Sciences, 1870-1930, at 26 (Dorothy Ross ed., 1994)（モダニズムという用語の曖昧さに焦点を当てている).
(13) See Andreas Hussen, *Mapping the Postmodern,* 33 New German Critique 5, 10 (1984)（ポストモダニズムがいかにモダニズムに関係があるかを論じている）．グラント・ギルモアの『アメリカ法の時代（The Ages of American Law)』は，南北戦争前の議論を含む——短いものではあるが——法学史の1つである。Gilmore, *supra* note 6, at 19-40.

第2章 知の海図

(1) プレモダニズム，モダニズムか，これら両者を論じている文献として，以下のものを参照。Zygmunt Bauman, Modernity and the Holocaust (1989) (hereafter Bauman, Modernity); Isaiah Berlin, The Crooked Timber Humanity (1990); Richard J. Bernstein, Beyond Objectivism and Relativism: Science, Hermeneutics, and Praxis (1983); Hans Blumenberg, The Legitimacy of the Modern Age (Robert M. Wallace trans., 1983)（初版は1966年にドイツにおいて出版された); Louis Dupré, passage to Modernity (1993); Stephen M. Feldman, Don't Wish Me a Merry Christmas: A Critical History of the Separation of Church and State (1997); Rita Felski, The Gender of Modernity (1995); D. W. Hamlyn, A History of Western Philosophy (1987); Karl Löwith, Meaning in History (1949); Ted V. McAllister, Revolt against Modernity (1996); Stephen A. McKnight, *Voegelin's New Science of History,* in Eric Voegelin's Significance for the Modern Mind 46 (Ellis Sandoz ed., 1991); Joshua Mitchell, Not by Reason Alone (1993); J. G. A. Pocock, The Machiavellian Moment

(1975); Richard Rorty, Philosophy and the Mirror of Nature (1979); Quentin Skinner, I The Foundation of Modern Political Thought: The Age of Reformation (1978) (hereafter Skinner 2); Richard Tarnas, The Passion of the Western Mind (1991); Leslie Paul Thiel, Thinking Politics: Perspectivs in Ancient, Modern, and Postmodern Political Theory (1997); Stephen Toulmin, Cosmopolis: The Hidden Agenda of Modernity (1990); Eric Voegelin, The New Science of Politics (1987 ed.); Michael Walzer, The Revolution of the Saints: A Study in Origins of Radical Politics (1965).

ポストモダニズムに焦点を当てている有益な文献として以下のものを参照。Zybmunt Bauman, Intimations of Postmodernity (1992) (hereafter Bauman, Intimations); Albert Borgmann, Crossing the Postmodern Divide (1992); Steven Connor, Postmodernist Culture (1989); David Harvey, The Condition of Postmodernity (1989); Robert Holliger, Postmodernism and the Social Science (1994); Fredric Jameson, Postmodernism, or, The Cultural Logic of Late Capitalism (1991); Barbara Kruger, Remote Control: Power, Cultures, and the World of Appearances (1993); Hilary Lawson, Reflexivity: The Postmodern Predicament (1985); Vincent B. Leitch, Postmodernism: Local Effects, Global Flows (1996); Jean-Francois Lyotard, The Postmodern Condition: A Report on Knowledge (Geoff Bennington and Braian Massumi trans., 1984); Allan Megill, Prophets of Extremity (1985); Christopher Norris, What's Wrong with Postmodernism (1990); Thomas L. Pangle, The Ennobling of Democracy: The Challenge of the Postmodern Age (1992); Feminism/Postmodernism (Linda J. Nicholson ed., 1990); Roy Boyne and Ali Rattansi, *The Theory and Politics of Postmodernism: By Way of an Introduction,* in Postmodernism and Society 1 (Roy Boyne and Ali Rattansi eds., 1990); Stephen Crook, *The End of Radical Social Theory? Notes on Radicalism, Modernism and Postmodernism,* in Postmodernism and Society 46 (Roy Boyne and Ali Rattasi eds., 1990); Andreas Huyssen, *Mapping the Postmodern,* 33 New German Critique 5 (1984).

(2) プラトンは,『国家 (Republic)』と『パイドン (Phaedo)』において，イデア概念の理論を展開した。Plato, *The Republic,* in The Republic and Other Works 7, 169, 173 (Benjamin Jowett trans., 1973) (Anchor Books). Plato, *Phaedo,* in the Republic and Other Works 487, 505-12, 534-35 (Benjamin Jowett trans., 1973) (Anchor Books) (hereafter *Phadeo*); see Joseph Owens, A History of Ancient Western Philosophy (1959); David Ross, Plato's Theory of Ideas (1951).

(3) Dupre, *supra* note 1, at 17; see Tarnas, *supra* note 1, at 17 (「唯一の基本的秩序が自然と社会を組み立てた」); Toulmin, *supra* note 1, at 67-68 (自然についての合理的秩序は，人間社会の合理的秩序を明らかにし，補強したことを示唆している).

(4) Duorê *supra* note 1, at 23 ("intrinsically", "both mind"); *Phaedo, supra* note 2, at 505, 508; see Plato, Meno (Benjamin Jowett trans., Liberal Arts Press 1949).

(5) Robert M. Wallace, transaltor's Introduction, to Blumenberg, *supra* note 1, at xv

("the continental"); Löwith, *supra* note 1, at 4, 19 ("cyclic", "everything moves"); Thucydides, *The Peloponnsian War* 1.22 (Benjamin Jowett trans.), in 1 The Greek Historians 567, 576 (Francis R. B. Godolphin ed., 1942); see David Bolotin, *Thucydides*, in History of Political Philosophy 7, 7 (Leo Strauss and Joseph Crospey eds., 3d ed., 1987); see David Ross, Aristotle 91 (5th ed., 1949) (アリストテレスの転化 (locomotion) についての循環概念は循環的時間に関わっている). 歴史についての循環的見解は, ストア派の著作におそらくもっとも明白である。ストア派 (とりわけ初期ストア派) にとって,「終わることのない一連の世界建設と世界破壊が存在する。さらに, 各々の新世界はあらゆる細部においてその先祖に類似している。」Frederick Copleston, 1 A History of Philosophy 389 (1949); see Greek and Roman Philosophy after Aristotle 92-93 (Jason L. Saunders ed., 1966) (with examples of Stoics)

(6) Arostotle, *Nichomachean Ethics* 4.1-3 (1. Bywater trans.), in The Complete Works of Aristotle 1729-1867 (Jonahan Barnes ed., 1984); Aristotle, The Politics, 1. 2; 3.7, 9, 13 (Carnes Lord trans., 1984). アリストテレスの政治思想の要約として, 以下の文献を参照。Carnes Lord, *Aristotle*, in History of Political Philosophy 118-54 (Leo Strauss and Joseph Cropsey eds., 3d ed., 1987).

(7) Dupré, *supra* note 1, at 30; see Stephen M. Feldman, Please Don't Wish Me a Merry Chiristmas, A Critcal History of the Separation of Church and State 10-27 (1997) (精神的なものと世俗的なものとのカトリックによる区別を論じている); Tarnas, *supra* note 1, at 112 (理性について).

(8) 注において指示していないとしても,『神の国 (The City of God)』からの引用は第2巻からのものである。Augustine, *City of God* 14.1, 28; 15.1 (Marcus Dods trans. and ed., 1948); R. A. Markus, *Marius Victorinus and Augustine*, in The Cambridge History of Later Greek and Early Medieval Philosophy 327, 412 (A. H. Armstrong ed., 1967) (「終末論的現実」); Augustine, City of God, 1.35 ("[i]n truth"). アウグスティヌスと彼の哲学的・政治的思想を論じたものとして, 以下の文献を参照。Etienne Gilson, The Christian Philosophy of Saint Augustine (L. E. M. Lynch trans., 1960); Estine Gilson, History of Christian Philosophy in the Middle Ages 70-81 (1955) (hereafter Gilson, Middle Ages); Ernest L. Fortin, *St. Augustine*, in History of Political Philosophy 176 (Leo Strauss and Joseph Crosey eds., 3d ed., 1987); R. A. Markus, *The Sacred and the Secular: From Augustine to Gregory the Great*, in Sacred and Secular 84 (1994).

(9) 歴史についての終末論の一般的見解について, 以下の文献を参照。Blumenberg, *supra* note 1, at 27-51; Löwith, *supra* 1, at 1-19, 60-61; Voegelin, *supra* note 1, at 110-33; McKnight, *supra* note 1, at 59, 66. G. エドワード・ホワイトは「歴史前の感覚」を反映したものとして, 進歩についてのプレモダンの観念に言及している。G. Edward White, The Marshal Court and Cultural Change 1815-1835, at 360 (1991).

(10) See Etienne Gilson, The Christian Philosophy of St. Thomas Aquinas 16-17 (L. K. Shook trans., 1956) (トマスの理性の観念を論じている); Hamlyn, *supra* note 1, at 104 (「偉大な総合化を達成した人物」としてのトマスに言及している); Pocock, *supra*

note 1, at 43（政治史と終末論を再結合させたアリストテレスの思想の復活を論じている）; Walter Ullmann, A History of Political Thought; The Middle Ages 171, 175-76 (1965)（政治についてのトマスの概念を論じている）; compare Gilson, Middle Ages, *supra* note 8, at 382（アウグスティヌス派の人は，トマスがアリストテレスの主題をキリスト教の神学に組み入れたことに異を唱えた）．トマスの重要な著作の幾つかとして，以下の文献を参照。On Kingship (Gerald B. Phelan trans., 1982 ed.); *Summa Contra Gentiles*: Providence (book 3) (Vernon J. Bourke trans., 1956); *Summa Theologica* (Benziger, 1946, first complete American ed.); see Frederick Copleston, 2 A History of Philisopy 302-434 (1950); Brian Davis, The thought of Thomas Aquinas (1992).

(11) Niccolo Machiavelli, Discourses on the First Ten Books of *Titus Livius* (1516), at 3-43, in The Prince and the Discovery 99 (Christian E. Detmold trans., Modern Library ed. 1950) (hereafter Machiavelli, *Discourses*) ("Wise men say"); see 1.2; Pocock, *supra* note 1, at 400. 大部分が，人間の統制を超えている，世界の無原則な変化は，運次第である。Niccolo Machiavelli, *The Prince* (1513), at 7.25, in The Prince and the Discourses 2 (Luigi Ricchi trans., Modern Liberty 1950) (hereafter Machiavelli, *Prince*). 封建制の崩壊と国民国家の成立についての議論として，以下の文献を参照。Toulmin, *supra* note 1, at 89-97.

(12) Machiavelli, *Discourses*, *supra* note 11, 1. 2, 26; 3. 41, 47; Machiavelli, *Prince*, *supra* note 11, at ch. 18; Skinner 1, *supra* note 1, at 183.

(13) Martin Luther, *The Freedom of a Christian* (1520), in 31 Luther's Works 327, 345, 354, 356, 376 (Harold J. Grimm ed., 1957) (hereafter Luther, Freedom); see Martin Luther, *The Ninety-five Theses* (1517), in Martin Luther's Basic Theological Writings 21 (Timothy F. Lull ed., 1989)（免罪符を販売する教会の慣行を批判している）; see Mitchel, *supra* note 1, at 20-24（アリストテレスおよびトマスに対するルターによる攻撃を論じている）; see Mitchell, *supra* note 1, at 8; Duncan B. Forrester, *Martin Luther and John Calvin*, in History of political Philosophy 318, 321 (Leo Strauss and Joseph Cropsey eds., 3d ed., 1987)（宗教における理性に対するルターの攻撃を論じている）．各個人が聖書を特異に解釈することではなく，各人がその文字的意味を受け止める自由を有することを，ルターは示唆した。

(14) John Calvin, *Institutes of the Christian Religion*, 4. 20. 2 (Ford Lewis Battles trans., John T. McNeil ed., 1960) (hereafter Calvin, *Institutes*).「1536年に出版されたものとしての，『キリスト教綱要』は……1559年のカルビンによる最終版において展開された拡大本とはかなり異なるものであった。しかし，それらは既に宗教改革が生み出した教義やキリスト者の生活についての最も秩序立てられ，そして体系的な大衆向けの提案であった。」Williston Walker, A History of the Christian Church 350 (3d ed., 1970). 教会と国家との分離について，以下の文献を参照。Calvin, *Institute*, 4. 10. 5, 4. 11. 16; Forrester, *supra* note 13, at 328-29. カルビン主義の個人主義について，以下の文献を参照。Hill, *supra* note 23, at 278; Tarnas, *supra* note 1, at 239. カルビンの政治思想と彼の神学の政治的意味についての2つの優れた著作として，以下のものが挙げられる。Ralph C. Hancock, Calvin and the Foundations of Modern Politics (1989);

Skinner 2, *supra* note 1.

(15) 例えば、17世紀に著わされた、後期啓蒙思想におけるフランスの哲学者は、伝統的社会の構成や宗教が人間の悲惨さを生み出したと論じた。Hollinger, *supra* note 1, at 2, 7; Toulmin, *supra* note 1, at 141, 176.

(16) See Theodore Dwight Bozeman, Protestants in an Age of Science 124（1977）（宗教改革は「私的判断」の可能性に道を開いたと論じている）; Dupré, *supra* note 1, at 120-44（自己についての近代主義者の概念を論じている）.

(17) Marcel Gauchet, The Disenchnantment of the World; A political History of Religion 4（Oscar Burge trans., 1997; published in French in 1985）（「キリスト教は宗教からそれている宗教であったことを証明している」ことを論じている）. マックス・ウェーバーは西洋世界の世俗化の成長と、その増大する合理化との間の関係を強調した。Max Weber; Essays in Sociology 129, 139（H. H. Gerth and C. Wright Mills eds., 1946）; see Stephen M. Feldman, An Interpretation of Max Weber's Theory of Law; Metaphysics, Economics, and the Iron Cage of Constitutional Law, 16 L. & Soc. Inquiry 205, 208（1991）.

(18) See Hancock, *supra* note 14, at 98-99, 108-9, 133; Walker, *supra* note 14, at 355-56; 5 Encyclopedia Judaica 67（1971）.

(19) See Dupré, *supra* note 1, at 72（自然の統制を唱導しているフランシス・ベーコンについて）; Feldman, *supra* note 1, at 66-67（いわゆるプロテスタントの職業倫理の展開を論じている）; compare Thiele, *supra* note 1, at 198（プロテスタントと資本主義を結び付けるウェーバーの理論は刺激的であるが、批判者達は、第1に、資本主義が宗教改革以前にある程度発展していたこと、第2に、イタリアのような非宗教改革国においてもまた発展したことを論じている）; Walzer, *supra* note 1, at 304-7（ピューリタニズムが経済的資本主義に大いに貢献したとのウェーバーの主題は疑問であるが、実際ピューリタンは現世的活動家であり、禁欲主義者であったことを論じている）; Edmund S. Morgan, The Puritan Ethics and the American Revolution, 24 William & Mary Q. 3, 4-6（1967）（ピューリタンの倫理概念を支持している）.

(20) See Tarnas, *supra* note 1, at 225-26（宗教改革前の科学の発展を論じている）. 16世紀および17世紀における科学革命について、簡潔に論じている文献として、以下のものを参照。Dupré, *supra* note 1, at 72-77; Tarnas, *supra* note 1, at 248-75; The Columbia History of the World 681-92（John A. Garraty and Peter Gay eds., 1972）; see, e. g., Francis Bacon, *Novum Organum*（1620）; in The English Philosophers from Bacon to Mill 24-123（Edwin A. Burtt ed., 1939）.

(21) McAllister, *supra* note 1, at 22-23; McKnight, *supra* note 1, at 9-15. カール・ローウィスおよびエリク・ヴォーゲリンは進歩についてのモダニストの考え方の形成において、キリスト教の終末論が果たした重要性を強調するのに対して、ハンス・ブルーメンバーグは、進歩についてのモダンの概念は、真の人間の進歩に基づく、当初真正のものであったが、次にキリスト教の終末論の適用によって誤って歪曲されたと論じている。言い換えると、幾人かのモダニストは、人間の進歩についての正当な見解を採用し、それを宗教上のニーズを遂行するために拡大する過ちを犯したのである。Compare

注 第2章

Löwith, *supra* note 1, at 1-19, 60-61, 201-2 and Voegelin, *supra* note 1, at 110-12, 118-33 with Blumenburge, *supra* note 1, at 49.
(22) Bauman, Modernity, *supra* note 1, at 65, 70, 73, 91-92, 113-14; White, *supra* note 9, at 6 (「歴史主義者の感覚」); see Dorothy Ross, The origins of American Social Science 3 (1991) (歴史主義者の態度を定義している). スティーブン・A・マックナイトによると,「世俗化は神ないしは聖なるものからの独立と自立を帰結する。聖化は世俗領域を聖なるものから区別することのできない点に変形させる。人間が神になるのであり, 社会は地上の楽園になるのである。」Stephen A. McKnight, Sacralizing the Secular: The Renaissance Origins of Modernity 25 (1989).
(23) Thomas Hobbes, Leviathan (C. B. Macpherson ed., 1968; first published 1651). ホッブスの著作についての有益な議論のために, 以下の文献を参照。Eldon Eisenach, Two Worlds of Liberalism: Religion and Politics in Hobbes, Locke, and Mill 13-71 (1981); Christopher Hill, Puritanism and Revolution 275-98 (1958); Mitchel, *supra* note 1, at 46-72; Perez Zagorin, A History of Political Thought in the English Revolution 164-88 (1954); Laurence Berns, *Thomas Hobbes*, in History of Political Philosophy 396 (Leo Strauss and Joseph Cropsey eds., 3d ed., 1987); C. B. Macpherson, introduction to Thomas Hobbes, Leviathan (C. B. Macpherson ed., 1968).
(24) Hobbes, *supra* note 23, at 161, 183, 185-86; see Christopher Hill, The Century of Revolution, 1603-1714, at 181-82 (1961); Berns, *supra* note 23, at 407.
(25) Hobbes, *supra* note 23, at 188, 227; see 223-27, 230; Berns, *supra* note 23, at 408; see also Hobbes, *supra* note 23, at 272, 375 (もし主権が臣民を保護できないなら, コモン・ウェルスを解消することができる); see Hobbes, *supra* note 23, at 192, 199 (個人は力による攻撃に抵抗する権利を放棄することはできない).
(26) See Hill, *supra* note 23, at 277-78; Pocock, *supra* note 1, at 378; compare Walzer, *supra* note 1, at 1-6 (カルビン主義者は, 聖人, 市民, ないしは人民は政治秩序を作り変えることができるという概念を生じさせたことを論じている).
(27) ホッブスは次のように書いた。「主権以外の何ものかが, 生命以上の報酬を与えられ, 死以上の刑罰を課す, 権力を持つところには, コモン・ウェルスが成立することは不可能である。」Hobbes, *supra* note 23, at 478; see 478-79; see also Eisenach, *supra* note 23, at 49, 57; Mitchell, *supra* note 1, at 47.
(28) Hobbes, *supra* note 23, at 484, 515; see 442-45, 501, 525-26, 629; Mitchell, *supra* note 1, at 56-58. カルビン主義はリバイアサンに影響を与えたけれども, ホッブス自身は過激なピューリタンではなかった。Hill, *supra* note 23, at 284; Pocock, *supra* note 1, at 397.
(29) Pocock, *supra* note 1, at 398; see Mitchell, *supra* note 1, at 55-58. ホッブスの観点から, キリスト教はイギリスにおいてローマ・カトリックから司教団 (Episcopacy), 長老派 (Presbyteries), 信徒団 (congregations of the faithful) へと進展した。Hobbes, *supra* note 23, at 482, 710-11.
(30) Zagorin, *supra* note 23, at 169.「この [世俗] 世界についてのカルビンによる理解は, ホッブスやロックのような著者に, 共通に結び付く合理的物質主義への彼の深い共

感を明らかにする。」Hancock, *supra* note 14, at 20; see Feldman, *supra* note 1, at 98-116.

(31) Hobbes, *supra* note 23, at 498-99; see 575, 627-715; Pocock, *supra* note 1, at 397-98.

(32) Calvin, *Institutes*, *supra* note 14, at 1. 6. 2. ルターによると，プロテスタントの信者が，一旦ローマ・カトリックの伝統と活動から解放されたなら，「神の最も聖なる言葉，キリストの福音」の卓越性を個人的に経験することであろう。Luther, Freedom, *supra* note 13, at 345, 354, 356.

(33) See Popkin, *supra* note 1, at 110（近代哲学は知識を擁護するための確実性の要求として出現したことを論じている）; see Dupré, *supra* note 1, at 27（プレモダンの世界において，宇宙はプレモダンの形而上学的統合故に，真に基本的なものと理解されるべきではないことを論じている）. 認識論的基礎付けに対するモダニストの欲求についての本書の分析は，「再占有（reoccupation）」というブルーメンバーグの見解の影響を受けている。すなわち，後世の，前世からの概念の機能を遂行しようとするという見解である。Blumenberg, *supra* note 1, at 49.

(34) Dupré, *supra* note 1, at 87（「認識論的なものの中へ」）; René Descartes, *A Discourse on Method* (1637), in Philosophical Writings 21 (E. Anscombe and P. Geach ed. and trans., 1964, quoted in Thomas C. Grey, *Langdell's Orthodoxy*, 45 U. Pitt. L. Rev. 1, 18n. 62 (1983)（「これらの長い連鎖」）; see René Descartes, *Mediations* (1641) (John Veitch trans.), in The Rationalists 97, 112-27 (Anchor Books 1974) (hereafter Descartes, *Mediations*) (Descartes' *cogito*); Toulmin, *supra* note 1, at 81（デカルトの方法を要約している）.

(35) リチャード・H・ポプキンは，初期モダニスト哲学の懐疑主義を宗教改革時代の宗教的懐疑主義に明示的に結び付けている。Popkin, *supra* note 1, at 189-190. ポプキン (42-87) とスティーブン・トウルミン（*supra* note 1, at 5-44）はまた，デカルトの懐疑的方法は哲学的ルーツをルネッサンス期の人文主義に持つことを強調している。個人主義の出現について，以下の文献を参照。Tarnas, *supra* note 1, at 280（デカルトは「近代的自己についての原型的宣言」を提供したことを論じている）. デカルト自身カルビン主義者ではなく，ローマ・カトリック派であったことは，注目に値する。実際，カトリック教会の見解を「疑問の余地なく」受け入れることを主張し，Popkin, *supra* note 1, at 233, そして，枢機卿をパトロンとしていた。Dupré, *supra* note 1, at 117. それにもかかわらず，世俗（ないしは自然）的なものと精神的なものとの区別を強調するプロテスタントの神学は，反宗教改革の間カトリシズムに広がった（178）。さらに，明らかに，カトリック教会による検閲を避けようとした時期に，デカルトはプロテスタントの国において生活の大部分を過ごした。Toulmin, *supra* note 1, at 78.

(36) とりわけ，エリック・ヴォーゲリンは，人間の知識は解放的（救済の一種）であるというモダニストの信念は，グノーシス主義の世俗化であったと論じた。Voegelin, *supra* note 1, at 124-33; see McAllister, *supra* note 1, at 21-23, 132; McKnight, *supra* note 1, at 57-61. モダニスト哲学の生成についてのさらに詳細な説明には，ミッシェル・ド・モンテーニュのようなルネッサンス期の人文主義者に大いに注目する必要があ

るであろう。Poplin, *supra* note 1, at 42-87; Toulmin, *supra* note 1, at 5-44.
(37) Benedict de Spinoza, *The Ethics* (1677) (R. H. M. Elwes trans.), in The Rationalist 179, 208-15 (Anchor Book 1974); see Popkin, *supra* note 1, at xviii, 229-48. デカルトは，合理的議論を通じて神の存在を証明することを主張したが，次に，世俗領域における人間の知識が *cogito ergo sum*（われ思う故にわれ在り）を超えることを示すために，神の存在を使用した。Decartes, Mediation, *supra* note 34, at 128-43, 153-59（神の存在を証明している）。ポプキンはデカルトの客観的な基礎付け理論に対する批判的反応の多くを要約している。Popkin, *supra* note 1, at 193-213.
(38) See Bernstein, *supra* note 1, at 16-20（モダニスト哲学の中心として，客観主義と相対主義との間の緊張から生じる「デカルト主義者の不安」を説明している）; Jameson, *supra* note 1, at 11（モダニストの時代を不安の時代と呼んできたことを記している）; McAllister, *supra* note 1, at 134（確実性の欲求を強調している）。
(39) John Locke, *An Essay Concerning Human Understanding* (1690), in The English Philosophers from Bacon to Mill 238, 248-49, 267 (Edwin A. Burtt ed., 1939). ロックは主要な性質を外的対象の「大きさ，形，数，状況，および運動あるいは静止」として定義する (269)。
(40) Thiele, *supra* note 1, at 201 (quoting David Hume, A Treatise of Human Nature (1738)); John Locke, The Second Treatise of Government 5-9, 48-49, 54-55, 65, 70-71, 75, 79-80, 123-24 (Liberal Arts Press 1952). ロックの個人主義について，以下の文献を参照。Hamlyn, *supra* note 1, at 174; Borgman, *supra* note 1, at 37-47. ロックの政治理論を要約したものとして，以下の文献を参照。John Dunn, The Political Thought of John Locke (1969); Robert A. Goldwin, *John Lock*, in History of Political Philosophy 476 (Leo Strauss and Joseph Cropsey eds., 3d ed., 1987).
(41) Lock, *supra* note 40, at 17-18, 21; see Mitchel, *supra* note 1, at 82-85. ダグラス・ヘイはロックを17世紀において所有を神聖視する擁護者と呼んでいる。Douglas Hay, *Property, Authority, and the Criminal Law*, in Albion's Fatal Tree 18-19 (Douglas Hay et al. eds., 1975).
(42) Adam Smith, The Wealth of Nations (1776), in Classics of Modern Political Theory 531, 532, 537-38, 545-47 (Steven M. Cahn ed., 1997); see also Adam Smith, The Wealth of Nations (1776), in The Essential Adam Smith 149, 241 (Robert L. Heilboner ed., 1986)（社会の進歩についての文章を含んでいる）; see Stephen Holmes, The Secret History of Self-Interest, in Beyond Self-Interest 267, 277-80 (Jane Mansbridge ed., 1990)（スミスおよびヒュームの両者は，自己利益のみが人間を動かす情熱ではないことを論じている）。
(43) David Hume, *An Enquiry Concerning Human Understanding* (1748), in The English Philosophers from Bacon to Mill 585, 598-607, 678-83 (Edwin A. Burtt ed., 1939); see Popkin, *supra* note 1, at 247-48（ヒュームは最初の宗教的，認識論的懐疑論者であったことを論じている）。
(44) Immanuel Kant, *Critique of Pure Reason* (1781), in Kant Selections 1, 3-5, 14-27, 43-66 (Theodore M. Greene ed., 1929). カントの倫理学について，以下の文献を参照。

Hamlyn, *supra* note 1, at 237; see Immanuel Kant, Theory of Ethics, in Kant Selections 268, 309 (Theodore M. Greene ed., 1929); taken from Kant's *The Principles of the Metaphisic of Morals* (1785) and *The Critique of Practical Reason* (1788).

(45) Friedrich Nietzsche, *The Gay Science* § 193 (1882), in The Portable Nietzshe 93, 96 (Walter Kaufman ed., 1982); Friedrich Nietze, Beyond Good and Evil 12-13 (Walter Kaufman trans., 1966, originally published in 1886; see Walter Kaufmann, Nietzsche; Philosopher, Psychologist, Antichrist 103, 205 (4th ed., 1974) (判断に先立つ命題が存在しなければならないとする，カントに対してのニーチェの批判を展開している); Lawson, *supra* note 1, at 40 (カントの超越議論についてのニーチェの批判を説明している). カント自身，デカルトのような，初期のモダニストが主張したのと同様に知識を基礎付けていることを信じていなかった。むしろ，カントは人間の理解の限界を同定することを求めた。Henry Aiken, The Age of Ideology 34-36 (1956); Hamlin, *supra* note 1, at 218.

(46) ロマン主義は「合理主義の鏡像であった。」Toulmin, *supra* note 1, at 148; see Berlin, *supra* note 1, at 187-206; Tarnas, *supra* note 1, at 366-94; David A. Hollinger, *The Knower and the Artificer, with Postcript 1993*, in Modernist Impulses in the Human Sciences, 1870-1930, at 26 (Dorothy Ross ed., 1994). ニーチェが，通常ロマン派として特徴付けられる事実は，モダニズムの中における彼の曖昧な立場をよく示している。Hamlin, *supra* note 1, at 264-65; Hollinger, *supra* note 1, at 8. 真理に関するニーチェの遠近法主義は，モダニズムの拒否を示唆するが (see Nietzsche, Beyond, *supra* note 45, at 9-11, 46)，知識と価値の欠如に関する彼の関心と，権力に対する個人主義的意思の強調は，彼がモダニズムに固執していたことを示唆する (see 136, 139, 203)。ニーチェについてのこのモダニスト的理解は，ウォルター・カウフマンによって示唆されている。Kaufmann, *supra* note 45, at 122.「学問自体を批判する学問の方法」の使用について，以下の文献を参照。David Luban, *Legal Modernism*, 84 Mich. L. Rev 1656, 1660 (1986).

(47) Pierre Schlag, *Fish v. Zapp: The Case of the Relatively Autonomous Self*, 76 Geo. L. J. 37 (1987). シュラグによると，比較的に自立的な自己は，「社会的に，修辞的に構成されているが，なおいかに自立的であることが可能か，あるいは可能ではないかを決定するそれ自体の自立性を維持する，組み立てられた自己」である。Pierre Schlag, *Normativity and the Politics of Form*, 139 U. Pa. L. Rev. 801, 895 n. 248 (1991).

(48) Bauman, Modernity, *supra* note 1, at 13; see Max Horkheimer and Theodor W. Adorno, Dialectic of Enlightenment (John Cumming trans., 1972; 1st ed. 1944) (啓蒙思想は失敗に導いたと論じている); McAllister, *supra* note 1, at 34-35 (ホロコーストに対するアメリカ人のショックを強調している); Vivian Grosswald Curran, *Deconstruction, Structualismn, Antisemitism and the Law*, 36 B. C. L. Rev 1, 2-3, 24-28 (1994) (脱構築は歴史的にはポスト—ホロコーストにおける人間の進歩に対するモダニストの拒絶から生じたことを論じている); Avidhai Margalit and Gabrei Motzen, *The Uniqueness of the Holocaust*, 25 Phil. Aff. 65, 80 (1996) (ホロコーストは戦後世界を

「形成する契機」となった).

(49) See Dorothy Ross, *Modernism Reconsidered*, in Modernist Impulses in the Human Sciences, 1870-1930, at 1, 10 (Dorothy Ross ed., 1994).

(50) Conner, *supra* note 1, at 188-89, 230-33.

(51) Harvey, *supra* note 1, at 44 (「最も驚くべきこと」); Richard Shusterman, *Postmodern Aesthenticism: A New Moral Philosophy?* 5 Theory, Culture, & Soc'y 337, 351 (1988) (「古い崇拝」); Kruger, *supra* note 1, at 7 ("Narrative has"); see David Held, Introduction to Critical Theory: Horkheimer to Harbermas (1980) (資本主義にとって必要な物と文化の創造との間の関係に焦点を当てる、フランクフルト学派について); Kruger, *supra* note 1, at 70 (「物事が表面的価値、画面の表面で受け取られる」、テレビについて論じている).

(52) Martin Heidegger, Being and Time 32, 65, 78-83, 169-72 (John Macquarrie and Edward Robinson trans., 1962; first published in German in 1927); see Lawson, *supra* note 1, at 58-89; George Steiner, Martin Heidegger 82-84 (1978); Stephen M. Feldman, *The New Metaphysics: The Interpretive Turn in Jurisprudence*, 76 Iowa L. Rev. 661, 675-81 (1991); Dagfinn Follesdal, *Husserl and Heidegger on the Role of Actions in the Constitution of the World*, in Essays in Honour of Jaakko Hintikka 365 (E. Saarinen, R. Hilpinen, I. Niiniluoto, and M. Hintikka eds., 1979); Francis J. Mootz, *The Paranoid Style in Contemporary Legal Scholarship*, 31 Hous. L. Rev. 873, 884 n. 39 (1994). ハイデガーについて、初期と後期の相違の可能性の議論として、以下の文献を参照。Lawson, *supra* note 1, at 79-85; Steiner, *supra*, at 3.

(53) Gregory leyth, Introduction to Legal Hermenuetics: History, Theory, and Pracrice xi, xii (Gregory leyh ed., 1992) (ガダマーは人間が理解するための条件を探求していることを論じている); see Diane Michelfelder and Richard palmer, Introduction to Dialogue and Deconstruction 1, 7-9 (Diane Michelfelder and Richard Palmer eds., 1989) (デリダは、20世紀最高の解釈主義者であり、ガダマーは、究極の脱構築論者であることを示唆している).

(54) See, e. g., Raoul Berger, Government by Judiciary 45, 363-72 (1977).

(55) Hans-Georg Gadamer, Truth and Method 89, 137, 140, 144, 159, 164-65, 462, 477-91 (Joel Weinsheimer and Donald Marshall trans.; 2d rev. ed., 1989; originally published in German in 1960) (hereafter Gadamer, Truth and Method). ガダマーによる幾つかのその他の重要なテキストとして、以下のものを参照。*"Destruktion" and Deconstruction*, in Dialogue and Deconstruction 102 (Diane Michelfelder and Richard palmer eds., 1989) (hereafter Gadamer, *Deconstruction*); *On the Scope and Function of Herumeneutical Reflection* (1967), in Philosophical Hermeneutics 18 (D. Linge trans., 1976); *The problem of historical Consciousness*, in Interpretive Social Science—A Reader 146 (paul Rabinow and William M. Sullivan eds., 1979) (hereafter Gadamer, *The Problem*); *The Universality of the Hermeneutical Problem*, in Josef Bleicher, Contemporary Hermeneutics 128 (1980) (hereafter Gadamer, *The Universality*). ガダマーについての有益な分析として、以下の文献を参照。Geor-

gia Warnke, Gadamer: Hermeneutics, Tradition, and Reason (1987); Joel Weinsheimer, Gadamer's Hermeneutics: A Reading of Truth and Method (1985); see also John D. Caputo, *Gadamer's Closet Essentialism: A Deridan Critique*, in Dialogue and Deconstruction 258 (Diane Michelfelder and Richard Palmer eds., 1989).

(56) Gadamer, Truth and method, *supra* note 55, at 282-84, 302, 306. text-analogue の議論について，以下の文献を参照。Clifford Geertz, *Deep Play: Notes on the Balines Cockfight*, in The Interpretation of Cultures 412, 448-49 (1973); Paul Ricoeur, *The Model of the Text; Meaningful Action Considered as a Text*, in Interpretive Social Science—A Reader 73, 81 (Paul Rabinow and William M. Sullivan eds., 1979). ユルゲン・ハーバーマスは，彼の初期の理論において，3つの「知識を構成する利益」——預言と統制の利益，意味を理解する利益，および解放の利益——のみの故に，知識は可能であると論じて，人間の「利益」についての概念を展開したのに対して，ガダマーは，明示的に「先入見」の概念を議論している（*The Universality*, *supra* note 55, at 133)。See Jurgen Harbermas, Knowledge and Human Interests (Jeremy Shapiro trans., 1971; first published in German in 1968).

(57) Gadamer, Truth and Method, *supra* note 55, at 282, 293, 461-63; J. M. Balkin, *Understanding Legal Understanding: The Legal Subject and the Problem of Legal Coherence*, 103 Yale L. J. 105, 142, 167 (1993); see also J. M. Balkin, *Ideology as Cultural Software*, 16 Cardozo L. Rev. 1221, 1221-23 (1995)（文化的ソフトウエアの喩えの欠点を認識している).

(58) Gadamer, *The Universality*, *supra* note 55, at 133.

(59) Gadamer, Truth and Method, *supra* note 55, at 101-69, 267, 293-93, 332, 362-79.

(60) *Id*. at 164-65, 281, 291, 462; Gadamer, *The Problem*, *supra* note 55, at 103, 146; Paul Rainbow and William M. Sullivan, *The Interpretive Turn: Emergence of An Approach*, in Interpretive Social Science—A Reader 1, 6-7 (Paul Rabinow and William M. Sullivan eds., 1979).

(61) Gadamer, Truth and Method, *supra* note 55, at 293-94, 307-8, 340-1; see Stanley Fish, *Normal Circumstances, Literal Language, Direct Speech Acts, the Ordinary, the Everyday, the Obvious, What Goes without Saying, and Other Special Cases*, in Interpretive Social Science—A Reader 243, 256 (Paul Rabinow and William M. Sullivan eds., 1979)（我々は常に具体的なテキストに遭遇するのであり，それ故に，意味は文脈が変化するに従い変化し得るが，テキストは常に定められた意味を有するのである). 解釈学的行為の統合を強調することは，ガダマー派の解釈学を，理解は解釈から区別されなければならないことを強調するウイットゲンシュタインの追従者から区別する。これらの理論家によると，解釈は反省を含むのに対して，理解は無反省なのである。See, e. g., Dennis Patterson, *The Poverty of Interpretive Universalism: Toward the Reconstruction of Legal Theory*, 72 Tex. L. Rev. 1 (1993); Richard Shusterman, *Beneath Interpretation: Against Hermeneutics Holism*, 73 The Monist 181, 183, 195-99 (1990); James Tully, *Wittgenstein and Political Philosophy*, 17 Pol. Theory 172, 193-96 (1989). この見解に対する批判として，以下の文献を参照。Stephen M. Feld-

man, *The Politics of Postmodern Jurisprudence*, 95 Mich. L. Rev. 166, 177-82 (1996) (統合されたプロセスとして解釈学的行為を理解する重要性を議論している) (hereafter Feldman, *The Politics*).

(62) デリダの重要な著作の幾つかについて，以下の文献を参照。Deconstruction in a Nutshell (John D. Caputo ed., 1997) (hereafter Derrida, Nutshell); Of Grammatology (Gayatri Chakravorty Spivak trans., 1976) (hereafter Derrida, Grammatology); Position (Alan Bass trans., 1981) (hereafter Derrida, Positions); *Cogito and the History of Madness*, in Writing and Difference 31 (Alan Bass trans., 1978); *Deconstruction and the Other*, in Dialogues with Contemporary Continental Thinkers 107 (Richard Kearney ed., 1984) (hereafter Derrida, *Other*); Jacques Derrida, *Différance*, in Margins of Philosophy 3 (Alan Bass trans., 1982) (hereafter Derrida, *Différance*); *The Ends of Man*, in Margins of Philosophy 109 (Alan Bass trans., 1982); Plato's Pharmacy, in A Derrida Reader 112 (Peggy Kamuf ed., 1991) (hereafter Derrida, Plato); *Structure, Sign and Play in the Discourse of the Human Science*, in Writing and Difference 278 (Alan Bass trans., 1978) (hereafter Derrida, *Structure*); *Force of Law: The "Mystical Foundation of Authority,"* 11 Cardozo L. Rev. 919 (1990) (hereafter Derrida, *Law*). 脱構築についての，有益な議論として，以下の文献を参照。Jonathan Culler, On Deconstruction (1982); Lawson, *supra* note 1, at 90-124; Christopher Norris, Derrida (1987); David Counzes Hoy, *Jacque Derrida*, in The Return of Grand Theory in Human Sciences 41 (Quentin Skinner ed., 1985); Ronald K. L. Collins, *Outlaw Jurisprudence?* 76 Tex. L. Rev. 215 (1997). デリダとガダマーとの関係の議論として，以下の文献を参照。Ernest Behler, Confrontations: Derrida, Heidegger, Nietzsche 137-57 (Steven Taubeneck trans., 1991); James S. Hans., *Hermeneutics, Play, Deconstruction*, 24 Philosophy Today 299 (1980); G. B. Madison, *Beyond Seriousness and Frivolity: A Gadamarian Response to Deconstruction*, in The Hermenuitics of Postmodernity 106 (1988).

(63) Derrida, Grammatology, *supra* note 62, at 50, 73; see Derrida, Positions, *supra* note 62, at 20. デリダとガダマーは異なる仕方で *play* という用語を使用する。See, Fred Dallmayr, *Hermeneutics and Deconstruction: Gadamer and Derrida*, in Dialogue and Deconstruction 75, 82 (Diane Michelfelder and Richard Paimer eds., 1989); Neal Oxenhandeller, *The Man with Shoes of Wind: The Derrida-Gadamer Encounter*, in Dialogue and Deconstruction 265, 266 (Diane Michelfeld and Richard palmer eds., 1989).

(64) Derrida, Grammatology, *supra* note 62, at 26-27; Derrida, Différance, *supra* note 62, at 11; see Derrida, Positions, *supra* note 62, at 26-27; Derrida, *Others*, *supra* note 62, at 110 (calling *différance* a nonconcept).

(65) Derrida, Grammatology, *supra* note 62, at 24, 70; Derrida, Structure, *supra* note 62, at 280-81, 285; see Bauman, Intimations, *supra* note 1, at 23.

(66) Weinsheimer, *supra* note 55, at 9 (truth keeps happening); see 200 (テキストの真理は各理解を超えている). 以下の文献と比較せよ。Bauman, Intimations, *supra* note

1, at 31(ポストモダンの文化は「意味の過剰によって特徴付けられる」). On iterability, see Derrida, Nutshell, *supra* note 62, at 27-28; J. M. Balkin, *Deconstructive Practice and legal Theory*, 96 Yale L. J. 743, 749, 779 (1987).

(67) See Gadamer, Truth and Method, *supra* note 55, at 293-94; Hoy, *supra* 62, at 54; Madison, *supra* note 62, at 113-15.

(68) See Sanford levinson, Constitutional Faith 17 (1988)(共同体が権威的テキストを拠り所にするときは常に,解釈の異なるモードはこの共同体をばらばらにしやすい); Richard Delgado, *Storytelling For Oppositionists and Others: A Plea for Narrative*, 87 Mich. L. Rev. 2411, 2414-15 (1989)(storytellingは共同体を建設することと破壊することの両者を含む); James Risser, *The Two Faces of Socrates: Gadamer/Derrida*, in Dialogue and Deconstruction 176, 179-83 (Diane Michelfelder and Richard Paimer eds., 1989)(ガダマーの哲学的解釈学は,潜在的に脱構築的であることを示唆している).

(69) Caputo, *supra* note 55, at 263 ("purchased by"); Collins, *supra* note 62, at 215 ("a move"). ある意味で,権力の維持が存在することを示唆するとき,あらゆる社会的および解釈学的出来事を通じて,全価値ないしは権力の量は常に同じであることを意味するつもりはない。それどころか,いかなる特定の出来事も,他以上のものではあるが,あらゆる解釈学的出来事は建設的であることと破壊的であることとの両者であることを示唆しようとしている。比較参照せよ。Stephen M. Feldman, *The Persistence of Power and the Struggle for Dialogic Standards in Postmodern Constitutional Jirisprudence: Michelman, Habermas, and Civic Republicanism*, 81 Geo. L. J. 2243, 2282-88 (1993)(いかに必ずしもすべての伝統および共同体が,同等にゆがみ,排他的ではないかを論じている).

(70) Derrida, Grammatology, *supra* note 62, at 62 ("no meaning would appear"); see Derrida, Other, *supra* note 62, at 118; Derrida, Grammatology, *supra* note 62, at 47; Norris, *supra* note 1, at 200(脱構築と人間理解の条件を論じている); Richard J. Bernstein, Incommensurability and Otherness Revisited, in The New Constellation 57, 67-75 (1991)(残されたものについて,レビナスとデリダを比較している).

(71)「あれやこれやの議論を分析し,判断し,評価」していることを認識するとき,他者同様,解釈という実践活動に従事していることを,デリダは示唆している。Jacques Derrida, *Like the Sound of the Sea Deep within a Shell: Paul de Man's War*, 14 Critical Inquiry 590, 631 (Peggy Kamuf trans., 1988). ヘルメノイティクと脱構築の両者は,別の道を歩んだけれども,形而上学を乗り越えようとするハイデガーの努力を引き継いでいる,とガダマーは主張している。Gadamer, *Deconstruction*, *supra* note 55, at 109; see Fred Dallmayr, *Self and Other: Gadamer and the Herumenuitics of Difference*, 5 Yale J. L. & Human. 507, 515-16 (1993)(ガダマーにとって,脱構築はヘルメノイティクと密接に関係する洞察を含んでいる).

(72) Huyssen, *supra* note 1, at 8 ("the latest"); Kruger, *supra* note 1, at 3 ("To some"); see Marshall Berman, All That Is Solid Melts into Air 347-48 (1988 ed.)(モダニティーは終焉していないことを論じている); Jameson, *supra* note 1, at 35-36

(ポストモダニズムを後期資本主義に関連した文化的時代区分と見做している); Harvey, *supra* note 1, at 49 (ポストモダニズムと脱構築を結び付けている); Mike Featherstone, In Pursuite of the Postmodern: An Introduction, 5 Theory, Culture, & Soc'y 195 (1988) (ポストモダンの理論を展開する努力は批判に出会うことに注意している); Huyssen, *supra* note 1, at 36-46 (ポスト構造主義とポストモダニズムは異なるが，関係しているという見解を論じている). ポストモダニズムに対する様々な攻撃について，以下の文献を参照。Jürgen Habermas, The political Discourse of Modernity (Frederick Lawrence trans., 1987) (ポストモダンの危機からモダニティーを擁護している); Stanley Rosen, The Ancient and the Moderns (1989). ポストモダニズムに対する極めて公正な批判に関して，次の文献を参照。Pangle, *supra* note 1.

(73) See Ludwig Wittgenstein, Philosophical Investigation 193-94 (G. E. M. Anscome trans., 3d ed., 1958).

(74) See Harvey, *supra* note 1, at 45-48 (ポストモダニズムを異なる声の著述に結び付けている); Jameson, *supra* note 1, at 318; Anne Norton, *Response to Henry S. Kariel*, 18 Pol. Theory 273, 273 (1990) (フェミニズムはポストモダニズムの重要な部分として理解されるべきであることを論じている). テキストについての複数の潜在的意味を加速させる，外集団ないしは異なる声の著者について，例えば以下の文献を参照。Derrick Bell, And We Are Not Saved 22 (1987) (人種的平等の保障は，人種についての現状を永続させる手段に変質したことを論じている); Anthony E. Cook, *Beyond Critical Legal Studies: The Reconstructive Theology of Dr. Martin Luther King, Jr.*, 103 Harv. L. Rev. 985, 1015-21 (1990) (宗教はアフリカ系アメリカ人奴隷に対する権力を正当化し，非正当化するの両者であることを論じている); Mari Matsuda, Looking to the Bottom: Critical Legal Studies and Reparations, 22 Harv. C. R. -C. L. Rev. 323, 333-35 (1987). See generally Stephen M. Feldman, *Whose Common Good? Racism in the Political Community*, 80 Geo. L. J. 1835, 1857-58 (1992).

(75) Lyotard, *supra* note 1, at 60; see xxiv, 23-27, 60-66; Bauman, Intimations, *supra* note 1, at 21-23 (ポストモダンの知識人は解釈者となることを記している); Harvey, *supra* note 1, at 44-48 (ポストモダニストの meta-narratives に関する問題を論じている).

(76) Jameson, *supra* note 1, at 62; see Leitch, *supra* note 1, at 120; Douglas Kellner, *Postmodernism as Social Theory: Some Challenges and Problems*, 5 Theory, Culture, & Soc'y 239, 241 (1988) (知的学問領域のポストモダン的破壊を論じている).

(77) See Conner, *supra* note 1, at 9-10, 18-19, 194 (ポストモダニズムのパラドックスを論じている); Jameson, *supra* note 1, at 64-65, 68 (自意識と言語のパラドックスを論じている).

(78) Michel Foucault, The History of Sexuality 93 (Robert Hurley trans., 1978) (hereafter Foucault, History of Sexuality); see Nancy Fraser, Unruly Practices: Power, Discourse, and Gender in Contemporary Social Theory 26 (1989). その他のフーコーによる有益なテキストとして，以下の文献を参照。Discipline and Punish (Alan Sheriden trans., 1977) (hereafter Foucault, Discipline and Punish); *Truth and*

Power, in The Foucault Reader 51 (Paul Rabinow ed., 1984); *Two Lectures*, in Power/Knowledge 78 (1980) (hereafter Foucault, *Two Lectures*); *How is Power Exercised?*, in Hubert L. Dreyfus and Paul Rabinow, Michel Foucault: Beyond Structuralism and Hermeneutics 208 (2d ed., 1983) (hereafter Foucault, *Why Study Power*). フーコーの貢献についてまとめている著名なものとして、以下の文献を参照。Hubert L. Dreyfus and Paul Rabinow, Michel Foucault: Beyond Structuralism and Hermeneutics (2d ed., 1983). フーコーを批判している優れた論文を集成したものとして、以下の文献を参照。Foucault: A Critical Reader (David Couzens Hoy ed., 1986). 権力についての、ポストモダンの概念を理解するその他の有益な文献として、以下のものを参照。Pierre Bourdieu, In Other Words: Essays toward a Reflexive Sociology (Matthew Adamson trans., 1990); Pierre Bourdieu, Language and Symbolic Power (Gino Raymond and Matthew Adamson trans., 1991); Duncann Kenedy, Sexy Dressing Etc. (1993); Jana Sawicki, Disciplining Foucault: Feminism, Power, and the Body (1991); Thomas E. Wartenberg, The Forms of Power (1990); Pierre Bourdien and Loïc Wacquant, *The Purpose of Reflexive Sociology*, in An Invitation to Reflexive Sociology 61 (1992); Rethinking Power (Thomas E. Watenberg ed., 1992); Sally Engle Merry, *Culture, Power, and the Discourse of Law*, 37 N. Y. L. Sch. L. Rev. 209 (1992).

(79) オースティン派の用語法において、発声（発言行為）は、それらが発語内行為的および発語媒介的力を持つ故に、パフォーマティブである。発語内行為的力は、発声においてなされた行為から生じる――例えば、約束あるいは脅迫。発語媒介的力は、発声が他者に影響を持つときに生じる――例えば、困惑あるいは怯え。See J. L. Austin, *Performative-Constantive*, in The Philisophy of Language 13 (John Searle ed., 1971); John Searle, Introduction to The Philosophy of Language 1 (John Searle ed., 1971).

(80) Foucault, History of Sexuality, *supra* note 78, at 101 ("[d]iscourse"); Merry, *supra* note 78, at 217 ("distinct ways"); see Bourdien, Language, *supra* note 78（言語はコミュニケーションの手段であり、権力の媒介であることを論じている）; Foucault, *Two Lectures*, *supra* 78, at 93（権力との関係はディスコースなしに確立され得ないことを論じている）; Linda J. Nicholson, Introduction to Feminism/Postmodernisim 1, 11 (Linda J. Nicholson ed., 1990)

(81) Gadamer, Truth and Method, *supra* note 55, at 384, 401, 403, 441, 443, 447, 457, 474; see Gadamer, The Universality, *supra* note 55, at 128, 139; see also Peter L. Berger and Thomas Luckmann, The Social Construction of Reality 34-46 (1967).

(82) Wartenberg, *supra* note 78, at 165; see Peter L. Berger, Invitation to Sociology: A Humanistic Perspective 86-98 (1963)（いかに社会制度は、あたかも諸個人は様々な役割を演じているかのように人間行動をパターン化するかを論じている）; compare Stephen M. Feldman, *Diagnosing Power: Postmodernism in Legal Scholarship and Judicial Practice (With an Emphasis on the Teague Rule against New Rules in Habeas Corpus Cases)*, 88 Nw. U. L. Rev. 1046, 1071-72 (1994)（人身保護申請における構造的権力に焦点を当てている）; Douglas Hay, *Property, Authority and the Crimi-*

注 第2章 307

　　nal Law, in Alboin's Fatal Tree 17, 44-45 (Douglas Hay et. al. eds., 1975) (18世紀のイングランドにおいて，法の支配は，刑事被告人が刑の執行を受ける方法を規定していなかった。より広範にいえば，法の支配は権力の行使をコントロールしていなかった).
(83) Derrida, Other, *supra* note 62, at 125; see Foucault, Discipline and Punish, *supra* note 78; Foucault, *Why Study Power*, *supra* note 78; Sawicki, *supra* note 78, at 63; see also Carol Gilligan, In a Different Voice (1982) (看護の倫理の心理学について); Nel Noddings, Caring (1984) (看護の倫理の心理学について). ピエール・ブルドウは，個人的性格は社会的立場の論理に符合することを論じている。Bourdieu, In Other, *supra* note 78, at 130; Bourdieu and Wacquant, *supra* note 78, at 74, 81.
(84) Craig Haney, Curtis Banks, and Philio Zimbardo, Interpersonal Dynamics in a Simulated Prison, 1 International J. Criminology & Penology 69 (1973); see Stanley Miligam, Obedience to Authority: An Experimental View (1974) (社会的役割が非人間性を生み出すことを心理学的実験が示唆している); see also Bauman, Modernity, *supra* note 1, at 152-67 (ミルグラムとジンバルドの実験の含意について論じている).
(85) Margaret A. Coulson and Carol Riddle, Approving Sociology: A Critical Introduction 17-18, 39, 41, 46-47 (1970) (社会的役割ないしは「立場」の変化を強調している); compare Karl Marx, The Eighteen Brumaine of Louis Bonaparte, in The Marx-Engels Reader 594, 595 (Robert C. Tucker ed., 1978) (あらゆる死した世代の伝統が生きているものの頭脳に悪夢のようにのしかかる).
(86) Connor, *supra* note 1, at 5; see 5 (自己省察はポストモダニズムの鍵である); Crook, *supra* note 1, at 66-68 (ポスト基礎付け過激主義の必然的形態としての省察).
(87) Jean Baudrillard, *Game with Vestiges*, 5 On the Beach 19, 24 (1984); see Thiele, *supra* note 1, at 225-26 (アイロニーについてのポストモダンの形態を論じている); Huyssen, *supra* note 1, at 25 (ポストモダニストはモダンの，およびポストモダンの文化のイメージや主題を使用した).
(88) Richard J. Bernstein, *Foulcaut: Critique as a Philosophic Ethos*, in The New Constellation 142, 151 (1991) ("slippery slope"); Derrida, *Law*, *supra* note 62, at 945; see Derrida, Other, *supra* note 62, at 119-20 (脱構築はノンポリであることを否定している).
(89) Leitch, *supra* note 1, at 3 (quoting Jacques Derrida, Specters of Marx 141 (1993)); compare Stephen K. White, Political Theory and Postmodernism 16 (1991) (それまでは理性のみが出現した権力をしばしば露顕させる故に，脱構築は政治的であることを論じている).
(90) Bauman, Intimations, *supra* note 1, at 50; see 54 (構造の問題を論じている); 201-3 (ポストモダンの動因および主体を論じている); Robert N. Bellah, Richard Madsen, William M. Sullivan, Ann Swidler, and Steven M. Tipton, Habits of the Heart 6 (1985) (個人主義と文化の結合を強調している); Lawrence M. Friedman, The Republic of Choice: Law, Authority, and Culture (1990).
(91) ポストモダンの主題についてよりは，ポストモダニズムという用語の使用に焦点を

当てている。アンドレアス・フッセンは、ポストモダニズムの第2段階は1970年代および1980年代に出現したと主張している。Huyssen, *supra* note 1, at 24-47.
(92) See, e. g., Richard J. Bernstein, *An Allegory of Modernity/Postmodernity: Herbermas and Derrida*, in The New Constellation 199 (1991).
(93) Baudrillard, *supra* note 17, at 25.
(94) Pangle, *supra* note 1, at 212, quoting Philip Roth, *N. Y. Times*, February 8, 1990, p. B1.
(95) Don DeLillo, Mao II 157 (1991).

第3章　プレモダニズムのアメリカ法思想

(1) 以下の文献は、アメリカ法学、法実務、法学教育、および本書の時代区分に関連する事項を歴史的に説明するのに有用である。Edgar Bodenheimer, Jurisprudence (rev. ed., 1974); Lawrence Friedman, A History of American Law (2d ed., 1985); Grant Gilmore, The Age of American Law (1977); Kermit L. Hall, The Magic Mirror (1989); James Herget, American Jurisprudence, 1870-1970: A History (1990); Morton J. Horwitz, The Transformation of American Law, 1780-1860 (1977) (hereafter Horwitz 1); James Willard Hurst, Law and the Conditions of Freedom in the Nineteenth-Century United States (1956); J. M. Kelly, A Short History of Western Legal Education (1994); Robert G. McCloskey, The American Supreme Court (1960); Perry Miller, The Life of the Mind in America (1965); Dorothy Ross, The Origins of American Social Science (1991); Bernard Schwartz, A History of the Supreme Court (1993); Robert Stevens, Law School: Legal Education in America from the 1850s to the 1980s (1983); G. Edward White, The Marshall Court and Cultural Change 1815-1835 (1991); Stephen M. Feldman, *From Premodern to Modern American Jurisprudence: The Onset of Positivism*, 50 Vand. L. Rev. 1387 (1997); Robert W. Gordon, *Legal Thought and Legal Practice in the Age of American Enterprise, 1870-1920*, in Professions and Professional Ideologies in America 70 (1983) (hereafter Gordon, *Enterprise*); Robert W. Gordon, *The Case For (and against) Harvard*, 93 Mich. L. Rev. 1231 (1995) (hereafter Gordon, *Harvard*); Thomas C. Grey, *Langdell's Orthodoxy*, 45 U. Pitt. L. Rev. 1 (1983) (hereafter Grey, *Langdell*); M. H. Hoeflich, Law and Geometry: Legal Science from Leibniz to Langdell, 30 Am. J. Legal Hist. 95 (1986); Duncan Kennedy, *Toward an Historical Understanding of Legal Consciousness: The Case of Classical Legal Thought in America, 1850-1940*, 3 Research in Law & Sociology 3 (1980); William E. Nelson, *The Impact of the Antislavery Movement upon Styles of Judicial Reasoning in Nineteenth Century America*, 87 Harv. L. Rev. 513 (1974); H. Jefferson Powell, *Joseph Story's Commentaries on the Constitution: A Belated Review*, 94 Yale L. J. 1285 (1985); Ferec M. Szasz, *Antebellum Appeals to the "Higher Law" 1830-1860*, 110 Essex Institute Hist. Collection 33 (1974); Robert Stevens, *Two Cheers*

for 1870: The American Law School, 5 Persp. Am. Hist. 405 (1971). アメリカについてのこの時代の説明として,特に注目に値する以下の文献を参照。Alexis de Tocqueville, Democracy in America (Henry Reeve text, revised by Francis Bowen, edited by Phillips Bradley ed., Vintage Books 1990 first published in 2 volumes in French in 1835 and 1840). アメリカ法学の部門との関わりでの,イギリス法思想を説明している非常に有益なものとして,以下の文献を参照。P. S. Atiyah, The Rise and Fall of Freedom of Contract (1979).

(2) The Declaration of Independence, in 2 Great Issues in American History 70 (Richard Hofstandter ed., 1985); see Benjamin F. Wright, American Interpretations of Natural Law 10, 96-99 (1931); see also Charles G. Haines, The Revival of Natural Law Concept (1958; first published in 1930).

(3) James Wilson, The Works of James Wilson 124 (1967; first published in 1804); see Miller, *supra* note 1, at 164-65; compare Howard Horwitz, By the Law of Nature: Form and Value in Nineteen-Century America vii (1991) (本性は19世紀の長期にわたって,価値の基礎として仕えてきたことを強調している); Philip A. Hamburger, *Natural Rights, Natural Law, and American Constitution*, 102 Yale L. J. 907 (1993) (憲法制定者の世代の間での自然権や自然法の概念について論じている). ウィルソンのLectures on Law は,1790年に講義に使用されたが,1804年の彼の死まで出版されることはなかった。Miller, *supra* note 1, at 141. ウィルソンの政治・法哲学を論じている近時の優れた文献として,以下のものを参照。Mark David Hall, The Political and Legal Philosophy of James Wilson, 1742-1798 (1997). 本章において論じられる,18世紀後期および19世紀前期のアメリカ法学(法および政治思想を含む)のその他の代表的著作として,以下の文献を参照。Nathaniel Chipman, Sketches of the Principles of Government (1793) (hereafter Chipman, Sketches); Nathaniel Chipman, Principles of Government; A Treatise on Free Institutions (1833) (hereafter Chipman, Principles); John Dickinson, The Letters of Fabius (1797) (当初,1788年に,デラウエアの新聞に提案され,合衆国憲法を擁護するために出版された); James Gould, A Treatise on the Principles of Pleading in Civil Actions (2d ed., 1836); Francis Hillard, The Elements of Law (1835; reprint, 1972); David Hoffman, A Course of Legal Study (1817) (hereafter Hoffman, 1846); Charles Jared Ingersoll, A View of the Rights and Wrong, Power and Policy, of the United States of America (1808); James Kent, Commentaries on American Law (5th ed., 1844; first ed. published 1826-1830); Joseph Story, Commentaries on the Constitution of the United States (1987; reprint of Story's own 1833 one-volume abridgment of the original three-volume 1833 ed.) (hereafter Story, Constitution); Joseph Story, Commentaries on Equity Jurisprudence as Administered in England and America (first ed., 2 vols., 1836) (hereafter Story, Equity); Joseph Story, Miscellaneous Writings (1972; reprint of 1853 ed., William W. Story ed.) (hereafter Story, Miscellaneous); Zephaniah Swift, A System of the Laws of the State of Connecticut (1795) (a second volume was published in 1796; all citations are to the first or 1795 volume); St. George Tucker,

Blackstone's Commentaries: With Notes of Reference to the Constitution and Laws, of the Federal Government of the United States; and of the Commonwealth of Virginia (1803) (4 books in 5 volumes; citations by book number); Jesse Root, *The Origin of Government and Laws in Connecticut* (1798), in The Legal Mind in America 31 (Perry Miller ed., 1962) (hereafter Miller, Legal Mind); The Federal and State Constitution, Colonial Charters, and Other Organic Laws of the United States (Ben Perley Poore ed., 2d ed., 1924; reprint, 1972; 2 vols.) (hereafter 1 Poore and 2 Poore).

　2次資料として有益な幾つかのものとして、以下の文献を参照。Steven M. Cahn, Classics of Modern Political Theory (Steven M. Cahn ed., 1997); Roger Cotterrell, The Politics of Jurisprudence (1989).

(4) William Blackstone, Commentaries on the Laws of England (1st ed., 4 vols., 1765-1769); see Miller, *supra* note 1, at 164-65 (ブラックストーンの自然法志向のアメリカにおける影響を論じている); Dennis R. Nolan, *Sir William Blackstone and the New American Republic: A Study of Intellectual Impact*, 51 N. Y. U. L. Rev. 731 (1976) (アメリカにおけるブラックストーンの影響について).

(5) Nathaniel Chipman, *Sketches of the Principles of Government* (1793), in The Legal Mind in America 19, 29 (Perry Miller ed., 1962) (emphasis added); see Miller, *supra* note 1, at 134; Noalan, *supra* note 4, at 761-67; see, e. g., Wilson, *supra* note 3, at 100, 614-16.

(6) See, e. g., Story, Miscellaneous, *supra* note 3, at 74-75 (ブラックストーンを称えている). For one American edition of Blackstone, see William Blackstone, Commentaries on the Laws of England (1832, William E. Dean, Printer and Publisher, New York); see Anthony J. Sebok, Misunderstanding Positivism, 93 Mich. L. Rev. 2054, 2086-87 (1995) (19世紀に、アメリカの専門書の伝統にブラックストーンが与えた影響を論じている).

(7) 1 Blackstone, *supra* note 4, at 41-43; 2 Blackstone, *supra* note 4, at 2 (「合理的科学」); see Nolan, *supra* note 4, at 735, 760-61.

(8) 2 Blackstone, *supra* note 4, at 9; see 2-9. しばしば、ブラックストーンは、神によって明らかにされる法と、自然の法としての理性を通じて発見される法の両者について書いていた。かつて、彼は明らかにされた法は、事実上、自然法のより高次な形態であることを示唆した。See 1 Blackstone, *supra* note 4, at 40-44.

(9) See, e. g., Root, *supra* note 3, at 34 (コネチカットのコモン・ローは、イングランドのコモン・ローではなかったことを論じている); see Horwitz 1, *supra* note 1, at 4-7; Miller, *supra* note 1, at 129; Perry Miller, Introduction to The Legal Mind in America 15, 17 (Perry Miller ed., 1962); Stephen N. Subrin, *How Equity Conquered Common Law: The Federal Rules of Civil Procedure in Historical Perspective*, 135 U. Penn. L. Rev. 909, 928 (1987). 新しい国がイギリスのコモン・ローを採用すべきかについての、当時の議論に関して、以下の文献を参照。Chipman, *supra* note 5.

(10) Root, *supra* note 3, at 35-36; see Douglas T. Miller, The Birth of Modern America

1820-1850, at 117-25 (1970) (hereafter D. Miller); White, *supra* note 1, at 18-20; Gordon, Enterprise, *supra* note 1, at 83-89; see Gordon S. Wood, The Radicalism of the American Revolution (1991) (hereafter Wood, Radicalism) (民主主義の広がりを強調している).

(11) The Great Awakening: Documents on the Revival of Religion, 1740-1745, at xii (Richard L. Bushman ed., 1969); see Miller, *supra* note 1, at 164-65, 206. See generally Edmund S. Morgan, *The Puritan Ethics and the American Revolution*, 24 William & Mary Q. 3 (1967).

(12) Robert T. Handy, A Christian America 19 (2d ed., 1984) (「キリスト教文明」); Winthrop S. Hudson and John Corrigan, Religion in America 82 (5th ed., 1992) (「偉大な統合力」; quoting L. J. Trinterud, The Forming of an American Tradition 197 [1949]); see Sydney E. Ahlstrom, A Religious History of the American People 170-76, 292-94 (1972); Hudson and Corrigan, *supra*, at 18-19, 45-46, 75, 83, 111; see also Theodore Dwight Bozeman, Protestants in an Age of Science 45-48 (1977) (19世紀アメリカにおける宗教懐疑主義の拒絶を論じている); Stephen M. Feldman, Please Don't Wish Me a Merry Christmas: A Critical History of the Separation of Church and State 119-74 (1997) (植民地における教会と州の制度の発展を論じている); Stephan Thernstorm, 1 A History of the American People 114-20 (2d ed., 1989) (偉大な覚醒を論じている). アメリカの宗教について議論しているその他の有益な著書として，以下の文献を参照。Jon Butler, Awash in a Sea of Faith: Christianizing the American People (1990); Nathan O. Hatch, The Democratization of American Christianity (1989); Martin E. Marty, Protestantism in the United States: Rightious Empire (2d ed., 1986).

(13) Chipman, Sketches, *supra* note 3, at 115; 1 Swift, *supra* note 3, at 7; Hilliard, *supra* note 3, at iv-v, 8-9; see 1 Kent, *supra* note 3, at 2 (自然法学と神の啓示を論じている); 1 Kent, *supra* note 3, at 470 (自然的正義を論じている); 2 Kent, *supra* note 3, at 1, 11-13 (自然権を論じている); 2 Kent, *supra* note 3, at 477 (普遍的正義について議論している). 財産，安全，および自由について，広く自然権について議論しているものとして，以下の文献を参照。Chipman, Principles, *supra* note 3, at 55-56; Hillard, *supra* note 3, at 9; 2 Kent, *supra* note 3, at 1.

(14) See, e. g., Hilliard, *supra* note 3, at iv; Hoffman, 1846, *supra* note 3, at 23; Story, Miscellaneous, *supra* note 3, at 69-71, 73, 79; Swift, *supra* note 3, at 3-4, 39.

(15) Story, Miscellaneous, *supra* note 3, at 203; see, e. g., Hoffman, 1817, *supra* note 3, at iv; Hoffman, 1846 ed., *supra* note 3, at 20, 22, 36; 1 Kent, *supra* note 3, at v, 47, 475, 478, 505, 510; Wilson, *supra* note 3, at 356; see Bozeman, *supra* note 12, at 23-30.

(16) Bozeman, *supra* note 12, at 60; see 3-10, 44-45, 56, 62-63; LaPiana, *supra* note 1, at 29. ボゼマンは，当時，科学についての競合する見解もまた存在したことを認めている。Bozeman, *supra* note 12, at 75, 86-96.

(17) Wilson, *supra* note 3, at 356.

(18) Theophius Parson, preface to The Law of Contracts (1857); see Theophilus

Parson, preface to The Law of Contracts xiv-xvi, 1st ed. (6th ed., 1873); see, e. g., Kent, *supra* note 3. ストーリィの Commentary on Equity Jurisprudence において, 引用判例の索引に基づくおおよその数として, ストーリィは第1巻 (637頁からなる) において3.100を超える事件を, 第2巻において4.300 (748頁からなる) を超える事件を援用している. See 1 Story, Equity, *supra* note 3, at xi-xliii; 2 Story Equity, *supra* note 3, at vii-li.

(19) Kent, *supra* note 3, at 492-509 (on contracts); 3 Kent, *supra* note 3, at 401-48 (on property).

(20) Hoffman, 1846, *supra* note 3, at 25, quoting William Jones, Essay on Bailment[s] ("a mere," "[I]f law"); David Hoffman, *A Lecture, Introductory to a Course of Lectures* (1823), in The Legal Mind in America 83, 85 (Perry Miller ed., 1962) ("must have"); see Miller, *supra* note 1, at 117-21.

(21) David Ross, Plato's Theory of Ideas 225 (1951); see also Joseph Owens, A History of Ancient Western Philosophy (1959). プラトンは, イデアについての彼の理論を『国家(The Republic)』および『パイドン (Phaedo)』において展開した. See Plato, The Republic, in The Republic and Other Works 7 (Benjamin Jowett trans., 1973; Anchor Books) (hereafter *Republic*); Plato, *Phaedo*, in The Republic and Other Works 487 (Benjamin Jowett trans., 1973; Anchor Books) (hereafter *Phaedo*).

(22) *Phaedo*, *supra* note 21, at 534; see *Republic*, *supra* note 21, at 169, 173; *Phaedo*, *supra* note 21, at 505-12, 534-35; see also Owens, *supra* note 21, at 197-229; Ross, *supra* note 21, at 225-45. See generally David Ross, Aristotle 158 (5th ed., 1949) (イデアについてのプラトンの理論を解釈する他の可能性を論じている).

(23) Hilliard, *supra* note 3, at v (emphasis omitted); *Swift v. Tyson*, 41 US (16 Pet.) 1, 18 (1842) (opinion of Story, J.), overruled by *Erie R. Co. v. Tompkins*, 304 US 64 (1983).

(24) Szasz, *supra* note 1, at 35 n. 6 ("Medieval thinkers"); Miller, *supra* note 1, at 165-66 ("a quite baffling"); Hillard, *supra* note 3, at vi; see Dickinson, *supra* note 3, at 15-16 n. * (1791年に, 「すべての市民的権利は, その基礎として個人に先立つある自然権を持つ」と論じている); compare Hamburger, *supra* note 3, at 908 (初期アメリカ人は, 自然法と自然権を「比較的正確に定義した」ことを論じている). 自然法と憲法規定の間の一貫性を前提とした, 連邦最高裁の事件として, 以下のものを参照. *Terret v. Taylor*, 13 US (9 Cranch) 43, 50, 52 (1815) (Story, J., majority opinion); *Fletcher v. Peck*, 10 US (6 Cranch) 87, 139 (1810) (Marshall, C. J., majority opinion).

(25) Story, Miscellaneous, *supra* note 3, at 702-3; see Chipman, Sketches, *supra* note 3, at 15, 116-18 (憲法上の諸権利は自然法と権利を反映すべきであると論じている).

(26) Story, Miscellaneous, *supra* note 3, at 702-4.

(27) See John J. Cound et al., Civil Procedure (2d ed., 1974) 317, 329-33 (コモン・ロー上の令状および訴訟方式を論じている); Fleming James, Jr., and Geoffrey C. Hazard, Jr., Civil Procedure 8-12 (2d ed., 1977).

(28) 3 Blackstone, *supra* note 4, at 115, 153-57.
(29) Id. at 123.
(30) Hoffman, 1846, *supra* note 3, at 289; Hilliard, *supra* note 3, at 240-44. ホフマンは、法一般を理解するために、申し立てを理解する重要性を強調した。Hoffman, 1846, *supra* note 3, at 348-56; see G. Edward White, Tort Law in America: An Intellectual History 9 (1980)（令状の体系は「教義的範疇のための代替物」として仕えた）。リッチフィールド・ロースクールについて、以下の文献を参照。Advertisement for the Litchfield Law School, January 1, 1828, in Dennis R. Nolan, Readings in the History of the American Legal Profession 204 (1980); Samuel H. Fisher, The Litchfield Law School 1775-1833, at 1-11, in Dennis R. Nolan, Readings in the History of the American Legal Profession 205 (1980).
(31) Gould, *supra* note 3, at vi-viii; see 14-15; see LaPiana, *supra* note 1, at 42-44（南北戦争前の申し立ての重要性を論じている）。もともとはイギリスにおいて出版された、申し立てについての二つの専門書は、アメリカの法律家の実務においてとりわけ普及した。Joseph Chitty and Thomas Chitty, A Treatise on the Parties to Actions and on Pleading (8th American ed., 3 vol., 1840) (this American ed. is based on the 6th London ed.); Henry John Stephen, A Treaties on the Principles of Pleading in Civil Actions (8th American ed., 1856) (probably from the 1834 London ed.). イギリスの専門書のアメリカ版に共通しているように、アメリカ版は、イギリス版と同様の本文に、アメリカの読者のための追加的注が付加され、スティーブンの専門書には特別の付録が付けられている。スティーブンは様々な令状の型を作り、各令状が申し立てられるべき適切な時の説明をしている。Henry John Stephen, A Treatise on the Principles of Pleading in Civil Actions 8-21 (London, 1824). 彼はまた、事件において裁定される唯一の実質的争点を生み出す、申し立てを使用するために多くのスペースを割いている。
(32) Wood, Radicalism, *supra* note 10, at 19, quoting Jonathan Edwards, quoted in Fiering, Jonathan Edward's Moral Thought and Its British Context 131. 革命、憲法制定、および初期の国家主義的な時代についての有益な文献として、以下のものを参照。Joyce Appleby, Capitalism and a New Social Order: The Republican Vision of the 1790s (1984); Bernard Bailyn, The Ideological Origins of the American Revolution (1967); Samuel H. Beer, To Make a Nation: The Rediscovery of American Federalism (1993); Stanley Elkins and Eric Mckitrick, The Age of Federalism (1993); Henry F. May, The Enlightenment in America (1976); Forrest McDonald, Novus Ordo Seclorum (1985); Edmund S. Morgan, Inventing the People: The Rise of Popular Sovereignty in England and America (1988); Jennifer Nedelsky, Private Property and the Limits of American Constitutionalism (1990); Thomas L. Pangle, The Sprit of Modern Republicanism (1988); J. G. A. Pocock, The Machiavellian Moment (1975); Jack N. Rakove, Original Meanings: Politics and Ideas in the Making of the Constitution (1996); John Phillip Reid, Constitutional History of the American Revolution (abridges ed., 1995); Ellis Sandoz, A Government of Laws:

Political Theory, Religion, and the American Founding (1990); James Roger Sharp, American Politics in the Early Republic (1993); Herbert J. Storing, What the Anti-Federalists Were For (1981); Morton White, The Philosophy of the American Revolution (1978) (hereafter White, Revolution); Morton White, Philosophy, The Federalist, and the Constitution (1987) (hereafter White, Constitution); Gordon S. Wood, The Creation of the American Republic, 1776-1787 (1969) (hereafter Wood, Creation); Wood, Radicalism, *supra* note 10; Martin S. Flaherty, *History "Lite" in Modern American Constitutionalism*, 95 Colum. L. Rev. 523 (1995); Stow Person, *The Cyclical Theory of History in Eighteenth Century America*, 6 Am. Q. 147 (1954); Dorothy Ross, *The Liberal Tradition Revisited and the Republican Tradition Addressed*, in New Direction in American Intellectual History 116 (John Higham and Paul K. Conkin eds., 1979).

(33) The Declaration of Independence (1776), in 2 Great Issues in American History 70, 72-74 (Richard Hofstadter ed., 1958); see Reid, *supra* note 32 (アメリカ独立戦争時代の憲法を巡る議論の利点を強調している). アメリカにおける反対党および国民のイデオロギーの重要性を論じているものとして，以下の文献を参照. Bailyn, *supra* note 32, at v-vii, 19; Pocock, *supra* note 32, at 540-42; Ross, *supra* note 32, at 117.

(34) Virginia Bill of Rights (1776), in 2 Poor, *supra* note 3, at 1908-9; see Constitution of Pennsylvania (1776), in 2 Poor, *supra* note 3, at 1540-42; see Pocock, *supra* note 32, at 462 (アメリカ独立革命と合衆国憲法は「市民のルネッサンスの最後の行動」として理解されるべきであると論じている); Rakove, *supra* note 32, at 290-91 (州憲法は一般に，生命，自由，財産，および良心の自由を保障していたことを記している); compare Bailyn, *supra* note 32, at 23-36 (革命期の世代が拠り所にしていた様々な源を論じている); Pangle, *supra* note 32, at 43-47, 124-27 (憲法を構想したのは，市民的共和主義者であると同様に，ロック哲学の信奉者であったことを強調している).

(35) Virginia Bill of Rights (1776), in 2 Poore, *supra* note 3, at 1908, 1908; see Constitution of New York (1774), in 2 Poor, *supra* note 3, at 1328, 1332; Morgan, *supra* note 32; Thomas L. Pangle, The Ennobling of Democracy: The Challenge of the Postmodern Age 99-101 (1992) (共和政体についての様々な概念を論じている); Wood, Radicalism, *supra* note 10, at 5-8, 11, 19, 63, 169-87, 232-33, 266, 271; see, e. g., Aristotle, *The Politics* 3-7 (Carnes Lord trans., 1984) (混合政府を論じている).

(36) Appleby, *supra* note 32, at 8-9 ("there ware two orders"); Wood, Radicalism, *supra* note 10, at 27 (ワシントンおよびアダムズからの引用とともに，その他の者からの同様の引用を含んでいる); see White, Revolution, *supra* note 32, at 258 (革命期の指導者は，すべての者が自明の真理を同様に見ていた，と信じたわけではないことを論じている); Leslie Paul Thiele, Thinking Politics: Perspective in Ancient, Modern, and Postmodern Political Theory 87 (1997) (批准に賛成した多くの投票者について). ジェームズ・ハリントンは，ジェントリーが普通の人民を支配するべきであることを前提とした重要な市民共和政の理論家であった. James Harrington, The Commonwealth of Oceana (1656), in The Commonwealth of Oceana and A System of Politics 1, 33, 100

-101 (J. G. A. Pocock ed., 1992).
(37) Letter from John Jay to George Washington (June 27, 1786), in 2 Great Issues in American History 80, 81 (Richard Hofstadter ed., 1958); see Pocock, *supra* note 32, at 516-17; Wood, Radicalism, *supra* note 10, at 229-30, 245-54.
(38) The Federalist no. 17, at 120 (Alexander Hamilton) (Clinton Rossiter ed., 1961); The Federalist no. 57, at 351 (James Madison) (Clinton Rossiter ed., 1961); The Federalist no. 71, at 432 (Alexander Hamilton) (Clinton Rossiter ed., 1961); see The Federalist no. 6, at 54 (Alexander Hamilton) (Clinton Rossiter ed., 1961) (「人には野心があり，復讐心があり，強欲である」故に，派閥が生まれる); see also Dickinson, *supra* note 3, at 57 (「愚かさや邪悪さ」が「公共善」を蝕むことに関心を抱き，提案された合衆国憲法を擁護した). 討議の重要性について，以下の文献を参照。Beer, 270-75 (マディソンは「議論による統治」の存在を信じていたことを論じている); Storing, *supra* note 32, at 3 (憲法制定者達は，共通善について討議していると信じていたことを論じている); see also The Federalist no. 37, at 231 (James Madison) (Clinton Rossiter ed., 1961) (同様のことを示唆している).
(39) Records of the Federal Convention of 1787, at 125 (Max Farrand ed., 1966, reprint of 1937 rev. ed.), quoted in Sandoz, *supra* note 32, at 22. 人間の心理に関しての制定者達の議論に関して，以下の文献を参照。White, Constitution, *supra* note 32, at 88-99. エリートによる支配に関するフェデラリストおよびアンチ・フェデラリストの異なる見解についての議論に関して，以下の文献を参照。Strong, *supra* note 32, at 17, 43-45; Wood, Creation, *supra* note 32, at 483-99; see e. g., *Speech Delivered by Melancon Smith at the Convention of New York on the Adoption of the Federal Constitution* (June 21, 1788), in The Anti-Federalist 340-41 (Herbert J. Storing ed., 1985) (アンチ・フェデラリイストは，提案された合衆国憲法が政府官吏としての「自然的貴族制」の選挙に導くことを嘆いた).
(40) The Federalist no. 57, at 350 (James Madison) (Clinton Rossiter ed., 1961); see The Federalist no. 10 (James Madison) (Clinton Rossiter ed., 1961); The Federalist no. 51, at 322 (James Madison) (Clinton Rossiter ed., 1961) (「野心は野心に対抗するために用いられなければならない」; Pocock, *supra* note 32, at 462-552; White, Constitution, *supra* note 32, at 132-48. プブリウスが公共ないしは共通善を強調したことに関して，以下の文献を参照。The Federalist no. 1, at 33-35 (Alexander Hmilton) (Clinton Rossiter., 1961). 少数派であれ多数派であれ，派閥は公共善に反する集団として特徴付けられた。The Federalist no. 10, at 78 (James Madison) (Clinton Rossiter ed., 1961).
(41) U. S. Const. pmbl.; see The Federalist no. 39, at 241 (James Madison) (Clinton Rossiter ed., 1961); Harrington, *supra* note 36, at 64-243; Wood, Creation, *supra* note 32, at 24 (アメリカ革命期における自由の概念について); compare Louis Hartz, The Liberal Tradition in America 59-62 (1955) (政府権力を制限しようとする憲法制定者達のロック派的衝動を非常に強調している).
(42) Person, *supra* note 32, at 154; quoting John Adams, Discourses on Davila, in VI

Works 232-34, 239; see 155-57（ジェファーソンを論じている）; see also D. Miller, *supra* note 10, at 35-36; Morgan, *supra* note 11, at 6-7, 17-19.

(43) Person, *supra* note 32, at 152-53; quoting David Tapan, A Discourse, Delivered to the Religious Society in Brattle-Street, Boston 18-19（April 5, 1798）; Morgan, *supra* note 11, at 17; quoting Benjamin Franklin at the Second Continental Congress, July 6, 1775, in 1 Letters of Members of the Continental Congress 156（E. C. Burnett ed., 1921-1936）.

(44) Constitution of Pennsylvania（1776）, in 2 Poore, *supra* note 3, at 1540, 1540.

(45) Swift, *supra* note 3, at 4-5; Dickinson, *supra* note 3, at 68; see Chipman, Sketches, *supra* note 3, at 285（官吏は自然の法に一致する人間行動を生み出す法を作るべきである）; Ross, *supra* note 1, at 23.

(46) 1 Tucker, *supra* note 3, at vii; see 9（appendix）. ウィルソンは次のように書いた。「公共心の上に，一つの偉大な真理が深く印象付けられても，し過ぎるということはない。すなわち，合衆国，および連邦を構成する各州の政府の比重は，人民の肩にかかっているということである。」Wilson, *supra* note 3, at 73.

(47) Chipman, Sketches, *supra* note 3, at 56-57, 117, 291-92; Swift, *supra* note 3, at 35; 1 Tucker, *supra* note 3, at xvii, 28（appendix）.

(48) 1 Tucker, *supra* note 3, at 30（appendix）. スウィフトは，コネチカットの法の彼自身による体系化は，共和政府を維持する助けとなるであろうと論じた。Swift, *supra* note 3, at 4-5.

(49) Swift, *supra* note 3, at 20, 29. スウィフトは次のように書いている。「人民はあらゆる権力を保有しており，それは彼等の手に確実に留保され得る。アテネやローマの共和制は，大きな人民の集会に最高権力が委ねられる危険を例証してきた。立法府や最高の執行部を選出する権利は，集合的能力において彼らに確実に与えられ得るし，これは専制に対する不滅の障害となることであろう。」（28）See also Chipman, Sketches, *supra* note 3, at 114, 251-53（古代共和制の歴史を拠り所にしている）; Dickinson, *supra* note 3, at 55-56（憲法制定者は，提案された合衆国憲法を擁護するために，古代の歴史を引き合いに出している）; 1 Tucker, *supra* note 3, at xvii-xviii（「有能で徳を有する人は必ずしも」選挙で選ばれないという関心を表明している）.

(50) Chipman, Sketches, *supra* note 3, at 282-83; see 33（進歩か改良かについて）; Swift, *supra* note 3, at 21（統治の進歩的改良について）. ジェームズ・ウィルソンはプレモダンの社会と組織の隠喩的比較を，進歩の概念に結び付けた。Wilson, *supra* note 3, at 84.

(51) Chipman, Sketches, *supra* note 3, at 292（"perpetual"）; Wilson, *supra* note 3, at 73; Miller, Legal Mind, *supra* note 3, at 21; compare Hall, *supra* note 3, at 107-9（ウィルソンの多元主義を論じている）. See generally Hall, *supra* note 3, at 40（ウィルソンは人間の幸福について語ったけれども，彼は功利主義者ではなく，むしろ幸福は「神の慈悲深い法に従っている自然の帰結」であることを論じている）.

(52) Jeremy Bentham, *An Introduction to the Principles of Morals and Legislation*（1789）, in The English Philosophers from Bacon to Mill 791, 792（Edwin A. Burtt

ed., 1939).「もし近代世界がベンサムに負う唯一のものがあるとするならば,社会秩序は立法の単なる行為によって操作し得るという信念である。」Atiyah, *supra* note 1, at 326. 言うまでもなく,フランス大革命によって明らかにされたように,その人権宣言でもって,多くのヨーロッパ人は,なお自然権の存在を信じていた。The Declaration of the Rights of Man and of the Citizen (1789), in Classics of Modern Political Theory 663 (Steven M. Cahn ed., 1997) see Haines, *supra* note 2, at 65-68 (19世紀初頭のヨーロッパにおける,自然法思想における一般的傾向を記述している); Harget, *supra* note 1, at 8 (18世紀後半に著述していた,カントとルソーは,最後の偉大なヨーロッパの自然権擁護の思想家であったことを強調している).「19世紀初頭のヨーロッパ人は,歴史主義者[ないしは近代主義者]の形で時代を理解し始めていたが」,これに対してアメリカ人は,世紀の後半に至るまでそうすることはなかったことを,ドロシー・ロスは記している。Ross, *supra* note 32, at 121.

(53) Tocqueville, *supra* note 1, at 98-105 (個人主義およびいかにそれが「民主主義の起源たり得るかを」説明している); see Morgan, *supra* note 32, at 288-306 (平等と主権について); Wood, Radicalism, *supra* note 10, at 5-8, 11, 19, 63, 169-87, 215-18, 232-33, 266, 271; Edmund S. Morgan, *The Second American Revolution*, New York Review of Books, June 25, 1992, at 23-25 review of Wood, Radicalism, *supra* note 10; compare Appleby, *supra* note 32, at 14-15, 23, 95-96 (個人,社会,および徳に関して,変化する概念を議論している); Pocock, *supra* note 32, at 464-65, 522-23 (市民的共和制概念に反する,私的利益のイデオロギーに対するアダム・スミスの重要性を論じている).

(54) Hatch, *supra* note 12, at 3; Articles of Religion of the Reformed Episcopal Church in America (1875), in 3 The Creeds of Chiristendom 814, 818 (Philip Schaff ed., 3d ed., 1877); see Feldman, *supra* note 12, at 178-83; Hudson and Corrigan, *supra* note 12, 129-30; Stow Persons, *Evolution and Theology in America*, in Evolutionary Thought in America 422, 422-24 (Stow Persons ed., 1956). 2回目の偉大な覚醒におけるアフリカ系アメリカ人について,以下の文献を参照。Butler, *supra* note 12, at 129-63; Hatch, *supra* note 12, at 102-13.

(55) See U. S. Const. art. II, § 8, cl. 3; Nedelsky, *supra* note 32, at 1-3 (憲法制定者は,主に,多数の専制から私人の財産を保護することに関心があった). シェイズの反乱は,以前に国民軍の分隊長であり,反乱の指導者の一人であった,ダニエル・シェイズにちなんで付けられた。1785年と1786年に,商業恐慌がマサチューセッツを襲い,州の多くの地域で,抵当権設定者を排除することに導いた。権利を侵害された土地所有者を保護するための立法府の行為を求めるタウン・ミーテイングが開かれたが,立法による救済は認められなかった。最終的に,1786年の秋に,シェイズはマサチューセッツ州の中央と西部において反乱を指導し,スプリングフィールドにおいて裁判所の集会を解散させ,部隊の本部を脅かした。結局,反乱は制圧されたが,州の立法部は反乱者達によって求められた改革と保護のための立法を制定した。See Shay's Rebellion (1786), in 1 Documents of American History 126 (Henry Steele Commager ed., 3d ed., 1947); Thernstrom, *supra* note 12, at 196-98; Wood, Creation, *supra* note 32, at 410-13.

(56) Ingersoll, *supra* note 3, at 6; see 2 Tocquevill, *supra* note 1, at 156 (ほとんどのアメリカ人は「生産的な産業に関わっている」).
(57) 2 Tocquevill, *supra* note 1, at 157; see D. Miller, *supra* note 10, at 28-30, 126-27, 292, 297; 1 Thernstrom, *supra* note 12, at 224-30, 236-38, 344-49; Wood, Radicalism, *supra* note 10, at 308-47.
(58) Wood, Radicalism, *supra* note 10, at 337, 340; Thernstrom, *supra* note 12, at 251-53; see Adam Smith, The Wealth of Nations (1776), in Classics of Modern Political Theory 531, 532, 537-38, 545-47 (Steven M. Cahn ed., 1997); see also Adam Smith, The Wealth of Nations (1776), in The Essential Adam Smith 149, 241 (Robert L. Heibroner ed., 1986) (社会の進歩の経過を含んでいる).
(59) Elkins and McKitrick, *supra* note 32, at 77 (フェデラリストとリパブリカンの闘争の多様な解釈について); see Appleby, *supra* note 32, at 58-59, 74.
(60) Elkins and McKitrick, *supra* note 32, at 691; Sharp, *supra* note 32, at 12-13, 278.
(61) Elkins and McKitrick, Anti-Intellectualism in American Life 145 (1962) (「賢人, 科学者」); Appleby, *supra* note 32, at 3 (「階統的価値」); see Elkins and McKitrick, *supra* note 32, at 750-51.
(62) Hofstadter, *supra* note 61, at 154-55; 1 Tocquevill, *supra* note 1, at 5, 240; see White, *supra* note 1, at 57, 61 (共和主義は統合を強調することの練り直しであることを論じている); Wood, Radicalism, *supra* note 10, at 302-5 (いかなる通常人もが職を持つことのできた, ジャクソン大統領の時代から始めている); see, e. g., Story, Constitution, *supra* note 3, at 717-19 (統合の理念を強調している). トクビィルはアメリカにおいて「人民主権の原理」が中心であることに注目した. 1 Tocquevill, *supra* note 1, at 55.
(63) See Elkins and McKitrick, *supra* note 32, at 263-66; D. Miller, *supra* note 10, at 156-57; Sharp, *supra* note 32, at 285; 1 Thernstrom, *supra* note 12, at 324-27; White, *supra* note 1, at 55; Wood, Radicalism, *supra* note 10, at 294; Howard Zinn, A People's History of the United States 95 (1980). 1825年までにすべての白人男性に選挙権を拡大しなかった3州は, ロード・アイランド, バージニア, およびルイジアナであった.
(64) See Appleby, *supra* note 32, at 27; Lawrence M. Friedman, The Republic of Choice: Law, Authority, and Culture 51-60 (1990); Wood, Radicalism, *supra* note 10, at 5-8, 11, 19, 63, 169-87, 232-33, 266, 271.
(65) See Robert M. Cover, Justice Accused: Antislavery and the Judicial Process (1975); White, *supra* note 1, at 674-740; see, e. g., *The Antelope*, 23 US (10 Wheat.) 66 (1825); *State v. Post*, 20 N. J. L. 368 (1845).
(66) See Cound, *supra* note 27, at 362-65; Horwitz 1, *supra* note 1, at 17-20, 257-58; James, *supra* note 27, at 18-19; Miller, *supra* note 1, at 239-65; Subrin, *supra* note 9, at 932-39; An Act to Simplify and Abridge the Practice, Pleadings, and Procedings of the Courts of this State, 1848 N. Y. Laws 379, §§ 118, 120. 1897年までに, 27州がフィールド (民事訴訟) 法典を採択し, さらに数州がその法典に非常に類似した訴答方

式を採用した。Subrin, *supra* note 9, at 939.
(67) Horwitz, *supra* note 1, at xvi ("[E]mergent entrepreneurial"); see 101; James M. McPherson, Battle Cry of Freedom: The Civil War Era 7, 24-25 (1988) (階級闘争の出現を強調している); D. Miller, *supra* note 10, at 117, 124-25; 1 Thernstorm, *supra* note 12, at 252-53; White, *supra* note 1, at 26, 38 (いかにアメリカ社会は幾つかの点では平等であり，その他では不平等かを論じている).
(68) Sharp, *supra* note 32, at 12-13 ("dangerously"); Wood, Radicalism, *supra* note 10, at 325 ("umpire"); see May, *supra* note 32, at 288; Nedelsky, *supra* note 32, at 188-89 (民主主義の行き過ぎと考えられるものと闘う司法審査を確立したマーシャル・コートに焦点を当てている); Sharp, *supra* note 32, at 2, 7-10, 91, 281-83; 1 Tocqueville, *supra* note 1, at 102, 272-75; H. Jefferson Powell, *The Original Understanding of Original Intent*, 98 Harv. L. Rev. 885, 924-25 (1985) (外国人・反政府活動取締法を論じている).
(69) 2 Tocqueville, *supra* note 1, at 6; Ahlstrom, *supra* note 12, at 149 ("glorious kingdom"; quotation from Urian Oakes, New England Pleaded With 49 [1673]); Dorothy Ross, *Modernist Social Science in the Land of the New/Old*, in Modernist Impulses in the Human Sciences, 1870-1930, at 171, 174 (Dorothy Ross ed., 1994) ("on a millennial"); see John Wintrop, *A Modell of Christian Charity* (1630), in 1 The Puritans 195, 199 (Perry Miller and Thomas H. Johnson eds., 1963).
(70) Hoffman, 1846, *supra* note 3, at 65; *People v. Ruggles*, 8 Johns. R. 290 (N. Y. 1811), in The Founders' Constitution 101, 101 (Philip B. Kurland and Ralph Lerner ed., 1987). ホフマンの書の第2版は，実際には1846年まで出版されなかった。Hoffman, 1846, *supra* note 3, at i-iii. コモン・ローの名において，キリスト教を援用したその他の判決について論じているものとして，以下の文献を参照。Morton Borden, Jews, Turks, and Infidels 100, 111-25 (1984); Feldman, *supra* note 12, at 187-89; Miller, *supra* note 1, at 195-96 (幾人かの法律家は，キリスト教がコモン・ローの一部であることを否定した); Stuart Banner, *When Christianity Was Part of the Common Law*, 16 L. & Hist. Rev. 27 (1998) (キリスト教はコモン・ローの一部であるという19世紀の宣言の意義に疑問を呈している).
(71) Elkins and McKitrick, *supra* note 32, at 323 ("Paine did more"); Thomas Pain, Age of Reason 6 (1942; first published 1794); see Thomas Pain, *Common Sense* (1776), in Common Sense and Other Political Writings 3 (Nelson F. Adkins ed., 1953); see also Elkins and McKitrick, *supra* note 32, at 308-11, 329; Sharp, *supra* note 32, at 69-76; Sean Wilentz, *The Air around Tom Pain*, New Republic, April 24, 1995, at 34, 35. Compare Chipman, Sketches, *supra* note 3, at 106-7 with Chipman, Principles, *supra* note 3, at 62-65.
(72) 1 Tucker, *supra* note 3, at 8. チップマンは，次のように書いている。「我々が既に経た，経験は，確信を見出すのに，連邦政府の効率性においてのみ十分なわけではなく，市民的・社会的性質，および風習や知識についての現在の状態に関して，その原理の確信も必要なのである。」Chipman, Sketches, *supra* note 3, at 280.

(73) D. Miller, *supra* note 10, at 21 (quoting Kent); see Arthur Alphonse Ekirch, Jr., The Idea of Progress in America, 1815-1860 (1969, reprint of 1944 ed.) (進歩についての，19世紀初期のアメリカにおける地理的拡大と技術的進歩の重要性を強調している); McPherson, *supra* note 67, at 3-6; White, *supra* note 1, at 374, 671; Edward S. Corwin, *The Impact of the Idea of Evolutionary Thought in American Political and Constitutional Tradition*, in Evolutionary Thought in America 182, 184 (Stow Persons ed., 1956); Person, *supra* note 32, at 158-63.

(74) White, *supra* note 1, at 374 ("a repository"); Powell, *supra* note 1, at 1310; quoting Letter from Joseph Story to James Kent (October 27, 1832), in 2 Joseph Story, Life and Letters of Joseph Story 109 (William Story ed., Boston 1851) ("with a sincere"); Story, Constitution, *supra* note 3, at 1-2.「進歩と改善という新しい語彙は，徳と頽廃という古い語彙に上塗りするまでに取って代わることはなかった。」Jean V. Matthews, Toward a New Society: American Thought and Culture, 1800-1830, at 137 (1991).

(75) 1 Kent, *supra* note 3, at 479; Story, Miscellaneous, *supra* note 3, at 508, 526.

(76) 2 Tocqueville, *supra* note 1, at 37, 42; Story, Miscellaneous, *supra* note 3, at 478; see Hillard, *supra* note 3, at viii (今日，「あらゆる知識は実践的であると考えられている」ことを強調している).「アメリカ人は，それが実践的で分け前に預かるという，彼らが宗教に期待するものを教育に期待した。」Hofstadter, *supra* note 61, at 299; quoting Henry Steele Commager, The American Mind 10 (1950).

(77) 1 Kent, *supra* note 3, at 477; Hilliard, *supra* note 1, at vi; see Story, Miscellaneous, *supra* note 3, at 275 (イギリスの商法に関するマンスフィールドの役割を論じている). マンスフィールドの偉大さを賞賛するさらなる文献として，以下のものを参照。Hilliard, *supra* note 3, at 8; 1 Kent, *supra* note 3, at 477.

(78) Hurst, *supra* note 1, at 21; see Horwitz 1, *supra* note 1, at 99-102, 211-52; White, *supra* note 1, at 51; Nelson, *supra* note 1, at 520; compare 1 Tocqueville, *supra* note 1, at 252 (民主主義は人民の間に莫大な「エネルギー」を生み出し，「奇跡を産み出す」).

(79) Dartmouth College v. Woodward, 17 US (4 Wheat.) 518, 624-28 (1819); see White, *supra* note 1, at 612-28. 長期の発展を促進するための，幾つかの部分的および排他的会社特許状あるいは特権の許可は，18世紀後半および19世紀初期にある程度共通していたが，州は何百の特許状を許可し始め，それによってさらなる経済的競争に火花を散らした。See D. Miller, *supra* note 10, at 25, 28 (排他的特許状の例を示している); Wood, Radicalism, *supra* note 10, at 308-15.

(80) *Charles River Bridge v. Warren Bridge Comp.*, 36 US (11 Pet.) 420, 547-48 (1837); Hurst, *supra* note 1, at 28.

(81) Story, Miscellaneous, *supra* note 3, at 69; 2 Kent, *supra* note 3, at 318-19.

(82) *Norway Plains Co. v. Boston & Maine R. R. Co.*, 67 Mass. 263, 267 (1854); Grey, Langdell, *supra* note 1, at 8-9 n. 27. この時期に，判事が手段的に法を形成する自由を有していたことは過度に強調されるべきではないことに，ペリー・ミラーは注意を喚起

している。See Miller, *supra* note 1, at 128, 234-35.
(83) Hilliard, *supra* note 3, at 3.
(84) Chipman, Sketches, *supra* note 3, at 51-52; Chipman, Principles, *supra* note 3, at 36. 道徳的感覚の考え方は、とりわけ18世紀イングランドおよびスコットランドの哲学者に馴染みの深かった、道徳道具主義の一形態であった。*See* Wood, Radicalism, *supra* note 10, at 239-40; The Oxford Companion to Philosophy 597, 815 (Ted Honderich ed., 1995); A Dictionary of Philosophy 238 (Antony Flew ed., 1979).
(85) Chipman, Principles, *supra* note 3, at 71; see Chipman, Sketches, *supra* note 3, at 64-69（財産権について）。ベンジャミン・ライトは後期のチップマンを、ブラックストーンとベンサムを融合させる試みとして描いた。Wright, *supra* note 2, at 243-51. 1817年までには、デビッド・ホフマンは、『法学教程（Course of Legal Study）』において、ベンサムを推奨し、幅広く論じていた。
(86) Chipman, Principles, *supra* note 3, at 74, 168. 自然法と功利主義は矛盾しないという彼の信念をさらに明確にして、後期のチップマンは「財産権は自然の原理に根差し、それらによって確証され、自然についてのあらゆる法の偉大な目的である、一般的利益である、功利の原理によって最終的に強制される」と書いた（71）。1793年に、明らかにしているように、チップマンは財産権を、功利を全く参照することなしに、自然法に基礎付けていた。
(87) Chipman, Principles, *supra* note 3, at 299-301; Chipman, Sketches, *supra* note 3, at 292. Compare Chipman, Principles, *supra* note 3, at 298-302（政府の腐敗について）with Chipman, Sketches, *supra* note 3, at 281-92（same）.
(88) Story, Miscellaneous, *supra* note 3, at 69, 533, 535; Story, Constitution, *supra* note 3, at 501.
(89) Story, Miscellaneous, *supra* note 3, at 526; see *Swift v. Tyson*, 41 US (16 Pet.) 1, 19-20 (1842), overruled by *Erie R. Co. v. Tompkins*, 304 US 64 (1938); see also Gilmore, *supra* note 1, at 30-36; Horwitz, *supra* note 1, at 245-52.
(90) White, *supra* note 1, at 360; Story, Miscellaneous, *supra* note 3, at 70, 524; see Story, Miscellaneous, *supra* note 3, at 214-15, 224. コモン・ロー上の申し立てに関して、ストーリィは、『宣言後の民事訴訟の訴答選集（A Selection of Pleadings in Civil Actions, Subsequent to the Declaration）』という申し立てについての教科書を書いただけではない。『注釈訴答法（Occasional Annotation on the Law of Pleading (Salem, 1805; reprint, Buffalo, 1980))』でもって、彼はまた、申し立てについての理解を、原理の理解へと結び付けた。*See* Story, Miscellaneous, *supra* note 3, at 82-85.

第4章 モダニズムのアメリカ法思想

(1) 南北戦争および再建期についての有益な文献として、以下のものを参照。William R. Brock, Conflict and Transformation: The United States, 1844-1877 (1973); Bruce Catton, The Civil War (1960); Eric Foner, Reconstruction, 1863-1877 (1988); James

M. McPherson, Battle Cry of Freedom: The Civil War Era (1988); Allan Nevis, 1 Ordeal of the Union: Fruits of Manifest Destiny, 1847-1852 (1947); Peter J. Parish, The American Civil War (1975); Arthur Bestor, *The American Civil War as a Constitutional Crisis*, 69 Am. His. Rev. 327 (1964); Robert J. Kaczorwski, *Revolutionary Constitutionalism in the Era of Civil War and Reconstruction*, 61 N. Y. U. L. Rev. 863 (1986). 19世紀後半および20世紀初期および後半についての歴史的説明に有益なものとして、以下の文献を参照。Godfrey Hodgeson, America in Our Time (1976); Richard Hofstadter, The Age of Reform (1955); William E. Leuchtenberg, Franklin D. Roosevelt and the New Deal (1963); James T. Patterson, Grand Expectations: The United States, 1945-1974 (1996); Stephen Thernstorm, A History of the American People (2d ed., 1989); Robert H. Wiebe, The Search for Order, 1877-1920 (1967); Howard Zinn, A People's History of the United States (1980).

(2) Parish, *supra* note 1, at 13; Foner, *supra* note 1, at 460; see Catton, *supra* note 1, at 263; McPherson, *supra* note 1, at viii; Bestor, *supra* note 1, at 327; see also Paul D. Carrington, *Hail! Langdell!* 20 Law & Soc. Inquiry 691, 702 (1995).

(3) Wieb, *supra* note 1, at viii ("island communities"); Arthur Hertzberg, The Jews in America 152 (1989) ("largest wave"); Gordon S. Wood, *Faux Populism*, New Republic, October 23, 1995, at 39, 41; review of Robert H. Wiebe, Self-Rule: A Cultural History of American Democracy (1995); Foner, *supra* note 1, at 23; *see* Hofstadter, *supra* note 1, at 23-93; Howard M. Sachar, A History of the Jews in America 283-304 (1992) (開かれた移住に対する攻撃の概観); 2 Thernstorm, *supra* note 1, at 433-58, 551-60; Wiebe, *supra* note 1, at viii-xiv, 17-27, 65, 84-90; Zinn, *supra* note 1, at 247-49. 古株のプロテスタント紳士階級のメンバーは、金ぴかの時代の間、しばしば「大立者 (mugwump)」と呼ばれた。なぜなら、「腐敗した政治家に替えて『最善の者』、すなわち彼ら自身の中の利得に関係しない指導者に取り替えることに務めたからである。階級闘争という幽霊に直面して、彼等の確立された立場を失うことを恐れ、またリーダーシップを発揮する機会が与えられることを歓迎した。」Dorothy Ross, The origins of American Social Science 611991]. ロバート・ヴィーベはアメリカの民主制の展開の中心として、異なる社会階級の展開を強調している。Robert H. Wiebe, Self-Rule: A Cultural History of American Democracy 115-16 (1995).

(4) アメリカにおける大学の発展を含む、19世紀および20世紀における知的発展を理解するための有益な文献として、以下のものを参照。Theodre Dwight Bozenman, Protestants in an Age of Science (1977); John G. Gunnell, The Descent of Political Theory (1993); George M. Marsden, The Soul of the American University: From Protestant Establishment to Established Nonbelief (1994); Peter Novick, That Noble Dream: The "Objectivity Question" and the American Historical Profession (1988); Edward A. Purcell, Jr., The Crisis of Democratic Theory (1973); Dorothy Ross, The Origins of American Social Science (1991); Morton White, Social Thought in America (1976); Laurence R. Veysey, The Emergence of the American University (1965); Edward S. Corwin, *The Impact of the Idea of Evolution on the American Political*

and *Constitutional Tradition*, in Evolutionary Thought in America 182 (Stow Persons ed., 1956); Stow Persons, *Evolution and Theology in America*, in Evolutionary Thought in America 422 (Stow Persons ed., 1956); Robert Scoon, *The Rise and Impact of Evolutionary Ideas*, in Evolutionary Thought in America 4 (Stow Persons ed., 1956).

(5) Charles Darwin, The Origin of Species (1859); see Bozen, *supra* note 4, at 164, 168-69; Persons, *supra* note 4, at 425-26.

(6) Corwin, *supra* note 4, at 185; Scon, *supra* note 4, at 19; see Bozeman, *supra* note 4, at 164-69; Richard Hofstadter, Anti-Intellectualism in American Life 117-18 (1962) (大衆文化を強調している); Marsden, *supra* note 4, at 155-58; Ross, *supra* note 4, at 54-57; Persons, *supra* note 4, at 425-26; see Stephen Feldman, Please Don't Wish Me a Merry Christmas: A Critical History of the Separation of Church and State 191 (1997) (19世紀後期アメリカにおけるプロテスタント文化について); see also Martin E. Marty, Protestantism in the United States: Righteous Empire 67-68 (2d ed., 1986) (幾つかの領域におけるプロテスタンティズムの広がりと成功は, 他の領域における世俗化を助けたことを示唆している). 世俗化の拡大に対する反応として, 幾人かのプロテスタントは, この時期から原理的聖書主義に方向転換した. Bozenman, *supra* note 4, at 172; see also John Dewey, *The Influence of Darwinism on Philosophy* (1910), in The Philosophy of John Dewey 31, 32 (John J. McDermontt ed., 1981).

(7) G. Edward White, The Marshall Court and Cultural Change 1815-1835, at 6 (1991) ("historicist sensibility"); Ross, *supra* note 4, at 58 ("historical upheaval"; "sense that"); Dorothy Ross, *Modernist Social in the Land of the New/Old*, in Modernist Impulses in the Human Sciences, 1870-1930, at 171, 177 (Dorothy Ross ed., 1994) ("radical discontinuity").

(8) 以下の文献は, アメリカ法学, 法実務, 法学教育, および関連する事項についての有益な歴史的説明を提供してくれる. Jerold S. Auerbach, Unequal Justice: Lawyers and Social Change in Modern America (1976); Edgar Bodenheimer, Jurisprudence (rev. ed., 1974); Edward S. Corwin, The "Higher law" Background of American Constitutional Law (1955; reprint of Edward S. Corwin, *The "Higher Law" Background of American Constitutional Law*, 42 Harv. L. Rev. 149 [1928-1929]); Neil Duxbury, Patterns of American Jurisprudence (1995); Lawrence Friedman, A History of American Law (2d ed., 1985); Grant Gilmore, The Ages of American Law (1977); Charles G. Haines, The Revival of Natural Law Concepts (1958; first published in 1930); Kermit L. Hall, The Magic Mirror (1989); James Herget, American Jurisprudence, 1870-1970: A History (1990); Morton J. Horwitz, The Transformation of American Law 1780-1860 (1977) (hereafter Horwitz 1); Morton J. Horwitz, The Transformation of American Law 1870-1960 (1992) (hereafter Horwitz 2); N. E. H. Hull, Roscou Pound and Karl Llewellyn: Searching for an American Jurisprudence (1997); Laura Kalman, The Strange Career of Legal Liberalism (1996); J. M. Kelly, A Short History of Western Legal Theory (1992);

William P. LaPiana, Logic and Experience: The Origin of Modern American Legal Education (1994); Robert G. McCloskey, The American Supreme Court (1960); Perry Miller, The Life of the Mind in America (1965); Gary Minda, Postmodern Legal Movements (1995); John Henry Schlegel, American Legal Realism and Empirical Social Science (1995); Bernard Schwartz, A History of the Supreme Court (1993); Robert Stevens, Law School: Legal Education in America from the 1850s to the 1980s (1983); White, *supra* note 7; Robert H. Wiebe, Self-Rule: A Cultural History of American Democracy (1995) (hereater Wiebe, Self-Rule); Benjamin F. Wright, American Interpretations of Natural Law (1931); W. Burlette Carter, *Reconstructing Langdell*, 32 Ga. L. Rev. 1 (1997); Anthony Chase, The Birth of the Modern Law School, 23 Am. J. Legal Hist. 329 (1979); Stephen M. Feldman, *From Modernism to Postmodernism in American Legal Thouht: The Significance of the Warren Court*, in the Warren Court: A Retrospective 324 (Bernard Schwartz ed., 1996); Robert W. Gordon, *Legal Thought and Legal Practice in the Age of American Enterprise, 1870-1920*, in Professions and Professional Ideologies in America (1983) (hereafter Gordon, *Enterprise*); Robert W. Gordon, *The Case for (and against) Harvard*, 93 Mich. L. Rev. 1231 (1995) (hereafter Gordon, *Harvard*); Thomas C. Grey, *Holmes and Legal Pragmatism*, 41 Stan. L. Rev. 787 (1989) (hereafter Grey, *Holmes*); Thomas C. Grey, *Langdell's Orthodoxy*, 45 U. Pitt. L. Rev. 1 (1983) (hereafter Grey, *Langdell*); Thomas C. Grey, *Modern American Legal Thought*, 106 Yale L. J. 493 (1996); review of Neil Duxbury, Patterns of American Jurisprudence (1995) (hereafter Grey, *Modern*); M. H. Hoeflich, *Law and Geometry: Legal Science from Leibniz to Langdell*, 30 Am. J. Legal Hist. 95 (1986); Morton J. Horwitz, *Foreward: The Constitution of Change: Legal Fundamentality without Fundamentalism*, 107 Harv. L. Rev. 30 (1993) (hereafter Horwitz, *Foreword*); Duncan Kennedy, *Toward an Historical Understanding of Legal Consciousness: The Case of Classical Legal Thought in America, 1850-1940*, 3 Research in Law & Sociology 3 (1980); Eben Moglen, *Holmes's Legacy and the New Constitutional History*, 108 Harv. L. Rev. 2027 (1995); review of Owen M. Fiss, 8 History of the Supreme Court of the United States: Troubled Beginning of the Modern State, 1888-1910 (1993); William E. Nelson, *The Impact of the Antislavery Movement upon Styles of Judicial Reasoning in Nineteenth Century America*, 87 Harv. L. Rev. 513 (1974); Gary Peller, *The Metaphysics of American Law*, 73 Calif. L. Rev. 1151 (1985) (hereafter Peller, *Metaphysics*); Gary Peller, *Neutral Principles in the 1950s*, 21 U. Mich. J. L. Ref. 561 (1988) (hereafter Peller, *Neutral Principles*); Stephen A. Siegel, *Historism in Late Nineteenth-Century Constitutional Thought*, 1990 Wis. L. Rev. 1431; Joseph William Singer, Legal Realism Now, 76 Cal. L. Rev. 465 (1988); Marcia Speziale, *Langdell's Concept of Law as Science: The Beginning of Anti-Formalism in American Legal Theory*, 5 Vt. L. Rev. 1 (1980); Robert Stevens, *Two Cheers for 1870: The American Law School*, 5 Persp. Am. Hist. 405 (1971).

(9) Miller, *supra* note 8, at 206. 奴隷制に関わる危機についての, 幾つかの重要な1次資料および1次資料集として, 以下の文献を参照。John C. Calhoun, *A Disquisition on Government*, in 1 The Works of John C. Callhourn 1 (1851) (hereafter Callhourn, *Disquisition*); John C. Callhoun, *Speech On the Reception of Abolition Petitions, Delivered in the Senate* (February 6, 1837), in 2 The Works of John C. Calhoun 625 (1851) (hereafter Calhoun, *Speech*); George Fitzhugh, Cannibals All! (1857; reprint, 1960) Chereafter Fitzhugh, Cannibals); George Fitzhugh, *Sociology for the South* (1854), in Slavery Defended: The Views of the Old South 34 (Eric L. McKitrick ed., 1963) (hereafter Fitzhugh, *Sociology*); Samuel Seabury, American Slavery Distingiished from the Slavery of English Theorist and Justified by the Law of Nature (2d ed., 1861; reprint, 1969); Cotton is King and Pro-Slavery Arguments (E. N. Elliot, ed.; Augusta: Pritchard, Abbot and Loomis, 1860); The Pro-Slavery Argument; as Maintained by the Most Distinguished Writers of the Southern States (Charleston: Walker, Richards, 1852); Abolitionism: Disrupter of the Democratic System or Agent of Progress? (Bernard A. Weisberger ed., 1963); Agitation Democratic System or Agent of Progress? (Bernard A. Weisberger ed., 1963); Agitation for freedom: The Abolitionist Movement (Donald G. Mathews ed., 1972); Slavery Defended: The Views of the Old South (Eric L. McKitrick ed., 1963). 有益な2次的資料の幾つかとして, 以下の文献を参照。Robet M. Cover, Justices Accused: Antislavery and the Judicial Process (1975); James Brewer Stewart, Holy Warriors: The Abolitionists and American Slavery (1976); Lary E. Tise, Proslavery: A History of the Defense of Slavery in America, 1701-1840 (1987); William M. Wiecek, The Sources of Anitislavery Constitutionalism in America, 1760-1848 (1977); Bertram Wyatt-Brown, Yankee Saints and Southern Sinners (1985); Arthur Bestor, *State Soverignty and Slavery: A Reinterpretation of Proslavery Constitutional Doctorine, 1846-1860*, 54 Ill. St. Hist. Soc'y J. 117 (1961); William E. Nelson, *The Impact of the Antislavery Movement upon Styles of Judicial Reasoning in Nineteenth Century America*, 87 Harv. L. Rev. 513 (1974); Ferenc M. Szasz, *Antebellum Appeals to the "Higher Law," 1830-1860*, 110 Essex Institute Hist. Collections 33 (1974); Fredetick E. Welfle, *The Higher Law Controversy*, 21 Mid-America 185 (1939); Antislavery (Paul Finkelman ed., 1989); Proslavery Thought, Ideology, and Politics (Paul Finkelman ed., 1989).

(10) Wright, *supra* note 8, at 228-29; see Cover, *supra* note 9, at 33; Parish, *supra* note 1, at 28-31; Paul Finkelman, introduction to Proslavery Thought, Ideology, and Politics xi (Paul Finkelman ed., 1989); compare Jack N. Rakove, Original Meanings: Politics and Ideas in the Making of the Constitution 72-74 (1996) (憲法制定会議における奴隷制について); Garrett Ward Sheldon, The Political Philosophy of Thomas Jefferson 129-40 (1991) (奴隷制に関するジェファーソンの見解と行動を論じている); Gordon S. Wood, The Radicalism of the American Revolution 186-87 (1991) (奴隷制反対運動を動機付けたものとしての革命のイデオロギーを強調してい

る).

(11) Thomas R. Dew, *Review of the Debate in the Virginia Legislature* (1832), in Slavery Defended: The Views of the Old South 20, 27 (Eric. L. McKitrick ed., 1963); Szasz, *supra* note 9, at 45; quoting Garrison, quoted in Walter M. Merril, Against Wind and Tide: A Biography of William Lloyd Garrison 205 (1963). 奴隷制即時撤廃論者 (immediatist) の議論の例として, 以下の文献を参照。William Lloyd Garrison, *An Address Delivered Before the Old Colony Anti-Slavery Society* (July 4, 1839), reprinted in Agitation for Freedom: The Abolitionist Movement 26 (Donald G. Mathews ed., 1972); Wendell Phillips, *The Philosophy of the Abolitionist Movement* (speech delibered 1853, published 1863), in Agitation for Freedom: The Abolitionist Movement 35 (Donald G. Mathews ed., 1972). 北部漸進主義者の議論の例に関して, 以下の文献を参照。Horace Mann, *Address to the Boston Young Men's Colonization Society* (March 13, 1833), in Abolitionism: Disrupter of the Democratic System or Agent of Progress? 13 (Bernard A. Weisberger ed., 1963). See generally McPherson, *supra* note 9, at 8 (奴隷制の危機を悪化させたものとしての, 国土の地理的拡大を強調している); Parish, *supra* note 1, at 28-31 (南部の人達を, 奴隷制の次第に練り上げられていく, 攻撃的擁護を展開することに導いた諸要素を論じている); Tise, *supra* note 9 (奴隷制を擁護する議論に対して南部人より北部人がより敏感であったことを論じている); Nelson, *supra* note 9, at 535 (1830年代の間, 法道具主義が強力であったとき, 反奴隷制の運動が再生したことを論じている).

(12) Szasz, *supra* note 9, at 46 (quoting Seward, Congressional Globe, 1850, 1st session, 31st Congress, XXII, part 1, 263-69); see Welfe, *supra* note 9, at 185-87.

(13) See Haines, *supra* note 8, at 21-27; 52-53; Wright, *supra* note 8, at 4-12, 211-25, 229-39; Szasz, *supra* note 9, at 33, 37 (高次法の理解についての南部と北部による相違の出現を強調している); see also Wiecek, *supra* note 9, at 138, 186, 259-61.

(14) Wright, *supra* note 8, at 212. 自然権と独立宣言を援用する奴隷制即時撤廃論者 (immediatist) の議論についてのその他の例として, 以下の文献を参照。William Llyod Garrison, *To the Public* (1831), in Agitation for Freedom: The Abolitionist Movement 23, 24 (Donald G. Mathews ed., 1972); see also Llydia Maria Child, *Colonization Society and Anti-Slavery Society* (1833), in Abolitionism: Disrupter of the Democratic System or Agent of Progress? 20, 27 (Bernard A. Weisberger ed., 1963) (奴隷制は「神の法」を侵害していることを論じている).

(15) Charles Sumner, *Freedom National, Slavery Sectional* (August 26, 1852), in Abolitionism: Disrupter of the Democratic System or Agent of Progress? 48, 49 (Bernard A. Weisberger ed., 1963); Charles Sumner, *The Party of Freedom: Its necessity and Practicability* (September 15, 1852), in Abolitionism: Disrupter of the Democratic System or Agent of Progress? 45, 47 (Bernard A. Weisberger ed., 1963). 同様の文脈において, ウィリアム・ホスマーは1852年に, 次のように書いた。「すべての人間は, 彼等の様々な才能や能力に関して, 彼自身——彼自身の身体および精神——に対して, 自然の権利を有している。」Welfe, *supra* note 9, at 197; quoting William

Hofster, The Higher Law 89 (1852); see James Brewer Stewart, *The Aims and Impact of Garrisonian Abolitionism, 1840-1860*, in Antislavery 413 (Paul Finkelman ed., 1989（ギャリソン流の反奴隷制の議論は，その他の奴隷制反対論者によって，次第に受け入れられ，使用された）.

(16) Calhoun, *Disquisition, supra* note 9, at 54-57; Calhoun, *Speech, supra* note 9, at 630-31; see Wright, *supra* note 8, at 233-34, 272-74.

(17) Theodore Dwight Weld, *American Slavery as It Is: Testimony of a Thousand Witnesses* (1839), in Agitation for Freedom: The Abolitionist Movement 54, 56 (Donald G. Mathews ed., 1972).

(18) Albert Taylor Beldsoe, *Liberty and Slavery: or, Slavery in the Light of Moral and Political Philosophy*, in Cotton is King and Pro-Slavery Arguments 271, 273 (E. N. Elliot, ed.; Augusta: Pritchard, Abbot and Loomis, 1860; reprint, 1968); see James Henry Hammond, *Hammond's Letters on Slavery* (January 28, 1845), in The Pro-Slavery Argument: As Maintained by the Most Distinguished Writers of the Southern States 99, 109-11 (Charleston: Walker, Richards, 1852).

(19) Fitzhugh, Cannibals, *supra* note 9, at 5, 15-19, 71, 235; Fitzhugh, *Sociology, supra* note 9, at 44-48; see Nevins, *supra* note 1, at 198-202; Wright, *supra* note 8, at 238-39. 同様の文脈において，ウィリアム・ハーパーは独立宣言を明示的に批判し，自由な労働者は，奴隷よりましであることを論じた。William Harper, *Slavery in the light of Social Ethics*, in Cotton is King and Pro-Slavery Argument 547, 553, 569 (E. N. Elliot, ed.; Augusta: Pritchard, Abbot and Loomis, 1860; reprint, 1968); see George Federick Holmes, *Review of Uncle Tom's Cabin* (1852), in Slavery Defended: The Views of the Old South 99, 108-9 (Eric L. McKitrick ed., 1963). 有名ではあるが，極端なものとして，フィツジェラルドの評判について，以下の文献を参照。Drew Gilpin Faust, *A Southern Stewardship: The Intellectual and the Proslavery Argument*, in Proslavery Thought, Ideology, and Politics 129, 141-42 (Paul Finkelman ed., 1989); Robert A. Garson, *Proslavery as Political Theory: The Examples of John C. Calhoun and George Fitzhugh*, in Proslavery Thought, Ideology, and Politics 177, 180, 185 (Paul Finkelman ed., 1989); Richard Hofstadter, *John C. Calhoun: The Marx of the Master Class*, in Proslavery Thought, Ideology, and Politics 225, 247 (Paul Finkelman ed., 1989).

(20) Bestor, *supra* note 9, at 179; quoting Corner-Stone Speech, March 21, 1861, in Henry Cleveland, Alexander H. Stephens, in Public and Private: With Letters and Speeches 721 (Philadelphia, 1866).

(21) William Gilmore Simms, *The Morals of Slavery* (1837), in The Pro-Slavery Argument: As Maintained by the Most Distinguished Writers of the Southern States 175, 258 (Charleston: Walker, Richards, 1852)（「［建国の父祖達が］主張した民主主義は，不平等を承認しただけではなく，固執した」）; see Nevins, *supra* note 1, at 156; Ross, *supra* note 4, at 30-31; 1 Thernstrom, *supra* note 1, at 385; Tise, *supra* note 9, at 16-18. ティセは，奴隷制支持思想は「アメリカの社会思想の主流の一部を構成する

もの」であったことを付け加えている。Larry E. Tise, *The Interregional Appeal of Proslavery Thought: An Ideological Profile of the Antebellum American Clergy*, in Proslavery Thought, Ideology, and Politics 454, 458 (Paul Finkelman ed., 1989).

(22) See Richard Hofstadter, Social Darwinism in American Thought, 1860-1915 (1944); Novick, *supra* note 4, at 74-76; see e. g., William Graham Sumner, *The Absurd Effort to Make the World Over* (1894), in 3 Great Issues in American History 84 (1982). 確かに、幾人かの法学者は、単にそれが正しく、そうすることが正義に適っているという理由で、奴隷制を支持する自然法を拒絶することができたかもしれない。しかし、私が言いたいのは、南部が南北戦争に勝利していたなら、北部の奴隷制反対論の正しさないしは公正さは、南北戦争後の時期の間ほとんど問題にされなかったことであろうということである。最終的に、もちろん、秩序付けられているわけではないが、自然に分離された社会は、プレッシー対ファーガソン事件判決における分離すれども平等原理についての最高裁判決の説明に現われた憲法理論に再現されたのである。*Plessy v. Ferguson*, 163 US 537 (1896).

(23) Parish, *supra* note 1, at 27; Moglen, *supra* note 8, at 2045; see LaPiana, *supra* note 8, at 75-76; Wright, *supra* note 8, at 276, 293, 298-99; Szasz, *supra* note 9, at 47; Welfle, *supra* note 9, at 204.

(24) Abraham Lincoln, *Gettysburg Address* (November 19, 1863), in Witness to America 764, 765 (Henry Steele Commager and Allan Nevins eds., 1949); see Wright, *supra* note 8, at 175-76, 180; Bestor, *supra* note 1, at 346-47.

奴隷制に関わる法の研究において、ロバート・カバーが、19世紀初期を実証主義として特徴付けたことは注目に値する。See Cover, *supra* note 9. 私見においては、裁判所における奴隷制論争にあまりに強く気を惹かれ過ぎることによって、カバーは19世紀の法思想における強力な自然法の力を説明することに失敗している。Compare White, *supra* note 7, at 129 n. 190（カバーが、19世紀初期の法思想を、実証主義と特徴付けたことを批判している）; Anthony J. Sebok, *Misunderstanding Positivism*, 93 Mich. L. Rev. 2054, 2081 n. 112（カバーが、19世紀後期の形式主義を、自然法志向と特徴付けたことを批判している）。しかし、19世紀初期のカバーの特徴付けを批判することには同意できるが、奴隷制をめぐる論争、最終的には、南北戦争は、（本文において論じたように）アメリカ法学における自然法から実証主義への移行に大いに貢献したと信じている。さらに、カバーが、アメリカにおいて、人民主権がしばしば自然法に勝ると考えられたことを示唆する限り、私見においても同意できる。

(25) John Austin, The Province of Jurisprudence Determined 29, 157-58 (Wilfrid E. Rumble ed., 1995; 1st ed., 1832); see 285; LaPiana, *supra* note 8, at 76-78, 116-18; Wilfrid E. Rumble, introduction to Austin, *supra*, at vii-xxiv; Sebok, *supra* note 24, at 2056-57, 2062-64, 2086-87.

(26) See Bruce A. Ackerman, Reconstructing American Law (1984)（20世紀におけるアメリカ法学の展開を、制定法がコモン・ローに勝ることにあると論じている）; Robert W. Gordon, *American Law through English Eyes: A Century of Nightmares and Noble Dreams*, 84 Geo. L. J. 2215, 2218 (1996)（「近代法学における主要な役割」

を論じている).

(27) See Ross, *supra* note 4, at 61, 318(統制に対するアカデミックな欲求を論じている); Marsden, *supra* note 4, at 187; Veysey, *supra* note 4, at 2-17(古い南北戦争前のカレッジから南北戦争後の新たな大学を論じている); Friedrich Nietzsche, *The Gay Science* at § 125, in The Portable Nietzsche 93, 95(Walter Kaufmann ed., 1982)(「神は死んだ」ことを主張している).

(28) Marsden, *supra* note 4, at 187; Novick, *supra* note 4, at 16("the central norm"); White, *supra* note 4(20世紀初頭の形式主義の拒絶に焦点を当てている). 科学万能主義 (scientific authoritativeness) の重要性について, 以下の文献を参照. Novick, *supra* note 4, at 31; Ross, *supra* note 4, at 62. 19世紀後期のアメリカの大学創立者は, アメリカの大学を発展させるためのモデルとして, 初めにドイツの大学を引き合いに出した. Marsden, *supra* note 4, at 88; Veysey, *supra* note 4, at 2, 16-17, 439.

(29) See LaPiana, *supra* note 8, at 7-28(エリオットとラングデルを論じている); Marsden, *supra* note 4, at 186-89(エリオットに焦点を当てている); Chase, *supra* note 8, at 332-46(おおよそ1870年以降, ハーバードのすべての学部は, 同様の改革を経験したことを論じている). その他の分野同様, 法における専門化について, 以下の文献を参照. Richard L. Abel, American Lawyers (1989); Magali Sarfatti Larson, The Rise of Professionalism: A Sociological Analisis (1977); see also Gunnell, *supra* note 4, at 42-45(社会科学における専門化を論じている); Novick, *supra* note 4, at 47-60(歴史の分野における専門化を強調している). エリオットはラングデルを選んだけれども, 学部はなお法科大学院長にラングデルを就任させるにつき投票しなければならなかったが, その他の学部メンバーには関心のないことであった. Carter, *supra* note 8, at 14-16; Speziale, *supra* note 8, at 6-11. マックス・ウェーバーはロー・スクールと法の形式的合理主義との結び付きを強調している. See Stephen M. Feldman, *An Interpretation of Max Weber's Theory of Law: Metaphysics, Economics, and the Iron Cage of Constitutional Law*, 16 L. & Soc. Inquiry 205, 224-25, 230-32 (1991); see also George Ritzer, *Professionalization, Bureaucratization and Rationalization: The Views of Max Weber*, 53 Social Forces 4 (1975)(専門化と合理化についての, ウェーバー流の結び付けを論じている).

ラングデル派の絶頂期に, 女性が法の専門家集団には存在しなかったので, ラングデル派の法学教授を男性として, 明示的に言及する. 法律家(法学教授ではない)となるための女性の闘いは, 1860年代そして1870年代に開始されたばかりであった. 20世紀初頭において, 女性はほぼすべての州において法曹に加わることができた. 1870年において, 総数1,611名の学生が31のロー・スクールに入学していた. これらの学生のうち4名が女性であり, しかも4名すべて卒業することが許可されなかった. 1890年において, 総勢7千名の学生のうち, 女性は135名を占めた. だが, 20世紀に入っても, 多くのロー・スクールでは女性の入学を認めていなかった. 例えば, コロンビア大学が, 初めて女性の学生を認めたのは1929年になってからであった. D. Kelly Weisberg, *Barred from the Bar: Women and Legal Education in the United States 1870-1890*, 28 J. Legal Educ. 485 (1977). ロー・スクールで初めての女性教授は, エレン・スペン

サー・マシーとエマ・ギレットであり，彼女達は1898年に自らロー・スクールを設立し，それが Washington College of Law であった。しかし，このロー・スクールは，1947年まで，アメリカ法科大学院協会 (AALS) (1900年に設立された) のメンバーになることが認められず，そしてその直後アメリカ大学協会に入会することになった。「アメリカ法曹協会 (ABA) に入会が認められ，AALS 会員のスクールで，初めて終身在職権付きの法学教授第１号となったのは，バーバラ・ナチトリーブ・アームストロングであり」，カリフォルニア大学バークレー校において1922年，法と社会経済学を教えるために終身在職権付きで採用された。第２次世界大戦の終了時において，「会員校で終身在職権ないしはその保障を有していたのは」たった の３名の女性であった。ソイア・メントシコフは，女性を学生として認める前の，1947年にハーバードで初めて教鞭を取った。Herma Hill Kay, *The Future of Women Law Professors*, 77 Iowa L. Rev. 5 (1991); see Donna Forssum, *Women Law Professors*, 1980 Am. B. Found. Res. J. 903.

(30) 知的指導層が，州や連邦政府が，カレッジより権威についての彼等の要求を受け入れ難いと見たとき，彼らは新しいユニバーシティーの出現を目指したのである。Ross, *supra* note 4, at 62-63. トーマス・C・グレイはラングデル派の人達を知的指導層に含めている。Grey, Langdell, *supra* note 8, at 35. 大部分，以下の C. C. Langdell による業績に依拠している。Cases on Contracts (2d ed., 1879) (hereafter Langdell, Casebook); Summary of the Law of Contract (2d ed., 1880) (hereafter Langdell, Summary); *Preface to the First Edition*, in Cases on Contracts (2d ed., 1879) (hereafter Langdell, *Preface*); *Teaching Law as a Science*, 21 Am. L. Rev. 123 (1887) (hereafter Langdell, *Teaching*); *Classification of Rights and Wrongs (Part II)*, 13 Harv. L. Rev. 496 (1900) (hereafter Langdell, Classification); *Mutual Promises as a Consideration for Each Other*, 14 Harv. L. Rev. 496 (1901) (hereafter Langdell, *Mutual*); *Dominant Opinions in England during the Nineteenth Century in Relation to Legislation as Illustrated English Legislation, or the Absence of it, During That Period*, 19 Harv. L. Rev. 151 (1906) (hereafter Langdell, *Dominant*). I also rely on Joseph Beale, 1 A Treatise on the Conflict of Laws (1916); Samuel Willson, The Law of Contract (1920); William A. Keener, preface, to A Selection of Cases on the Law of Cases on the Law of Quasi-Contract iii (1888) (hereafter Keener, preface); William A. Keener, *Methods of Legal Education (Part II)*, 1 Yale L. J. 143 (1892) (hereafter Keener, *Methods*). ラングデルについての近時の論文を収集しているものとして，以下の文献を参照。*Colloquy on Langdell*, 20 Law & Soc. Inquiry 691 (1995).

ラングデル派の法の科学が，プレモダンであることを示唆する限りにおいて，トーマス・C・グレイに賛成できない。他の彼の優れたラングデル研究の中において，ラングデル派の法の科学を「近代法思想」にとって「欠くことのできない引き立て役」として，グレイはラングデル派の法の科学に言及している。Grey, *Langdell*, *supra* note 8, at 3. ラングデル派の法の科学を，アメリカ法学においてその後に続くものの多くにとって引き立て役として奉仕したことには同意するが，プレモダンの意味において古典ではない。従って，引き立て役として奉仕したにもかかわらず，ラングデル派の法の科学

もまたモダンであり，それ故にそれに続くモダニストの法学のその他の形態と多くの共通項を持つのである。LaPiana, *supra* note 8, at 59, 187 n. 11（契約法についてのラングデルの著述を古典的と呼ぶべきか，正統的と呼ぶべきかを問うている）。以前，私見においても，古典的正統という用語法を用いたことがある。see, e.g., Feldman, *supra* note 8, at 329. その用語は，有益に，アメリカ法学におけるラングデル派の法の科学の重要性を強調する一方——法に対する標準的ないしは長期にわたって支配的なアプローチとして——，古典的という言葉は誤解に導くと，今でも信じている（プレモダンを示唆するものとして）。より近時の論文において，グレイ自身，ラングデル派の法の科学をモダンと特徴付けている。See Grey, *Modern, supra* note 8, at 494.

(31) Langdell, *Preface, supra* note 30, at viii-ix; Langdell, *Dominant, supra* note 30, at 151; Langdell, *Ckassification, supra* note 30, at 542; Beale, *supra* note 30, at 143; see Beale, *supra* note 30, at 149-50（コモン・ローの進歩を論じている）; LaPiana, *supra* note 8, at 122-31, 136（その他のラングデル派の実証主義者と，ラングデルの実証主義の証拠を論じている）; Grey, *Langdell, supra* note 8, at 28-29 and n. 99（ラングデル派の自然法の拒絶と，法の発展概念の受容を論じている）。

(32) Langdell, *Teaching, supra* note 30, at 124 ("ultimate sources"); Langdell, *Preface, supra* note 30, at ix ("original sources"); see Beale, *supra* note 30, at 148-49（コモン・ロー裁判官は法を発見しているのであって，作っているのではないことを議論している）; Keener, Methods, *supra* note 30, at 144（法の科学と，教育におけるケース・メソッドとを統合している）; Langdell, Teaching, *supra* note 30, at 124-25（大学において法を教育する法学教授の資格について）。南北戦争前の法学教育とラングデルが遭遇した当初の敵意について，以下の文献を参照。LaPiana, *supra* note 8, at 29-54（南北戦争前の法学教育を描いている）; Charles Warren, History of the Harvard Law School 372-74 (1970; reprint of 1908 ed.).

(33) Langdell, *Preface, supra* note 30, at viii-ix; Stephen Toulmin, Cosmopolis: The Hidden Agenda of Modernity 33 (1990); see Beale, *supra* note 30, at 135（法は「単なる恣意的規則の集合ではなく，一団の科学的原理である」）; Beale, *supra* note 30, at 148-49（多くの判決は誤って下されており，それ故に真の法ではない）; see also Friedman, *supra* note 8, at 617-18; Grey, *Langdell, supra* note 8, at 16-20.

(34) Langdell, Summary, *supra* note 30, at 15, 18-21. この主張の後，ラングデルは，正義についての，次のような議論を継続した。「しかしながら，それが相対的であると仮定しても，その力を失うことなしに，使用する者に対して向けられ得る」(21)。次に，発送が有効であることを受け入れることを考えることは，より大きな不公正に導くことを，彼は論じた。このより実践的議論故に，ラングデルの最初の返答——正義に焦点を当てることは不適切である——は，「意図的に法学を飾り立てること」であったことを，トーマス・グレイは示唆した。Grey, *Langdell, supra* note 8, at 4 n. 11. 私の考えるところでは，ラングデルによって表明された言葉は，グレイがこの点を強調し過ぎる結果となってしまった。第1に，正義を持ち出すことが不適切であると考えながら，ラングデルはこれが「正しい解答」であると宣言した。第2に，正義および実践的関心についての議論を始めるにつき，ラングデルは議論についての「たとそうだとしても」型とし

てのみこれらの思想を提起していたことをラングデルは示唆した。たとえ第1の議論（それは真の解答である）を受け入れないとしても、この付加的議論によって確信させられるかもしれない。それ故に、ラングデルは、「しかしながら、それが適切であるとして」、と述べることによって正義についての議論を開始したのである。Langdell, Summary, *supra* note 30, at 21. ラングデルは、片務的な契約についての申し込みの撤回の議論について、同様の形態において組み立てたのである（3-4）。

(35) William A. Keener, *The Inductive Method in Legal Education*, 17 Am. Bar Assoc. Rpts. 473, 484 (1894); quoted in LaPiana, *supra* note 8, at 135.

(36) James Barr Armes, *Novation*, 6 Harv. L. Rev. 184, 192 (1892); see Langdell, Summary, *supra* note 30; Williston, *supra* note 30; see, e. g., Joseph Beale, A Selection of Cases and Other Authriries Upon Crimminal Law (1894); William A. Keener, A Selection of Cases on the Law of Contracts (1898); William A. Keener, A Selection of Cases on the Law of Quasi-Contracts (1888); Joseph Beale, *Gratuitous Undertakings*, 5 Harv. L. Rev. 222, 230 (1891). コモン・ロー上の訴訟形態の拒絶の重要性について、以下の文献を参照。LaPiana, *supra* note 8, at 4, 58, 104.

(37) Grey, *Langdell*, *supra* note 8, at 21.

(38) David Ross, Aristotle 157 (5th ed. 1949); see Joseph Owens, A History of Ancient Western Philosophy (1959).

(39) Ross, *supra* note 38, at 158; see Aristotle, *Metaphysics*, in Aristotle 65, 77-78 (Philip Wheelwright trans.; Odyssey Press 1951) (hereafter Aristotle, *Metaphysics*); Aristotle, *Natural Science*, in Aristotle 3, 17-18, 23 (Philip Wheelwright trans.; Odyssey Press 1951); Aristotle, *Psychology* (*De Anima*), in Aristotle 115, 120-21 (Philip Wheelwright trans.; Odyssey Press 1951) (hereafter Aristotle, *Psychology*); compare Aristotle, *Nichomachean Ethics* (I. Bywater trans.), in The Complete Works of Aristotle 1729 (J. Barnes ed., 1984) (hereafter Aristotle, *Ethics*) (イデアないしは形態についてのプラトンの理論を拒絶している). 関連するもう一つのアリストテレスによる重要な著作として、以下の文献が存在する。*Zoology*, in Aristotle 105 (Philip Wheelwright trans.; Odyssey Press 1951) (hereafter Aristotle, *Zoology*).

(40) Owens, *supra* note 38, at 303; quoting Aristotle; see Aristotle, *Metaphysics*, *supra* note 39, at 67-104; Aristotle, *Zoology*, *supra* note 39, at 107-13; see also D. W. Hamlyn, A History of Western Philosophy 60-62, 66-71 (1987); Ross, *supra* note 38, at 24, 54-55.

(41) Keener, *Methods*, *supra* note 30, at 144 (emphasis added); see Keener, preface, *supra* note 30, at iii-iv. 「コモン・ロー」の諸原理は確かに存在するが、それらが特定の裁判所の実定法（あるいは「コモン・ロー」）として受容されることによって「実在のものとなる」限りにおいてである、とビールは論じた。See Beale, *supra* note 30, at 138-39, 144.

(42) Keener, *Methods*, *supra* note 30, at 144 (emphasis added); see Gilmore, *supra* note 8, at 58-59（ウェスト社のナショナル・レポーター・システムについて）.

(43) Compare Andrei Marmor, *No Easy Case?* In Wittgenstein and Legal Theory 189,

193 (Dennis M. Patterson ed., 1992) (規則と規則の関係は論理的であり得るが, 規則の世界の諸関係はそうではあり得ない).
(44) Aristotle, *Ethics 1*, *supra* note 39 (人間生活の目的因 (*telos*), ないしは自然の結末を論じている); see Louis Dupré, Passage to Modernity 17-18, 26-28 (1993).
(45) Miller, *supra* note 8, at 156; quoting James Gould, *The Law School at Litchfield*, United States Law Jounal (1822); see Hoeflich, *supra* note 8 (南北戦争前後における法の科学の概念を論じている). 脚注に満ちているラングデル派のテキストの例として, 以下の文献を参照。Williston, *supra* note 30.
(46) Dorothy Ross, *The Liberal Tradition Revisited and the Republican Tradition Addressed*, in New Directions in American Intellectual History 116, 125 (John Higham and Paul K. Conkin eds., 1979); see Sebok, *supra* note 24, at 2081-83 (ラングデルを自然法の理論家と見做している論者を批判している).
(47) See Grey, *Modern*, *supra* note 8, at 494 (学問の混合的性格について); Pierre Schlag, *The Problem of the Subject*, 69 Tex. L. Rev. 1627, 1633-62 (1991) (ラングデルと, 自己の社会構造について).
(48) See Gordon, *supra* note 8, at 88-89; Peller, *Neutral Principles*, *supra* note 8, at 576; Gunnell, *supra* note 4, at 45 (大学と企業利益との重なり合いを強調している).
(49) *Lochner v. New York*, 198 US 45, 57, 64 (1905); Duxbury, *supra* note 8, at 3 (ラングデル派の形式主義を, ロックナー流の形式主義に結び付けている); Singer, *supra* note 8, at 478-79 (ラングデル派の法の科学と, 契約自由の保護とを関連付けている). 幾つかのロックナー流の判決として, 以下のものを参照。*Bailey v. Drexel Furniture Co.* (児童労働税事件), 259 US 20 (1922); Hammer v. Dagenhart (児童労働事件), 247 US 251 (1918); *Allgeyer v. Louisiana*, 165 US 578 (1897); *Chicago, Milwaukee & St. Paul Railway v. Minnesota* (ミネソタ地方税事件), 134 US 418 (1890).
(50) Kaczorowsky, *supra* note 1, at 924; see Derrick Bell, Race, Racism, and American Law (2d ed., 1980) (諸権利の保護のためのアフリカ系アメリカ人の闘争を詳細に跡付けている); Forner, *supra* note 1, at 228-80 (権利と連邦権力についての様々なレパブリカンの立場を論じている).
(51) Thomas M. Cooly, A Treatise on the Constitutional Limitations Which Rest Upon the Legislative Power of the States of the American Union (Da Capo Press 1972; reprint of first ed., 1868) (hereafter Cooley, Constitutional Limitations); Thomas M. Cooley, A Treatise on the Law of Torts or the Wrongs which Arise Independent of Contract (1880) (hereafter Cooley, Torts); Chiristopher G. Tiedman, A Treatise on the Limitations of Police Power in the United States (Da Capo Press1971; reprint of first ed., 1886) (hereafter Tiedman, Limitations); Christopher G. Tiedman, The Unwritten Constitution of the United States (1974, photo. reprint of first ed., 1890) (hereafter Tiedman, Unwritten); see LaPiana, *supra* note 8, at 136-37; Gordon, *Harvard*, *supra* note 8, at 1254; Grey, *Modern*, *supra* note 8, at 496-97. ラングデルの弟子である, ジェームズ・バー・エイムズとジョセフ・ビールは, シカゴ大学がロー・スクールのカリキュラムに政治学に関わるコースを含むことを意図したこ

とから，シカゴ大学の新たなロー・スクールを援助することに躊躇した。LaPiana, *supra* note 8, at 129-30; Grey, *Langdell*, *supra* note 8, at 34-35.

(52) Tiedman, Limitations, *supra* note 51, at 1, 7; see 10-11. クーリーの『憲法上の制限 (*Constitutional Limitations*)』さえ，自然権の理論をより不明確に説明していた。See, e. g., Cooley, Constitutional Limitations, *supra* note 51, at 35-36 (自然権に関するクーリーの強力な言明の一つ)。

(53) Siegel, *supra* note 8, at 1517; quoting Tiedman, Annual Address: The Doctrine of Natural Rights in its Bearing Upon American Constitutional Law, in Report of the Seventh Annual Meeting of the Missouri Bar Association 97, 111 (1887); see at 1437, 1489-91, 1515-18, 1542-43; see, e. g., Cooley, Constitutional Limitations, *supra* note 51, at 21-25 (コモン・ローの歴史的発展を強調している)。著書『不文憲法（Unwritten Constitution)』において，ティードマンは，次のように書いている。

　技術的に，自然法というローマ法の原理についてのこの批判は正当である。というのは，国家の主権によって承認ないしは作られたのではない法的権利は存在し得ないからである。主権の命令は常に法であり，そしてそれ故に法的権利であり，いかに多くのいわゆる自然権がそこで侵害されようと問題はないのである。しかし，法の起源および発展についての一般的疑問と同様，この場合，オースティン主義の誤りは，権利についての民衆の意向が，いかにそれらが科学的観点から悪かろうが，現実の法の発展に組み入れられ，影響力を行使するか，という事実に注意を向けることをしなかったところにある。(*Supra* note 51, at 71-72)

See generally Owen M. Fiss, 8 History of the Supreme Court of the United Staes: Troubled Beginnings of the Modern States, 1888-1910, at 389-90 (1993) (個人の所有物としての自由についてのロックナー流の概念を論じている)。

(54) Cooley, Constitutional Limitations, *supra* note 51, at 393; see Grey, *Modern*, *supra* note 8, at 496-97 (自由放任主義立憲主義を論じている); Siegel, *supra* note 8, at 1452-53 (same)。ティードマンは，明示的に次のように宣言した。本書の目的は「公序と個人の安全を提供すること以上の権能の行使を政府がすることを禁止する，自由放任主義」を支持することにある。Tiedman, Limitations, *supra* note 51, at vi.

(55) See *Adair v. United States*, 208 US 161, 173 (1908) (citing Cooley, Torts, *supra* note 51); Siegel, *supra* note 8, at 1487 (クーリーとロックナー流の諸判決との共通の歴史的関係を提示している)。自由放任主義の命題に関連して，クーリーの『憲法上の制限（Constitutional Limitations)』を連邦最高裁が引用しているものとして，以下の諸判決がある。*Hammer v. Dagenhart*, 247 US 251, 274 (1918); *Citizens' Saving & Loan Ass'n v. City of Topeka*, 87 US 655, 663 and n. 4 (1874). 1897年に下された，*Allgeyer* 事件判決を連邦最高裁判決が引用したことを明らかにするために，*Allgeyer* という言葉によるウエスト・ローのコンピューター検索によると，連邦最高裁が，1937年ロックナー流のアプローチを拒絶する前に，少なくとも49回引用したことが明らかになる。See *Allgeyer v. Louisiana*, 165 US 578 (1897). 自由放任主義判決に関連する引用の例として，以下のものがある。*Adkins v. Children's Hospital of the Doctrine of Columbia*, 261 US 525, 545 (1923).

(56) *The Slaughterhouse Cases*, 83 US (16 Wall.) 36, 96-97 (1873) (Field, J., dissenting); *Allgeyer v. Louisiana*, 165 US 578, 589 (1897) (quoting *Butchers' Union Co. v. Crescent City Co.*, 111 US 746, 762 (1883) (Bradley, J., concurring); *Butchers' Union Co. v. Cresent City Co.*, 111 US 746, 754-57 (1883) (Field, J., concurring); 762 (Bradley, J., concurring). 1895年に下された，*Fisbie v. United States* 事件判決において，市民の不可譲の権利は「契約の自由」を含むことを述べたが，そこにおいて連邦最高裁は議論の存した政府の行為を支持した。*Frisbie v. United States*, 157 US 160, 165 (1895). *Loan Association v. Topeka* 事件判決において，連邦最高裁は合衆国憲法にふれることなしに，市民税法を無効にした。しかしながら，連邦最高裁は，「あらゆる自由な政府の本質的性格から生まれる［政府］権能の限界が存在する」ことを，記述した。*Loan Association v. Topeka*, 87 US (20 Wall.) 655, 663 (1874). *Adair v. United States* 事件判決において，連邦最高裁は，「基本的権利」を強調したが，それらが自然権であることを示唆していない。*Adair v. United States*, 208 US 161, 180 (1908). *Coppage v. Kansas* において，連邦最高裁は，自由と財産を「共存する人権」として言及した。*Coppage v. Kansas*, 236 US 1, 17 (1915).

(57) See Wright, *supra* note 8, at 298-99（ロックナー最高裁は，暗に自然権に依拠したことを論じている）。ロックナー時代自体の間，ロックナー事件判決に対する賛否についての学者の著作の例として，以下の文献を参照。Arthur W. Machen, *Corporate Personality*, 24 Harv. L. Rev. 253, 261-62 (1911)（法人は自然な実在であると論じることによって，自由放任主義立憲主義を支持している）; Haines, *supra* note 8, at 172-95（ロックナー・コートの自然権からの推論を批判している）。19世紀後期からの連邦最高裁の実体的デュー・プロセスを拠り所にする諸判決の幾つかに明示的に，あるいは暗黙にさえ自然権が含まれているかについての，比較的近時の学者の中での不一致に関して，以下の文献を参照。Compare Moglen, *supra* note 8, at 2032-33（連邦最高裁は自然権の推論を使用したことを論じている）and Nelson, *supra* note 8, at 552-57 (same) with Horwitz 2, *supra* note 8, at 156-59（20世紀初期のプログレッシブズは，19世紀後期の連邦最高裁を，自然権に従っていると誤って特徴付けたことを論じている）and Robert W. Gordon, The *Elusive Transformation*, 6 Yale J. L. & Human. 137, 154 (1994) (reviewing Horwitz 2, *supra* note 8)（この点についてホーウィツに同意している）。

(58) Karen Orren, Belated Feudalism: Labor, the Law, and Liberal Development in the United States 111-17 (1991); see Erwin Chemerinsky, Constitutional Law: Principles and Politics 482 (1997).

(59) Herget, *supra* note 8, at 120-21 ("partisan," "speeches"); James Coolidge Carter, Law: Its Origin, Growth, and Function 83, 209-10 (1907); see Frierich Carl von Savigny, Of the Vocation of Our Age for Legislation and Jurisprudence (Abram Hayward trans., 1831; first published in German in 1814), in The Great Legal Philosophers 290, 290 (Clarence Morris ed., 1959); see also Bodenheimer, *supra* note 8, at 70-83; Horwitz 2, *supra* note 8, at 117-21（法典化に対するカーターの反対を論じている）。

(60) Langdell, *Dominant, supra* note 30, at 153, 166-67（19世紀イギリスの立法についてのダイシーによる著述を礼賛している）; see LaPiana, *supra* note 8, at 124. 立法に対するカーターの反対について，以下の文献を参照。Carter, *supra* note 59, at 204-40; Herget, *supra* note 8, at 120-30.

(61) 歴史学派に比較的重要性を見出さないことについて，以下の文献を参照。Herget, *supra* note 8, at 22（歴史学派は「アメリカ法哲学において，支配的ではないが，主要な支持的役割を演じた」）; compare Duxbury, *supra* note 8, at 34（ホームズはメインやサビニーの歴史法学に注意を向けたが，その他の者は歴史学派を論じることはなかったことに注意を向けている）; Horwitz 2, *supra* note 8, at 121（カーターを「陳腐なもの」として記述している）.

(62) Oliver Wendell Holmes, Jr., *Natural Law*, 32 Harv. L. Rev. 40 (1918), in The Essential Holmes 180, 181 (Richard A. Posner ed., 1992) ("naïve"); Oliver Wendell Holmes, Jr., review of Frederick Pollock, *Law and Command*, The Law Magazine and Review 189 (1872), 6 Am. L. Rev. 723 (1872), in Justice Oliver Wendell Holmes: His Book Notices and Uncollected Letters and Papers 21, 22 (1973)（「主権は１つの形式である」）; see also Oliver Wendell Holmes, Jr., *Codes, and the Arrangement of Law*, 5 Am. L. Rev. 1, 4-5 (1870) (hereafter Holmes, *Codes*)（誰が主権を有するかは事実についての問題であると論じている）。彼の生涯の後半において，ホームズは，法の研究から道徳を明白かつ厳格に分離した。See Oliver Wendell Holmes, Jr., *The Path of the Law*, 10 Harv. L. Rev. 457, 459-62 (1897) (hereafter Holmes, *Path*). ラングデルとホームズの比較として，以下の文献を参照。Duxbury, *supra* note 8, at 46 and n. 147（ホームズを純粋に反形式主義であるとし，それ故にラングデルに反対したと見做してきた論者を取り上げている）; LaPiana, *supra* note 8, at 169（ラングデルとホームズの類似性を強調している）.

(63) Oliver Wendell Holmes, Jr., The Common Law 35-36, 51, 77-78, 111 (Dover ed., 1991; first ed., 1881). ホームズは，自身をプレモダンの信仰を持たない初めての世代であると信じた。See G. Edward White, Justice Oliver Wendell Holmes: Law and the Inner Self 37 (1993).

(64) See, e. g., Oliver Wendell Holmes, Jr., review of A. V. Dicey, A Treatise on the Rules for the Selection of the Parties to an Action (1870), 5 Am. L. Rev. 534 (1871) (hereafter Holmes, Dicey); Oliver Wendell Holmes, Jr., review of C. C. Langdell, Summary of Contracts (1880), 14 Am. L. Rev. 233 (1880), in Mark D. Howe, Justice Oliver Wendell Holmes, The Proving Years 156 (1963) (hereafter Holmes, Langdell). ラングデルと同様に，ホームズは，法の分類においてコモン・ロー上の訴訟形態から法典上の申し立ての訴訟形態に移行したことの重要性を認めていた。See Holmes, *Codes*, *supra* note 62, at 13; Holmes, Dicey, *supra*, at 535; see also White, *supra* note 63, at 117.

(65) Holmes, *Code*s, *supra* note 62, at 4; Holmes, *supra* note 63, at 35; see Grey, *Holmes*, *supra* note 8, at 819（ホームズのプラグマティズムを強調している）。彼の法学において幾分ホームズ主義的であった，ニコラス・St・ジョン・グリーンは，当初ラ

ングデルの下のハーバードで教えたが，ラングデル主義の過大な理論的アプローチに抵抗し，そこを去るに至った。彼はボストン大学ロー・スクールを立ち上げる助けとなる道を選択した。See LaPiana, *supra* note 8, at 110-22; see, e. g., Nicholas St. John Green, *Slander and Libel*, 6 Am. L. Rev. 593 (1872); review of John Townsent, A Treatise on the Wrongs Called Slander and Libel, and On the Remedy by Civil Action for Those Wrongs (1872).

(66) Holmes, *supra* note 63, at 1; Holmes, Langdell, *supra* note 64, at 156; see Minda, *supra* note 8, at 16 (法学におけるモダンの時代は，ホームズとともに開花したと論じている); Grey, *Holmes*, *supra* note 8, at 796-98 (ホームズの法学における歴史主義者の姿勢の重要性を議論している。

(67) Holmes, *supra* note 63, at 305. ラングデルは，三段論法による証明に基づいて，受領は受領者にのみ有効であるべきことを論じた。実践的考慮および正義は問題外であった。ラングデルがこのようなプラグマティックな関心を論ずるときはいつでも，それらは司法判断を正当化することができる原理ではないと説明することによって，それらの重要性を注意深く限定した。ラングデルの議論と極めて対照的に，ホームズは，便宜のみが決定的であると主張した。次にホームズは，それに付随する事項として，特にラングデルの三段論法を批判して，発信を有効とする受領に有利な法的議論を付加したのであった (305-7)。意識的な司法による法形成を推奨している，ホームズについて，以下の文献を参照。36; Holmes, *Path*, *supra* note 62, at 467.

(68) Holmes, *supra* note 63, at 36 ("The truth is"); Oliver Wendell Holmes, Jr., *Law in Science and Science in Law*, 12 Harv. L. Rev. 443 (1899), in The Essencial Holmes 185, 198 (Richard A. Posner ed., 1992) ("I believe that").

(69) Holmes, *Path*, *supra* note 62, at 457-61; see, e. g., Jerome Frank, *Mr. Justice Holmes and Non-Euclidean Legal Thinking*, 17 Cornell L. Q. 568 (1932) (ホームズの役割をラングデル流の法学からの転換として強調している).

(70) Roscoe Pound, *Mechanical Jurisprudence*, 8 Colum. L. Rev. 605, 605-9 (1908) (hereafter Pound, *Mechanical*); see also Benjamin Cardozo, The Nature of the Judicial Process (1921); Roscoe Pound, *The Scope and Purpose of Sociological Jurisprudence*, 25 Harv. L. Rev. 489 (1912); Roscoe Pound, *The Theory of Judicial Decision*, 36 Harv. L. Rev. 940 (1923). 社会学的法学についての優れた研究として，以下の文献を参照。Hull, *supra* note 8; G. Edward White, *From Sociological Jurisprudence to Realism: Jurisprudence and Social Change in Early Twentieth-Century America*, in Pattersons of America Legal Thought 99 (1978).

(71) See Roscoe Pound, *Liberty of Contract*, 18 Yale L. J. 454, 455, 464-68 (1909) (自然権に基づくものとしての自由放任主義立憲主義を攻撃している) (hereafter Pound, *Liberty*). プログレッシビズム一般について，以下の文献を参照。Hofstadter, *supra* note 1, at 176-82; Weibe, *supra* note 1, at 164-95.

(72) リアリズムについてのさらなる議論として，以下の文献を参照。Laura Kalman, Legal Realism at Yale, 1927-1960 (1986) (hereafter Kalman, Legal Realism); Schlegel, *supra* note 8; William Twining, Karl Llewellyn and the Realist Movement

(1973). リアリストについての様々なリストの集成として，以下の文献を参照。Hull, *supra* note 8, at 343-46.

(73) Fred Rodell, *Goodbye to Law Reviews*, 23 Va. L. Rev. 38, 38 (1936); see Stephen M. Feldman, *Diagnosing Power: Postmodernism in Legal Scholarship and Judicial Practice* (人身保護事件における新しいルールに反対して，ティーグ・ルール (Teague Rule) を強調している), 88 Nw. U. L. Rev. 1046, 1090-91 (1994); John Henry Schlegel, *Langdell's Legacy or, The Case of the Empty Envelope*, 36 Stan. L. Rev. 1517, 1529-30 (1984), review of Robert S. Stevens, Law School: Legal Education in America From the 1850s to the 1980s (1983).

(74) Laura Kalman, *Bleak House*, 84 Geo. L. J. 2245, 2245 (1996); quoting Schlegel, *supra* note 8, at 8, paraphrasing a Dewey lecture; Walter Wheeler Cook, The Logical and Legal Basis of the Conflict of Laws 4 (1942) (「経験的」方法); see Purcell, *supra* note 4, at 3-73 (科学的自然主義の出現について); Schlegel, *supra* note 8, at 57-61.

(75) Laura Kalman, Abe Fortas: A Biography 23 (1990); Leuchtenberg, *supra* note 1, at 333 (「産業システムを作るために」); see Hofstadter, *supra* note 1, at 316-17; Leuchtenberg, *supra* note 1, at 338-39, 344 (プログレッシビィズムをニューディールと比較している); see, e. g., Thomas Reed Powell, *The Judiciality of Minimum Wage Legislation*, 37 Harv. L. Rev. 545, 554-56 (1924) (リアリストの観点から，契約の自由は，ロックナー最高裁の判事によって創造された権利であり，契約の自由は連邦憲法の一部ではないことを議論している)。リアリスト法学は，ニューディールに対応しているのではなく，多くのリアリスト達は，まさにルーズベルト政権のために働いているときに，ニューディーラーとなったことを，私は示唆している。See Duxbury, *supra* note 8, at 153-54; Grey, *Modern*, *supra* note 8, at 501-2. 明らかに，リアリスト法学は，ニューディール政策に共鳴し，従って多くのリアリストがニューディール政策に飛び込むことを促進した。See, e. g., Kalman, *supra* note 8, at 17.

(76) Felix Cohen, *Transcendental Nonsense and the Functional Approach*, 35 Colum. L. Rev. 809 (1935), in The Legal Conscience 33, 34-37 (1960).

(77) Karl Llewellyn, The Bramble Bush 12 (1930) (emphasis omitted) (hereafter Llewellyn, Bramble Bush). 引用された文章における最後の文は，やがて議論の渦中に置かれ，ルウェリンはその後の版において取り消した。Karl Llewellyn, The Bramble Bush 8-9 (1951); see Karl N. Llewellyn, *On Reading and Using the Newer Jurisprudence*, 40 Colum. L. Rev. 581, 603 (1940) (それがいかに恣意的であろうと，法は，役人がそれをなしているものであるということを『黒イチゴの藪 (The Bramble Bush)』において示唆したことに対して「公の贖罪」を表明している).

(78) Joseph Hutcheson, *The Judgment Intuitive: The Function of the "Hunch" in Judicial Decision*, 14 Cornell L. Q. 274, 278, 286-87 (1929); Rodell, *supra* note 73, at 38; Kalman, *supra* note 8, at 46; quoting Fortas, from Kalman's interview with Fortas's clerk, John Griffiths; see Karl Llewellyn, *Some Realism about Realism —— Responding to Dean Pound*, 44 Harv. L. Rev. 1222, 1238-41 (1931); Max Radin, *The Theory of Judicial Decision Or: How Judges Think*, 11 A. B. A. J. 357 (1925). 模範

法典運動についての歴史資料として,以下の文献を参照。Grant Gilmore, The Death of Contract 58-65 (1974); H. Goodrich and P. Wolkin, The Story of the American Law Institute 1923-1961 (1961); J. Honnold, The Life of the Law 144-80 (1964); see, e. g., Restatement of Contracts (1932). 模範法典運動に対するリアリストの批判として,以下の文献を参照。Cohen, *supra* note 76, at 59; Walter Wheeler Cook, *Scientific Method and the Law*, 13 A. B. A. J. 303, 307 (June 1927).

(79) Robert L. Hale, *Coercion and Distribution in a Supposedly Non-coercive State*, 38 Pol. Sci. Q. 470, 470 (1923); see Robert L. Hale, *Force and the State:* A Comparison of *"Political" and "Economic" Compulsion*, 35 Colum. L. Rev. 149, 149, 168, 198-201 (1935). 社会学的法学者であるモリス・R・コーエンは同様の議論をしている。Morris R. Cohen, *The Basis of Contract*, 46 Harv. L. Rev. 553, 585-87 (1933).

(80) *Lochner v. New York*, 198 US 45, 74-76 (1905) (Holmes, J., dissenting); see White, Holmes, *supra* note 63, at 364-65 (ホームズ判事の反対意見の重要性を論じている).

(81) Jerome Frank, *Mr. Justice Holmes and Non-Euclidean Legal Thinking*, 17 Cornell L. Q. 568, 571, 580 (1932); see Jerome Frank, Law and the Modern Mind (1930); see also Donald H. Gjerdingen, *The Future of Legal Scholarship and the Search for a Modern Theory of Law*, 35 Buffalo L. Rev. 381, 395-96 (1986); Peller, Metaphysics, *supra* note 8, at 1154, 1239-41, 1260-61.

(82) Walter Wheeler Cook, *Legal Logic*, 31 Colum. L. Rev. 368 (1931); Ross, *supra* note 4, at 311 ("quantitative methods"); Novick, *supra* note 4, at 141; see William O. Douglas and Dorothy S. Thomas, *The Business Failures Project—2. An Analysis of Methods of Investigation*, 40 Yale L. J. 1034, 1036 (1931); Underhill Moore and Gilbert Sussman, *Legal and Institutional Methods Applied to the Debiting of Direct Discounts—3. The Connecticut Studies*, 40 Yale L. J. 752 (1931); see, e. g., William O. Douglas, *Some Functional Aspects of Bankruptcy*, 41 Yale L. J. 329 (1932). 社会科学の重要性について,以下の文献を参照。Purcell, *supra* note 4, at 3-94; Schlegel, *supra* note 8; see, e. g., Jerome Frank, *Why Not a Clinical Lawyer-School?*, 81 U. Penn. L. Rev. 907, 921-22 (1933) (ロー・スクールへの社会科学の統合を推奨している).

(83) Grey, *Holmes, supra* note 8, at 802 (「実践的必要性」); William O. Douglas, *Wage Earner Bankruptcies—State v. Federal Control*, 42 Yale L. J. 591, 593 (1933); Kalman, Fortas, *supra* note 75, at 28; quoting Fortas; see Cook, *supra* note 78 (プラグマティックな経験主義を強調しているリアリスト); William James, *Pragmatism's Conception of Truth*, in Pragmatism: The Classic Writings 227 (H. Thayer ed., 1982); see also Ross, *supra* note 4, at 311-13 (急激な歴史変化の自覚に逆らうことを,社会科学者がいかにコントロールすることを求めたかを記している).

(84) Llewellyn, Bramble Bush, *supra* note 77, at 12 (「具体的な例」); Cohen, *supra* note 76, at 839-40; see Felix Cohen, Ethical Systems and Legal Ideals 62-63, 237 (1933); Llewellyn, *supra* note 78, at 1237. 1941年に出版された,『連邦インディアン法教本

(Handbook of federal Indian Law)』を著述するにつき，コーエンはこの方法を適用したのかについて，以下の文献を参照。Stephen M. Feldman, *Felix S. Cohen and His Jurisprudence: Reflections on Federal Indian Law*, 35 Buffalo L. Rev. 479 (1986). 社会学的法学者が初めて社会工学という用語法を使用した。See, e.g., Pound, *Mechanical*, *supra* note 70, at 609.

(85) Gunnell, *supra* note 4, at 105; Purcell, *supra* note 4, at 40-42, 69-73; Ross, *supra* note 4, at 314-15.

(86) Schlegel, *supra* note 8, at 230; quoting Douglas in Douglas to Hutchins, 4/7/34, Robert Maynard Hutchins Papers, University of Chicago; see Gunnell, *supra* note 4, at 105, 122-23, 127-45; Purcell, *supra* note 4, at 96, 112-14, 138; Schlegel, *supra* note 8, at 2, 20, 211, 230（リアリズムの終焉について）; Singer, *supra* note 8, at 468; G. Edward White, *From Realism to Critical Legal Studies; A Truncated Intellectual History*, in Intervention and Detachment 274, 278 (1994) (hereafter White, *From Realism*)

(87) *Harper v. Virginia Board of Elections*, 383 US 663 (1966)（人頭税）; *Reynolds v. Sims*, 377 US 533 (1964)（一人一票）; *Gomillion v. Lightfoot*, 364 US 339 (1960)（人種によるゲリマンダリング）; Voting Rights Act of 1965, 79 Stat. 437, 42 U. S. C. §§ 1973 et seq.; Civil Rights Act 1964, 78 Stat. 241, 42 U. S. C. §§ 1971, 1975(a)-(d), 2000(a)-2000(h)(4); see Purcell, *supra* note 4, at 5 (19世紀「アメリカ人は民主主義を入念に理論的に正当化することに無関心であった」); Wiebe, Self-Rule, *supra* note 8, at 55（「ハーパー・ブラザーズ出版社は，1841年まで，民主主義についてアメリカ人の手になる本は存在しなかった」ことを記している); Morton J. Horwitz, *Foreword: The Constitution of Change: Legal Fundamentality without Fundamentalism*, 107 Harv. L. Rev. 30, 56-57 (1993)（民主主義の重要性が徐々に増したことについて）(hereafter Horwitz, *Foreword*). But see Barry Friedman, *The History of the Countermajoritarian Difficulty, pt. l, The Road to Judicial Supremacy*, 73 N. Y. U. L. Rev. 333, 385 (1998) (George Sidney Camp, Democracy (1841) を引用して，キャンプが1841年に民主主義のテキストを出版した最初のアメリカ人であることを示唆している)。連邦議会は1957年と1960年に，既に公民権法を制定していたが，両者ともに投票権について，不適切な項を含んでいた。See Derrick Bell, Race, Racism, and American Law 145-46 (2d ed., 1980).

(88) Clarence Dykstra, *The Quest for Responsibility*, 33 Am. Pol. Sci. Rev. 1, 11, 22 (1939); see Novick, *supra* note 4, at 281（アメリカにおける知的，物質的動向について）。

(89) John Dewey, Freedom and Culture 134, 175 (1939). デューイは文化（culture）という用語を，経済，およびその他の社会制度を含む，広い意味に使用した。See 6-12; see also Robert Brooks, *Reflections on the "World Revolution" of 1940*, 35 Am. Pol. Sci. Rev. 1 (1941).

(90) See Purcell, *supra* note 4, at 235-66; Jane Mansbridge, *The Rise and Fall of Self-Interest in the Explanation of Political Life*, in Beyond Self-Interest 8-9 (Jane

Mansbridge ed., 1990); compare Daniel Bell, The Cultural Contradictions of Capitalism 23-24 (1978) (経済諸原理の政治への移行について); Joseph A. Schumpeter, Capitalism, Socialism, and Democracy 242 (3d ed., 1950) (デモクラシーは決定に至るための手段であることを強調している).

(91) Robert Dahl, A Preface to Democratic Theory 6 (1956); see, e. g., V. O. Key, Politics, Parties, and Pressure Groups (4th ed., 1958; first published in 1942) (権力の行使としての政治を強調し，権力行使における圧力団体の役割を議論している); David B. Truman, The Governmental Process (1951) (政治的利益団体の機能および影響についての広範な研究成果である); see also Purcell, *supra* note 4, at 254-72, 283.

(92) Dahl, *supra* note 91, at 143; Purcell, *supra* note 4, at 253; see Gunnell, *supra* note 4, at 241; Purcell, *supra* note 4, at 231, 235-66; see, e. g., Louis Hartz, The Liberal Tradition in America 14-20, 58-59, 85-86, 134 (1955) (アメリカの道徳についての均一性を強調している); Richard Hofstadter, The American Political Tradition and the Men Who Made It (1948).

(93) Hodgson, *supra* note 1, at 137 (「ブランドの時代」); Patterson, *supra* note 1, at 344 (「劇的拡大」); Novick, *supra* note 4, at 325 (「思潮」); Patterson, *supra* note 1, at 82 (「不可測的に強力」); John Kenneth Galbraith, The Affluent Society (1958); Patterson, *supra* note 1, at 61 ("quarter century"; quoting Daniel Yankelovich, The New Morality 166 (1974)); Hodgson, *supra* note 1, at 12 (「ビジネスマン」). テレビの重要性について，以下の文献を参照. Hodgson, *supra* note 1, at 134-52; 2 Thernstrom, *supra* note 1, at 812-13.

(94) Eugene V. Rostow, *The Democratic Character of Judicial Review*, 66 Harv. L. Rev. 193 (1952); see Harold D. Lasswell and Myres S. McDougal, *Legal Education and Public Policy: Professional Training in the Public Interest*, 52 Yale L. J. 203, 206, 217 (1943) (法学教育は，民主的価値を達成するための政策形成の訓練となるべきである); Lon L. Fuller, *Reason and Fiat in Case Law*, 59 Harv. L. Rev. 376, 395 (1946) (「それなしには民主社会が存立不可能な，妥協と寛容の精神」を強調している) (hereafter Fuller, *Reason and Fiat*). リアリストに対する批判について，以下の文献を参照. Walter B. Kennedy, *Functional Nonsense and the Transcendental Approach*, 5 Ford. L. Rev. 272 (1936) (フェリックス・コーエンのリアリズムを批判している); Francis Lucey, *Natural Law and American Legal Realism*, 30 Geo. L. J. 493 (1942) (自然法の観点からリアリスト達を非難している); see also Henry M. Hart, Jr., *Holmes' Positivism—An Addendum*, 64 Harv. L. Rev. 929, 934 (1951) (ホームズの行動主義および積極主義，並びに行動を変えさせる概念ないしは理由の力を拒絶するために，リーガル・リアリストを非難している) (hereafter Hart, *Holmes' Positivism*); Louis L. Jaffe, *Foreword: The Supreme Court, 1950 Term*, 65 Harv. L. Rev. 107 (1951) (連邦最高裁の働きは，法ではなく政治であることに焦点を合わせていると信じたことに関して，リアリストを非難している). 第2次世界大戦後におけるリアリズムの影響について，以下の文献を参照. Laura Kalman's discussion of Yale, Legal Realism, *supra* note 72, at 145-87; see, e. g., Robert L. Hale, *Bargaining, Duress, and Economic*

Liberty, 43 Colum. L. Rev. 603 (1943) (1940年代以後のリアリストの論文の範例). 法学教授の同質性について, 以下の文献を参照. Richard A. Posner, *The Decline of Law as an Autonomous Discipline: 1962-1987*, 100 Harv. L. Rev. 761, 765-66 (1987) (1950年代後半および1960年代前半における法学教授間のイデオロギー的闘争の欠如を強調している). 第2次世界大戦後の法学界における女性の数の少なさについて, 以下の文献を参照. Fossum, *supra* note 29; Kay, *supra* note 29. 1940年代および1950年代の間, ハーバート・ウェクスラーのような, 幾人かのユダヤ人が法学界に加わったが, この時期, そのようなユダヤ人のほとんどは, ユダヤ人としてのアイデンティティーおよび継承物を公然と披瀝することを避ける傾向にあった. See Leonard Dinnerstein, Antisemitism in America 87-88 (1994) (アカデミックな世界におけるユダヤ人に対する広範な差別を議論している).

(95) Lon L. Fuller, The Morality of Law 155 (rev. ed., 1969); see Lon L. Fuller, The Law in Quest of Itself 45-59, 109-10, 122-23 (1940); see also John Dickinson, *Legal Rules: Their Place in the Process of Decision*, 79 U. Pa. L. Rev. 833 (1931); Fuller, *Reason and Fiat*, *supra* note 94, at 378-79, 395. ルール懐疑主義に対する初期の攻撃に関して, 以下の文献を参照. Morris Cohen, *The Place of Logic in the Law*, 29 Harv. L. Rev. 622 (1915), in Law and the Social Order 165 (1933). リーガル・プロセスについての議論として, 以下の文献を参照. Neil Duxbury, *Faith in Reason: The Process Tradition in American Jurisprudence*, 15 Cardozo L. Rev. 601, 622-32 (1993); William N. Eskridge, Jr., and Philip P. Frickey, *The Making of The Legal Process*, 107 Harv. L. Rev. 2031 (1994); Peller, *Natural Principles*, *supra* note 8; G. Edward White, *The Evolution of Reasoned Elaboration: Jurisprudential Criticism and Social Change*, in Patterns of American Legal Thought 136 (1978). イギリスの分析法哲学者である, H・L・A・ハートとの論争の文脈における, フラーの初期の概念についての詳しい説明として, 以下の文献を参照. H. L. A. Hart, The Concept of Law (1961); H. L. A. Hart, *Positivism and the Separation of Law and Morals*, 71 Harv. L. Rev. 593 (1958); Lon Fuller, *Positivism and Fidelity to Law—A Reply to Professor Hart*, 71 Harv. L. Rev. 630 (1958).

(96) Hart, *Holmes' Positivism*, *supra* note 94, at 936 n. 21 (「制度設置の原理」); Henry Hart, Jr., and Albert Sacks, The Legal Process: Basic Problems in the Making and Application of Law 4 (tentative ed., 1958) (hereafter Hart and Sacks, tentative ed.); Henry Hart, Jr., *The Power of Congress to Limit the Jurisdiction of Federal Courts: An Exercise in Dialectic*, 66 Harv. L. Rev. 1362, 1365 (1953) (本質的機能テーゼについて); see Hart and Sacks, tentative ed., at iii, 3, 366-68, 662. ハートとサックスは1954年までに, 既にリーガル・プロセスを担当していた. さらに, 彼らおよびその他の教授は, 10年以上関連科目 (例えば, 立法 (legislation) について) を展開させており, ハートとサックスはこれらの科目の教材を作成していた. See Eskridge and Frickey, *supra* note 95, at 2033-45. ハートとサックスのリーガル・プロセスのケースブックは, 最終的に1994年に出版された. Henry Hart, Jr., and Albert Sacks, The Legal Process: Basic Problems in the Making and Application of Law (William N.

Eskridge and Philip P. Frickey eds., 1994) (hereafter Hart and Sacks, 1994).
(97) Henry M. Hart, Jr., and Herbert Wechsler, preface to The Federal Courts and the Federal System (1953); compare Grey, Modern, *supra* note 8, at 504 (リーガル・プロセス派の理論家は，行政法および連邦裁判所論 (federal courts) を好んだことを強調している).
(98) Hart and Sacks, tentative ed., *supra* note 96, at 164-67; Hart and Sacks, 1994, *supra* note 96, at 147; see Peller, *Natural Principles*, *supra* note 8, at 571, 592-97, 600, 603; White, *From Realism*, *supra* note 86, at 281.
(99) Hartz, *supra* note 92, at 156; Hart and Sacks, 1994 *supra* note 96, at 148; Louis Henkin, *Foreword: On Drawing Lines*, 82 Harv. L. Rev. 63, 63 (1968); see Hartz, *supra* note 92, at 59-62 (個人主義について); Kalman, *supra* note 8, at 32-33 (サックスが連邦最高裁によるパー・キューリアムによる意見 (per curiam opinions) の使用について批判した後，フランクファーターとサックスが，どのような手紙の交換をしたのかについて記述している); Richard H. Fallon, Jr., *Reflection on the Hart and Wechsler Paradigm*, 47 Vand. L. Rev. 953, 962 (1994); Peller, *Neutral Principles*, *supra* note 8, at 568-72; Mark Tushnet and Timothy Lynch, *The Project of the Harvard "Forewords": A Social and Intellectual Inquiry*, 11 Const. Commentary 463 (1994-1995) (ハーバード・ロー・レビューの巻頭言の歴史). リーガル・プロセス派の著者の学問的提案を明示的に論じたフランクファーター裁判官の意見の例として，以下の文献を参照。*Textile Workers Union v. Lincoln Mills*, 353 US 448, 473-74 (1957) (Frankfurter, J., dissenting) (discussing the theory protective jurisdiction).
(100) See G. Edward White, *Judicial Activism and the Identity of the Legal Profession*, in Intervention and Detachment 222, 234 (1994) (hereafter White, *Judicial Activism*).
(101) Jerome A. Chanes, *Antisemitism and Jewish Security in America Today: Interpreting the Data. Why Can't Jews Take "Yes" for an Answer?* in Antisemitism in America Today 3, 24 (Jerome A. Chanes ed., 1995); Benjamin Ginsberg, The Fatal Embrace: Jews and the State 141 (1993) (1960年までに，ニュース・メディアは，反ユダヤ主義の過度の主張は，過激主義者であり非米的であると宣言した). 1930年代において，アメリカの反ユダヤ主義がヨーロッパからの亡命者をどのように認識していたかについて，以下の文献を参照。Martin Jay, The Dialectical Imagination: A History of the Frankfurt School and the Institute of Social Research, 1923-1950, at 34 (1973); Gunnar Myrdal, An American Dilemma 53, 1186 n. 4 (1944).
(102) 公民権運動一般について，以下の文献を参照。David J. Garrow, Bearing the Cross: Martin Luther King, Jr., and the Southern Christian Leadership Conference (1986); Robert Weisbrot, Freedom Bound: A History of America's Civil Rights Movement (1990); see Hodgson, *supra* note 1, at 149 (テレビと公民権運動を結び付けている); Patterson, *supra* note 1, at 480 (same); see also Novick, *supra* note 4, at 348-60 (戦後における反人種差別主義者のコンセンサスの発展について). 戦後の反ユダヤ主義について，以下の文献を参照。Dinnerstein, *supra* note 94, at 162-66.

(103) *United States v. Calolene Products*, 304 US 144, 152 n. 4 (1938); *West Coast Hotel Co. v. Parrish*, 300 US 379 (1937)(変容した連邦最高裁は，司法の抑制を示している). 連邦最高裁における分裂について，以下の文献を参照。Horwitz 2, *supra* note 8, at 252; Richard Kluger, Simple Justice 240-41, 582-84 (1975); Schwartz, *supra* note 8, at 253-55, 269-76; Bernard Schwartz, Super Chief 32. 40-48 (1983). 優越的自由論争の起源とされる，ストーンの調査官であったルイス・ラスキーによって書かれた脚注4について，以下の文献を参照。Horwitz 2, *supra* note 8, at 252; Schwartz, *supra* note 8, at 281; Alpheus Thomas Mason, *The Core of Free Government, 1938-1940: Mr. Justice Stone and "Preferred Freedoms,"* 65 Yale L. J. 597 (1956); see also Joseph Tussman and Jacobus TenBroek, *The Equal Protection of the Laws*, 37 Cal. L. Rev. 341 (1949)(平等権についての連邦最高裁判決の出現を強調している。) 様々な連邦最高裁判事および学者が，優越的自由の理論が，ホームズ判事のロックナー事件判決での反対意見と両立するか否かについて議論した。See Horwitz, *Foreward, supra* note 87, at 81; Mason, *supra*, at 602. G・エドワード・ホワイトは，近時，優越的自由の理論は，歴史的に，より以前の修正第1条の諸事件に遡ることを論じた。G. Edward White, *The First Amendment Comes of Age: The Emergence of Free Speech in Twentieth-Century America*, 95 Mich. L. Rev. 299, 327-30 (1996). The flag salute cases were *West Virginia State Board of Education v. Barnette*, 319 US 624 (1943), overruling *Minersville v. Gobitis*, 310 US 586 (1940); see Mason, *supra*, at 622 (宗教的頑迷さのうねりについて); Richard Primus, Note, *A Brooding Omnipresence: Totalitarianism in Postwar Constitutional Thought*, 106 Yale L. J. 423, 437-38 (1996) (連邦最高裁がゴビィティス事件判決を覆したのは，アメリカをナチスドイツから象徴的に分離したいという欲求に帰している). 連邦最高裁の判決のみが頑迷さと暴力の爆発を引き起こしたことを示唆しようとする意図ではない。

(104) *Brown v. Board of Education*, 347 US 483 (1954). リチャード・クルーガーとバーナード・シュウォーツは，フランクファーターをより英雄的役割を演じたとして描いているのに対して，マーク・タシュネットとカティヤ・レジンはより慎ましい役割にすぎなかったと論じている。Kluger, *supra* note 103, at 599; Schwartz, *supra* note 8, at 286-88; Schwartz, Super Chief, *supra* note 103, at 76-81; Mark Tushnet and Katya Lezin, *What Really Happened in Brown v. Board of Education*, 91 Colum. L. Rev. 1867 (1991); see Kalman, *supra* note 8, at 28-34.

(105) *Brown*, 343 US at 495-96; *Brown v. Board of Education*, 349 US 294 (1955) (*Brown II*); *Plessy v. Ferguson*, 163 US 537 (1896); Schwartz, Super Chief, *supra* note 103, at 88-93; Tushnet and Lezin, *supra* note 104, at 1878; see Derrick A. Bell, *Brown v. Board of Education and the Interest-Convergence Dilemma*, 93 Harv. L. Rev. 518 (1980); see also Mary L. Dudziak, *Desegregation as a Cold War Imperative*, 41 Stan. L. Rev. 61 (1988); compare Kluger, *supra* note 103, at 710 (連邦最高裁は，「単純な正義」を認めることによって，アメリカの原理を強行することにより，国民の良心として行動した). NAACP の役割について，以下の文献を参照。Mark Tushnet, Segregated Schools and Legal Strategy: The NAACP's Campaign Against Segre-

gated Education, 1925-1950 (1987); Jerome M. Culp, Jr., *Toward a Black Legal Scholarship: Race and Original Understandings*, 1991 Duke L. J. 39, 55 and n. 42 (NAACPは, タッシュネットによって認められている以上に, より一貫した法的戦術を有していたことを論じている).
(106) *Brown*, 347 US at 492-95.
(107) See Kalman, *supra* note 8, at 5-6 (法学者にとって, ブラウン事件の出来事としての重要性を強調している); Minda, *supra* note 8, at 39 (same); Peller, *Neutral Principles*, *supra* note 8, at 592 (初期のリーガル・プロセスは, 司法審査に焦点を当てていなかった). 授業の教材である,『リーガル・プロセス——法の策定と適用における基本問題 (The Legal Process: Basic Problems in the Making and Application of Law)』, はブラウン事件にさえ言及していなかった. See Eskridge and Frickey, *supra* note 95, at 2050.
(108) Albert M. Sacks, *Foreword: The Supreme Court, 1953 Term*, 68 Harv. L. Rev. 96, 96-99 (1954); Robert Braucher, *Foreword: The Supreme Court, 1954 Term*, 69 Harv. L. Rev. 120, 120 (1955).
(109) Alexander M. Bickel and Harry H. Wellington, *Legislative Purpose and the Judicial Process: The Lincoln Mills Case*, 71 Harv. L. Rev. 1, 6 (1957); Ernest J. Brown, *Foreword: Process of Law*, 72 Harv. L. Rev. 77 (1958); Henry M. Hart, Jr., *Foreword: The Time Chart of the Justices*, 73 Harv. L. Rev. 84, 94-101 (1959).
(110) Herbert Wechsler, *Toward Neutral Principles of Constitutional Law*, 73 Harv. L. Rev. 1, 15-16, 31-34 (1959).
(111) Wechsler, *supra* note 110, at 32; see Kalman, *supra* note 8, at 27 (ブラウン判決の意見は「自覚的リアリスト」と考えられると論じている); G. Edward White, *Earl Warren as Jurist*, 67 Va. L. Rev. 461, 462-73 (1981) (リーガル・プロセスの要求についてのウォーレンの関心の欠如について) (hereafter White, *Earl Warren*). ブラウン事件判決に対する有名な批判として, 以下の文献を参照. Raoul Berger, Government by Judiciary 243-45 (1977) (ウォーレンは, 修正第14条について, 採択の真の歴史を無視した); Alexander Bickel, The Supreme Court and the Idea of Progress 37 and n.* (1978; 1st ed., 1970) (hereafter Bickel, Idea of Progress) (ブラウン判決は歴史的退化に向かっていた); Learned Hand, The Bill of Rights 54-55 (1958) (ブラウン・コートを, ロックナー・コート類似の行動を採ったことで批判する).
(112) Louis H. Pollak, *Racial Discrimination and Judicial Integrity: A Reply to Professor Wechsler*, 108 U. Pa. L. Rev. 1 (1959); Charles L. Black, Jr., *The Lawfulness of the Segregation Decisions*, 69 Yale L. J. 421 (1960).
(113) Moses Lasky, *Observing Appellate Opinions from Below the Bench*, 49 Cal. L. Rev. 831, 832-34 (1961); Addison Mueller and Murray L. Schwartz, *The Principle of Neutral Principles*, 7 U. C. L. A. L. Rev. 571, 577-78, 586 (1960).
(114) Karl Llewellyn, The Common Law Tradition 3 (1960) (ルウェリンは, 本書では, 法学者だけではなく, 実際, 法律家一般に言及している); Ronald Dworkin, Taking Rights Seriously (1978); John Rawls, A Theory of Justice (1971); Frank I.

Michelman, *Foreword: On Protecting the Poor through the Fourteenth Amendment*, 83 Harv. L. Rev. 7, 9, 14-15 (1969); The Impact of Supreme Court Decision (Theodore L. Becker ed., 1969) (containing gap studies). リーガル・プロセスに対するドウォーキンの関係について，以下の文献を参照。Duxbury, *supra* note 8, at 295; Vincent A. Wellman, *Dworkin and the Legal Process Tradition: The Legacy of Hart and Sacks*, 29 Ariz. L. Rev. 413 (1987). 1969年に書かれた，マイケルマンの論文は，1971年に出版された『正義論（A Theory of Justice）』が出版される前のロールズの諸論文を引き合いに出している。Michelman, *supra*, at 15 n. 20; see Charles Reich, *The New Property*, 73 Yale L. J. 733 (1964)（マイケルマンと同様に，政府援助を求める権利の擁護について論じている）; see also Kalman, *supra* note 8, at 62-68（ロールズを使用することについて）。法と社会運動の発展について，以下の文献を参照。Duxbury, *supra* note 8, at 440-45; Kalman, *supra* note 8, at 49. See generally Novick, *supra* note 4, at 457-58（1960年代において，歴史の専門家における「解釈の重要性の認識」の欠如を強調している）。

(115) Ronald Coase, *The Problem of Social Cost*, 3 J. L. & Econ. 1 (1960); see James R. Hackney, Jr., *Law and Neoclassical Economics: Science, Politics, and the Reconfiguration of American Tort Law Theory*, 15 Law & Hist. Rev. 275 (1997)（法と経済学運動の出現についての歴史的説明）。

(116) Richard Posner, Economic Analysis of Law (1st ed., 1973); see A. Mitchell Polinsky, An Introduction to Law and Economics (1983)（初期の法と経済学運動についての概要）。

(117) Richard A. Posner, *Volume One of The Journal of Legal Studies —— An Afterword*, 1 J. Legal Stud. 437, 437 (1972). 公共選択理論に関して，以下の文献を参照。Daniel A. Farber and Phillip P. Frickey, Law and Public Choice (1991).

(118) See, e. g., Alan David Freeman, *Legitimizing Racial Discrimination through Antidiscrimination Law: A Critical Review of Supreme Court Doctrine*, 62 Minn. L. Rev. 1049 (1978); Peter Gabel, *Intention and Structure in Contractual Conditions: Outline of a Method for Critical Legal Theory*, 61 Minn. L. Rev. 601 (1977); Duncan Kennedy, *Form and Substance in Private Law Adjudication*, 89 Harv. L. Rev. 1685 (1976). 批判的法学研究についての指導的論文のコレクションについて，以下の文献を参照。*The Politics of Law* (David Kairys ed., 1982). 指導的実務家の1人による批判的法学研究の概要として，以下の文献を参照。Mark Kelman, A Guide to Critical Legal Studies (1987).「持てる物」の勝利について，以下の文献を参照。Marc Galanter, *Why the "Haves" Come Out Ahead*, 9 L. & Soc'y Rev. 95 (1974). 全体的変容の要求について，以下の文献を参照。Roberto Mangabeira Unger, Knowledge and Politics (1975)（リベラリズムの部分的批判を拒絶している）; Duncan Kennedy, *How the Law School Fails: A Polemic*, 1 Yale Rev. L. & Soc. Action 71, 80 (1970)（ケネディがロー・スクールの学生にすぎなかった時に書かれた）。

(119) Duncan Kennedy, *The Structure of Blackstone's Commentaries*, 28 Buff. L. Rev. 205, 211-12 (1979).

(120) Robert Gordon, *New Developments in Legal Theory*, in The Politics of Law 281, 288 (David Kairys ed., 1982); Gerald Frug, *The City as a Legal Concept*, 93 Harv. L. Rev. 1057 (1980); Frances E. Olsen, *The Family and the Market: A Study of Ideology and Legal Reform*, 96 Harv. L. Rev. 1497 (1983).

(121) Kennedy, *supra* note 119, at 213; compare John C. Williams, *Critical Legal Studies: The Death of Transcendence and the Rise of the New Langdells*, 62 N. Y. U. L. Rev. 429 (1987) (構造主義者であれ、非合理主義者であれ、批評家は、伝統的——ないしはモダニズムの——形而上学に捕らわれていることを論じている).

(122) Peter Gabel and Duncan Kennedy, *Roll over Beethoven*, 36 Stan. L. Rev. 1, 18 (1984) (「全くその通りである」); Paul Brest, *The Fundamental Rights Controversy: The Essential Contradictions of Normative Constitutional Scholarship*, 90 Yale L. J. 1063 (1981); Mark Tushnet, *Darkness on the Edge of Town: The Contributions of John Hart Ely to Constitutional Theory*, 89 Yale L. J. 1037 (1980); see Paul D. Carrington, *Of Law and the River*, 34 J. Legal Educ. 222 (1984); compare Kalman, *supra* note 8, at 125 (「ベートーベンを乗り越える (*Roll over Beethoven*) での対話は、批判的学問における重要な移動を象徴していることを示唆している」). 指導的批評家からの批判的法学研究についての伝記的背景について、以下の文献を参照。Gordon, *supra* note 120, at 282-83. タッシュネットのより近時の業績の例として、以下の文献を参照。Mark V. Tushnet, Marking Civil Rights Law: Thurgood Marshall and the Supreme Court, 1936-1961 (1994).

(123) Richard A. Wasserstrom, The Judicial Decision 25-28 (1961). ウォーレン・コートへの攻撃の例として、以下の文献を参照。Alexander M. Bickel, The Least Dangerous Branch 82-83 (2d ed., 1986; 1st ed., 1962) (hereafter Bickel, Least Dangerous); Gerald Gunther, *The Subtle Vices of the "Passive Virtues"— A Comment on Principle and Expediency in Judicial Review*, 64 Colum. L. Rev. 1, 4-5 (1964) (ウォーレン・コートの支持者に対するビッケルの非難を称えている).

(124) Bickel, Least Dangerous, *supra* note 123, at 16; see 20, 24-25, 27, 225-26; Bickel, Idea of Progress, *supra* note 111, at 37 and n. *. 反多数決主義の概念についての歴史的説明について、以下の文献を参照。Barry Friedman, *The History of the Countermajoritarian Difficulty, pt. l, The Road to Judicial Supremacy*, 73 N. Y. U. L. Rev. 333 (1998).

(125) Bickel, Least Dangerous, *supra* note 123, at 58.

(126) Id. at 111-98; Alexander M. Bickel, *Foreword: The Passive Virtues*, 75 Harv. L. Rev. 40 (1961).

(127) Gunther, *supra* note 123, at 13, 15, 17; see Bickel, Idea of Progress, *supra* note 111, at 99, 165; Alexander Bickel, The Morality of Consent 24-25 (1975); compare J. Skelly Wright, *Professor Bickel, The Scholarly Tradition, and the Supreme Court*, 84 Harv. L. Rev. 769 (1971) (ビッケルの変説を非難している); see also Minda, *supra* note 8, at 44 (中立原理概念に対するビッケルの拒否について記述している).

「中立原理」の概念というリーガル・プロセスにとって正確さを要する変数は、決し

て正確には定義されていない。See Duxbury, *supra* note 8, at 276-77 and nn. 481, 484 (ウェクスラーは，中立原理の概念を適切に定義しなかったことを批判している). とりわけ，中立原理は，しばしば，中立性という抽象的型態と同義に使用される。この観点から，中立原理は，様々な競合する政治的立場に幾分実質的に組みする価値ではない。そこで，そのような中立原理に依拠することによって，裁判所は，立法の政策形成の領域に侵入することなしに，判断を宣言することができたのである。非常にしばしば，リーガル・プロセス学派の学者は，中立原理をこの抽象的意味において議論したように思われる。だがしかし，その他の点において，中立原理の概念は，アメリカ社会を通じて広く受け入れられている概念と，ないしはロバート・ゴードンの言葉においては，「広い政治的コンセンサスを拠り所にする中立」と同義に使用されているにすぎない。Robert W. Gordon, *American Law through English Eyes: A Century pf Nightmares and Noble Dreams*, 84 Geo. L. J. 2215, 2216 (1996). 中立原理についてのこの見解は，より抽象的ではなく，よりプラグマティックであるが，結局，中立原理についての両者の概念は問題を有するものとなる。第1のより抽象的概念の下で，中立原理概念は論理の問題として崩壊する。いかなる原理も意味を有することを排除することができないし，具体的事件を想定することなしに適用できないが，それにもかかわらず，特定の政治的立場に好意を示さないということはない。第2の，よりプラグマティックな概念の下で，1960年代における，アメリカ社会の，激しい分裂は，いかなる重大な問題においても必要不可欠な，広い政治的コンセンサスを達成する可能性の存在が，第5章において議論されるように，誤りであることが示されるであろう。

(128) John H. Ely, Democracy and Distrust 1-104 (1980). 代表補強理論の源はジョン・マーシャルに溯ることができる。*McCulloch v. Maryland*, 17 US (4 Wheat.) 316 (1819); see also Jesse Choper, Judicial Review and the National Political Process 2, 127-28 (1980); Robert G. McCloskey, *Foreword: The Reapportionment Case*, 76 Harv. L. Rev. 54, 72-74 (1962).

(129) Ely, *supra* note 128, at 101, 117; see 105-79.

(130) Paul Brest, *The Substance of Process*, 42 Ohio St. L. J. 131, 142 (1981); see Richard D. Parker, *The Past of Constitutional Theory—And Its Future*, 42 Ohio St. L. J. 223, 234-35 (1981).

第5章　ポストモダニズムのアメリカ法思想

(1) 本章において引用されている，法学および法の歴史を含む，アメリカ史に関する有益な文献として，以下のものを参照。David J. Garrow, Liberty and Sexuality: The Right to Privacy and the Making of *Roe v. Wade* (1994); Godfrey Hodgson, America in Our Time (1976); Richard Hofstadter, Anti-Intellectualism in American Life (1962); Laura Kalman, The Strange Career of Legal Liberalism (1996); Gary Minda, Postmodern Legal Movements (1995); Peter Novick, That Noble Dream: The "Objectivity Question" and the American Historical Profession (1988); James

注 第5章　349

T. Patterson, Grand Expectations: The United States, 1945-1974 (1996); Bernard Schwartz, A History of the Supreme Court (1993); Stephan Thernstrom, A History of the American People (2d ed., 1989); Howard Zinn, A People's History of the United States (1980); Thomas Bender, *Politics, Intellect, and the American University, 1945-1995*, 126 Daedulus 1 (1997).

(2) Hodgson, *supra* note 1, at 16 (「愚か者の天国」); Patterson, *supra* note 1, at 451-52 ("grand expectations", "[p]eople talked confidently"); Hodgson, *supra* note 1, at 492 (「分断されたコンセンサス」).

(3) ベトナムについての歴史資料として，以下の文献を参照。Gabriel Kolko, Anatomy of a War: Vietnam, The United States, and the Modern Historical Experience (1994); Patterson, *supra* note 1, at 593-636; Thernstrom, *supra* note 1, at 844-56; Zinn, *supra* note 1, at 460-92.

(4) David Halberstam, The Best and the Brightest (1972); Zinn, *supra* note 1, at 538; quoting Culver.

(5) Martin Luther King, Jr., *Pilgrimage to Nonviolence* (1960), in A Testament of Hope: The Essential Writings of Martin Luther King, Jr., 35, 36 (James M. Washington ed., 1986); Martin Luther King, Jr., *An Address before the National Press Club* (1962), in A Testament of Hope: The Essential Writings of Martin Luther King, Jr., 99, 103 (James M. Washington ed., 1986). キングの見解の簡潔な要約として，以下の文献を参照。Stephen M. Feldman, *Whose Common Good? Racism in the Political Community*, 80 Geo. L. J. 1835, 1866-76 (1992).

(6) Hodgson, *supra* note 1, at 189; Martin Luther King, Jr., *I Have A Dream* (1963), in A Testament of Hope: The Essential Writings of Martin Luther King, Jr., 217-20 (James M. Washington ed., 1986); Malcolm X, *The Ballot or the Bullet*, in Malcolm X Speaks 23, 26 (George Breitman ed., 1965) (Cleveland, April 3, 1964); Hodgson, *supra* note 1, at 200 (quoting Malcolm X) ("the farce"); Hodgson, *supra* note 1, at 179 ("from a protest"). 公民権運動についての歴史研究として，以下の文献を参照。David J. Garrow, Bearing the Cross: Martin Luther King, Jr., and the Southern Christian Leadership Conference (1986); Robert Weisbrot, Freedom Bound: A History of America's Civil Rights Movement (1990); see also Zinn, *supra* note 1, at 440-59. 大行進 (March) におけるケネディ政権の役割について，以下の文献を参照。Garrow, *supra*, at 265-86; Hodgson, *supra* note 1, at 157, 196-97; Patterson, *supra* note 1, at 482-83; Zinn, *supra* note 1, at 448-49. キング牧師とマルコムXとの関係について，以下の文献を参照。James H. Cone, Martin and Malcolm and America (1991). ブラック・パワー運動の出現について，以下の文献を参照。Garrow, *supra*, at 481-525; Weisbrot, *supra*, at 196-221.

(7) Hodgson, *supra* note 1, at 15; see Robert Wuthnow, The Restructuring of American Religion 269-70 (1988); Bender, *supra* note 1, at 22 (大学を含む，エリート組織における忠誠の喪失).

(8) Patterson, *supra* note 1, at 453 ("dominated American"); see Hodgson, *supra* note

1, at 365, 492; Minda, *supra* note 1, at 66; Novick, *supra* note 1, at 415; Patterson, *supra* note 1, at 452-53; see also Mark Tushnet and Katya Lezin, *What Really Happened in Brown v. Board of Education*, 91 Colum. L. Rev. 1867, 1867 (1991) (権利意識について).

(9) *Engel v. Vitale*, 370 US 421, 422, 430 (1962) (お祈りを引き合いに出している); Naomi W. Cohen, Jews in Christian America: The Pursuit of Religious Equality 168 (1992) (quoting the letters).

(10) *Engel*, 370 US at 425-26, 430-31; *Engel v. Vitale*, The New Republic, July 9, 1962, in Religious Liberty in the Supreme Court 142 (Terry Eastland ed., 1993) ("savage"); Cohen, *supra* note 9, at 171 ("had betrayed"); *In the Name of Freedom*, Wall Street Journal, June 27, 1962, in Eastland, *supra*, at 138 ("[p]oor kids"); see Cohen, *supra* note 9, at 171-77, 211; Stephen M. Feldman, Please Don't Wish Me a Merry Christmas: A Critical History of the Separation of Church and State 190-91, 222, 234 (1997) (合衆国憲法にキリスト教徒修正条項を付加する様々な提案を議論している) (hereafter Feldman, Please Don't). ホワード・M・サッチャーは, 次のように書いている。「1962年だけでも, 南部・共和党のグループは, 学校でのお祈りを認めるために, 49の憲法修正の提案をした。」Howard M. Sachar, A History of the Jews in America 796 (1992).

(11) *Griswold v. Connecticut*, 381 US 479 (1965); see Garrow, *supra* note 1, at 1-269.

(12) *Poe v. Ullman*, 367 US 497, 508 (1961); see Garrow, *supra* note 1, at 196-269. 1962年に, フランクファーター最高裁判事およびウィティカ最高裁判事に代わって, ホワイト最高裁判事とゴールドバーグ最高裁判事が就任した (at 224)。マーク・タッシュネットは, 真の (リベラルな) ウォーレン・コートは, この最高裁判事の交代後に始めて実現したことを示唆している。Mark Tushnet, *The Warren Court as History: An Interpretation*, in The Warren Court in Historical and Political Perspective 1, 4-6 (Mark Tushnet ed., 1993) (hereafter Tushnet, *Warren Court*).

(13) *Griswold*, 381 US at 482; see Garrow, *supra* note 1, at 246 (ブレナンの書簡).

(14) *Griswold*, 381 US at 484 (citations omitted); see 482-83.

(15) *Id*. at 485-86.

(16) それ故に, クラーク, ゴールドバーグ, ブレナン各判事, およびウォーレン長官は, 多数意見を形成するためにダグラスの意見に賛同した。See *Griswold*, 381 US at 479-531; Garrow, *supra* note 1, at 248-52 (多数意見を形成するための5人の賛成票の蓄積を議論している); see also Garrow, *supra* note 1, at 240-41 (中絶問題に焦点を当てて議論している).

(17) *Griswold*, 381 US at 520-21 (Black, J., dissenting); see 511-18 (Black, J., dissenting); 527-31 (Stewart, J., dissenting). ホワイト最高裁判事の同意意見のみが, ロックナー事件についての最高裁の意見を明示的に批判しなかった。ゴールドバーグは修正第14条は基本的な個人的権利を保護していることを理由付けとしたが, 彼は用心深く連邦最高裁判決が修正第9条に関連すると書いている。At 493 (Goldberg, J., concurring; quoting *Snyder v. Massachusetts*, 291 US 97, 105 (1934). ハーラン最高裁判事は, ロッ

クナー判決に非常に類似した，実体的デュー・プロセスを最も明確に承認したが，それにもかかわらず，彼は連邦最高裁は憲法判断において拘束されていることを強調した。*Griswold*, 381 US at 501 (Harlan, J., concurring).

(18) Paul G. Kauper, *Penumbras, Peripheries, Emanations, Things Fundamental and Things Forgotten: The Griswold Case*, 64 Mich. L. Rev. 235 (1965); Hyman Gross, *The Concept of Privacy*, 42 N. Y. U. L. Rev. 34, 40-46 (1967); Raoul Berger, Government by Judiciary 265 (1977); Thomas I. Emerson, *Nine Justices in Search of a Doctrine*, 64 Mich. L. Rev. 219, 234 (1965). 実際，ポール・コイパーは，グリズウォルド事件判決における結論を支持し，最高裁は，それが実体的デュー・プロセス，基本的権利の事件であることをもっと率直に認めるべきことを示唆した。Kauper, *supra*, at 253-54; see Robert G. Dixon, Jr., *The Griswold Penumbra: Constitutional Charter for an Expanded Law of Privacy?* 64 Mich. L. Rev. 197 (1965) (グリズウォルド事件の判決の結果を支持するが，その理由付けを批判している).

(19) Robert H. Bork, *Neutral Principles and Some First Amendment Problems*, 47 Ind. L. J. 1, 1, 4, 7-9, 17, 22-23 (1971); see Garrow, *supra* note 1, at 263-65.

(20) *Roe v. Wade*, 410 US 113 (1973); Garrow, *supra* note 1, at 521-22, 537-38, 547-59; see also Kalman, *supra* note 1, at 7 (ロー事件は学者の世代を「色分けする事件」であった); Schwartz, *supra* note 1, at 337-61 (ロー事件を議論している). ロー事件においては，ジョージア州の中絶禁止法の合憲性に異議が申し立てられた，コンパニオン・ケースを伴って，判決が下された。*Doe v. Bolton*, 410 US 179 (1973).

(21) Garrow, *supra* note 1, at 580-86.

(22) *Roe*, 410 US at 116-17; quoting *Lochner v. New York*, 198 US 45, 76 (1905) (Holmes, J., dissenting).

(23) *Roe*, 410 US at 129-47.

(24) *Id*. at 152-53.

(25) *Id*. at 154-55, 162-64.

(26) *Id*. at 167-68 (Stewart, J., concurring); 212 n. 4 (Douglas, J., concurring); 174 (Rehnquist, J., dissenting); 221-22 (White, J., dissenting).

(27) John Hart Ely, *The Wages of Crying Wolf: A Comment on Roe v. Wade*, 82 Yale L. J. 920, 927, 933-35, 939-40 (1973). デビット・ギャロウは，イリィの論文をロー事件判決についての「飛びぬけて重要な論文である」と述べている。Garrow, *supra* note 1, at 609.

(28) Robert Bork, The Tempting of America 112 (1990); Archibald Cox, The Role of the Supreme Court in American Government 114 (1976). ロー事件判決について，さらなる批判として，以下の文献を参照。Richard A. Epstein, *Substantive Due Process by Any Other Name: The Abortion Cases*, 1973 Sup. Ct. Rev. 159; Gerald Gunther, *Some Reflections on the Judicial Role: Distinctions, Roots and Prospects*, 1979 Wash. U. L. Rev. 817. ロー事件判決に対する反応を議論している文献として，以下のものを参照。Garrow, *supra* note 1, at 605-17; Kalman, *supra* note 1, at 58-59.

(29) Sylvia Law, *Rethinking Sex and the Constitution*, 132 U. Penn. L. Rev. 955

(1984). その結論を支持するが，ロー事件判決の中の意見を批判するものとして，以下の文献を参照。Ruth Bader Ginsburg, *Some Thoughts on Autonomy and Equality in Relation to Roe v. Wade*, 63 N. C. L. Rev. 375 (1985); Philip B. Heymann and Douglas E. Barzelay, *The Forest and the Trees: Roe v. Wade and Its Critics*, 53 B. U. L. Rev. 765 (1973); Laurence H. Tribe, *Structural Due Process*, 10 Harv. C. R. - C. L. L. Rev. 269 (1975). 実体的憲法上の権利を擁護する，その他の興味ある文献として，以下のものを参照。Michael J. Perry, The Constitution, the Courts, and Human Rights (1982)（道徳哲学を強調し，司法審査を国民の道徳的発展のための機会と見ている);Thomas C. Grey, *Eros, Civilization and the Burger Court*, 43 Law & Contemp. Probs. 83, 84-85 (1980)（グリズウォルド事件判決の最良の擁護は，伝統に基づくものであった); Thomas C. Grey, *Origins of the Unwritten Constitution: Revolutionary Thought*, 30 Stan. L. Rev. 843 (1978)（自然法に依拠している).

(30) Archibald Cox, *Foreword: Constitutional Adjudication and the Promotion of Human Rights*, 80 Harv. L. Rev. 91, 94, 98 (1966); Arthur Allen Leff, *Unspeakable Ethics, Unnatural Law*, 1979 Duke L. J. 1129, 1232 (emphasis in original); Roberto M. Unger, *The Critical Legal Studies Movement*, 96 Harv. L. Rev. 561, 675 (1983); see Gary Minda, *Jurisprudence at Century's End*, 43 J. Legal Educ. 27, 58 (1993)（法学の終焉の時代に差しかかっているとの，増大する感覚); John Henry Schlegel, *American Legal Realism and Empirical Social Science: From the Yale Experience*, 28 Buff. L. Rev. 459, 462 (1979)（「ポスト・リアリスト法理論は，行き詰まり過程の真っ只中にある」).

(31) John Hart Ely, Democracy and Distrust 1 (1980); see Thomas C. Grey, *Do We Have an Unwritten Constitution?* 27 Stan. L. Rev. 703, 705-6 (1975)（解釈主義と非解釈主義とを対比している); Paul Brest, *The Misconceived Quest for the Original Understanding*, 60 B. U. L. Rev. 204 (1980)（原意主義と非原意主義という用語法を使用している). 自然法論の例として，以下の文献を参照。Thomas C. Grey, *Origins of the Unwritten Constitution: Revolutionary Thought*, 30 Stan. L. Rev. 843 (1978). 様々な非解釈主義の立場に関して，以下の文献を参照。Ely, *supra*, at 43-72.

(32) Ely, *supra* note 31, at 50; see 1-73. イリィ理論に対する批判として，以下の文献を参照。Paul Brest, *The Substance of Process*, 42 Ohio St. L. J. 131 (1981); Richard D. Parker, *The Past of Constitutional Theory—and Its Future*, 42 Ohio St. L. J. 223 (1981).

(33) Paul Brest, *The Fundamental Rights Controversy: The Essential Contradictions of Normative Constitutional Scholarship*, 90 Yale L. J. 1063 (1981); Paul Brest, *The Misconceived Quest for the Original Understanding*, 60 B. U. L. Rev. 204 (1980); Thomas C. Grey, *The Constitution as Scripture*, 37 Stan. L. Rev. 1, 1 (1984); see also Ronald Dworkin, Law's Empire 359-60 (1986); Larry Simon, *The Authority of the Constitution and its Meaning: A Preface to a Theory of Constitutional Interpretation*, 58 S. Cal. L. Rev. 603, 619-22 (1985); Richard H. Weisberg, *Text into Theory: A Literary Approach to the Constitution*, 20 Ga. L. Rev. 939, 940-41 (1986).

(34) James Boyd White, The Legal Imagination: Studies in the Nature of Legal Thought and Expression (1973) (ロー・スクールの学生のための，法さらにはイギリス文学からの抜粋を含むテキスト); James Boyd White, When Words Lose Their Meaning (1984); see Kalman, *supra* note 1, at 60-61; Minda, *supra* note 1, at 68, 149-50.
(35) Novick, *supra* note 1, at 574; see Kalman, *supra* note 1, at 60-61; Thomas C. Grey, *Modern American Legal Thought*, 106 Yale L. J. 493, 505 (1996).
(36) Bender, *supra* note 1, at 26 ("This intergenerational"); Kalman, *supra* note 1, at 99; quoting Clifford Greetz, *Blurred Genres: The Refiguration of Social Thought*, in Local Knowledge: Further Essays in Interpretive Anthropology 20 (1983); see Kalman, *supra* note 1, at 101-12 (とりわけ，法の学問についての1981年に開かれたイェール大学での大会を通じての，ゲーツの影響を強調している); Novick, *supra* note 1, at 577-92 (1980年代における職業的限界の広範な破壊について).
(37) Thomas S. Kuhn, The Structure of Scientific Revolution 113 (2d ed., 1970); see Novick, *supra* note 1, at 537 (他の分野における研究のための基礎ないしは概念を提供する科学的客観性について).
(38) Kuhn, *supra* note 37, at 111; see 162-73.
(39) Novick, *supra* note 1, at 524; Robert M. Cover, *Foreword: Nomos and Narrative*, 97 Harv. L. Rev. 4, 9, 6 and n. 10 (1983); Suzanna Sherry, *Civic Virtue and the Feminine Voice in Constitutional Adjudication*, 72 Va. L. Rev. 543, 543 (1986); see Kalman, *supra* note 1, at 99; Novick, *supra* note 1, at 532-35 (クーンは自然科学者の研究を否定するためではなく，支持することを意図していたことを論じている); Paul Rabinow and William M. Sullivan, *The Interpretive Turn: Emergence of An Approach*, in Interpretive Social Science—A Reader 1 (Paul Rabinow and William M. Sullivan eds., 1979) (解釈的転回一般について).
(40) See, e. g., Owen M. Fiss, *Objectivity and Interpretation*, 34 Stan. L. Rev. 739 (1982) (法と解釈についての見解を展開するために，スタンレー・フィッシュを拠り所にしている); Sanford Levinson, *Law as Literature*, 60 Tex. L. Rev. 373 (1982) (same). But see Stanley Fish, *Fish v. Fiss*, 36 Stan. L. Rev. 1325 (1984) (フィスによるフィッシュの著作の解釈を批判している); Stanley Fish, *Interpretation and the Pluralist Vision*, 60 Tex. L. Rev. 495 (1982) (レビンソンによるフィッシュの著作の解釈を批判している). ガダマーの哲学的解釈学を広範に拠り所とする法学者（私自身以外の）として，以下のものを参照. J. M. Balkin, *Understanding Legal Understanding: The Legal Subject and the Problem of Legal Coherence*, 103 Yale L. J. 105 (1993); William N. Eskridge, Jr., *Gadamer/Statutory Interpretation*, 90 Colum. L. Rev. 609 (1990); Francis J. Mootz, *The Ontological Basis of Legal Hermeneutics: A Proposed Model of Inquiry Based on the Work of Gadamer, Habermas, and Ricoeur*, 68 B. U. L. Rev. 523 (1988); see Stephen M. Feldman, *The New Metaphysics: The Interpretive Turn in Jurisprudence*, 76 Iowa L. Rev. 661 (1991); see also David Couzens Hoy, *Interpreting the Law: Hermeneutical and Poststructuralist Perspectives*,

58 S. Cal. L. Rev. 135 (1985) (法学者以外からの，法学の文脈におけるガダマーを議論しているもの)．ローティーを論争的に扱っている文献として，以下のものを参照。Joseph William Singer, *The Player and the Cards: Nihilism and Legal Theory*, 94 Yale L. J. 1 (1984), which was criticized in John Stick, *Can Nihilism Be Pragmatic?* 100 Harv. L. Rev. 332 (1986).

フィッシュによるその他の著作として，本書に引用し，議論しているものとして，以下の文献を参照。Stanley Fish, *Introduction: Going Down the Anti-Formalist Road*, in Doing What Comes Naturally 1 (1989) (hereafter Fish, *Anti-Formalist Road*); preface, to Doing What Comes Naturally ix (1989) (hereafter Fish, preface); *Still Wrong after All These Years*, in Doing What Comes Naturally 356 (1989) (hereafter Fish, *Still Wrong*); *Dennis Martinez and the Uses of Theory*, 96 Yale L. J. 1773 (1987) (hereafter Fish, *Dennis Martinez*); *Change*, 86 South Atlantic Quarterly 423 (1987) (hereafter Fish, *Change*); *Working on the Chain Gang: Interpretation in the Law and in Literary Criticism*, in The Politics of Interpretation 271 (W. Mitchell ed., 1983) (hereafter Fish, *Chain Gang*); *Introduction, or How I Stopped Worrying and Learned to Love interpretation*, in Is There a Text in This Class? 1 (1980) (hereafter Fish, *Stopped Worrying*); *Is There a Text in This Class?*, in Is There a Text in This Class? 303 (1980) (hereafter Fish, *Is There*); *Normal Circumstances, Literal Language, Direct Speech Acts, the Ordinary, the Everyday, the Obvious, What Goes without Saying, and Other Special Cases*, in Interpretive Social Science—A Reader 243 (Paul Rabinow and William M. Sullivan eds., 1979) (hereafter Fish, *Normal Circumstances*).

(41) 読者反応理論 (reader-response theory) およびフィッシュの変節について，以下の文献を参照。Jonathan Culler, On Deconstruction 64-78 (1982).
(42) Fish, *Anti-Formalist Road*, *supra* note 40, at 4.
(43) Fish, *Change*, *supra* note 40, at 423-24 ("assumed distinctions"); Fish, *Dennis Martinez*, *supra* note 40, at 1795 ("there has never").
(44) Fish, *Stopped Worrying*, *supra* note 40, at 13-14 ("at once enable"); Fish, *Dennis Martinez*, *supra* note 40, at 1795 ("already-in-place"); Fish, *Dennis Martinez*, *supra* note 40, at 1790 ("know how," "a sense"); Fish, *Still Wrong*, *supra* note 40, at 360 ("the very ability"); see Fish, *Chain Going*, *supra* note 40, at 273; Fish, *Dennis Martinez*, *supra* note 40, at 1788.
(45) Fish, *Normal Circumstances*, *supra* note 40, at 249; see Fish, *Is There*, *supra* note 40, at 307-10.
(46) Fish, *Dennis Martinez*, *supra* note 40, at 1779; see 1797 (いかなる理論も「批判し変革すると称する実践とは，全く関係がない」); Fish, preface, *supra* note 40, at ix (same).
(47) Dennis Patterson, introduction into Postmodernism and Law xi, xii, xiv (Dennis Patterson ed., 1994); see Dennis Patterson, Law and Truth (1996); Dennis Patterson, *Postmodernism/Feminism/Law*, 77 Cornell L. Rev. 254 (1992). もちろん，必ずしも

すべての者が，クワインないしはウィットゲンシュタインについてのパッターソンの解釈に同意しているわけではない。See, e. g., Brian Leiter, *Why Quine Is Not a Postmodernist*, 50 S. M. U. L. Rev. 1739 (1997) (クワインについてのパッターソンの理解を批判している). 筆者はガダマー派の観点から，解釈主義についてのパッターソンの観念を批判したことがある。Stephen M. Feldman, *The Politics of Postmodern Jurisprudence*, 95 Mich. L. Rev. 166, 169-85 (1996). 自己のポストモダンへの傾倒を支持するために，分析哲学を援用するその他の法学者の例として，以下の文献を参照。Anthony D'Amato, *Pragmatic Indeterminacy*, 85 Nw. U. L. Rev. 148 (1990); Anthony D'Amato, *Aspects of Deconstruction: The "Easy Case" of the Under-aged President*, 84 Nw. U. L. Rev. 250 (1989); Margaret J. Radin, *Reconsidering the Rule of Law*, 69 B. U. L. Rev. 781 (1989).

(48) Richard Delgado and Jean Stefancic, *Why Do We Tell the Same Stories? Law Reform, Critical Librarianship, and the Triple Helix Dilemma*, 42 Stan. L. Rev. 207, 208 (1989) ("devices function") (hereafter Delgado and Stefancic, *Stories*); Jean Stefancic and Richard Delgado, *Outsider Jurisprudence and the Electronic Revolution: Will Technology Help or Hinder the Cause of Law Reform?* 52 Ohio St. L. J. 847, 854 (1991) ("[f]ree text") (hereafter Stefancic and Delgado, *Outsider*). デルガドとステファンシックは，コンピューターの助けによる法情報調査は，伝統的調査手法によって生じる問題を「部分的に解決するにすぎない」ことを示唆している。Delgado and Stefancic, Stories, *supra*, at 209, see Stefancic and Delgado, *Outsider*, *supra*, at 855-57 (コンピューターの助けによる調査の欠点，および限界の幾つかを詳細に跡付けている).

(49) George P. Landow, Hypertext 2.0, at 88-89 (rev. ed., 1997); see Delgado and Stefancic, *Stories*, *supra* note 48, at 215 (ウェスト社によって公刊された数多くの事件について).

(50) Steven Johnson, Interface Culture 238-39 (1997).

(51) Posner, *supra* note 1, at 766, 769. Compare Gerald N. Rosenberg, The Hollow Hope: Can Courts Bring about Social Change? 110-56 (1991) (ブラウン事件判決は，政治的変化を遅らせることが可能な，南部の人種差別主義者を憤激させることによって，公民権運動を妨害した) and Michael J. Klarman, Brown, *Racial Change, and the Civil Rights Movement*, 80 Va. L. Rev. 7 (1994) (ブラウン事件判決は，北部の，政治変化に無関心な白人を発奮させた，暴力的南部の抵抗を生み出すことによって，間接的に公民権運動を援助した) with Richard Kluger, Simple Justice 758-61 (1975) (ブラウン事件だけではアメリカを変化させることができなかったけれども，それは社会変化における中心的要因であった).

(52) Kalman, *supra* note 1, at 61 ("[o]ver 135,000"); Donna Fossum, *Women Law Professors*, 1980 Am. B. Found. Res. J. 903, 914 ("the number"); see Fossum, *supra*, at 905-6 (法学教員組織における女性の数を統計的に上げている); Grey, Modern, *supra* note 35, at 505; see also Bender, *supra* note 1, at 4-5, 28-29 (第 2 次世界大戦後の大学における，教授職一般における変化についての，人口統計を議論している).

(53) Richard Delgado, *Shadowboxing: An Essay on Power*, 77 Cornell L. Rev. 813, 818 (1992)（アウトサイダー法学という用語を使用している）; see e. g., Derrick Bell, And We Are Not Saved 251-54 (1987)（合衆国憲法およびアメリカ社会は経済的抑圧を排除するために変容する可能性を示唆している、批判的人種理論の学者）; Anthony E. Cook, *Beyond Critical Legal Studies: The Reconstructive Theology of Dr. Martin Luther King, Jr.*, 103 Harv. L. Rev.53Richard Delgado, Shadowboxing: An Essay on Power, 77 Cornell L. Rev. 813, 818 (1992)（アウトサイダー法学という用語を使用している）; see e. g., Derrick Bell, And We Are Not Saved 251-54 (1987)（合衆国憲法およびアメリカ社会は経済的抑圧を排除するために変容する可能性を示唆している、批判的人種理論の学者）; Anthony E. Cook, Beyond Critical Legal Studies: The Reconstructive Theology of Dr. Martin Luther King, Jr., 103 Harv. L. Rev. 985, 1015-21 (1990)（宗教はアフリカ系アメリカ人を奴隷にすることに対する権威を正当化もし、正当化を否定もする). But compare Bell, *supra*, at 22（人種の現状を永続化させる方法に変容した人種平等の保障）.

(54) Patricia J. Williams, *Alchemical Notes: Reconstructed Ideals from Deconstructed Rights*, 22 Harv. C. R. -C. L. L. Rev. 401, 410-11 (1987); see Alvin Kernan, *Change in the Humanities and Higher Education*, in What's Happened to the Humanities? 3, 5-6 (Alvin Kernan ed., 1997)（大学の人口統計における変化に従って、「高等教育におけるパラダイムの転換」を強調している).

(55) William N. Eskridge, Jr., *Gaylegal Narratives*, 46 Stan. L. Rev. 607, 607-8 (1994); see Bell, *supra* note 53（物語ることを利用している）; Richard Delgado, *Storytelling for Oppositionists and Others: A Plea For Narrative*, 87 Mich. L. Rev. 2411 (1989); see also Patricia J. Williams, The Alchemy of Race and Rights (1991); Kathy Abrams, *Hearing the Call of Stories*, 79 Cal. L. Rev. 971 (1991); Marc A. Fajer, *Can Two Real Men Eat Quiche Together? Storytelling, Gender-Role Stereotypes, and Legal Protection for Lesbians and Gay Men*, 46 U. Miami L. Rev. 511 (1992). 大部分、法学教授と学生の間の架空の会話によって構成される、デルガドによるロドリゴ・クロニクル（Rodrigo Chronicles）のシリーズは、ストーリィー・テリングの典型的な例である。See, e. g., Richard Delgado, *Rodrigo's Sixth Chronicle: Intersections, Essences, and the Dilemma of Social Reform*, 68 N. Y. U. L. Rev. 639 (1993). レズビアン法理論の例として、以下の文献を参照。Ruthann Robson, Lesbian (Out) Law: Survival under the Rule of Law (1992); Patricia A. Cain, *Litigating for Lesbian and Gay Rights: A Legal History*, 79 Va. L. Rev. 1551 (1993).

(56) Martha Minow, *Incomplete Correspondence: An Unsent Letter to Mary Joe Frug*, 105 Harv. L. Rev. 1096, 1104 (1992). リベラルなフェミニズムについて、以下の文献を参照。Sylvia Law, *Rethinking Sex and the Constitution*, 132 U. Penn. L. Rev. 955 (1984); Wendy W. Williams, *Equality's Riddle: Pregnancy and the Equal Treatment/ Special Treatment Debate*, N. Y. U. Rev. of L. & Social Change 325 (1984-1985). 文化的フェミニズムについて、以下の文献を参照。Lynne N. Henderson, *Legality and Empathy*, 85 Mich. L. Rev. 1574 (1987); Martha Minow, *Foreword: Justice Engender-*

ed, 101 Harv. L. Rev. 10 (1987); Suzanna Sherry, *Civic Virtue and the Feminine Voice in Constitutional Adjudication*, 72 Va. L. Rev. 543 (1986); Robin West, *The Difference in Women's Hedonic Lives: A Phenomenological Critique of Feminist Legal Theory*, 3 Wis. Women's L. J. 81 (1987); Robin West, *Jurisprudence and Gender*, 55 U. Chi. L. Rev. 1 (1988); see Carol Gilligan, In a Different Voice (1982); Nell Noddings, Caring (1984). ラディカルなフェミニズムについて，以下の文献を参照。Catharine A. MacKinnon, Feminism Unmodified (1987). フェミニズムについての要約として，以下の文献を参照。Minda, *supra* note 1, at 128-48 (フェミニズムについての4つのタイプについての優れた要約を提供し，初期のフェミニストをモダニストとして認識している); Patricia A. Cain, *Feminism and the Limits of Equality*, 24 Ga. L. Rev. 803 (1990) (same); Linda Lacey, *Introducing Feminist Jurisprudence: An Analysis of Oklahoma's Seduction Statute*, 25 Tulsa L. J. 775, 784-93 (1990) (フェミニズムの先に挙げた最初の3種類について，優れた要約を提供している).

(57) Angela P. Harris, *Race and Essentialism in Feminist Legal Theory*, 42 Stan. L. Rev. 581, 585 (1990); see Audre Lorde, Sister Outsider 110-13 (Quality Paperback Book Club 1993; first published 1984) (白人のフェミニストが，いかにアフリカ系アメリカ人，レズビアン，貧困な女性の違いを無視しているかを強調している); Nancy Fraser and Linda Nicholson, *Social Criticism without Philosophy: An Encounter between Feminism and Postmodernism*, 5 Theory, Culture, & Soc'y 373, 381-90 (1988) (初期のフェミニズム一般における本質主義および還元主義について); Harris, *supra*, at 585-602 (女性についての本質主義者の概念に関して，白人のフェミニストを批判している).

(58) Christine Di Stefano, *Dilemmas of Difference: Feminism, Modernity, and Postmodernism*, in Feminism/Postmodernism 63, 75 (Linda J. Nicholson ed., 1990) ("white, privileged"); Charles R. Lawrence, *The Id, the Ego, and Equal Protection: Reckoning with Unconscious Racism*, 39 Stan. L. Rev. 317 (1987); see Pierre Schlag, *Normative and Nowhere to Go*, 43 Stan. L. Rev. 167 (1990) (通常の法学に対するポストモダニズムからの批判); Robin West, *Feminism, Critical Social Theory and Law*, 1989 U. Chi. Legal F. 59 (フーコー派を含む，ポストモダニズムのアプローチを批判している指導的フェミニスト). フェミニストの政治理論家である，クリスティン・ディ・ステファーノは，以下のような問題提起をしている。「西洋の歴史において，以前には沈黙させられていた人自身のために，また自己の主体性のために語り始めたまさにその瞬間に，主観の概念および開放された『真理』を発見すること/創造することの可能性がなぜ疑わしいものとなるのであろうか。」Di Stefano, *supra*, at 75; see Rita Felski, The Gender of Modernity 208 (1995) (ポストモダニズムに向かう傾向にあるアウトグループのメンバーと，その他の知識人との間の緊張について). 初期の批判的人種理論はその規範的性格を強調した。See Mari Matsuda, *Looking to the Bottom: Critical Legal Studies and Reparations*, 22 Harv. C. R.-C. L. L. Rev. 323 (1987); Kimberle Crenshaw, *Race, Reform, and Retrenchment: Transformation and Legitimation in Antidiscrimination Law*, 101 Harv. L. Rev. 1331 (1988).

(59) Joan C. Williams, *Dissolving the Sameness/Difference Debate: A Post-Modern Path Beyond Essentialism in Feminist and Critical Race Theory*, 1991 Duke L. J. 296, 299-308; Mary Joe Frug, *A Postmodern Feminist Legal Manifesto (An Unfinished Draft)*, 105 Harv. L. Rev. 1045, 1046 (1992); Drucilla Cornell, Beyond Accommodation 4, 150 (1991).

(60) Cormac McCarthy, All the Pretty Horses 239 (1992).

(61) 本章において引用されている，ポストモダニズム法学の著作（ないしはポストモダニズムについての著作）には，以下のものが含まれている。Drucilla Cornell, Beyond Accommodation (1991); Drucilla Cornell, The Philosophy of the Limit (1992) (hereafter Cornell, Limit); Stanley Fish, Doing What Comes Naturally (1989); Douglas E. Litowitz, Postmodern Philosophy and Law (1997); Gregory S. Alexander, *Takings and the Post-Modern Dialectic of Property*, 9 Const. Comment. 259 (1992); Marie Ashe, *Mind's Opportunity: Birthing a Poststructuralist Feminist Jurisprudence* (1987), in Legal Studies as Cultural Studies 85 (Jerry Leonard ed., 1995); Larry Catá Backer, *The Many Faces of Hegemony: Patriarchy and Welfare as a Woman's Issue*, 92 Nw. U. L. Rev. 327 (1997); J. M. Balkin, *Tradition, Betrayal, and the Politics of Deconstruction*, 11 Cardozo L. Rev. 1613 (1990) (hereafter Balkin, *Tradition*); J. M. Balkin, *Transcendental Deconstruction, Transcendent Justice*, 92 Mich. L. Rev. 1131 (1994) (hereafter Balkin, *Transcendental*); J. M. Balkin, *What Is a Postmodern Constitutionalism?* 90 Mich. L. Rev. 1966 (1992) (hereafter Balkin, *Postmodern Constitutionalism*); J. M. Balkin, *Understanding Legal Understanding: The Legal Subject and the Problem of Legal Coherence*, 103 Yale. L. J. 105 (1993) (hereafter Balkin, *Understanding*); J. M. Balkin, *Deconstructive Practice and Legal Theory*, 96 Yale L. J. 743 (1987) (hereafter Balkin, *Deconstructive*); James Boyle, *Is Subjectivity Possible? The Post-Modern Subject in Legal Theory*, 62 U. Colo. L. Rev. 489 (1991); Anthony D'Amato, *Aspects of Deconstruction: The "Easy Case" of the Under-aged President*, 84 Nw. U. L. Rev. 250 (1989); Richard Delgado, *Storytelling for Oppositionists and Others: A Plea for Narrative*, 87 Mich. L. Rev. 2411 (1989); Richard Delgado and Jean Stefancic, *Images of the Outsider in American Law and Culture: Can Free Expression Remedy Systemic Social Ills?* 77 Cornell L. Rev. 1258 (1992) (hereafter Delgado and Stefancic, *Images*); Jacques Derrida, *Force of Law: The "Mystical Foundation of Authority,"* 11 Cardozo L. Rev. 919 (1990); William N. Eskridge, Jr., *Gadamer/Statutory Interpretation*, 90 Colum. L. Rev. 609 (1990); Patricia Ewick and Susan S. Silbey, *Conformity, Contestation, and Resistance: An Account of Legal Consciousness*, 26 New Eng. L. Rev. 731 (1992); Stephen M. Feldman, *Playing with the Pieces: Postmodernism in the Lawyer's Toolbox*, 85 Va. L. Rev. 151 (1999) (hereafter Feldman, *Playing*); Stephen M. Feldman, *The Politics of Postmodern Jurisprudence*, 95 Mich. L. Rev. 166 (1996) (hereafter Feldman, *The Politics*); Stephen M. Feldman, *Diagnosing Power: Postmodernism in Legal Scholarship and Judicial Practice*

(*With an Emphasis on the Teague Rule against New Rules in Hobeas Corpus Cases*), 88 Nw. U. L. Rev. 1046 (1994) (hereafter Feldman, *Diagnosing Power*); William L. F. Felstiner and Austin Sarat, *Enactments of Power: Negotiating Reality and Responsibility in Lawyer-Client Interactions*, 77 Cornell L. Rev. 1447 (1992); Angela P. Harris, *Race and Essentialism in Feminist Legal Theory*, 42 Stan. L. Rev. 581 (1990); Tracy E. Higgins, *"By Reason of Their Sex": Feminist Theory, Postmodernism, and Justice*, 80 Cornell L. Rev. 1536 (1995); Sanford Levinson and J. M. Balkin, *Law, Music, and Other Performing Arts*, 139 U. Pa. L. Rev. 1597 (1991); Robert Justin Lipkin, *Can American Constitutional Law Be Postmodern?* 42 Buff. L. Rev. 317 (1994); Francis J. Mootz, *The Ontological Basis of Legal Hermeneutics: A Proposed Model of Inquiry Based on the Work of Gadamer, Habermas, and Ricoeur*, 68 B. U. L. Rev. 523 (1988); Francis J. Mootz, *Postmodern Constitutionalism as Materialism*, 91 Mich. L. Rev. 515 (1992); Francis J. Mootz, *Is the Rule of Law Possible in a Postmodern World?* 68 Wash. L. Rev. 249 (1993) (hereafter Mootz, *Rule of Law*); Francis J. Mootz, *The Paranoid Style in Contemporary Legal Scholarship*, 31 Hous. L. Rev. 873 (1994) (hereafter Mootz, *Paranoid Style*); Dennis M. Patterson, *Postmodernism/Feminism/Law*, 77 Cornell L. Rev. 254 (1992) (hereafter Patterson, *Postmodernism*); Dennis Patterson, *The Poverty of Interpretive Universalism: Toward the Reconstruction of Legal Theory*, 72 Tex. L. Rev. 1 (1993) (hereafter Patterson, *The Poverty*); Dennis M. Patterson, *Law's Pragmatism: Law as Practice and Narrative*, 76 Va. L. Rev. 937 (1990) (hereafter Patterson, *Law's Pragmatism*); john a. powell, *The Multiple Self: Exploring between and beyond Modernity and Postmodernity*, 81 Minn. L. Rev. 1481 (1997); Margaret J. Radin and Frank Michelman, *Pragmatist and Poststructuralist Critical Legal Practice*, 139 U. Pa. L. Rev. 1019 (1991); Peter C. Schanck, *Understanding Postmodern Thought and Its Implication for Statutory Interpretation*, 65 S. Cal. L. Rev. 2505, 2508-09 (1992); Pierre Schlag, *Law and Phrenology*, 110 Harv. L. Rev. 877 (1997) (hereafter Schlag, *Phrenology*); Pierre Schlag, *Law as the Continuation of God by Other Means*, 85 Calif. L. Rev. 427 (1997) (hereafter Schlag, *God*); Pierre Schlag, *Hiding the Ball*, 71 N. Y. U. L. Rev. 1681 (1996) (hereafter Schlag, *Hiding*); Pierre Schlag, *Clerks in the Maze*, 91 Mich. L. Rev. 2053 (1993) (hereafter Schlag, *Clerks*);Pierre Schlag, *Writing for Judges*, 63 U. Colo. L. Rev. 419 (1992) (hereafter Schlag, *Writing*); Pierre Schlag, *The Problem of the Subject*, 69 Tex. L. Rev. 1627 (1991) (hereafter Schlag, *The Problem*); Pierre Schlag, *Normativity and the Politics of Form*, 139 U. Pa. L. Rev. 801 (1991) (hereafter Schlag, *Normativity*); Pierre Schlag, *Normative and Nowhere to Go*, 43 Stan. L. Rev. 167 (1990) (hereafter Schlag, *Nowhere*); Pierre Schlag, *"Le Hors De Texte —— C'est Moi": The Politics of Form and the Domestication of Deconstruction*, 11 Cardozo L. Rev. 1631 (1990) (hereafter Schlag, *Form*); Pierre Schlag, *Fish v. Zapp: The Case of the Relatively Autonomous Self*, 76 Geo. L. J. 37 (1987) (hereafter Schlag, *Fish v. Zapp*);Susan Silbey, *Making a Place for Cultural Analyses of Law*, 17 Law & Soc. Inquiry 39 (1992);Anthony D. Taibi, *Banking, Finance, and Community Economic Empowerment: Structural Economic Theory, Procedural Civil Rights, and Substantive Racial Justice*, 107 Harv. L. Rev. 1463 (1994); Kendall Thomas, *Beyond the Privacy Principle*, 92 Colum. L. Rev. 1431 (1992); Joan C. Williams, *Rorty, Radicalism, Romanticism: The Politics of the Gaze*, 1992 Wis. L. Rev. 131; Steven L. Winter, *Indeterminacy and Incommensurability in Constitutional Law*, 78 Calif. L. Rev. 1441 (1990).

(62) Feldman, *Diagnosing Power*, *supra* note 61, at 1096 (ポストモダンの取締役 (postmodern policing) の概念を導入している).

(63) Litowitz, *supra* note 61, at 4-5 (「深い不信」); Higgins, *supra* note 61, at 1537 ("[w]oman' is").

(64) D'Amato, *supra* note 61, at 252, 254; see Martha Minow and Elizabeth Spelman, *In Context*, 63 S. Cal. L. Rev. 1597 (1990) (文脈に焦点を当てることが、いかに他者の立場を批判することを可能とするかを強調している).

(65) Schlag, *Hiding*, *supra* note 61, at 1684, 1687.

(66) Schlag, *Phrenology*, *supra* note 61, at 900, 908.

(67) Rosenfeld, *supra* note 61, at 1212.

(68) Harris, *supra* note 61, at 585 (「ジェンダー本質主義」、「特権のために」); Ashe, *supra* note 61, at 116 (「疑問を差し挟む」); Feldman, *The Politics*, *supra* note 61, at 200 (「脱正義」); Backer, *supra* note 61, at 369; Balkin, *Deconstructive*, *supra* note 61, at 763 ("to remember," "[d]econstruction is not"); see Cornell, Limit, *supra* note 61, at 62, 81-82 (「他者に対する非暴力的関係」に焦点を当てる倫理の中心として脱構築を強調している); Derrida, *supra* note 61, at 945 (「脱構築は正義である」ことを強調している); Feldman, *The Politics*, *supra* note 61, at 197-201 (脱構築と正義との関係を強調している).

(69) Balkin, *Deconstructive*, *supra* note 61, at 762 (「規制なき市場」、「我々社会の見解」); Amartya K. Sen, *Rational Fools: A Critique of the Behavioral Foundations of Economic Theory*, in Beyond Self-Interest 25, 35, 37 (Jane J. Mansbridge ed., 1990) ("a social moron," "[T]he assumption").

(70) Balkin, *Deconstructive*, *supra* note 61, at 763; see Stephan M. Feldman, *Whose Common Good? Racism in the Political Community*, 80 Geo. L. J. 1835, 1844-49 (1992) (諸個人の見解を、自己の利益によってのみ動機付けられるとすることを批判している).

(71) Ashe, *supra* note 61, at 116 (「我々を強制する」); Alexander, *supra* note 61, at 260-62; see also Delgado and Stefancic, *supra* note 61, at 1280-81 (表現の自由についての伝統的思想である、自由市場の理論に疑問を呈している); Thomas, *supra* note 61, at 1435 (ホモセクシャルの行為を犯罪とすることから生み出された「憲法問題を議論する概念の源として、プライバシー［の権利］のレトリックの限定」に異を唱えている).

(72) Felstiner and Sarat, *supra* note 61, at 1447-58.

(73) Delgado and Stefancic, *Images*, *supra* note 61, at 1278-79; see Charles R. Lawren-

ce, *The Id, the Ego, and Equal Protection: Reckoning with Unconscious Racism*, 39 Stan. L. Rev. 317, 330 (1987); see Backer, *supra* note 61, at 371 (「聖書原理主義」は、アメリカ人が貧困を妨げる体系的変革を想像することさえ遠ざけることを論じている).

(74) Balkin, *Postmodern Constitutionalism*, *supra* note 61, at 1978, 1981. 法を文化研究の観点から考察している論文の集成として、以下の文献を参照。Legal Studies as Cultural Studies (Jerry Leonard ed., 1995); see also Ewick and Silbey, *supra* note 61; Sally Engle Merry, *Culture, Power, and the Discourse of Law*, 37 N. Y. L. Sch. L. Rev. 209 (1992).

(75) ハイパーテキストの一般的重要性について、以下の文献を参照。George P. Landow, Hypertext 2.0 (rev. ed., 1997). 専門職性の展開について、以下の文献を参照。Richard L. Abel, American Lawyers (1989); Magali Sarfatti Larson, The Rise of Professionalism: A Sociological Analysis (1977). 憲法の領域における学際的研究についての非常に有益な文献の一つとして、以下のものを参照。Martin S. Flaherty, *History "Lite" in Modern American Constitutionalism*, 95 Colum. L. Rev. 523 (1995); compare Stephan M. Feldman, *Intellectual History in Detail*, 26 Reviews in Amn. Hist., 737 (1998) (学際的研究の批判に対してコメントを加えている). 歴史家の幾人かは学際的研究について好意的に記述してきた。Kalman, *supra* note 1, at 9, 169; G. Edward White, *Reflections on the "Republican Revival": Interdisciplinary Scholarship in the Legal Academy*, 6 Yale J. L. & Human. 1 (1994).

(76) Schanck, *supra* note 61, at 2514; see 2574.

(77) Richard Delgado, *Words That Wound: A Tort Action for Racial Insults, Epithets, and Name-calling*, 17 Harv. C. R.-C. L. L. Rev. 133 (1982); Delgado and Stefancic, *Images*, *supra* note 61, at 1278-81.

(78) Felstiner and Sarat, *supra* note 61, at 1454 ("a 'thing'"); Thomas, *supra* note 61, at 1478 ("we speak"); Feldman, Please Don't, *supra* note 10, at 6; quoting Nancy Fraser, Unruly Practices: Power, Discourse, and Gender in Contemporary Social Theory 26 (1989) ("that 'power is'"); Felstiner and Sarat, *supra* note 61, at 1457 ("[Power]is not like"); see, e. g., Higgins, *supra* note 61, at 1569-70. 法学研究においてフーコーを論じ、引用している文献として、以下のものを参照。See Marie Ashe, *Inventing Choreographies: Feminism and Deconstruction*, 90 Colum. L. Rev. 1123, 1128 (1990); Backer, *supra* note 61, at 374; Thomas, *supra* note 61, at 1478-79; Steven L. Winter, *The "Power" Thing*, 82 Va. L. Rev. 721, 794-806 (1996).

(79) Felstiner and Sarat, *supra* note 61, at 1458 ("[p]ower has many"); Patterson, *Postmodernism*, *supra* note 61, at 274 ("[a]ll understanding"); Balkin, *Deconstructive*, *supra* note 61, at 760; quoting Jacques Derrida, Of Grammatology 158-59 (Gayatri Chakravorty Spivak trans., 1976 ("[t]here is"); Levinson and Balkin, *supra* note 61, at 1613 ("exceptional," "legal act"); Higgins, *supra* note 61, at 1585 ("[P]ostmodernism emphasizes"); see Schlag, *Form*, *supra* note 61.

(80) Schanck, *supra* note 61, at 2508-9.

(81) Stephen M. Feldman, *The New Metaphysics: The Interpretive Turn in Jurispru-*

dence, 76 Iowa L. Rev. 661, 693 (1991). ムーツは，哲学的解釈学が法文を理解するだけではなく，法の支配をも説明すると論じている。Mootz, *Rule of Law, supra* note 61; see Eskridge, *supra* note 61, at 632-33 (制定法解釈についてのガダマー派の解釈学による波及を探求している).

(82) Patterson, *The Poverty, supra* note 61, at 21-22, 55.

(83) Patterson, *Law's Pragmatism, supra* note 61, at 940 ("interpretive enterprise," "law is an activity"); Dennis Patterson, *Conscience and the Constitution*, 93 Colum. L. Rev. 270, 289 (1993) ("[a]claim"); Dennis Patterson, Law and Truth 169 (1996) ("special language"); Dennis Patterson, *Wittgenstein and Constitutional Theory*, 72 Tex. L. Rev. 1837, 1838 (1994) ("rules," "game"); Philip Bobbitt, Constitutional Interpretation 12-13, 22 (1991) ("modalities of argument," "historical"); see Philip Bobbitt, Constitutional Fate (1982). ボビットは肯定的に以下の文献を引用している。Wittgenstein; 182-83. その他のポストモダニストは，しばしばリチャード・ローティーによる哲学についての著作によって鼓舞された，ある種のポストモダン・プラグマティズムに向かっている。See Lipkin, *supra* note 61, at 337.

(84) J. M. Balkin & Sanford Levinson, *Constitutional Grammar*, 72 Tex. L. Rev. 1771, 1803 (1994) ("to preserve"); Patterson, *The Poverty, supra* note 61, at 56 ("the accurate"); Feldman, The Politics, *supra* note 61, at 183 ("uncritical acceptance"). 「ボビットと同様に，パターソンは現状を評価している。」Steven L. Winter, *One size Fits All*, 72 Tex. L. Rev. 1857, 1867 (1994).

(85) Feldman, Please Don't, *supra* note 370, at 265 ("language simultaneously"); Felstiner and Sarat, *supra* note 61, at 1449 ("While people work"); see Feldman, Please Don't, *supra* note 370, at 265-70; Anthony V. Alfieri, *Stances*, 77 Cornell L. Rev. 1233, 1251-52 (1992); Anthony V. Alfieri, *Practicing Community*, 107 Harv. L. Rev. 1747, 1758-59 (1994), review of Gerald P. Lopez, Rebellious Lawyering: One Chicano's Vision of Progressive Law Practice (1992); Naomi R. Cahn, *Inconsistent Stories*, 81 Geo. L. J. 2475, 2507 (1993).

(86) Thomas, *supra* note 61, at 1467; quoting Claudia Card, *Rape as a Terrorist Institution*, in Violence, Terrorism, and Justice 297-98 (R. G. Frey and Christopher W. Morris eds., 1991) ("Homophobic violence"); Thomas, *supra* note 61, at 1490 n. 203; quoting Charles L. Black, *The Lawfulness of the Segregation Decisions*, 69 Yale L. J. 421, 425 (1960) ("The combined force"); see Backer, *supra* 61, at 373 (福祉は貧困を救済するというより，社会の標準化を生むことを論じている).

(87) See Feldman, Please Don't, *supra* note 370, at 266-67, 270; Felstiner and Sarat, *supra* note 61, at 1448-49; Silbey, *supra* note 61, at 41-42.

(88) Richard Delgado, *Campus Antiracism Rules: Constitutional Narratives in Collision*, 85 Nw. U. L. Rev. 343 (1991); see Delgado and Stefancic, *Images, supra* note 61, at 1278-81; Angela Harris, *Foreword: The Jurisprudence of Reconstruction*, 82 Calif. L. Rev. 741, 743 (1994) (人種差別主義は「アメリカの法と文化の構造の奥深くに」その一部として存在することを強調している); Mari Matsuda, *Public Response to*

Racist Speech: Considering the Victim's Story, 87 Mich. L. Rev. 2320, 2357-63 (1989) (言論の作用の仕方に影響する，アメリカ社会の構造的部分としての人種差別主義を強調している); Taibi, *supra* note 61, at 1469 (社会の変化の必要性を強調する非白人コミュニティーにおける過少投資についての優れた分析).

(89) Schlag, *Normativity*, *supra* note 91, at 895.

(90) Balkin, *Understanding*, *supra* note 61, at 108. 人種的リアリズムについて，以下の文献を参照。Derrick Bell, *Racial Realism*, 24 Conn. L. Rev. 363 (1992); Delgado and Stefancic, *supra* note 61, at 1289-91.

(91) powell, *supra* note 61, at 1483 ("self as a site"); Boyle, *supra* note 61, at 521 ("the determinants"); powell, *supra* note 61, at 1511 ("[t]he theory"); see Harris, *supra* note 61, at 608 (multiplicitous self); powell, *supra* note 61, at 1511 (intersectional self).

(92) Ewick and Silbey, *supra* note 61, at 741-42. 批判的な政治スタンスを維持することを試みている，ポストモダンの法学に関する著作の例として，以下の文献を参照。Taibi, *supra* note 61; Thomas, *supra* note 61; Note, *Patriarchy Is Such a Drag: The Strategic Possibilities of a Postmodern Account of Gender*, 108 Harv. L. Rev. 1973 (1995).

(93) See Paul Campos, *That Obscure Object of Desire: Hermeneutics and the Autonomous Legal Text*, 77 Minn. L. Rev. 1065, 1094-95 (1993) (法文をいかに解釈すべきかについて，規範的長所を拒絶している); Thomas, *supra* note 61, at 1436 (「これらのページにおいて説明されている理論についての議論が，現在の連邦最高裁の憲法学において，教義的表現を見出すという錯覚に捉われることはない」); Schlag, *Nowhere*, *supra* note 61 (モダニストの学問の平均的な質を批判している); Winter, *supra* note 61, at 1496 (規範的改善のための処方箋は，誤って「単独の，合理主義者としての限界を有する，自己の限界を超越することが不思議にも可能である，比較的に自立的主体を前提としている」ことを論じている). ポストモダニストというよりは，学問についての学問をしている範囲で，ポストモダンの文化の影響を受けている，モダニストである個人の例について，以下の文献を参照。Kenneth Lasson, *Scholarship Amok: Excesses in the Pursuit of Truth and Tenure*, 103 Harv. L. Rev. 926 (1990); Richard A. Posner, *The Decline of Law as an Autonomous Discipline: 1962-1987*, 100 Harv. L. Rev. 761 (1987); Edward L. Rubin, *The Practice and Discourse of Legal Scholarship*, 86 Mich. L. Rev. 1835 (1988).

(94) Schlag, *The Problem*, *supra* note 61, at 1629, 1700-1701; see Schlag, *Phrenology*, *supra* note 61; Schlag, *Nowhere*, *supra* note 61.

(95) Schlag, *Clerks*, *supra* note 61, at 2060-61; see Schlag, *God*, *supra* note 61, at 427-28. シュラグの議論について，ポストモダンからの論評として，以下の文献を参照。Mootz, *Paranoid Style*, *supra* note 61. 「法学教授各人は，法が可塑的であることを良く知っているが，それにもかかわらず法についてあたかも決定的なもののように著述する。」Anthony D'Amato, *Pragmatic Indeterminacy*, 85 Nw. U. L. Rev. 148, 164 (1990).

(96) Pierre Schlag, *This Could Be Your Culture—Junk Speech in a Time of Decadence*, 109 Harv. L. Rev. 1801, 1807 (1996). 法学研究に関心を払わない裁判官について、以下の文献を参照。Schlag, *Writing*, *supra* note 61, at 421; Schlag, *Normativity*, *supra* note 61, at 871-72; Winter, *supra* note 61, at 1452-53; compare Sanford Levinson, *The Audience for Constitutional Meta-Theory* (*Or, Why, and to Whom, Do I Write the Things I Do?*), 63 U. Colo. L. Rev. 389, 405 n. 28 (1992) (経験的研究が示すところによると、連邦最高裁は、1986年においては、20年前以上にロー・レビューの論文を引用しない傾向にある)。

(97) Schlag, *The Problem*, *supra* note 61, at 1739, 1743; Schlag, *Normativity*, *supra* note 61, at 909; Schlag, *Nowhere*, *supra* note 61, at 185-86.

(98) Stanley Fish, *How Come You Do Me Like You Do? A Response to Dennis Patterson*, 72 Tex. L. Rev. 57, 57-59 (1993); Schlag, *Fish v. Zapp*, *supra* note 61; Mootz, *Paranoid Style*, *supra* note 61, at 879. フィッシュは、彼の著作に対する初期のパッターソンによる批判に応えている。See Patterson, *The Poverty*, *supra* note 61. 一種のポストモダンの規範性を展開するポストモダニストの例として、以下の文献を参照。Anthony V. Alfieri, *Practicing Community*, 107 Harv. L. Rev. 1747 (1994); Higgins, *supra* note 61; Taibi, *supra* note 61; Thomas, *supra* note 61.

(99) Feldman, *Playing*, *supra* note 61, at 178; see Balkin, *Tradition*, *supra* note 61, at 1625-30; compare Zygmunt Bauman, Intimations of Postmodernity 21-22 (1992). (モダニズムからポストモダニズムへの動向を理解する最良の方法の一つは、立法者から解釈者までの、知識人の役割の変遷に着目することであると論じている); Jacques Derrida, Of Grammatology 24 (Gayatri Chakravorty Spivak trans., 1976) (脱構築主義者は面前に存在するモダニストの形而上学を無視することはできない)。ポストモダン (およびモダン) の法学者の構造的役割について、以下の文献を参照。Feldman, *Diagnosing Power*, *supra* note 61, at 1088-98; Kenneth Lasson, *Scholarship Amok: Excesses in the Pursuit of Truth and Tenure*, 103 Harv. L. Rev. 926, 949 (1990).

(100) Balkin, *Tradition*, *supra* note 61, at 1627 ("has a particular"); Feldman, *Playing*, *supra* note 61, at 179 (on deconstructive implosion); see Balkin, *Tradition*, *supra* note 61, at 1627 (脱構築は前進し続けることができるが、「我々は常に留まる」ことを論じている)。

(101) Feldman, *Playing*, *supra* note 61; see Minda, *supra* note 1, at 248 (discussing a "postmodern temperament"). ジーン・ボードリヤールは、次のように書いている。「残っていることのすべては、部分品で遊ぶことである。部分品で遊ぶことは、すなわちポストモダンである。」Jean Baudrillard, *Game with Vestiges*, 5 On the Beach 19, 24 (1984).

(102) パスティチについて、以下の文献を参照。Levinson and Balkin, *supra* note 61, at 1639.

(103) Balkin, *Tradition*, *supra* note 61, at 1620; Schlag, *The Problem*, *supra* note 61, at 1649. ドウォーキンとテレビ番組 L. A. ローとのシュラグによる並置について、以下の文献を参照。Schlag, *Normativity*, *supra* note 61, at 864-65; see Ronald Dworkin,

Law's Empire (1986); see also Feldman, *Diagnosing Power*, *supra* note 61, at 1105 (concluding the article with a Stephen Sondheim stanza). しばしば, ポストモダンの法学者は, テキストのイテラビィリティ, すなわち異なる文脈における反復可能性故に, いかにテキストが統制不可能であるかを強調して, ポストモダンのアイロニーという第2の形態を援用する. 脱構築と法についての論文において, チャールズ・M・ヤブロンは「連邦民事手続規則の第4ルールに従って発せられたものとしての付則1において述べられた」, 民事訴訟における召喚のためのブランク・ルールを分析している. この召喚は, ある文脈においては, 「通常の形態」であるが, 他の文脈においては, 「権力と苦痛の道具」であることを強調している. Charles M. Yablon, *Forms*, 11 Cardozo L. Rev. 1349, 1349, 1352-53 (1990).

(104) Balkin, *Transcendental*, *supra* note 61, at 1141; Feldman, *The Politics*, *supra* note 61, at 199 ("[W]henever we"); Derrida, *supra* note 61, at 945.

(105) Eskridge, *supra* note 55, at 608; see Schlag, *The Problem*, *supra* note 61, at 1739, 1743.

(106) *Roe v. Wade*, 410 US 113, 116 (1973); *Planned Parenthood v. Casey*, 505 US 833, 849 (1992).

(107) *Casey*, 505 US at 864; see 864-69.

(108) *Texas v. Johnson*, 491 US 397, 422 (1989) (Rehnquist, C. J., dissenting); see Stephen M. Feldman, *Republican Revival/Interpretive Turn*, 1992 Wis. L. Rev. 679, 725-31 (国旗冒瀆の論争および諸事件を論じている). ジョンソン事件判決は, 憲法修正か, 憲法上の障害をバイパスすることになる連邦法に従って, 国旗冒瀆の禁止を求める国民的要求を引き起こすこととなった. 1989年10月に, 連邦議会は, The Flag Protection Act, Pub. L. No. 101-131, 103 Stat. 777 (1989) を制定したが, 本法は, 後に違憲とされた. *United States v. Eichman*, 496 US 310 (1990).

(109) *Johnson*, 491 US at 423-25 (Rehnquist, C. J., dissenting). レーンクィストは, 他の事件において, 普通では考えられない, 変わった引用をしている. See, e. g., *Church of Scientology of California v. Internal Revenue Service*, 484 US 9, 17-18 (1987) (アーサー・コナン・ドイル卿の「吼えない犬 (dog that didn't bark)」に言及している).

(110) *Smith v. Goguen*, 415 US 566, 602 (1974) (Rehnquist, J., dissenting). ゴーグェンは, 「ズボンのお尻の部分に縫い付けられた小さな布製の合衆国の国旗を身に付けた」ときに, マサチューセッツ州法に違反するとして有罪判決を受けていた (同上568頁).

(111) *County of Sacramento v. Lewis*, 118 S. Ct. 1708, 1716-17 (1998).

(112) *Lewis*, 118 S. Ct. at 1724 (Scalia, J., concurring) (paraphrasing Cole Porter, "You're the Top" (1934), in The Complete Lyrics of Cole Porter 169 (Robert Kimball ed., 1983); see Lewis, 118 S. Ct. at 1723-24 (Scalia, J., concurring); *Washington v. Glucksberg*, 117 S. Ct. 2258 (1997). リーヴァイス事件における脚注において, スカリアは次のような付加をしている. 「クラシック音楽に馴染みのない者に対して, すばらしい文章の例として, 1934年に著作権を取得した, コール・ポッターの『ユウ・アー・ザ・トップ (You're the Top)』からの借用を記した.」At 1724 n. 1 (Scalia, J., concurring). スカリアの通常ではない章句について, 以下の文献を参照.

Clinton v. City of New York, 118 S. Ct. 2091, 2117 (1998) (Scalia, J., concurring and dissenting) (referring to "the Mahatma Ghandi [*sic*] of all impounders"); *United States v. Virginia*, 518 US 515, 601-3 (1996) (Scalia, J., dissenting) (バージニア軍隊協会の「紳士要綱 (Code of a Gentleman)」から，長文の引用をしている).

(113) *James B Beam Distilling Co. v. Georgia*, 111 S. Ct. 2439, 2450-51 (1991) (Scalia, J., concurring in the judgment) (citations omitted, emphases added and omitted). この事件は，州における税金の払い戻しの文脈における憲法上のルールの遡及適用を含んでいた。レーンクィストおよびスカリアの意見におけるポストモダニズムの言明についての広範な議論について，人身保護に焦点を当てた一連の事件の文脈との関わりで，以下の文献を参照。Feldman, *Diagnosing Power*, *supra* note 61, at 1052-84, 1098-1104.

(114) *Planned Parenthood v. Casey*, 505 US 833, 993-94 (1992) (Scalia, J., concurring and dissenting). モダニストの信念について，そのずたずたにされた概念の残滓は，ルイス・マイケル・シードマンおよびマーク・タッシュネットの著作である『信念の残滓 (Remnants of Belief 23 (1996))』からの引用である。連邦最高裁は，欲するものであれば何でも，その判示の中に含むことができることについての，スカリアによる指摘と関係して，*United States v. Virginia* 事件判決におけるスカリアの反対意見は，幾つかの箇所において同様の指摘をしている。例えば，彼は，連邦最高裁の平等保護の基準——合理性の基準，中間審査，および厳格審査——を「作り上げられた基準」として言及している。518 US 515, 570 (1996) (Scalia, J., dissenting). 彼は，次のように付け加えている。「これらの基準が，その名が示すほど科学的ではなく，無原則であることのさらなる要素は，各事件において，どのテストが適用されるのか，ほとんど我々任せであるという事実によって追加されている（同上・567頁）。付加するに，彼は，中間審査の基準に関して，連邦最高裁判事が「本質的に不利な立場に置くのが良い考えであると思われるときに，それを適用すると論じている」（同上・568頁）。

連邦最高裁が調査官頼りであることについて，以下の文献を参照。Mary Ann Glendon, A Nation under Lawyers 146-48 (1994); Bernard Schwartz, Decision: How the Supreme Court Decides Cases 48-55, 256-62 (1996); Mark V. Tushnet, *A Republican Chief Justice*, 88 Mich. L. Rev. 1326, 1327 (1990). ジャック・バルキンの言葉によれば，連邦最高裁はこのポストモダンの時代において，「正義の遂行に産業に準ずる方法を」採用している。*Postmodern Constitutionalism*, *supra* note 61, at 1983. レーンクィストは，彼の調査官が彼の名前でほとんどすべての意見の第1次草稿を執筆していることを認めている。（上掲・52頁）。メアリー・アン・グレンドンによると，スカリア判事とスティーブンス判事のみが意見を書くについて「指導的役割」を果たしている（上掲・146頁）。バーナード・シュウォーツは，口頭弁論が重大であるという通常の信念に反して，「連邦最高裁判事の面前での審理の主要な目的は，宣伝上のものである」ことを付加している（上掲・16頁）。

(115) Stephan M. Feldman, *From Modernism to Postmodernism in American Legal Thought: The Significance of the Warren Court*, in The Warren Court: A Retrospective 324, 352-53 (Bernard Schwartz ed., 1996); see, e. g., Jay P. Moran, *Postmodernism's Misguided Place in Legal Scholarship: Chaos Theory, Deconstruction, and*

Some Insights from Thomas Pynchon's Fiction, 6 S. Cal. Interdisciplinary L. Forum 155, 159 (1997)（ポストモダニズムを拒絶し,「伝統的・一貫性のある法原理に回帰する」ことを論じている).「モダニズムの観点から, ポストモダニズムは, まさにもう一つのイデオロギー——言説を全体化するもう一つの主張——となる. しかし, それ自身の観点から, ポストモダニズムは, それが一連の信念であるだけではなく, 信念が生起する文化的環境でもある故に, そのような言説は不能である.」Balkin, *Postmodern Constitutionalism, supra* note 61, at 1976.

第6章 結　論

(1) See, e. g., Stephen M. Feldman, *Felix S. Cohen and His Jurisprudence: Reflections on Federal Indian Law*, 35 Buff. L. Rev. 479 (1986)（アメリカ・インディアン法の発展に対するフェリックス・コーエンのリアリズムの影響を議論している); Pierre Schlag, *Law and Phrenology*, 110 Harv. L. Rev. 877 (1997)（ポストモダンの観点からラングデル派の法の科学を議論している).

(2) ポストモダニズムを非難するモダニストの法学者の例として, 以下の文献を参照。Arthur Austin, A Primer on Deconstruction's *"Rhapsody of Word-Plays"* 71 N. C. L. Rev. 201 (1992); Steven Lubet, *Is Legal Theory Good for Anything?* 1997 U. Ill. L. Rev. 193; Suzanna Sherry, *The Sleep of Reason*, 84 Geo. L. J. 453 (1996). モダニズムとポストモダニズムの境界の曖昧さについて, 以下の文献を参照。Anthony Giddens, The Consequences of Modernity 45-53 (1990)（ポストモダンへの移行に代えて, モダンの過激さを論じている); Richard J. Bernstein, *An Allegory of Modernity/Postmodernity: Habermas and Derrida*, in The New Constellation 199 (1991).

(3) 法律家の道具箱の喩えを, 契約法についての私の先生であった, ジョン・ヤコブソンから初めてお聞きし, 彼はしばしば, 契約法についての法学者の道具箱において本質的な道具として, 約束的禁反言 (promissory estoppel) に言及した. Compare Pierre Schlag, *Normativity and the Politics of Form*, 139 U. Pa. L. Rev. 801, 803, 860 (1991)（法原理を, とりわけ他人を強制する, 裁判に関する法律家のための道具として, 特色付けている).

(4) Steven D. Smith, Foreordained Failure: The Quest for a Constitutional Principle of Religious Freedom 6 (1995).

(5) *Id*. at 63; see 55-118.

(6) *Id*, at 68.

(7) *Id*, at 61, 126; see viii; see also Stephen M. Feldman, *Principle, History, and Power: The Limits of the First Amendment Religion Clauses*, 81 Iowa L. Rev. 833 (1996)（宗教条項について, 法学という特別な文脈において, スミスの結論の重要性に焦点を当てている).

(8) カス・サンスティンはモダニストの議論を組み立てるについて, 道具としてポストモダンの洞察を使用する, もう1人の著名なモダニストの学者である. See Stephen M.

Feldman, *Playing With the Pieces: Postmodernism in the Lawyer's toolbox*, 85 Va. L. Rev. 151 (1999); Stephen M. Feldman, *Exposing Sunstein's Naked Preferences*, 1989 Duke L. J. 1335; see, e. g., Cass R. Sunstein, The Partial Constitution (1993).

(9) Robert M. Cover, *Foreword: Nomos and Narrative*, 97 Harv. L. Rev. 4 (1983) (事実上，いかに裁判所は法的意味を抹殺しているかを論じている); Leading Cases, Table II (A), 112 Harv. L. Rev. 372 (1998) (連邦最高裁の事件処理の数について).

(10) 例えば，スカリア連邦最高裁判事は，第5章の最後に議論した，連邦最高裁の柔軟性に関する彼の言明を，司法裁量を減少すると考えられる形式的アプローチを追求する彼の主張の幾つかと比較すると，スカリア連邦最高裁判事は不純で，誠実ではないとの非難に値するのも，もっともなことである。See Eric J. Segall, *Justice Scalia, Critical Legal Studies, and the Rule of Law*, 62 Geo. Wash. L. Rev. 991 (1994) (スカリアの形式的アプローチの提唱を強調している).

(11) Compare Robert Post, *Postmodern Temptations*, 4 Yale J. L. & Human. 391, 396 (1992) (「法についてのポストモダン的論述は存在するけれども，ポストモダンの法は存在しない」). 法学界を中傷している連邦最高裁判事の例として，以下のものを参照。*Romer v. Evans*, 517 US 620, 652-53 (1996) (Scalia, J., dissenting); *Seminole Tribe of Florida v. Florida*, 517 US 44, 68-69 (1996) (Rehnquist, J., majority opinion). J・M・バルキンは，ポストモダンの立憲主義は，まさに法学界と反動的裁判官とのまさにずれによって特色付けられる，と論じている。J. M. Balkin, *What Is a Postmodern Constitutionalism?* 90 Mich. L. Rev. 1966, 1967 (1992).

(12) Jonathan Culler, On Deconstruction 110 (1982); Madeleine Plasencia, *Who's Afraid of Humpty Dumpty: Deconstructionist References in Judicial Opinions*, 21 Seattle U. L. Rev. 215, 247 (1997); see Culler, *supra*, at 131-34, 280; Plasencia, *supra*, at 246-47; compare Robert M. Cover, *Violence and the Word*, 95 Yale L. J. 1601 (1986) (法解釈は自由，財産，等々の損失を導くかもしれないことを議論している).

(13) Suck.: Worst-Case Scenarios in Media, Culture, Advertising, and the Internet 114 (Joey Anuff and Ana Marie Cox eds., 1997).

訳者あとがき

　まず，原著の翻訳を試みるきっかけについて記しておくことにしよう。それは，訳者が，当時の勤務校であった小樽商科大学から，文部（科学）省長期在外研究員として，カリフォルニア大学バークレー校のロースクールに派遣されることになったことに遡る。そのような外国の大学での長期研究は，私には初めての経験であった（それどころか外国に出ること自体初めてであった）。日本の年度の終了に合わせ，アメリカへと出発したのは3月末であったが，バークレー校のロースクールでは，3月末の短期の休暇を終え，4月からの学年末の追い込みに突入していた。言葉の不自由さを痛感させられながらも，果敢に，授業やセミナーにセメスターの途中から参加させていただいていた。そこは，私にとって大変刺激的であり，アメリカの大学への留学ないしは研究員の経験のある者には説明するまでもなく，日本の大学の，極めて受身で，質問を求めても手を挙げる学生は皆無という世界の者には，まるで別世界の，真剣勝負の場であった。セミナーでは，学生同士のやり取りの他に，教授同士の議論も活発で，とりわけ印象深かったのは，R. ポスト教授（現在はイェール大学に移籍された，表現の自由の分野での大家である）が指導する「憲法学における法の経済分析」という，私には背伸びしすぎの演習であった。そこで，わが国においても著名な，法と経済学のクーター教授と環境法分野において高名なサックス教授が，環境法分野での法の経済分析の有用性について，ファースト・ネームで呼び合いながら，激論を（しかも学生の面前で）闘わせていたのは今でも記憶に新しい。

　このように，私の在外研究のスタートは比較的順調であった。しかし，迂闊にも，日本の学期とアメリカのセメスターの相違を無視した研究計画は，直ぐに破綻へと向かった。滞米2ヶ月と経たないうちに，アメリカの大学は長期の夏期休業に突入し，大学には人1人いなくなったのである。それまで，物珍しさに目を奪われ，感動さえしていたのが，急に我に帰り，今度は激しいカルチャーショックに襲われることになったのである。旅行でも計画できれば，まだ

救われたかもしれない。しかし、そのような余裕はなく（文部科学省の支援なので、少なくとも当時は、カリフォルニア州を無断で出ることは、そもそもやってはいけないことと理解していた）、ただ大学で学ぶこと（在外研究の本来の趣旨・建前からは研究と言わなければならないのであるが）のみ念頭にあった者にとって、リアクションにはかなり厳しいものがあった。英語でのコミュニケーションがうまくいかないことはもとより、食べ物から、果てはバスや地下鉄の乗り方の違いにまで腹が立ってくるのである。完全に打ちのめされていた。

　バークレー校の象徴であるセイザー門の近くに、カリフォルニア大学出版局直営の書店があり、それまでにもしばしばそこを訪れては、最新の法学関連の書籍を求めていたのであったが、ちょうどその落ち込みの頃に立ち寄り、偶然目にしたのがまさに本書であった。著者名には（失礼ながら）、我が国では未だ知られていない名前が付されていたとはいえ、まずその American Legal Thought from Premodernism to Postmodernism: An Intellectual Voyage という書名に惹かれた。なぜならば、我が国でもアメリカ法自体の、あるいはアメリカ法史についての原著あるいは翻訳書は入手可能であったが、アメリカ法思想についての本は、ほとんど目にしたことがなかったからである。

　その本は、何かをしなければ、というその時の気持ちを惹き付けるのに、十分魅力的な内容を持っていたし、アメリカ社会は日本とは異なるのであるが（この当たり前のことが、当初良く理解できていなかった）、とりわけ自分の専門分野である法との関わりで、それがどこに由来するのかを見極めたいという、関心を満たすのに十分であった。最初は、この書を翻訳した上で出版しようなどとは、夢にも思わなかったのであるが、暇に任せて読み続けながら、これを形に残したいと考え、粗訳のノートをロースクールの図書館で作り始めたのである。この作業は、当時の自分にとってはむしろ救いであった。ノートのページが増え、またその内容について、わが国での法学の発展に必ずや寄与するものがあるとの確信を得るようになり、翻訳をしたいとの欲求に捕われ始めたのである。そこで、当時オクラホマ州のタルサ大学に所属していた原著者のフェルドマン教授にE-メールを送り、翻訳した上で、日本で出版したい旨の意向を伝えたところ、大変好意的な返事をいただくことができたのである。

　以上が、この翻訳書が世に出ることになった経緯である。しかし、そのよう

訳者あとがき　371

に決意し，それは固かったとはいえ，実際の翻訳の作業が順風満帆であったわけではない。楽しみ（あるいは苦しさを逃れるため）で始めた翻訳も，しばしば挫折し，何度も断念を考えたことも事実である。滞米中に翻訳が完成することを当初予定したのであったが，それが不可能であることは，直ぐに判明した。8月下旬に新学期が始まるや，授業や演習についていくのが精一杯な上に，「経済的自由についての日米比較」という在外研究本来のテーマも気になりだし，それが「日本国憲法へのニューディール政策の影響」ということに目が向くや，日本国憲法の制定過程について，滞米中にできるだけその原資料を見ておこうとの思いに駆られたのである（この研究は，不十分ながら，「日本国憲法とニューディール」という論文にまとめ，公表する予定である）。ラウエル文書が存在するスタンフォード大学は日帰りの範囲内であったが（距離的には一番近かったが，今なお非公開とされているものが多く，成果が一番少なかった），ミシガン大学アン・アーバン校，メリーランド大学，国立公文書館，マッカーサー記念館と，アメリカ中を廻ることになったのである。なお，その時は，文部科学省による在外研究は終了し，私費による研究員として渡米していた。

　このように，本訳書は，私のアメリカでの在外研究を契機として，その成果の一部として生まれたものである。アメリカ法思想史について，原著以上のものを付け加える能力は持ち合わせていないので，ここでは，簡単な感想を記しておくことでご容赦願うことにしたい。なお，著者の紹介は巻末をご参照願いたい。

　著者が日本版の序文にも述べているように，アメリカ合衆国の法思想は，2千年を超える伝統を有する西洋哲学を，ここ2百年余りで駆け抜け，ポストモダンの時代に入っていることについて，もちろん異論も存在するであろうが，1つの見識として興味深く，示唆に富むものがある（原著の書評として，例えば，John P. Joergensen, Diana C. Jaque および Lee Neugebauer によるものが 93 Law Library Journal 187 に，Jerry L. Goodman によるものが 36 Tulsa Law Journal 231 に掲載されている）。他方，わが国の場合は，欧米とは異なる。言うまでもなく，フェルドマン教授が述べる時代区分が，そのままわが国にあてはめることはできない。また，わが国がポストモダニズムの時代に入っているとは未だ言えないかもしれない。その意味で，ここで述べられていることが，そ

のまま我が国に当てはまるわけではない。言うまでもなく，そして迂闊にも，訳者がアメリカ合衆国に長期滞在することになるまで真には自覚できなかったように，アメリカと我が国とは違うのである。それにもかかわらず，本書を翻訳し，我が国に紹介する意義は大きいと考える。それは，訳者のように，アメリカ法思想そのものに関心を有するものにとって有意義なだけではなく，好むと好まざるとにかかわらず，アメリカが，我が国の先取りをしている部分があることは否定できないからである。このように，本書は，アメリカ法思想を理解する上での格好の書であるとともに，我が国の法思想の過去，現在，および未来を考察する上で大いに参考になるものである。

　本訳書を出版するにつき，原著者フェルドマン教授は，このことを心から歓迎され，訳者の瑣末な質問にも喜んで答えてくれるなど，協力を惜しまなかった。深甚の謝意を述べたい。また，信山社の袖山貴氏は，おそらく採算が取れないであろう，本訳書の出版を快く引き受けてくれた。断られるのを覚悟で，恐る恐る，この企画をアメリカからFAXで送り，返事を待っていたところ，即刻，快諾の返事をいただいたが，その時の飛び上がりたくなるような喜びは今でも忘れることができない。アメリカでの在外研究を終え，帰国してからはや5年を経過している。その間，勤務校が変わるなど，訳者の身辺に大きな変化が生じ，翻訳の作業は思うようにはかどらなかった。それにもかかわらず，完成を辛抱強く待ち続けていただいたことにも感謝申し上げたい。また，本書を出版するにつき，同社の有本司氏に大変お世話になった。心からのお礼を申し述べさせていただきたい。

　私事にわたるが，本訳書を完成させるにつき，注および索引作成を手伝ってくれた，妻ゆう子（およびその頃，彼女のお腹の中で成長しつつあり，さぞかし迷惑であったろう美優）に，一言感謝を述べさせていただきたい。

　最後に，翻訳するにつき，思わぬ誤解や無知が存在するかもしれない。また，原著にできるだけ忠実であることを心掛けたために，生硬な文章が多く見受けられるかもしれない。読者による忌憚のないご指摘・ご批判をいただければ幸いである。

2005年3月

索　引

[ア行]

アーノルド，サーマン（Arnold, Thurman） …………………………………158
アーレント，ハンナ（Arendt, Hannah） …………………………………189
アウトサイダー法学（outsider jurisprudence） ……228-235,242-43,250-54,258-59,
　　　　　　　　　　　　　　　　　　　　　　　　　　　　　　　263-64
　　ポストモダンの学問との緊張（tensions with postmodern scholarship）
　　　………………………………………………………………231-33,264
アウグスチヌス，聖（Augustine, St.） …………………………………………16
アキナス，聖トマス（Aquinas, St. Thomas） …………………………………17
アダムズ，ジョン（Adams, John） …………………………………86,89,99,109
アデア 対 合衆国事件（Adair v. United States） ………………334-35(55)-(56)
アドキンス 対 コロンビア地区小児病院事件（Adkins v. Children's Hospital
　of the District of Columbia） ………………………………………………334(55)
アバナシー，ラルフ（Abernathy, Ralph） …………………………………199
アフリカ系アメリカ人（African Americans）……96,103,145,167,177,181,195,199,
　　　　　　　　　　　　　　　　　　　　　　　　　　　　　　　229
　　さらに「アウトサイダー法学」参照（outsider jurisprudence）
アメリカ革命（American Revolution） …………………………71-75,85-86,95
アメリカ合衆国憲法（American Constitution） …86-91,108-109,169,215-16,228-29
　　キリスト教修正（Christian amendment） ……………………………203
　　自由（革命期との比較における）（liberty, contrasted with Revolution
　　　ary era） ………………………………………………………………88-89
　　財　産（and property） …………………………………………………96-97
　　批　准（ratification） ………………………………………………………86
　　さらにまた「ブラウン 対 教育委員会事件」，「グリズウォルド 対 コネチ
　　カット」，「解釈学的転回」，「ロックナー 対 ニューヨーク」，「米国家族計画
　　連盟 対 ケーシー事件」，「ロー 対 ウエイド事件」参照（Brown v. Board
　　of Education; Griswold v. Connecticut; interpretive turn; Lochner v. New
　　York; Planned Parenthood v. Casey; Roe v. Wade）
アメリカ原住民（Native Americans） …………………………………………91,103
アメリカ政治学会（American Political Science Association） ………………167
アメリカのリーガル・リアリズム→「リアリズム」参照（American legal

374　索　引

realism. See realism)
アメリカのプロテスタンティズム（American Protestantism）……74-75, 96, 104-6, 108, 121
　　さらに「第1次大覚醒」,「第2次大覚醒」参照（First Great Awakening, Second Great Awakening）
アメリカ反奴隷制会議（American Anti-Slavery Convention）……125
アメリカ法協会（American Law Institute, ALI）……160
アメリカ歴史協会（American Historical Association）……217
アメリカ連合国憲法（Confederate Constitution）……127
アリー→「アメリカ法協会」参照（ALI. See American Law Institute）
アリストテレス（Aristotle）……15, 126, 138-141
アルゲイア 対 ルイジアナ（Allgeyer v. Louisiana）……149, 234-35(49)
アレキサンダー，グレゴリー・S（Alexander, Gregory S.）……241
アンガー，ロベルト（Unger, Roberto）……215
アンチ・フェデラリスト（anti-Federalists）……87
アンテロープ事件（Antelope, The Antelope）……318(65)
イージー・ケース（easy case）……236-37
イェール法科大学院（Yale Law School）……212
移　民（immigration）……103, 119-20
　　さらに「人口」参照（population）
イリィ，ジョン・ハート（Ely, John Hart）……194-96, 212, 216, 351(27)
　　さらに「代表補強理論」参照（representation-reinforcement theory）
インガーソル，チャールズ・ジャレド（Ingersoll, Charles Jared）……97
ヴァージニア権利章典（Virginia Bill of Rights）……85-86
ヴァン・ビューレン，マーティン（Van Buren, Martin）……101
ウィッター，ジョン・グリーンリーフ（Whittier, John Greenleaf）……267-68
ウィットゲンシュタイン，ルートヴィッヒ（Wittgenstein, Ludwig）……223-24, 242, 246-50
ウィリアムズ，ウェンディー（Williams, Wendy）……231
ウィリアムズ，ジョーン（Williams, Joan）……233
ウィリアムズ，パトリシア・J（Williams, Patricia J.）……230
ウィリストン，サムエル（Willston, Samuel）……136
ウィルソン，ジェームズ（Wilson, James）……3, 71, 73-76, 94, 316
ヴィンソン，フレッド・M（Vinson, Fred M.）……180
ウェーバー，マックス（Weber, Max）……1, 189, 296(17)(19), 329(29)
ウェスト・コースト・ホテル会社 対 パリッシュ事件（West Coast Hotel Co. v. Parrish）……344

ウェスト出版社（West Publishing Company）……………………140,224-25
ウェスト・バージニア教育委員会 対 バーネット事件（West Virginia
　　State Board of Education v. Barnette）………………………………344(103)
ウェスト, ロビン（West, Robin）……………………………………………231
ウェクスラー, ハーバート（Wechsler, Herbert）…………173,183-84,193
ウェリントン, ハリー（Wellington, Harry）………………………………182
ウェルド, セオドア・ドワイト（Weld, Theodore Dwight）……………126
ヴォーゲリン, エリク（Voegelin, Eric）……………………………296,298(36)
ウォーターゲート事件（Watergate Affair）…………………………198,228
ウォーレン, アール（Warren, Earl）……………180-82,183-84,202,205-6,212
　　さらに「ウォーレン・コート」参照（Warren Court）
ウォーレン・コート（Warren Court）………………182-85,191-92,206-7,212
　　さらに「ウォーレン, アール」参照（Warren, Earl）
ウッド, ゴードン（Wood, Gordon）…………………………………86,98,120
エイムズ, ジェームズ・バー（Ames, James Barr）……………136-37,333-34(51)
エウイク, パトリシア（Ewick, Patricia）…………………………………254
エスクリッジ, ウィリアム（Eskridge, william）……………………230-31,264
エドワーズ, ジョナサン（Edwards, Jonathan）……………………………84
エマーソン, トマス（Emerson, Thomas）…………………………………207
エマーソン, ラルフ・ワルド（Emerson, Ralph Waldo）………………267
エリー鉄道会社 対 トンプキンス事件（Erie R. Co. v. Tompkins）………312(23)
エリート主義（elitism）………………………85-88,92-93,98-101,104,127
　　さらに「反エリート主義」参照（antielitism）
エリオット, チャールズ（Eliot, Charles）………………………………131-33
エンゲル 対 ヴァイテール事件（Engel v. Vitale）……………………202-3,350
エンテマ, ヘセル（Yntema, Hessel）………………………………………158
大立者（mugwumps）………………………………………120,322(3),330(30)
オースティン, ジョン（Austin, John）……………………………129-30,152,185
オッコンナー, サンドラ・デイ（O'Connor, Sandra Day）………………264
オリファント, ヘルマン（Oliphant, Herman）……………………………157
オルセン, フランシス・E（Olsen, Frances E.）……………………………190
オレン, カレン（Orren, Karen）……………………………………………150

[カ行]

カーター, ジェームズ・クーリッジ（Carter, James Coolidge）………151-52
カードーゾ, ベンジャミン（Cardozo, Benjamin）……………………4,156
カーマイケル, ストークレイ（Carmichael, Stokely）……………………200

外国人・反政府活動取締法（Alien and Sedition Acts）……………104
解釈主義（interpretivism）………………………………………215-17
解釈的転回（interpretive turn）……………………217-23, 234-35, 248-49
　　さらに「法と文学」参照（law and literature）
概念（歴史の）→「知の歴史」参照（ideas, history of. See intellectual history）
下院非米活動委員会（House Un-American Activities Committee）……………170
科学革命（Scientific Revolution）………………………………………22-23
学際的学問（interdisciplinary scholarship）……………………56, 361(75)
　　さらに「法の学際領域」参照（interdisciplinary legal scholarship）
確　信（confidence）……………………………………………197-98, 201
　　法学界における（in legal academy）………………………226-28, 234
　　さらに「進歩の概念」参照（idea of progress）
学生非暴力調整委員会（Student Nonviolent Coordinating Committee,
　SNCC）……………………………………………………………199-200
革　命→「アメリカ独立革命」参照（Revolution. See American Revolution）
家族計画連盟 対 ケーシー事件（Planned Parenthood v. Casey）………… 264-67,
　　　　　　　　　　　　　　　　　　　　　　　　　　　　　　259(106)
ガダマー，ハンス-ゲオルグ（Gadamer, Hans-Georg）……………42-54, 57-60,
　　　　　　　　　　　　　　301-2(55)-(56), 302-3(61), 304(71)
　　法の学問性（Legal scholarship）……………… 219-23, 242, 247, 353-54(40),
　　　　　　　　　　　　　　　　　　　　　　　　　　　　　　　365(108)
　　および「哲学的解釈学」参照（philosophical hermeneutics）
合衆国 対 アイヒマン事件（United States v. Eichman）………………365(108)
合衆国 対 キャロリーン・プロダクツ事件（United States v. Carolene
　Products）………………………………………………………178, 344(103)
合衆国 対 バージニア事件（United States v. Virginia）……365-66(112), 366(114)
カバー，ロバート（Cover, Robert）………………………………220, 328(24)
カルフォルニア州サイエントロジー協会 対 内国歳入庁事件（Church of
　Scientology of California v. Internal Revenue Service）………………365(199)
カルヴァー，ジョン・C（Culver, John C.）……………………………199
カルビン主義→「カルビン，ジョン」参照（Calvinism. See Calvin, John）
カルビン・ジョン（Calvin, John）……………19-24, 28-30, 96, 295-96(14), 297(30)
　　ホッブス，トマス（Hobbes, Thomas）………………………………27-28
　　「予定説」参照（predestination）
カルホーン，ジョン・C（Calhoun, John C.）……………………………126-27
カルマン，ラウラ（Kalman, Laura）……………………………………158, 220
ガンサー，ジェラルド（Gunther, Gerald）………………………………194

索引 377

カント，イマニュエル（Kant, Immanuel）……………36-37, 168, 299-300 (44) (45)
キーナー，ウィリアム・A（Keener, William A.）………………………135, 139-40
機械的法学（mechanical jurisprudence）……………………………………156
基本的矛盾（fundamental contradiction）………………………………189-90
脚注第4→「合衆国対キャロリーン・プロダクト」参照（footnote four. See
　　United States v. Carolene Products）
ギャリソン，ウィリアム・ロイド。（Garison, William Lloyd）……………123-24
　　さらに「奴隷制」参照（slavery）
キャリングトン，ポール・D（Carrington, Paul D.）……………………………191
行政手続法（Administrative Procedure Act）……………………………227
共和政体（republican government）………………15, 83-94, 103-4, 166-67
　　反対派（国民の）イデオロギー（Opposition (Country) ideology）…………84
　　さらに「市民的共和主義」，「エリート主義」，「人民主権」，「プレモダニズ
　　ムの法思想」参照（civic republicanism, elitism, popular sovereignty,
　　premodern legal thought）
共和党員→「ジェファーソン派の共和党員」参照（Republicans. See
　　Jeffersonian Republicans）
ギリガン，キャロル（Gilligan, Carol）…………………………………………231
キリスト教（Christianity）…………………………………15-17, 28-29, 202
　　さらに「アメリカのプロテスタンティズム」，「プロテスタントの改革」参照
　　（American Protestantism, Protestant Reformatio）
キング，マーティン・ルーサー・Jr（King, Martin Luther, Jr.）……………108, 199
金ぴかの時代→「工業化」参照（Gilded Age. See industrialization）
クーリー，トマス・M（Cooley, Thomas M.）………………………………146-52
　　「連邦最高裁」参照（Supreme Court）……………………………334 (55)
クーン，トマス（Kuhn, Thomas）………………………218-20, 222, 242, 247
クック，ウォルター・ウィーラー（Cook, Walter Wheeler）……………157-58, 162
クラーク，チャールズ（Clark, Charles）………………………………………162
グラフィカル・ユーザー・インターフェイス（GUI）→「コンピューター」参照
　　（graphical user interface (GUI). See computers）
グリーン，ニコラス・聖ジョン（Green, Nicholas St. John）……………336-37 (65)
クリントン 対 ニューヨーク市事件（Clinton v. City of New York）……366 (112)
グリズウォルド 対 コネティカット事件（Griswold v. Connecticut）……… 203-15,
　　　　　　　　　　　　　　　　234, 350 (11), 350-51 (16) (17) (18)
クルーガー，バーバラ（Kruger, Barbara）………………………………………53
グレイ，トーマス（Grey, Thomas）……………113, 137, 216, 330-31 (30), 331 (34)
グレンドン，メアリー・アン（Glendon, Mary Ann）……………………………2

グロス，ハイマン (Gross, Hyman) ·· 207
クワイン，ウィラード・ヴァン・オルマン (Quine, Willard van Orman) ········ 223
ケイ，フランシス・スコット (Key, Francis Scott) ································ 267
ゲイおよびレズビアン研究 (gay and lesbian studies) ···············229,232,251
経験主義 (第2段階のモダニズム) (empiricism, second-stage modernism) ··· 32-36
経験主義者の法思想→「リアリズム」参照 (empiricist legal thought. See realism)
ケース・メソッド→「法学教育」参照 (case method. See legal education)
ゲーツ，クリフォード (Geertz, Clifford) ·· 218
ケネディ，アンソニー (Kennedy, Anthony) ······································ 264
ケネディ，ジョン・F (Kennedy, John F.) ································· 198,201
ケネディ，ダンカン (Kennedy, Duncan) ···································· 189-91
ケネディ，ロバート・F (Kennedy, Robert F.) ································· 198
ケリー，アルフレッド (Kelly, Alfred) ·· 207
原意主義→「解釈主義」参照 (originalism. See interpretivism)
言語の権力→「権力」参照 (linguistic power. See power)
現象学 (phenomenology) ·· 38
ケント，ジェームス (Kent, James) ·····························3,75-76,106,109-10
憲法制定→「アメリカ合衆国憲法」参照 (framing. See American Constitution)
権　力 (power) ···88-89,245-46,276-77
　　言　語 (language) ···57-58,246-52
　　社会構造 (social structures) ···················58,241,251-54,271,280,288-89
コイパー，ポール (Kauper, Paul) ··· 207
後期の危機 (第4段階のモダニズム) (late crisis, fourth-stage modernism)
　　··36-38
後期の危機の法思想 (late crisis legal though) ····························36-50,214-15
　　後期の危機に導く出来事 (events leading to late crisis) ·················177-81
工業化 (indutrialization) ···96-98,119-21
公共選択理論 (public choice theory) ·· 187
構造主義 (structuralism) ·· 38
　　さらに「権力」参照 (power)
公民権運動 (civil rights movement) ························39,177-78,197-201,228-30
　　さらに「ブラウン 対 教育委員会事件」参照 (Brown v. Board of Education)
公民権法 (Civil Rights Acts) ·····························145,167,178,227,340(87)
功利主義 (utilitarianism) ··95,109-18
合理主義者の法思想→「ラングデル派の法学」参照 (rationalist legal thought.

索引　379

　　See Langdellian legal science)
合理主義（第1段階のモダニズム）（rationalism, first-stage modernism）……29-32
ゴウルド，ジェームズ（Gould, James）………………………………82-83, 142
コーウィン，エドワード・S（Corwin, Edward S.）………………………121
コーエン，フェリックス（Cohen, Felix）……………………………158-59, 164
コーエン，モリス（Cohen, Morris）……………………………………339(79)
コース，ロナルド（Coase, Ronald）……………………………………186, 217
コースの定理→「法と経済学」参照（Coase Theorem. See law and economics)
コーネル，ドルシア（Cornell, Drucilla）………………………………234
ゴールドバーグ，アーサー・J（Goldberg, Arthur J.）…………………206-7
個人主義（individualism）
　………………21, 31-35, 38, 95-96, 101, 104, 143, 163-65, 174-76, 186, 233, 241, 255-58
　　さらに「進歩の概念」，「モダニズム」，「自己についての社会構造」参照
　　（idea of progress, modernism, social construction of the self)
コスモス（kosmos）………………………………………………………13, 15
国旗冒瀆（flag desecration）……………………………………………267-68
国旗保護法（Flag Protection Act）…………………………………365(108)
コックス，アーチボルド（Cox, Archibald）……………………………214-15
古典的正統派（classical orthodoxy）………………………………330-31(30)
　　さらに「ラングデル派の法学」参照（Langdellian legal science)
異なる声（different voice）………………………………………54-55, 229-31
　　さらに「アウトサイダー法学」参照（outsider jurisprudence)
コナー，スティーブン（Conner, Steven）…………………………………60
コページ 対 カンザス州事件（Coppage v. Kansas）……………………335(56)
コモン・ロー（common law）…………………………109-11, 117-18, 130
　　アメリカにおけるイギリスのコモン・ローの継受（American acceptance
　　　of English common law）……………………………………………72-74
　　キリスト教（Christianity）………………………………74, 105-6, 319(70)
　　さらに「コモン・ローの法典化」，「訴訟方式」参照（codification of
　　common law, forms of action)
ゴミリオン 対 ライトフット事件（Gomillion v. Lightfoot）……………339-40(84)
コモン・ローの法典化（codification of common law）…………………102, 151
ゴードン，ロバート・W（Gordon, Robert W.）…………………………189
コンセンサス理論→「コンセンサス（社会的）」参照（consensus theory. See
　　consensus, social)
コンセンサス（社会的）（consensus, social）…………………156, 168-71, 197-201
　　法学界において（in legal academy）………………………………220-28, 234

380　索　引

コンセンサスの喪失→「コンセンサス（社会的）」参照（loss of consensus. See consensus, social）
コンセンサス理論→「コンセンサス（社会的）」参照（consensus theory. See consensus, social）
コンピューター（computers） ……………………………………………………40
　　グラフィカル・ユザー・インターフェイス（graphical user interface, GUI）………………………………………………………………………226, 235
　　ハイパーテキスト（hypertext）……………………………………226, 243
　　さらに「コンピューターによる法情報調査」参照（computer-assisted legal research）
コンピューターによる法情報調査（computer-assisted legal research）……224-26, 235
　　さらに「コンピューター」参照（computers）

[サ行]

再　建（Reconstruction）…………………………………145, 166, 201
財　産（property）……………………………………………………96, 241
　　概念の変容（transformation of concept）……………………111-12
サヴィニー，フリードリッヒ・カール・フォン（Savigny, Friedrich Carl von）………………………………………………………………151-52
サクラメント・カウンティー 対 リーバイス（County of Sacramento v. Lewis）………………………………………………………268, 365(111)
サックス，アルバート（Sacks, Albert）……………………172-76, 181-82
　　さらに「リーガル・プロセス」参照（legal process）
サラト，オースティン（Sarat, Austin）…………………241, 245, 250
サルトル，ジャン-ポール（Sartre, Jean-Paul）………………………189
産業革命→「工業化」参照（Industrial Revolution. See industrialization）
サンスティン，カス（Sunstein, Cass）……………………………367-8(8)
ジェイ，ジョン（Jay, John）……………………………………………60, 87
シェイの反乱（Shay's Rebellion）………………………………97, 317(55)
ジェームズ，ウィリアム（James, William）…………………………163
ジェームズ・B・ビィーム蒸留会社 対 ジョージア（James B. Beam Distilling Co. v. Georgia）………………………………270, 366(113)
ジェームソン，フレデリック（Jameson, Fredric）……………………56
ジェファーソン主義の共和党員（Jeffersonian Republicans）……99-101, 103-4, 106
ジェファーソン，トマス（Jefferson, Thomas）…………71, 89, 99-101, 109
シェリー，スザンナ（Sherry, Suzanna S.）…………………………220

索 引　381

シカゴ大学法科大学院（University of Chicago Law School）…………333-34(51)
シカゴ・ミルウォーキー・セントポール鉄道 対 ミネソタ事件（ミネソタ地方
　税事件）(Chicago, Milwaukee & St. Paul Railway v. Minnesota, Minne-
　sota Rate Case) ………………………………………………………………333(49)
自己内省性→「ポストモダニズム」，「ポストモダニズムの法思想」参照（self-reflex-
　ivity. See postmodernism, postmodern legal thought）
自己についての社会的解釈（social construction of the self）…………58-59, 252-55
自然権→「自然法」参照（natural rights. See natural law）
自然法（natural law）……71-76, 79-81, 94, 101, 105-7, 132, 137, 142-43, 152, 213, 216,
　　　　　　　　　　　　273-74
　　　アメリカ的あいまいさ（American imprecision）…………………………80
　　　南北戦争後の自然権（natural rights after Civil War）………………145-50
　　　奴隷制（slavery）……………………………………………………………122-29
　　　自然権からの分離（split from natural rights）……………………………122-29
実証主義（法的）(positivism, legal) ………………129-30, 133-34, 137-41, 152, 156
市民銀行およびローン協会 対 トペカ市事件（Citizens' Saving & Loan
　Ass'n v. City of Topeka）………………………………………………………334(55)
市民的共和主義（civic republicanism）………………………………………95, 128
　　　アリストテレス（Aristotle）……………………………………………15, 126
　　　マキャベリ（Machiavelli）………………………………………17-19, 84, 88
　　　さらに「共和政体」参照（republican）
社会科学（social sciences）…………………………………………………157, 162-63
　　　ポストの不足（job shortage in）……………………………………………217
社会学的法学（sociological jurisprudence）………………………156, 161, 339-40(84)
社会工学（social engineering）……………………………………………164, 339-40(84)
社会ダーウィニズム（social Darwinism）……………………………………………128
ジャクソン主義の民主党員（Jacksonian Democrats）………………………………101
ジャクソン, ロバート・H（Jackson, Robert H.）…………………………………178
シャトルワース, フレッド（Shuttlesworth, Fred）…………………………………199
シャンク, ペーター（Schanck, Peter）………………………………………………244
自　由（liberty）………………………………………………………………………89
シュウォーツ, マーレイ・L（Schwartz, Murray L.）………………………………185
修正第1条（First Amendment）………………………………………202, 267, 277
修正第3条（Third Amendment）……………………………………………………205
修正第4条（Fourth Amendment）…………………………………………………205
修正第5条（Fifth Amendment）……………………………………………………205
修正第9条（Ninth Amendment）…………………………………………………205, 210

修正第14条（Fourteenth Amendment）……………144,149,179,209,269
修正第15条（Fifteenth Amendment）………………………145,166
修正第19条（Nineteenth Amendment）………………………166
修正第24条（Twenty-fourth Amendment）……………………167
修正第26条（Twenty-sixth Amendment）……………………167
終末の時→「プレモダニズム」，「プレモダニズムの法思想」参照
　（eshantological time. See premodernism, premodern legal thought）
シュラグ，ピエール（Schlag, Pierre）……………237-38,252,256-58,262-63
循環的時間→「プレモダニズム」，「プレモダニズムの法思想」参照（cyclical time. See premodernism, premodern legal thought）
消極の美徳→「リーガル・プロセス」参照（passive virtues. See legal process）
ショー，レミュエル（Shaw, Lemuel）…………………………113-14
食肉業組合 対 クレセント市商業組合事件（Butchers' Union Co. v. Crescent City Co.）………………………………………149,335(56)
女　性（women）……………………………96,103,209-13,228
　　女性法律家および女性法学教授として（as lawyers and law professors）
　　………………………………………329-30(29),342(94)
　　　選挙権（suffrage）………………………………………167
　　　女性運動（women's movement）………………………39,201,229
　　さらに「フェミニスト法学」，「アウトサイダー法学」参照（feminist jurisprudence, outsider jurisprudence）
女性のための全国組織（NOW）（National Organization for Women, NOW）…201
ジョンソン，スティーブン（Johnson, Steven）………………226
ジョン・ホプキンズ大学（John Hopkins University）…………218
　　ジョン・ホプキンズ大学法学研究所（Institute of Law at John Hopkins University）………………………………………158
人口（合衆国の）（population, of United States）……………97,108
　　さらに「移民」参照（immigration）
シルベイ，スーザン・S（Silbey, Susan S.）…………………254
人種隔離（黒人差別）法（Jim Crow laws）…………177,180,229,252
人種的リアリズム（racial realism）……………………………253
人文科学研究（ポスト不足）（humanities, job shortage in）…………217
進歩→「進歩の概念」参照（progress. See idea of progress）
進歩の概念（idea of progress）……12,17,18,23-24,39-40,133,152,161-65,174-76,
　　　　　　　　　　　　　　　　　186,190,252
　　進歩ないしは歴史についての時代区分（periodization of progress or history）………………………………………23-24

索引 383

プレモダニズムの法思想（premodern legal thought） ……………107-18
　　さらに「個人主義」参照（individualism）
人民主権（popular sovereignty） ……………86-87, 96-102, 107, 127-29, 152
　　さらに「選挙権」参照（see also suffrage）
信頼の喪失→「信頼」参照（loss of confidence. See confidence）
真理についての対応理論（correspondence theory of truth） ……………224
スアード，ウィリアム・H（Seward, William H.） ……………124
スウィフト 対 タイソン事件（Swift v. Tyson） ……………117, 312(23)
スウィフト，ゼファニア（Swift, Zephaniah） ……………76, 91-92, 316(48)(49)
スーター，ディビット（Souter, David） ……………264, 269
スカリア，アントニン（Scalia, Antonin） ……………269-70, 284, 368(10)
スタンフォード法科大学院（Stanford Law School） ……………191
スチュワート，ポッター（Stewart, Potter） ……………206
スティーブンス，アレキサンダー・H（Stephens, Alexander H.） ……………127
ステート 対 ポスト事件（State v. Post） ……………318(65)
ステファンシック，ジーン（Stefancic, Jean） ……………224-25, 242, 245, 251, 355(48)
ストア派の哲学者（Stoics） ……………293(5)
ストーリィ，ジョゼフ（Story, Joseph）… 3-4, 72, 76, 79-80, 109-10, 112, 117-18, 321(90)
ストーン，ハーラン・F（Stone, Harlan F.） ……………178
スピノザ，ベネディクタス（Spinoza, Benedictus） ……………31
スミス，アダム（Smith, Adam） ……………34, 95, 98, 143
スミス，スティーブン・D（Smith, Steven D.） ……………276-79, 288
スミス 対 ゴーグェン事件（Smith v. Gouguen） ……………268, 365(110)
スムナー，チャールズ（Sumner, Charles） ……………125
スローターハウス事件判決（Slaughterhouse Cases, The Slaughterhouse Cases）
…………………………………………………………………148, 335(56)
政　党（political parties） ……………101, 104
セン，アマーティア（Sen, Amartya） ……………240
繊維産業労働組合 対 リンカーン織物工場事件（Textile Workers Union v. Lincoln Mills） ……………343(99)
選挙権（suffrage） ……………101-1, 166-67
　　非合理的なものとしての投票（voting as irrational） ……………240
全体主義（totalitarianism） ……………166
1812年の戦争（War of 1812） ……………97-98
訴訟方式（コモン・ローの令状）（forms of action, common law writs） ……………82-83

384　索引

[タ行]

ダーウィン, チャールズ (Darwin, Charles) ……………………………………121-22
ダートマス大学 対 ウッドワード事件 (Dartomouth College v. Woodward) ……………………………………………………………111, 320(79)
ダール, ロバート (Dahl, Robert) ……………………………………………169
第1次大覚醒 (First Great Awakening) ………………………………………74, 95
　　さらに「アメリカのプロテスタンティズム」参照 (American Protestantism)
大　学 (universities) ……………………………………………………………130-33
ダイクストラ, クラーレンス (Dykstra, Clarence) ………………………………167
第2次世界大戦 (World War II) …………………………………………5, 167, 177-79
第2次大覚醒 (Second Great Awakening) ……………………………96, 100, 104-5, 121
　　さらに「アメリカのプロテスタンティズム」参照 (American Protestantism)
代表補強理論 (representation-reinforcement theory) …195-96, 212, 216, 348(128)
ダグラス, ウィリアム・O (Douglas, William O.) …………163-65, 178, 204-6, 211
多元的政治理論 (pluralist political theory) ……………………………169, 192, 216
他　者→「脱構築」,「アウトサイダー法学」参照 (Other. See deconstruction; outsider jurisprudence)
タッカー, St・ジョージ (Tucker, St. George) ………………………………76, 92, 107
脱構築 (Deconstruction) ……………………………………………………47-52, 281
　　「何をしても構わない」(anything goes) ……………………………………283
　　「脱構築的内破」(deconstructive imposition) ……………………………261
　　「法学の学問性」(legal scholarship) ………230, 237-41, 246, 249, 255, 259-61, 280
　　さらに「脱正義」,「デリダ, ジャック」参照 (deconjustice; Derrida, Jacques)
タッシュネット, マーク・V (Tushnet, Mark V.) ………………………………190-91, 208
脱正義 (deconjustice) ……………………………………………………………239
タッパン, デービッド (Tappan, David) …………………………………………89
ダマト, アンソニー (D'Amato, Anthony) ……………………………………236-37
チップマン, ナサニエル (Chipman, Nathaniel) ………3, 72, 75, 92-94, 106, 115-16, 319(72), 321(85)(86)
知の歴史, 概念の動向 (intellectual history, the idea movement of ideas)
　……………………………………………………………………………………4-8, 274
　　さらに「進歩の概念」,「メタ・ナレーティブ」参照 (idea of progress, meta-narratives)
地方 (反対派) イデオロギー→「共和政体」参照 (Country (Opposition))

ideology. See republican government)
チャーネス，ジェローム・A（Chanes, Jerome A.）……………………177
チャールズ川橋 対 ウォーレン・ブリッジ会社事件（Charles River Bridge v. Warren Bridge Comp.）……………………………111-12, 320(80)
中心からはずれた自己（decentered self）……………………253-54
中立原理→リーガル・プロセス参照（neutral principles. See legal process）
超越主義（第3段階のモダニズム）（transcendentalism, third-stage modernism）……………………………………………36-37
超越的法思想→「リーガル・プロセス」参照（transcendental legal thought. See legal process）
超越的無意味（transcendental nonsense）……………………159
ティードマン，クリストファー・G（Tiedman, Christoper G.）……………145-50, 334(53)(54)
ディキンソン，ジョン（Dickinson, John）……………………91
デカルト，ルネ（Descartes, René）……………29-32, 134, 298(35), 299(37)
テキサス 対 ジョンソン事件（Texas v. Johnson）………267-68, 365(108)
　　さらに「国旗保護法」参照（Flag protection Act）
テキスト-アナログ（text-analogue）……………………………302(56)
哲学者（philosophers）……………………………………296(15)
哲学的解釈学（philosophical hermeneutics）……………42-53, 57-58
　　「法学の学問性」（legal scholarship）……………220, 247-48, 361-62(81)
　　さらに「ガダマー，ハンス=ゲオルク」参照（Gadamer, Hans-Georg）
鉄 道（railroads）…………………………………………97, 120
デモクラシーについての相対主義者の理論（relativist theory of democracy）
……………………………………………………168-69, 175
　　さらに「コンセンサス（社会の）」，「多元的政治理論」参照
　　（consensus （social）; pluralist political theory）
デューイ，ジョン（Dewey, John）……………157, 163, 168, 340(37)
デューク大学（Duke University）…………………………221
　　法科大学院（Law School）………………………………191
デュー，トマス・R（Dew, Thomas R.）……………………124
デュー・プロセス→「修正14条」参照（due process. See Fourteenth Amendment）
デュルケーム，エミール（Durkeim, Émile）……………121-22
デリダ，ジャック（Derida, Jacques）………42, 47-55, 60-62, 242, 303(62), 304(71)
　　法学の学問性（legal scholarship）………………224, 238-39, 281-82
　　さらにまた「脱構築」参照（deconstruction）

デリロ, ドン (DeLillo, Don) ……………………………………………69
デルガド, リチャード (Delgado, Richard) ………224-25, 230, 242, 245, 251, 355(48), 356(55)
テレット 対 テーラー事件 (Terret v. Taylor) ……………………………312(24)
テレビ (television) ……………………………………40, 63, 170, 178, 243, 262
ドゥ 対 ボルトン事件 (Doe v. Bolton) ……………………………………351(20)
トゥールミン, スティーブン (Tulmin, Stephen) ………………………………134
ドウォーキン, ロナルド (Dworkin, Ronald) ………………………………185, 262
トゥキュディデス (Thcydides) ………………………………………………14
道具主義→「プレモダニズムの法思想」参照 (instrumentalism. See premodern legal thought)
道具箱 (法律家の) (toolbox, lawyer's) ……………………………………276-77
投 票→「選挙権」参照 (voting. See suffrage)
投票権法 (1965年の) (Voting Rights Act of 1965) ……………………167, 340(87)
逃亡奴隷法 (Fugitive Slave Act) ……………………………………………125
トーニー, ロジャー (Taney, Roger) …………………………………………112
読者反応理論 (reader-response theory) ……………………………………220
トクビィル, アレクシス・ド (Tocqueville, Alexis de) …………2, 95, 100, 104, 110
独立宣言 (Declaration of Independence) ……………………71, 84-85, 125, 149
トマス, ケンダル (Thomas, Kendall) ……………………………………245, 250
奴隷制度廃止論→「奴隷制」参照 (abolitionism. See Slavery)
奴隷制 (slavery) ……………………………………………103, 123-29, 229, 252

[ナ行]

ナショナル・レポーター・システム (National Reporter System) ………………140
ナチズム (Nazism) ………………………………………………………166-67, 177
南部キリスト教指導者会議 (Southern Christian leadership Conference, SCLC) …………………………………………………………………………………199
南北戦争 (Civil War) …………………5, 94, 107, 119, 122-23, 128-32, 145-47, 201, 273
  さらに「奴隷制」参照 (slavery)
南北戦争前の法学教育→「法学教育」,「リッチフィールド法科大学院」参照 (antebellum legal education. See legal education; Litchfield Law School)
ニーチェ, フリードリッヒ (Nietzshe, Friedrich) ……………………37, 242, 300(46)
ニクソン, リチャード (Nixon, Richard) …………………………………198, 201, 208
ニューディール (New Deal) …………………………………………2, 158, 162-63, 178
  さらに「リアリズム」参照 (realism)
妊娠中絶→「家族計画連盟 対 ケーシー事件」および「ロー 対 ウェイド事件」

索引 387

参照（abortion. See Planned Parenthood v. Casey; Roe v. Wade）
ノビック，ペーター（Novick, Peter）……………………………………………217, 219
ノルウェー航空 対 ボストン・メイン・R.R.会社事件（Norway Plains Co.
　v. Boston & Maine R.R. Co.）………………………………………………320(82)

[ハ行]

バーガー，ウォーレン（Burger, Warren）……………………………………208, 212
バーカー，ラリー・カタ（Backer, Larry Catá）………………………………239
バーガー，ロール（Berger, Raoul）………………………………………………207
バーク，エドモンド（Burke, Edmund）…………………………………………175
パークス，ロサ（Parks, Rosa）……………………………………………………199
パーセル，エドワード（Purcell, Edward）………………………………………169
パーソンズ，テオフィルス（Parsons, Theophilus）………………………………77
ハーツ，ルイス（Hartz, Lois）……………………………………………………175
ハート，H・L・A（Hart, H. L. A.）………………………………………………185
ハート，ヘンリー・Jr（Hart, Henry, Jr.）……………………………4, 172-75, 182
　　さらに「リーガル・プロセス」参照（Legal process）
ハーパー 対 バージニア選挙委員会事件（Harper v. Virginia Board of
　Election）………………………………………………………………………340(87)
ハーバード大学（Harvard University）………………………………………131, 170
　　法科大学院（Law School）……………………………………………………131
ハーバード・ロー・レビュー（Harvard Law Review）………173, 175, 181, 214
ハーバーマス，ユルゲン（Habermas, Jürgen）………………………189, 302(56)
ハーベイ，デビッド（Harvey, David）……………………………………………40
ハーラン，ジョン・M（Harlan, John M.）………………………………………206
ハイデガー，マーティン（Heidegger, Martin）……………………40-41, 46, 189, 242
ハイパーテキスト→「コンピューター」参照（hypertext. See computers）
パウエル，ジョン・A（Powell, John A.）………………………………………254
パウエル，ルイス・F（Powell, Lewis F.）………………………………………208
バウマン，ジグムント（Bauman, Zygmunt）……………………………………24
パウンド，ロスコー（Pound, Roscoe）………………………………………157-58
破産法（Bankruptcy Act）…………………………………………………………163
パスティシュ（pastiche）……………………………………………………262, 270
パッターソン，ジェームズ・T（Patterson, James T.）………………………197
パッターソン，デニス（Patterson, Dennis）………224, 246-49, 258, 354-55(47)
ハッチ，ネイサン（Hatch, Nathan）………………………………………………96
ハッチソン，ジョセフ（Hutcheson, Joseph）……………………………………160

バトラー，ピアース (Butler, Pierce) ……………………………………87
バドワイザー (Budweiser) ……………………………………………285-89
ハマー 対 ダーゲンハート（児童労働）事件 (Hammer v. Dagenhart, Child Labor Case) ………………………………………333(49),334(55)
ハミルトン，アレクサンダー (Hamilton, Alexander) ……………………87,99
パリシュ，ペーター・J (Parish, Peter, J.) …………………………119,129
ハリス，アンジェラ・P (Harris, Angela P.) ………………………………232
ハリントン，ジェームズ (Harrington, James) ……………………89,97,314(36)
バルキン，J・M（ジャック）(Balkin, J. M., Jack) …44,239,242,246,252,262-63, 366(114),368(11)
反インテレクチュアリズム→「反エリート主義」参照 (anti-intellectualism. See anti-elitism)
反エリート主義 (anti-elitism) ……………………………………………100
　さらに「エリート主義」参照 (elitism)
反基礎付け主義 (anti-foundationalism) …53,222-23,229,233,235-38,247,253-54, 261,266,279
反対派（地方）イデオロギー→「共和政体」参照 (Opposition (Country) ideology. See republican government)
反多数決主義という乗り越え難い壁 (countermajoritarian difficulty) ………193-94
反本質主義 (anti-essentialism) ………………53-55,229,233,235-36,247,253,279
ピープル 対 ラッグルズ事件 (People v. Ruggles) …………………106,319(70)
ビール，ジョセフ (Beale, Joseph) …………………………133,332(41),333(51)
非解釈主義 (noninterpretivism) …………………………………………215-17
ヒギンズ，トレーシー・E (Higgins, Tracy E.) ……………………………246
非原意主義→「非解釈主義」参照 (nonoriginalism. See noninterpretivism)
ビッケル，アレクサンダー (Bickel, Alexander) …………………179,182,192-94
ヒットラー，アドルフ (Hitler, Adolph) ……………………………………177
避妊具→「グリズウォルド 対 コネチカット州事件」参照 (contraceptives. See Griswold v. Connecticut)
批判的人種理論 (critical race theory) …………………………………230-31,253
批判的法学研究（CLS）(critical legal studies, CLS) ………………186,217,256
ヒューム，ディビッド (Hume, David) ……………………………………33-34
平等保護→「修正14条」参照 (equal protection. See Fourteenth Amendment)
ヒラード，フランシス (Hillard, Francis) ……………………75-76,79,82,110,114
ファジャー，マルク・A (Fajer, Marc A.) …………………………………230
フィールド，スティーブン・J (Field, Stephen J.) ………………………148-49
フィールド，ディビッド・ダドレイ (Field, David Dudley) ……………………102

索引 389

フィールド（民事訴訟）法典（Field Code） ……………………102,318(66)
フィオーレのヨアキム（Joachim of Flora）……………………………23
フィッシュ，スタンレー（Fish, Stanley）……………220-23,236,244,247,259
フィッチュー，ジョージ（Fitzhugh, George）………………………127
フィリップス，ヴェンデル（Phillips, Wendell）………………………123
　　さらに「奴隷制」参照（slavery）
フーコー，ミッシェル（Foucault, Michel）……………41,57,223,242,245
フェデラリスト（Federalists）………………………87,99-100,103-4,106
　　さらに「ハミルトン，アレクサンダー」，「マディソン，ジェームズ」
　　参照（Hamilton, Alexander; Madison, James）
フェミニスト法学（feminist jurisprudence）……………231-34,247,253
フェルスタイナー，ウィリアム・L・F（Felstiner, William L. F.）…241,245,250
フォイエルバッハ，ルードウィッヒ（Feuerbach, Ludwig）……………189
フォータス，アベ（Fortas, Abe）………………………………158,163
フォーナー，エリック（Forner, Eric）…………………………………119
フッサール，エドムント（Husserl, Edumund）………………………189
部分品で遊ぶ（playing with the pieces）……………61,66,261,269-70,283
フラー，ロン（Fuller, Lon）……………………………………………172
プライバシーの権利→グリズウォルド 対 コネティカット事件，米国家族計画
　連盟 対 ケーシー事件，ロー 対 ウェイド事件参照（right of privacy. See
　Griswold v. Connecticut; Planned Parenthood v. Casey; Roe v. Wade）
ブラウチャー，ロバート（Braucher, Robert）…………………………182
ブラウン，アーネスト（Brown, Ernest）………………………………182
ブラウン 対 教育委員会事件（Brown v. Board of Education）……9,177-84,191,
　　　　　　　　　　　　　　　　　　　　　　　　195,212-14,227,344(104)
ブラウン 対 教育委員会事件（ブラウンII事件）（Brown v. Board of Education,
　Brown II）……………………………………………………180,344(105)
フラグ，ジェラルド・E（Frug, Gerald E.）……………………………190
プラグマティズム（哲学的）（pragmatism, philosophical）……………163
フラグ，メリー・ジョー（Frug, Mary Joe）……………………………234
ブラックストーン，ウィリアム（Blackstone, William）……………72-73,129
　　訴訟方式（forms of action）………………………………………82
ブラック，チャールズ（Black, Charles）………………………………184
ブラック・パワー（Black Power）……………………………………200
ブラック，ヒューゴ（Black, Hugo）………………………………178,206
ブラックマン，ハリー（Blackmun, Harry）……………………208-11,265
ブラッドリー，ジョセフ・P（Bradley, Joseph P.）……………………148

390　索引

プラトン (Plato) ……………………………13-14,78-79,113-14,138,293(2)
フランク，ジェローム (Frank, Jerome) ………………………………158,162
フランクファーター，フェリックス (Frankfurter, Felix) ……… 175,178-80,203,
　　　　　　　　　　　　　　　　　　　　　　　　343(99),344(104),350(12)
フランクリン，ベンジャミン (Franklin, Benjamin) …………………………89
フランスの哲学者 (French philosophers) ………………………………296(15)
フリスビー 対 合衆国事件 (Frisbie v. United States) …………………335(56)
フリーチ，バーバラ (Frietchie, Barbara) …………………………………268
ブルーメンバーグ，ハンス (Blumenberg, Hans) ………………296(21),298(33)
ブレスト，ポール (Brest, Paul) …………………………………190-91,196,216
プレッシー 対 ファーガソン事件 (Plessy v. Ferguson) ……180,328(22),344(105)
フレッチャー 対 ペック事件 (Fletcher v. Peck) ………………………312(24)
ブレドソウ，アルバート・テイラー (Bledsoe, Albert Taylor) ………………126
ブレナン，ウィリアム・J (Brennan, William J.) ……………………204,209
プレモダニズム (premodernism) ……………………………………1,9-10,13-18
　　循環的時間 (cyclical time) ………………………………………………13-14
　　終末時 (eschatological time) ……………………………………………13-18
　　さらに「プレモダニズムの法思想」参照 (premodern legal thought)
　　プレモダニズムの法思想 (premodern legal thought)… 1,7-8,11-12,71-118,
　　　　　　　　　　　　　　　　　　　　　　　　　　　　　　　　　　273-74
　　　　階統的社会秩序 (hierarchical social order) ……………………………84
　　　　終末時 (eschatological time) ……………………………………………108
　　　　循環的時間 (cyclical time) …………………………………………88-94,100
　　　　初期のアメリカの専門書 (early American treaties) ……………………77
　　　　第１段階のポストモダニズムの法思想 (first-stage premodern legal
　　　　　thought) ……………………………………………………………………83-94
　　　　第２段階のポストモダニズム (second-stage premodern legal thought) 74-82
　　　　道具主義 (instrumentalism) ……………………………………109-18,134
　　　　プラトンの哲学 (Plato's philosophy) …………………78-79,113-18,138,141
　　　　法の科学 (legal science) ……………………………………………72,76-83
　　　　さらに「ベーコン，フランシス」，「エリート主義」，「訴答方式」，「自然
　　　　　法」，「プレモダニズム」，「共和政体」参照 (Bacon, Francis; elitism;
　　　　　forms of action; natural law; premodernism; republican government)
フロイト派の心理学 (Freudian psychology) ……………………………………38
プログレシビィズム (Progressivism) …………………………………………157-58
プロテスタント教会派宗教信条 (Reformed Episcopal Articles of Religion) ……96
プロテスタントの宗教改革 (Protestant Reformation) …………………19-23,30

さらに「アメリカのプロテスタンティズム」,「カルビン」参照
　　(American Protestantism; Calvin, John; Luther, Martin)
文化研究 (cultural studies) ……………………………………56,63-64,280
　　さらに「ポストモダニズムの法思想」参照 (postmodern legal thought)
文化相対主義→「倫理相対主義」参照 (cultural relativism. See ethical relativism)
ヘイト・スピーチ (hate speech) ……………………………………245,252
ベイリー 対 ドゥレクセル家具会社事件 (児童労働税事件) (Baily v. Drexel Furniture Co., Child Labor Tax Case) ……………………………333(49)
ヘイル, ロバート (Hale, Robert) ……………………………………161
ペイン, トマス (Pain, Thomas) ……………………………………106-7
ベーコン, フランシス (Bacon, Francis) ……………………………23,81
　　さらに「ベーコン派の科学」(Baconian science) ………………76-81
ベトナム戦争 (Vietnam War) …………………………………188,190,197-99
ベル, デリック (Bell, Derrick) ……………………………………230,253
ベンサム, ジェレミー (Bentham, Jeremy) ………………94-95,102,129
　　さらに「功利主義」参照 (utilitarianism)
ペンシルバニア憲法 (1776年) (Pennsylvania Constitution of 1776) …………90-91
ホイッティア, ジョン・グリーンリーフ (Whittier, John Greenleaf) ……………267
ボイル, ジェームズ (Boyle, James) ……………………………………253
法学教育 (Legal education) ………………………………………131-32,237
　　ケース・メソッドの教育 (case method of teaching) …………133-34,139-40
　　学問世界の人口学的変遷 (demographic transformation of academy) 228,235
　　職の急騰 (job boom) ………………………………………………217-18
　　法学教授の専門化 (professionalization of law professors) ……131-32,243,257
　　さらに「南北戦争前の法学教育」,「リッチフィールド法科大学院」参照
　　　(antebellum legal education; Litchfield Law School)
法学教授の専門化→「法学教育」参照 (professionalization of law professors. See legal education)
法学研究ジャーナル (Journal of Legal Studies) ……………………………187
法学 (法思想と比較された) (jurisprudence, compared to legal thought)…………3
法思想 (法学と比較された) (legal thought, compared to jurisprudence)…………3
膨張 (地理的) (expansion, geographical) ……………………………97,108
冒瀆 (blasphemy) …………………………………………………………106
法と経済学 (law and economics) ……………………………………186-87
法と社会学会 (Law and Society Association) ……………………185,275
法と文学 (law and literature) …………………………………………217

さらに「解釈学的転回」参照（interpretive turn）
法の科学→「ラングデル派の法学」,「プレモダニズムの法思想」参照（legal science. See Langdellian legal science; premodern legal thought）
法の学際領域（interdisciplinary legal scholarship）………2-3,131,156-57,185-190, 162-63,217-21,223,241-44
ホーウィツ，モートン（Horwitz, Morton）………103
ボーク，ロバート（Bork, Robert）………207,213
ボーゼマン，セオドア（Bozeman, Theodore）………76
ポーター，コール（Porter, Cole）………269
ポー 対 ウルマン事件（Poe v. Ullman）………203,350(12)
ボードリヤール，ジーン（Baudrillard, Jean）………61,66,364(101)
ホームズ，オリバー・ヴェンデル・Jr（Holmes, Oliver Wendell, Jr.）…4,152-56, 161,165,209,336-37(62)-(69)
　　郵便箱ルール（mailbox rule）………337(67)
ホジソン，ゴッドフリィ（Hodgson, Godfrey）………200
ポストモダニズム（postmodernismm）………1,9-12,39-70
　　アイロニー（irony）………60-61,66
　　自己内省的（self-reflexivity）………60
　　情報伝達技術（communication technology）………40,224-26
　　政　治（politics）………61-62
　　第2段階のポストモダニズム（second-stage postmodernism）………64-70
　　人間の自由（ないしは解放）（human freedom or liberation）………67
　　ポストモダンの主体ないしは自己（postmodern subject or self）……63-64,280
　　逆　説（paradoxes）………56
　　メタ物語（meta-narratives）………6,40,55-56
　　ポストモダニズムについての8つの主題（themes eight of postmodernism）………53-64
　　さらに「反本質主義」,「反基礎付け主義」,「文化研究」,「学際的研究」,「ポストモダンの法思想」,「パスティシュ」「部分品で遊ぶ」,「権力」,「自己についての社会的解釈」参照（anti-essentialism; anti-foundationalism; cultural studies; interdisciplinary scholarship; postmodern legal thought; pastiche; playing with the pieces; power; social construction of the self）
ポストモダニズムの解釈主義→「解釈的転回」参照（postmodern interpretivism. See interpretive turn）
ポストモダニズムの法思想（postmodern legal thought）…1-3,7-12,190,197-272, 274-89

自己内省（self-reflexivity）……………………………………255-61,266,270
　　政　治（politics）………………………………………263-71,278,283-84
　　第2段階のポストモダンの法思想（second-stage postmodern legal
　　　thought）………………………………………………………………278-89
　　文化研究（cultural studies）………………………………………241-42,280
　　アイロニー（irony）………………………………260-61,270,364-65(103)
　　ポストモダンの法思想の出現（emergence of postmodern legal thought）
　　　……………………………………………………………………… 197-234
　　ポストモダンの法思想の（8つの）主題（themes eight of postmodern legal
　　　thought）………………………………………………………………234-72
　　　逆　説（paradoxes）………………………………………………………245
　　　モダニストの学者への影響（influencing modernist scholars）………276-78
　　　連邦最高裁（Supreme Court）…………………………………264-71,280-85
　　さらに「反本質主義」，「反形式主義」，「コンピューターによる法情報検索」，
　　「学際的法学研究」，「解釈的転回」，「アウトサイダー法学」，「パスティシ
　　ュ」，「部品で遊ぶ」，「ポストモダニズム」，「権力」，「自己についての社
　　会的解釈」参照（anti-essentialism; anti-formalism; computer-assisted
　　legal research; interdisciplinary legal scholarship; interpretive turn;
　　outsider jurisprudence; pastiche; playing with the pieces; postmoder-
　　nism; power; social construction of the self）
ポストモダンの取締役（ポストモダンからの異議申立て）（postmodern policing）
　　…………………………………………………………………………… 235,249
ボストン大学法科大学院（Boston University Law School）…………336-37(65)
ポズナー，リチャード（Posner, Richard）…………………………………187,227
ホッブス，トマス（Hobbes, Thomas）……………………24-28,33,297(27),297(29)
ボビット，フィリップ（Bobbitt, Philip）……………………………………………249
ホフスタッダー，リチャード（Hofstadter, Richard）………………………………100
ホフマン，ディビッド（Hoffman, David）……………………………76,82,105,132
ポラク，ルイス（Pollak, Louis）……………………………………………………184
ホロコースト（Holocaust）………………………………………………………39,177
ホワイト，G・エドワード（White, G. Edward）……………………………………117
ホワイト，ジェームズ・ボイド（White, James Boyd）……………………………217
ホワイト，バイロン・R（White, Byron R.）……………………………………205-6,211

[マ行]

マーシャル，サーグッド（Marshall, Thurgood）……………………………………208
マーシャル，ジョン（Marshall, John）…………………………………………348(128)

索引

マーシャル,レオン (Marshall, Leon) ……………………………158
マイケルマン,フランク (Michelman, Frank) ……………………185
マカロック 対 メリーランド事件 (McCulloch v. Maryland) ………348(128)
マキャベリ,ニコロ (Machiavelli, Niccolo) ………………17-18,84
マサチューセッツ湾のピューリタン (Massachusetts Bay Puritans) …………105
マッカーシー,コーマック (McCarthy, Cormac) …………………235
マッカーシー,ジョゼフ (McCarthy, Joseph) ……………………170
マッキンノン,キャサリン・A (MacKinnon, Catharine A.) ………232
マディソン,ジェームズ (Madison, James) ……………87-88,99-101
マルクス,カール (Marx, Karl) …………………………………189
マルコム・X (Malcolm X) ……………………………………200
マルスデン,ジョージ (Marsden, George) ………………………131
マンスフィールド卿 (Mansfield, Lord) ………………………110,112
ミシガン大学 (University of Michigan) ……………………………217
ミネルスビル 対 ゴビティス事件 (Minesville v. Gobitis) ……344(103)
ミノウ,マルサ (Minow, Martha) …………………………………231
ミュラー,アディソン (Mueller, Addison) …………………………185
ミラー,ペリー (Miller, Perry) ………………………………94,122
民事手続についての連邦規則 (Federal Rules of Civil Procedure) …………227
民主主義,民主制 (democracy) ………………99-101,165-72,176-77,192-96
　　さらに「多元的政治理論」,「民主主義についての相対主義者の理論」
　参照 (pluralist political theory; relativist theory of democracy)
民主制理論→「民主主義」参照 (democratic theory. See democracy)
ムーア,アンダーヒル (Moore, Underhill) ……………………157,162
ムーツ,フランシス・J (Mootz, Francis J.) ……………………246,259
逆説,ポストモダニズム,ポストモダンの法思想参照 (paradoxes. See
　postmodernism; postmodern legal thought)
明白な運命 (Manifest Destiny) ……………………………………97
メイン,ヘンリー (Maine, Henry) …………………………………151
メキシコ戦争 (Mexican War) ………………………………………97
メタ学問 (meta-scholarship) ……………………………255,285,288
メタ・ナレーティブ (meta-narratives) ……………………………6
メルロ-ポンティー,モーリス (Merleau-Ponty, Maurice) ……………189
モダニズム (modernism) ……………………………1-2,9-10,19-38
　　不安 (anxiety) ……………………………………………32,284
　　　歴史ないしは進歩の時代区分 (periodization of history or progress) ………23
　　さらに「経験主義」,「個人主義」,「後期の危機」,「モダニズムの法思想」,

「合理主義」,「超越主義」参照 (empiricism; individualism; late crisis; modern legal thought; rationalism; transcendentalism)
モダニズムの法思想 (modern legal thought) ……1-2, 7-12, 119-96, 235-39, 255-58, 273-79
　　世俗化 (secularization) ……………………………………………121-22, 131
　　さらに「歴史主義」,「ラングデル派の法学」,「モダニズム」,「リアリズム」
　　　参照 (historicism; Langdellian legal science; modernism; realism)
物　語 (storytelling) ……………………………………………………230-31
模範法典 (Restatements) …………………………………………………160
モンテスキュー (Montesquieu) ……………………………………………93
モンテーニュ, ミッシェル・デ (Montaigne, Michel de) ……………298-99(36)
モンロー, ジェームズ (Monroe, James) ……………………………99, 108

[ヤ行]

優越的自由 (preferred freedoms) ……………………………………178, 344(103)
ユークリッド幾何学 (Euclidean geometry) ………………………………134
有色人種向上委員会 (NAACP) (NAACP, National Association for the Advancement of Colored People) ……………………………………………………180
郵便箱ルール→「ホームズ, オリバー・ヴェンデル・Jr」,「ラングデル, クリストファー・コロンブス」参照 (mailbox rule. See Holmes, Oliver Wendell, Jr.; Langdell, Christopher Columbus)
ユダヤ人 (Jews) ……………………………………………………120, 177, 202
　　法学教授としての (as law professors) ……………………………342(94)
要石演説 (corner-stone speech) …………………………………………127
予定説 (predestination) ……………………………………………………96

[ラ行]

ラカン, ジャーク (Lacan, Jacques) ………………………………………223, 242
ラスキー, モーゼス (Lasky, Moses) ………………………………………185
ラングデル, クリストファー・コロンブス (Langdell, Christopher Columbus)
………………………………………………………………131-37, 152-56, 262
　　ディーンとしての選出 (selection as dean) ………………………329(29)
　　郵便箱ルール (mailbox rule) ……………………135, 331-32(34), 337(67)
　　立　法 (legislation) ……………………………………………………151
　　ラングデル派の法の科学参照 (Langdellian legal science)
ラングデル派の法の科学 (Langdellian legal science) ……131-44, 152-60, 176, 256, 330-31(30)

アリストテレスの哲学（Aristotle's philosophy）……………………………38-40
憲　法（constitutional law）………………………………………145-46
デカルト（Descartes）……………………………………………………134
　　さらに「古典的正統派」、「ラングデル，クリストファー・コロンブス」
(classical orthodoxy; Langdell, Christopher Columbus)
ランドフ，ジョージ・P（Landow, George P.）……………………………226
リアリズム（realism）………………………………………………155-65, 217
　　第二次世界大戦後（after World War II）…171-72, 176-77, 185, 191, 341-42(94)
　　リアリズムに対する批判（criticisms of realism）………………………341(94)
　　ニューディール（New Deal）………………………………………338(75)
　　さらに「ルウェリン，カール」参照（Llewellyn, Karl）
リーガル・プロセス（legal process）……………………171-76, 188, 206, 214
　　科目教材（course materials）…………………………342(96), 345(107)
　　消極の美徳（passive virtues）………………………………………193, 203
　　中立原理（neutral principles）……………………183-84, 194, 347-48(127)
　　ブラウン対教育委員会事件（Brown v. Board of Education）………181-84,
　　　　　　　　　　　　　　　　　　　　　　　　　191-96, 227, 345(107)
　　フランクファーター，フェリックス（Frankfurter, Felix）……………343(99)
　　リーガル・プロセスに導く出来事（events leading to legal process）…165-71
　　理由が付された説明（reasoned elaboration）…………………………174, 182
リーブ，タッピング（Reeve, Tapping）……………………………………82
リッチフィールド法科大学院（Litchfield Law School）…………………72, 82
リトウィツ，ダグラス・E（Litowitz, Douglas E.）………………………236
理由付けされた説明→「リーガル・プロセス」参照（reasoned elaboration.
　　See legal process）
リンカーン，エイブラハム（Lincoln, Abraham）……………………119, 129
倫理相対主義（ethical relativism）………………………………165-67, 215-16
ルイジアナの購入（Louisiana Purchase）………………………………………97
ルウェリン，カール（Llewellyn, Karl）…………………………4, 159, 185
　　ブランブル・ブッシュ論争（Bramble Bush controversy）……………338(77)
ルーズヴェルト，フランクリン（Roosevelt, Franklin）……………………158
ルート，ジェシー（Root, Jesse）……………………………………………74
ルター，マルティン（Luther, Martin）………………………19, 28, 295(13)
冷　戦（Cold War）………………………………167, 170, 176, 180, 198, 201
レイノルズ対シムズ事件（Reynolds v. Sims）……………………………340(87)
レーンクィスト，ウィリアム・H（Rehnquist, William H.）…60, 208, 211, 264-71,
　　　　　　　　　　　　　　　　　　　　　　　　　　　　284, 366(114)

索引

歴史主義（historicism） ……………………………24,121,131-33,143,152,163
歴史法学派（historical school of jurisprudence） …………………151-52
レッセ・フェール経済理論（laissez-faire economic theory） ……………239-40
　　さらに「スミス，アダム」参照（Smith, Adam）
レッセ・フェール立憲主義（laissez-faire constitutionalism） ………144-50,156-57,
　　　　　　　　　　　　　　　　　　　　　　　　　　　　160-61,172,178
レビ-ストロース，クラウデ（Levi-Strauss, Claude） ……………………189
レビンソン，サンフォード（Levinson, Sanford） …………………………246
レフ，アーサー・アレン（Leff, Arthur Allen） ……………………………215
連合規約（Articles of Confederation） ………………………………86,91
連邦最高裁（法学者との関係における）（Supreme Court, in relation to
　legal scholars） ……………………………………………………282-83
　　さらに「クーリー，トマス・M」，「ポストモダンの法思想」（Cooly, Thomas
　　M.; postmodern legal thought）
ローウィス，カール（Löwith, Karl） …………………………14,296-97(21)
ロー，シルビア（Law, Sylvia） ……………………………………214,231
ローゼンフェルド，マイケル（Rosenfeld, Michel） ………………………238
ロー 対 ウェイド事件（Roe v. Wade） ………9,203,207-15,234,265-66,351(20),
　　　　　　　　　　　　　　　　　　　　　　　　　　　　　365(106)
ローティー，リチャード（Rorty, Richard） ……………220,242,353-54(40),362(30)
ロールズ，ジョン（Rawls, John） …………………………………185,217
ローレンス，チャールズ・R（Lawrence, Charles R.） ……………………232
ローン・アソシエーション 対 トペカ事件（Loan Association v. Topeka）
　………………………………………………………………………335(56)
ロス，ディビッド（Ross, David） ……………………………………78,138
ロス，ドロシー（Ross, Dorothy） ……………………………………142
ロストウ，ユージン・V（Rostow, Eugene V.） ……………………………171
ロス，フィリップ（Roth, Philip） ……………………………………68
ロック，ジョン（Locke, John） …33-34,71,76,84,89,96,127,175,299(39)(40)(41)
ロックナー 対 ニューヨーク事件（Lochner v. New York） ……9,144,148-50,158,
　　　　　　　　　　　　　　　160-62,165,173,178-79,204-7,211-12,234
　　さらに「レッセ・フェール立憲主義」参照（laissez-fair constitutionalism）
ロックナー法学→「ロックナー 対 ニューヨーク事件」参照（Lochnerian
　jurisprudence. See Lochner v. New York）
ロデール，フレッド（Rodell, Fred） ……………………………………157

[ワ行]

ワイス，ジョージ（Wythe, George） ……………………………………………72
ワシントン，ジョージ（Washington, George） ……………………………86-87
ワシントン 対 グラックスバーグ事件（Washington v. Glucksberg）…269, 365(112)
ワッサーストルム，リチャード（Wasserstrom, Richard）……………………191-92
ワンダーブレッド（Wonderbread）……………………………………………285-89

〈著者紹介〉
スティーブン・フェルドマン（Stephen M. Feldman）
1977年　ハミルトン・カレッジ卒業
1982年　オレゴン大学ロースクール卒業
1986年　スタンフォード大学から法学修士号（J.S.M）取得
1988年　タルサ大学ロースクール準教授
1993年　同教授
現　在　ワイオミング大学ロースクール教授（Jerry W. Housel/Carl F. Arnold Distinguished Professor of Law and Adjunct Professor of Political Science）
（主著）
Please Don't Wish Me a Merry Christmas: A Critical History of the Separation of Church and State
（編著）
Law and Religion
その他論文多数

〈訳者紹介〉
猪　股　弘　貴（いのまた・ひろき）
1952年　秋田県生まれ
1975年　東北大学法学部卒業
1982年　早稲田大学大学院法学研究科博士後期課程単位取得退学
2002年　博士（法学・早稲田大学）
小樽商科大学教授，カリフォルニア大学バークレー校客員研究員を経て
現　在　明治大学法学部および法科大学院教授
（翻訳書）
『ダイシーと行政法』（成文堂，1992年）
（主著）
『憲法論の再構築』（信山社，2000年）
その他著書・論文多数

アメリカ法思想史 ──プレモダニズムからポストモダニズムへ──

2005年（平成17年）6月27日　第1版第1刷発行　3331-0101

著　者　スティーブン・フェルドマン
訳　者　猪　股　弘　貴
発行者　今　井　　　貴
発行所　信山社出版株式会社
〒113-0033　東京都文京区本郷 6-2-9-102
電　話　03（3818）1019
FAX　03（3818）0344

printed in Japan

©スティーブン・フェルドマン，猪股弘貴，2005．印刷・製本／暁印刷・大三製本
ISBN4-7972-3331-1　C3332　分類323.001　3331-012-045-05　出版契約No. 3331-01010

Ⓡ本書の全部または一部を無断で複写複製（コピー）することは、著作権法上での例外を除き、禁じられています。本書からの複写を希望される場合は、日本複写権センター（03-3401-2382）にご連絡ください。

価格は全て本体価格（税別）

憲法論の再構築　猪股弘貴	10,000円
思想としての日本憲法史　長尾龍一	2,800円
アメリカ憲法　田島 裕〔著作集1〕	10,000円
公法の思想と制度　新 正幸・早坂禧子・赤坂正浩編	13,000円
先端科学技術と人権　ドイツ憲法判例研究会編	7,400円
ブリッジブック法哲学　長谷川晃・角田猛之編	2,000円
ブリッジブック憲法　横田耕一・高見勝利編	2,000円
読む憲法史　信山社編	369円

信 山 社